地方财政学（第三版）

Subnational Government Finance

王玮 编著

图书在版编目(CIP)数据

地方财政学 / 王玮编著. —3 版. —北京:北京大学出版社,2019.3
21 世纪经济与管理规划教材·财政学系列
ISBN 978-7-301-30348-1

Ⅰ. ①地… Ⅱ. ①王… Ⅲ. ①地方财政—高等学校—教材 Ⅳ. ①F810.7

中国版本图书馆 CIP 数据核字(2019)第 034831 号

书 名	地方财政学(第三版)
	DIFANG CAIZHENG XUE (DI SAN BAN)
著作责任者	王 玮 编著
责任编辑	任京雪 刘 京
标准书号	ISBN 978-7-301-30348-1
出版发行	北京大学出版社
地 址	北京市海淀区成府路 205 号 100871
网 址	http://www.pup.cn
微信公众号	北京大学经管书苑(pupembook)
电子信箱	em@pup.cn
电 话	邮购部 010-62752015 发行部 010-62750672 编辑部 010-62752926
印 刷 者	北京溢漾印刷有限公司
经 销 者	新华书店
	730 毫米×980 毫米 16 开本 20.75 印张 454 千字
	2006 年 9 月第 1 版 2013 年 9 月第 2 版
	2019 年 3 月第 3 版 2022 年 1 月第 2 次印刷
定 价	49.00 元

未经许可,不得以任何方式复制或抄袭本书之部分或全部内容。
版权所有,侵权必究
举报电话:010-62752024 电子信箱:fd@pup.pku.edu.cn
图书如有印装质量问题,请与出版部联系,电话:010-62756370

丛书出版前言

教材作为人才培养重要的一环,一直都是高等院校与大学出版社工作的重中之重。"21世纪经济与管理规划教材"是我社组织在经济与管理各领域颇具影响力的专家学者编写而成的,面向在校学生或有自学需求的社会读者;不仅涵盖经济与管理领域传统课程,还涵盖学科发展衍生的新兴课程;在吸收国内外同类最新教材优点的基础上,注重思想性、科学性、系统性,以及学生综合素质的培养,以帮助学生打下扎实的专业基础和掌握最新的学科前沿知识,满足高等院校培养高质量人才的需要。自出版以来,本系列教材被众多高等院校选用,得到了授课教师的广泛好评。

随着信息技术的飞速进步,在线学习、翻转课堂等新的教学/学习模式不断涌现并日渐流行,终身学习的理念深入人心;而在教材以外,学生们还能从各种渠道获取纷繁复杂的信息。如何引导他们树立正确的世界观、人生观、价值观,是新时代给高等教育带来的一个重大挑战。为了适应这些变化,我们特对"21世纪经济与管理规划教材"进行了改版升级。

首先,为深入贯彻落实习近平总书记关于教育的重要论述、全国教育大会精神以及中共中央办公厅、国务院办公厅《关于深化新时代学校思想政治理论课改革创新的若干意见》,我们按照国家教材委员会《全国大中小学教材建设规划(2019—2022年)》《习近平新时代中国特色社会主义思想进课程教材指南》和教育部《普通高等学校教材管理办法》《高等学校课程思政建设指导纲要》等文件精神,将课程思政内容融入教材,以坚持正确导向,强化价值引领,落实立德树人根本任务,立足中国实践,形成具有中国特色的教材体系。

其次,响应国家积极组织构建信息技术与教育教学深度融合、多种介质综合运用、表现力丰富的高质量数字化教材体系的要求,本系列教材在形式上将不再局限于传统纸质教材,而是会根据学科特点,添加讲解重点难点的视频音频、检测学习效果的在线测评、扩展学习内容的延伸阅读、展示运算过程及结果的软件应用等数字资源,以增强教材的表现力和吸引力,有效服务线上教学、混合式教学等新型教学模式。

为了使本系列教材具有持续的生命力,我们将积极与作者沟通,争取按学制周期对教材进行修订。您在使用本系列教材的过程中,如果发现任何问题或者有任何意见或建议,欢迎随时与我们联系(请发邮件至 em@pup.cn)。我们会将您的宝贵意见或建议及时反馈给作者,以便修订再版时进一步完善教材内容,更好地满足教师教学和学生学习的需要。

最后,感谢所有参与编写和为我们出谋划策提供帮助的专家学者,以及广大使用本系列教材的师生。希望本系列教材能够为我国高等院校经管专业教育贡献绵薄之力!

北京大学出版社

经济与管理图书事业部

21世纪经济与管理规划教材

财政学系列

第三版前言

市场化改革后,地方财政在中国社会经济生活中的作用和地位越来越重要。正是在这种背景下,"地方财政学"作为财政学专业一门重要的主干课程走进了大学课堂。目前,中国的"地方财政学"课程建设尚处于起步阶段,改革开放以来的40年间,正式公开出版的《地方财政学》教材不过六七本,而尚在使用的只有两三本;即使是在欧美等经济发达国家,地方财政方面的教材也同样面临不足的问题(Bailey,1999)。本书就是为满足教学的迫切需要而编写和修订的,主要供普通高等学校财政学和税收学专业的本科生及研究生使用,也可供区域经济学、政治学和行政管理等专业的学生在相关课程的学习中参考,政府财政部门、税务部门和宏观经济管理部门的工作人员以及对政府间财政关系与地方财政问题感兴趣的读者亦可阅读。不同的对象,可以根据实际需要对具体内容进行适当的选择。

本书第二版出版后的五年间,政府间财政关系与地方财政方面的理论研究又有了一些新的进展;与此同时,中国也在持续推进财税改革,先后对政府间财政关系和地方财政方面的多项制度安排进行了调整,这直接促使编者对教材进行了修订以体现理论的新发展与改革的新动向。2014年,编者受国家留学基金委员会的全额资助前往美国佐治亚州立大学安德鲁·杨政策研究院专门就"政府间财政关系与地方财政"进行了为期一年的访问研修,这也为《地方财政学》教材的修订积累了不少理论与实践方面的素材。

为了实现"内容更充实、体系更完整、结构更合理"的目标,编者主要进行了以下三个方面的修订:

（1）更新和调整了内容与结构。在同类教材中，本书第一版最早将"地方政府债务"和"政府间财政竞争"等纳入教学内容。在先后两次的修订中，"政府事权的多维性""政府间强制性支出""地方财政自主性""政府间财力配置模式"和"地方政府性债务风险应急处置"等内容也被纳入进来。编者还根据地方财政理论和实践的新发展对所有章节的相关内容进行了改写或补充，同时对部分章节的结构做了一些调整。此外，在具体内容的选择上，编者也非常注意"地方财政学"与其他相关课程教材的衔接与配合，尽量避免出现不必要的重复。

（2）优化了编写体例。每一章都按照"学习目标""专栏""重要概念""复习思考题""课堂讨论题""参考文献与延伸阅读资料"以及"网络资源"（本书网络资源访问时间均为2018年11月20日）的体例进行编写。本书紧扣一些重要的知识点，以"专栏"的形式提供了大量国内外相关的现实案例材料，这既能够帮助学生在学习中更好地理解和掌握相关的内容，又可以方便教师的教学；每一章的"课堂讨论题"都是根据该章中的重点内容并结合相关的地方财政实践设计的，可以启发学生主动思考问题以达到"学以致用"的目的；精心选择的"延伸阅读资料"和所提供的包括相关国际经济组织、国内外主要的地方财政研究机构和国内知名财经网站在内的"网络资源"，可以帮助学有余力的学生获取最新的资源进行研究型学习。在此次修订过程中，编者对许多章节的"专栏""课堂讨论题""参考文献与延伸阅读资料"和"网络资源"都进行了相应的补充或调整。

（3）全面更新了使用的数据和资料。本书中使用的国内外数据绝大部分都下迄2016年，有的还截至2017年；但受数据来源的限制，也有部分数据只更新到可获得的最近年份。除数据外，本书也尽可能地引用最新的资料，截稿前新出台的相关政策均已纳入进来。

其实，写出一本高质量的教材并不是一件容易的事情，其难度绝不亚于学术专著和学术论文。正因为如此，在经济发达国家，承担教材编撰工作的往往是名家甚至学术大师。尽管在国内稍好一点的大学，教材大多不再被列入"科研成果"的范畴，但编者始终认为写出一本适合学生学习和阅读的教材是一名教师义不容辞的责任，因而编者以非常负责和谨慎的态度投入了较多的时间和精力独立完成了本书的编撰和修订，以期给大家提供一本令人满意的教科书。然而，由于编者专业素养有限，书中难免会出现这样或那样的纰漏甚至错误，真诚希望各位老师、同学和读者提出宝贵的意见，具体意见可以发送电子邮件至wweijz@whu.edu.cn。

在编写和修订过程中，本书参考和借鉴了国内外学者的同类专著和教材，在此向有关学者和机构表示感谢！最后，也要感谢北京大学出版社贾米娜、任京雪老师为本书出版提供的帮助以及在编辑过程中付出的辛勤劳动！

王 玮

2018年12月

目 录

第1章 地方财政学导论 / 1

1.1 多级政府体系中的地方政府与地方财政 / 3
   1.1.1 多级政府体系中的地方政府 / 3
   1.1.2 地方政府产生的原因 / 7
   1.1.3 地方政府的特征 / 8
   1.1.4 地方财政的构成要素 / 9

1.2 中国地方财政问题的凸显 / 10
   1.2.1 地区间的差异性与流动性 / 11
   1.2.2 中国计划经济体制下的地方财政 / 12
   1.2.3 市场化改革与中国地方财政问题的凸显 / 14
   1.2.4 中国地方财政问题凸显在现实中的表现 / 19

1.3 地方财政学的研究对象与主要内容 / 21

第2章 公共产品的层次性与政府间财政关系 / 27

2.1 公共产品的层次性与地方性公共产品 / 29
   2.1.1 公共产品的受益范围 / 29
   2.1.2 地方性公共产品的内涵和外延 / 30
   2.1.3 地方性公共产品的基本特征 / 32

2.2 地方性公共产品的供给 / 36
   2.2.1 地方性公共产品的有效提供 / 36
   2.2.2 地方性公共产品的最优辖区规模 / 41

2.3 政府间财政关系与多级财政体制 / 47
  2.3.1 处理政府间财政关系的基本模式 / 48
  2.3.2 处理政府间财政关系的基本原则 / 52
  2.3.3 政府间财政关系的制度载体 / 56

第3章 政府间财政职能的划分与地方财政职能 / 63
  3.1 政府间财政资源配置职能的划分 / 65
    3.1.1 财政资源配置职能及其实现机制 / 65
    3.1.2 政府间财政资源配置职能的划分 / 66
  3.2 政府间财政收入分配职能的划分 / 72
    3.2.1 财政收入分配职能及其实现机制 / 73
    3.2.2 政府间财政收入分配职能的划分 / 74
  3.3 政府间财政宏观经济稳定职能的划分 / 77
    3.3.1 财政宏观经济稳定职能及其实现机制 / 77
    3.3.2 政府间财政宏观经济稳定职能的划分 / 77

第4章 政府间财政事权与支出职责的划分 / 85
  4.1 政府事权与政府间事权的划分 / 87
    4.1.1 多维度的政府事权 / 87
    4.1.2 政府间事权的划分 / 87
  4.2 政府间财政事权与支出职责的划分 / 89
    4.2.1 政府间财政事权与支出职责划分的原则 / 89
    4.2.2 一般意义上的政府间财政支出职责划分 / 92
  4.3 主要国家政府间财政事权与支出职责的划分 / 95
    4.3.1 美国的政府间财政事权与支出职责划分 / 95
    4.3.2 德国的政府间财政事权与支出职责划分 / 98
    4.3.3 日本的政府间财政事权与支出职责划分 / 100
    4.3.4 英国的政府间财政事权与支出职责划分 / 102

第5章 政府间税收划分 / 107
  5.1 政府间税收收入的划分 / 109
    5.1.1 政府间税收收入划分的方式 / 109
    5.1.2 政府间税种划分的原则 / 111
    5.1.3 一般意义上的政府间税种划分 / 116

5.2 政府间税权的划分 / 120
　　5.2.1 政府间税收立法权的划分 / 121
　　5.2.2 政府间税收征管权的划分 / 121
　　5.2.3 政府间税收立法权与政府间税收征管权划分间的衔接 / 122
5.3 主要国家的政府间税收划分 / 123
　　5.3.1 美国的政府间税收划分 / 123
　　5.3.2 德国的政府间税收划分 / 128
　　5.3.3 日本的政府间税收划分 / 131
　　5.3.4 英国的政府间税收划分 / 134

第6章 政府间财政转移支付 / 139

6.1 政府间财政转移支付的内涵与外延 / 141
　　6.1.1 政府间财政转移支付的内涵 / 141
　　6.1.2 政府间财政转移支付的形式 / 141
6.2 政府间财政转移支付的经济效应 / 144
　　6.2.1 政府间无条件财政转移支付的经济效应 / 144
　　6.2.2 政府间有条件非配套的财政转移支付的经济效应 / 145
　　6.2.3 政府间有条件不封顶的配套财政转移支付的经济效应 / 146
　　6.2.4 政府间有条件封顶的配套财政转移支付的经济效应 / 148
　　6.2.5 粘蝇纸效应 / 149
6.3 政府间财政转移支付的目标与方式的选择 / 150
　　6.3.1 弥补地方财政缺口 / 150
　　6.3.2 辖区间正外部性的内部化 / 151
　　6.3.3 确保全国范围内实现最低标准的公共服务 / 151
　　6.3.4 减少或降低各地区财政净利益的差别 / 152
　　6.3.5 鼓励地方性公共产品中优值品的提供 / 153
　　6.3.6 稳定宏观经济运行 / 154
6.4 政府间财政转移支付的资金分配 / 154
　　6.4.1 地方政府财政支出需求 / 154
　　6.4.2 地方政府财政收入能力 / 156
　　6.4.3 政府间财政转移支付资金的分配方法 / 156
　　6.4.4 因素评估法下政府间财政转移支付资金的分配 / 157
6.5 主要国家的政府间财政转移支付 / 158
　　6.5.1 美国的政府间财政转移支付 / 158

6.5.2　德国的政府间财政转移支付 / 162
　　6.5.3　日本的政府间财政转移支付 / 170
　　6.5.4　英国的政府间财政转移支付 / 173

第7章　中国财政体制的变迁 / 177

7.1　中国1994年前财政体制的演进 / 179
　　7.1.1　"统收统支"的财政体制 / 179
　　7.1.2　"统一领导、分级管理"的财政体制 / 180
　　7.1.3　"分级包干"的财政体制 / 182

7.2　中国的分税分级财政体制改革 / 189
　　7.2.1　中央与地方财政事权与支出责任的划分 / 189
　　7.2.2　中央与地方财政收入的划分 / 191
　　7.2.3　税收返还与政府间财政转移支付 / 194

7.3　中国的省以下财政体制改革 / 200
　　7.3.1　中国1994年以来的省以下财政体制改革 / 200
　　7.3.2　"省直管县"财政体制改革 / 204
　　7.3.3　"乡财县管"改革 / 205

第8章　地方财政支出 / 207

8.1　地方财政支出的自主性与中央政府对地方财政支出的控制 / 209
　　8.1.1　地方财政支出的自主性 / 209
　　8.1.2　中央政府对地方财政支出的控制 / 211

8.2　中国地方财政支出的规模与结构 / 212
　　8.2.1　中国地方财政支出的规模 / 212
　　8.2.2　中国地方财政支出的结构 / 217

8.3　中国主要的地方财政支出项目 / 222
　　8.3.1　地方财政教育支出 / 222
　　8.3.2　地方财政一般公共服务支出 / 224

第9章　地方财政收入 / 229

9.1　地方财政收入的自主性 / 231
　　9.1.1　不同地方财政收入形式的自主性 / 231
　　9.1.2　不同政府间财力配置模式下地方财政收入的自主性 / 232

9.2　中国地方财政收入的规模与结构 / 233
　　9.2.1　中国地方财政收入的规模 / 234

9.2.2 中国地方财政收入的结构 / 238

9.3 地方税收入 / 244
    9.3.1 良好地方税种的基本特征 / 244
    9.3.2 地方所得课税 / 245
    9.3.3 地方商品课税 / 247
    9.3.4 地方财产课税 / 248

9.4 地方政府收费收入 / 250
    9.4.1 政府收费的性质 / 250
    9.4.2 政府收费的形式 / 252
    9.4.3 政府收费的作用 / 253

9.5 地方财政财产性收入 / 254

第10章 地方政府债务 / 259

10.1 地方政府债务制度 / 261
    10.1.1 地方政府债务的内涵与外延 / 261
    10.1.2 地方政府债务制度的基本要素 / 263

10.2 地方政府债务监管 / 264
    10.2.1 对地方政府债务进行监管的必要性 / 264
    10.2.2 地方政府债务的事前监管 / 266
    10.2.3 地方政府债务风险的事后处置 / 269

10.3 中国的地方政府债务 / 271
    10.3.1 中国计划经济时期的地方政府债务 / 272
    10.3.2 中国改革开放后至2014年间的地方政府债务 / 272
    10.3.3 中国2014年后的地方政府债务 / 278

第11章 地方财政管理 / 285

11.1 地方政府预算与决算管理 / 287
    11.1.1 地方政府预算体系的构成 / 287
    11.1.2 地方政府预算的编制与审批 / 287
    11.1.3 地方政府预算执行管理 / 289
    11.1.4 地方政府决算 / 292

11.2 地方财政管理改革 / 293
    11.2.1 地方财政信息公开 / 294
    11.2.2 地方预算绩效管理 / 295
    11.2.3 地方中期财政规划 / 297

第12章 政府间财政竞争 / 303

12.1 经济领域的政府间竞争 / 305

　　12.1.1 经济领域政府间竞争的形式 / 305

　　12.1.2 经济领域政府间竞争的目标 / 307

　　12.1.3 经济领域政府间竞争的效应 / 308

12.2 中国的政府间财政竞争 / 308

　　12.2.1 财政分权与中国政府间财政竞争格局的形成 / 308

　　12.2.2 中国的政府间纵向财政竞争 / 310

　　12.2.3 中国的政府间横向财政竞争 / 313

　　12.2.4 中国政府间财政竞争的特点 / 315

12.3 中国政府间财政竞争的规范 / 316

　　12.3.1 财政分权改革与中国政府间财政竞争的规范 / 316

　　12.3.2 规范中国政府间财政竞争的其他措施 / 317

第1章

地方财政学导论

【本章学习目标】

- 掌握地方政府和地方财政存在的必要性
- 掌握地方财政的基本构成要素
- 掌握地区间的流动性与差异性的相互关系及其对地方财政的影响
- 掌握我国地方财政问题凸显出来的主要原因
- 掌握我国地方财政问题凸显出来的具体表现

根据级次的不同,"政府"可以分为"中央政府"(或"联邦政府",下同)和"地方政府"。地方政府是行使部分国家权力、管理特定区域社会公共事务的政府单位。① 地方政府的设立,是地方财政产生和地方财政问题存在的基本前提。

1.1 多级政府体系中的地方政府与地方财政

在当今世界,绝大部分国家的政府都是由中央政府和地方政府共同组成的多级政府体系(Multi-level Government)。② 可以说,多级政府的产生和存在,既是历史沉淀的结果,也是现实发展的需要。在现代社会,与多级政府体系相适应的是多级财政体系的存在。

1.1.1 多级政府体系中的地方政府

目前,全球有190多个具备国际法主体地位的国家。通过对其中有代表性国家政府体系的考察可以发现,不管是联邦制国家,还是单一制国家,不管是经济发达国家,还是发展中国家,不管是国土面积非常辽阔的国家,还是国土面积相对狭小的国家,在其政府体系中,除中央政府外,基本上都设立有地方政府(参见表1-1),只不过不同国家地方政府的名称和级次不尽相同而已。

表 1-1 部分国家的社会经济状况与地方政府的层级设置

	国家	经济发展水平	国土面积(万平方公里)	人口规模(千万人)	人口密度(人/平方公里)	地方政府层级数
单一制国家	中国	发展中国家	963.40	139.01	144	4
	法国	发达国家	55.16	6.5	117	3
	英国	发达国家	24.36	6.6	273	2
	日本	发达国家	37.79	12.70	348	2
	乌拉圭	发展中国家	17.62	0.34	20	1
联邦制国家	美国	发达国家	937.26	32.57	36	2
	德国	发达国家	35.70	8.27	237	2
	瑞士	发达国家	4.13	0.85	214	2
	印度	发展中国家	297.47	133.90	450	2
	阿根廷	发展中国家	277.69	4.39	16	2

资料来源:根据中华人民共和国外交部网站、维基百科(Wikipedia)和百度百科的相关资料整理。

---

① 目前,学术界还没有就"地方政府"形成一个普遍接受的界定。在相当多的英文文献中,"Local Government"(地方政府)通常指的是中间层次政府以下所有级次的政府(All governments below second tier government),而不包括"中间层次政府",如美国和澳大利亚的州(State)、加拿大的省(Province)、德国的州(Länder)以及瑞士的州(Canton)等。本书中所使用的"地方政府"概念指的是中央政府(或联邦政府)以下的其他所有级次的政府,这种意义上的"地方政府"与英文文献中所使用的"Subnational Government""Subcentral Level of Government"或"Regional Authority"的含义大体相当。然而,本书部分章节在涉及美国、德国等国家时所使用的"地方政府"概念,有时仅指基层地方政府,根据具体的行文,可以做出准确的判断。

② 安道尔、摩纳哥等城市国家,梵蒂冈、圣马力诺等"袖珍"国家以及部分岛屿国家,只设立有一级政府。

在诸多影响因素中,国家结构形式对一个国家政府体系的设置及各级政府相互间的关系有着关键性的影响。就国家结构形式来看,绝大部分国家都可以归并到"联邦制国家"(Federal Countries)和"单一制国家"(Unitary Countries)两种类型中去。① 在不同的国家结构形式下,地方政府在构成、权力配置以及与中央政府的关系等方面都存在较大的差异。

(1) 联邦制国家政府体系中的地方政府

联邦制国家是由若干个享有相对主权的政治实体,如州、邦或共和国等,作为组成单位通过协议联合组成的统一国家。② 在联邦制体制下,各成员单位政府或地方政府拥有相对独立的主权,联邦政府的权力来自各成员单位政府的让与,联邦政府与成员单位政府各自的权限范围一般都在联邦宪法中予以明确划分,联邦政府和成员单位政府都无权擅自改变两者间权力的划分。③ 各级政府都在自己的职权范围内自主行动,不得逾越宪法的规定而干涉其他级别政府的事务。各成员单位政府可以在联邦宪法所规定的权力范围内,制定适合本成员单位的宪法和法律,并自主决定和管理本地区的公共事务。联邦制国家在国家机构设置方面,设立了联邦政府和成员单位政府两套政府体制,除存在联邦立法、行政和司法系统外,各成员单位政府也分别设立了自己的立法、行政和司法系统。

联邦制国家成员单位下属的各级政府,实行地方自治,其自治权受到法律保护。联邦成员单位各自独立并存在较大的差异,这就决定了基层地方政府在组织形式、职权范围和管理方式上是灵活多样的,没有统一的标准和规范。由于对下属地方政府的管理是成员单位政府的专有权力,因而基层地方政府同联邦政府一般不会太多地发生直接的关系。虽然联邦成员单位政府与基层地方政府之间有着隶属关系,但成员单位政府极少直接干涉所属基层地方政府的事务。可见,通过受宪法保障的联邦政府与地方政府之间的分权,联邦制将国家的统一性与地方的多样性纳入一个单一的政治体制之中。④

专栏1-1　　典型联邦制国家的地方政府设置

美国是最典型的联邦制国家,也是当今世界经济最发达的国家之一,国土面积937.26万平方公里。美国的地方政府体系由州政府和州以下的各类地方政府构成。尽管州在美国的法律中被界定为"组成联邦的成员单位或成员政府",是具有相对独立性的准中央政府,但它通常仍被认为是美国地方政府体系中的基本单位。州以下的地方政府,是州的分治区,它由州设立和撤销,或经过州的批准和认可而成立。美国州以下地方政府的

---

① 从理论上说,国家结构形式还包括"邦联制国家"(Con-federal Countries),但在实践中很少见。
② 联邦制国家有"二元联邦制"(Dual Federalism)和"合作联邦制"(Cooperative Federalism)两种模式。在二元联邦制模式下,联邦和州政府的责任是分离并独立的;而在合作联邦制模式下,不同层级政府的责任大都是重叠的。澳大利亚、加拿大、印度、巴基斯坦和美国都是二元联邦制国家。在实践中,合作联邦制模式又有"相互依存型"(如德国、南非等)、"相互影响型"(如比利时等)和"相互独立型"(如巴西)等三种类型。
③ 何华辉.比较宪法学.武汉:武汉大学出版社,1988,148.
④ 王丽萍.联邦制与世界秩序.北京:北京大学出版社,2000,20.

规模、结构、职能、权力以及相互关系,在不同的州存在很大差异,没有全国统一的建制,但一般来说,州以下地方政府单位具体包括"一般目的型政府"和"特殊目的型政府"两种类型。

一般目的型政府(General Purpose Governments)是综合职能的地方政府,具体包括县(Counties)、市(Municipalities)、镇(Townships),它们在本行政区域内行使一般性的管理职能,如社会治安、公共安全、土地规划和公用事业等。县是美国州以下地方政府体制中最普遍、最稳定的组织形式,它是州政府为了分散某些职能而设立的"行政附属"单位(Extensions of State Government)。县政府往往充当州政府的代理机构,对境内的市和镇行使州政府所委托的责任和权力,它们之间存在直接的上下级关系。市是一个自治程度比较高的组织,它是为了向聚居在一起的居民提供公共服务,根据居民自愿申请、经州政府特许而成立的,市政府与州政府之间则没有行政隶属关系。

特殊目的型政府(Special Purpose Governments)通常是为了某种特定的目的,如环境治理、废物处理等而建立的单一职能地方政府,这些问题往往跨越不同的县、市、镇,无法依靠一般目的型政府来解决。美国特殊目的型政府主要有"学区"(School Districts)和"特别区"(Special Districts)两种。特别区具体包括灌溉区、公园区、消防区、水管理区、土壤保护区、公墓管理区和卫生区等,其管辖范围往往与普通行政区域不一致,有时甚至会切割普通行政区域的疆界,但在有些情况下,某些特别区也同镇的区划一致。学区和特别区享有独立的征税权,有的还有资格接受政府间财政转移支付并在特定领域内发行公债,这是它们在美国被归类于"政府"范畴的主要原因。

注:即使是被认为是美国地方政府体系中基本单位的"县",也并不是在全美范围内都存在。如在路易斯安那州和阿拉斯加州,与"县"相当的政府单位被分别叫作"Parishes"和"Borough",而不是"Counties"。
资料来源:根据文特森·奥斯特里姆等.美国地方政府.北京:北京大学出版社,2004,1—10编写整理。

---

(2) 单一制国家政府体系中的地方政府

单一制是由若干个不具有独立性的行政区域单位或自治单位组成的统一国家。单一制国家通常只有一部宪法和一套政府体系,国家的一切权力属于中央政府,地方政府的权力来自中央政府的授予,通常情况下地方政府的权力是没有宪法保障的[①],中央政府可以根据法律的规定改变或调整其对地方政府的授权。在实行中央集权的同时,单一制国家也实行某种程度的地方自治或分级管理。在中央政府的统一领导下,地方政府在宪法和法律规定的权限范围内行使其职权。在单一制国家,中央政府与地方政府之间存在行政隶属关系,地方政府从某种意义上可以说是中央政府的代理机构。

按照地方政府权力的大小,单一制国家可以划分为中央集权型单一制国家和地方分权型单一制国家两种类型。在中央集权型单一制国家,中央政府对地方政府实行统一领导,地方政府在中央政府的严格控制下行使权力,由中央政府委派官员或由地方选举的官

---

① 何华辉.比较宪法学.武汉:武汉大学出版社,1988,148.

员代表中央政府管理地方公共事务,地方没有自治权,或地方虽设有自治机关,却要受中央政府的严格控制。在地方分权型单一制国家,中央政府与地方政府实行一定程度的分权,地方政府在处理本地区公共事务时享有自治权;尽管中央政府有权监督地方政府,但一般不直接干预地方性事务。

专栏 1-2　　　　　典型单一制国家的地方政府设置

中央集权型和地方分权型的单一制国家,虽然国家结构形式相同,但各自地方政府的设置状况仍存在一些区别,这在法国和英国的地方政府设置上体现得非常明显。

- 中央集权型单一制国家的地方政府设置:以法国为例

法国是一个由本土、科西嘉岛、五个海外领地和五个海外省组成的经济发展水平较高的国家,国土面积 55.16 万平方公里。根据 1982 年制定的《权力下放法案》,法国在中央政府以下设有行政大区,在行政大区下又设立了省和市镇,三级地方政府之间没有直接的从属关系。目前,法国设有 13 个行政大区、96 个省和 36 681 个市镇。法国还在省下面设立了专区和县,但它们不是一级正式的政府。

- 地方分权型单一制国家的地方政府设置:以英国为例

英国由英格兰、苏格兰、威尔士和北爱尔兰四个部分组成,国土面积 24.36 万平方公里,它也是当今世界经济最发达的国家之一。英国每一个组成部分的地方政府设置状况都不尽相同。在苏格兰、威尔士和北爱尔兰,英国设立了地区政府(议会),这是介于中央政府和基层地方政府之间的一级政府;在地区政府(议会)下,英国还在苏格兰地区设立了 32 个区政府(含 3 个特别管辖区政府),在威尔士地区设立了 22 个区政府,在北爱尔兰地区设立了 26 个区政府。而在英格兰地区,英国没有设立地区政府(议会),而是设立了 43 个郡政府,但在"大伦敦"(Greater London)区,英国设立了 32 个独立的城区(London Boroughs)政府和"金融城"(City of London)政府,英格兰地区的基层地方政府直接对中央政府负责。

注:法国行政区划数据中不包括海外领地。

资料来源:根据安瓦·沙.工业国家的地方治理.北京:清华大学出版社,2010,83—85,268—273 编写整理。

(3) 中国政府体系中的地方政府

中国是一个由多民族组成的单一制国家①,也是当今世界人口规模最大、疆域最为辽阔的发展中国家。中国的地方政府体系比较复杂,在中华人民共和国成立后的半个多世纪里,地方政府的级次、名称和具体构成经过了多次调整。

中华人民共和国成立初期,中国的地方政府由行政大区政府、省政府、县政府和乡镇

---

① 有学者认为,香港和澳门回归以后,中国的国家结构形式已经具有了某种联邦制的特征。

政府等构成,与此同时,在省政府和县政府之间还设有作为省政府派出机构的行政公署,从而形成了"四个正式层级、一个准层级"的地方政府体系。1953—1954年间,行政大区被改为"中央行政分治区",省成为最高级次的地方政府单位,地方政府体系也相应地变为"三个正式层级和两个准层级"。1954年《宪法》通过后,行政大区被撤销,而行政公署得以保留,部分省、自治区还设置了自治州,从而形成了"省、自治区—自治州—县、市—乡、镇"四级制与"省、自治区—(专区)—县、市—乡、镇"准四级制并存但准四级制居主体地位的地方政府体系。"文化大革命"期间,行政公署成为一级正式的地方政府,乡政府被人民公社取代。在改革开放初期,行政公署又恢复了其原有的行政分治区地位;"市领导县"的体制在1983年的地方机构改革中出现后,这一体制得到较快发展,相当数量的行政公署都改为地级市,这一时期乡政府也得以恢复。

目前,中国实行的是"省、自治区、直辖市—市、地区、自治州、盟等—县、市、旗等—乡、镇等"的四级地方政府体制。① 截至2017年年底,中国共有省级行政单位(包括省、自治区和直辖市)31个②,地级行政单位(包括地级市、地区、盟和自治州)334个,县级行政单位(包括县、县级市、旗和市辖区等)2 851个,乡镇级行政单位(包括乡、镇和街道办事处等)39 888个。

1.1.2 地方政府产生的原因

任何一个国家对社会的公共治理,都是依托"政府"这一组织机构完成的。在人类发展的早期社会,国家的面积狭小、人口稀少,社会公共事务并不复杂,此时的国家机构也比较简单,只设立一级政府就可以进行有效的公共治理。在这样一种情况下,是不需要设立地方政府的。随着生产力的不断发展和生产关系的日益复杂,部分相对强大的国家持续对外进行侵略和扩张,而那些较为弱小的国家则不断被蚕食和吞并,从而形成了一些疆域辽阔、人口众多的国家。在这些规模较大的国家中,随着领土的扩张和人口的增长,需要国家管理的社会公共事务越来越多,而且这些公共事务也越来越复杂,此时仅仅依靠一级政府根本无法进行有效的公共治理。地方政府就是在这样一种背景下应运而生的,它是人类社会发展到一定阶段的产物。

从根源上看,地方政府的产生和存在,与"社会分工"有着不解之缘。社会分工是人类社会发展的一条基本规律,它不仅被广泛运用在社会经济生活中,而且体现在政治生活中。人类的社会经济活动随着历史的推进而日趋复杂,这一状况不仅使得国家机构所担负的政治职能加强了,而且它所承担的社会经济职能也相应地不断强化。国家功能扩大的一个必然结果,就是管理意义上的政府也要服从社会分工规律。也就是说,在国家的疆

---

① 虽然从总体上看中国实行的是四级地方政府体制,但在个别地区,地方政府的层级却有所不同。新疆维吾尔自治区的伊犁哈萨克自治州下辖有塔城和阿勒泰两个地区,塔城和阿勒泰两个地区各自又下辖有县,从而形成了独特的五级地方政府体制;在京、津、沪、渝等直辖市的郊区以及海南省,地方政府的层级为三级;而在京、津、沪、渝等直辖市的市区,地方政府的层级只有两级。

② 统计数据中不包括台湾、香港和澳门。

域越来越辽阔、人口越来越多、社会公共事务越来越复杂的情形下,仅仅依靠一级政府已经很难有效地处理好全部的社会公共事务,这就需要建立一个由多级政府组成的政府有机体在合理分工的基础上共同承担原来由一级政府来做的事情。只有这样,才能对越来越复杂的社会公共事务进行有效的管理,才能更好地促进社会经济的发展和社会成员福利水平的提升。马克思所说的"事实上这种分工不过是为了简化和监督国家机构而实行的日常事务上的分工罢了"①,就是对这种状况的高度概括。

在现代社会中,地方政府存在的价值已经不再仅仅停留在管理的便利性和有效性上,而更多地具有政治和经济等方面的意义。地方政府是本地区社会经济发展的组织者、调控者和服务者,承担着推动本地区社会经济快速、健康发展的重要职责。地方政府比中央政府更接近本地区的居民(More Close to People),更了解辖区内社会成员的需求,从而能够比中央政府以更高的效率向本地区的居民提供更适合其需要的公共安全、文化教育、道路交通和公共卫生等公共产品和服务。② 此外,地方政府的存在给偏好各不相同的社会成员以更多的选择,同时也有利于发挥民主。

1.1.3 地方政府的特征

作为管理一个国家部分区域社会公共事务的政府单位,地方政府在很多方面都与中央政府存在不同。其中一个较为重要的差别是,地方政府具有职责的双重性、权责的有限性和多层级性等特征。正确认识地方政府的这些特征,对有效发挥地方政府和地方财政的职能具有积极的意义。

(1) 地方政府职责的双重性

地方政府职责的双重性,主要体现在地方政府既要行使"管理性职能",也要行使"执行性职能"。虽然不同国家处理政府间关系的模式各不相同,地方政府在权力结构和权力分配上也存在较大差异,但每一个国家的地方政府都具有这两种职能。

地方政府的管理性职能,主要体现为地方政府对其管辖区域内的社会公共事务所进行的组织、协调、指挥和控制等活动。管理性职能是地方政府最基本的职能,它也是地方政府产生和存在的根本性原因。不管是在单一制国家还是在联邦制国家,地方政府都会以本地区社会公共利益代表者的身份管理本地区的各项公共事务,只是管理的方式和范围不同而已。

地方政府的执行性职能,具体表现为地方政府在部分社会公共事务的管理过程中也要执行中央政府或联邦政府的政策、指令或受制于国家的法律。事实上,任何国家的地方政府都要不同程度地接受中央政府或联邦政府的领导、监督或调控。在相对集权的单一制国家是如此,在分权程度较高的联邦制国家也不例外,只不过联邦制国家地方政府的执行性职能一般要比单一制国家弱一些。

---

① 马克思,恩格斯.马克思恩格斯全集(第5卷).北京:人民出版社,1975,224—225.
② "公共产品"(Public Goods)、"公共服务"(Public Services)与"公共产品和服务"(Public Goods and Services)等,在本书中被视为进行同义表达的三个概念。

(2) 地方政府权责的有限性

地方政府权责的有限性主要体现在地方政府权责发挥作用的地域范围是有限的以及地方政府权责所涉及的社会公共事务也是有限的两个方面。地方政府本来就是为分担社会公共事务的管理而设立的。在需要政府管理的社会公共事务中,有一部分必须因地制宜地分区域进行管理,而另外一部分因为公共事务本身超越了地域范围,所以需要由中央政府进行统一的管理。也就是说,地方政府所负责的只是全部社会公共事务中的一部分。在地理空间上,地方政府行使其权责也仅限于其所管辖的地域及居住在其辖区内的社会成员。

(3) 地方政府的多层级性

虽然不同国家地方政府的设置状况各不相同,但在相当多的国家,地方政府都不只有一个层级,有的国家设立了两级地方政府,有的国家设立了三级地方政府,还有的国家设立了四级地方政府(参见表1-1)。在当今世界主要国家中,设立两级地方政府的国家居多。地方政府的多层级性意味着在地方政府体系内部,不同级次的地方政府之间也要就其承担的社会公共事务进行一定程度的分工与协作。

1.1.4 地方财政的构成要素

财政是以政府为主体的经济活动,与多级政府体系相对应而存在的是"多级财政"(Multi-level Finance)。只要有"一级政府",就必然会有"一级财政"与之相对应。一般认为,一级完备的地方财政是由"一级政府事权""一级政府财力""一级政府财权"和"一级政府预算"等基本要素(Core Elements of Subnational Fiscal System)构成的。

(1) 一级政府事权

政府事权(Public Service Delivery Power)是一级政府所拥有或承担的管理社会公共事务的权力。政府事权是相对抽象的政府职能的具体化,从某种意义上可以说,"一级政府、一级事权"解决的就是政府职能在不同级次政府间的配置问题。

一级政府在行使其事权的过程中,必然要有相应的财政支出活动①,所以一级政府事权在规定了一级政府所承担社会公共事务的性质和范围的同时,也基本确定了一级政府的财政支出职责(Expenditure Responsibility)。

(2) 一级政府财力

政府财力指的是各级政府在一定时期内实际支配的、主要以货币形式存在的社会资源。拥有一定数量的财力,是一级政府有效行使其事权的基本保障。

地方政府实际可支配的财力包括"地方政府自有财力"(Own-source Revenue)和来自上级政府的"转移性财政收入"(Transferred Revenue)两部分。地方政府自有财力是按财政体制的相关规定,由各级地方政府征收管理的财政资金,具体包括地方政府税收收入、地方政府收费收入、地方政府财产性收入和地方债务收入等。在各个国家的财政实践中,

---

① 在正常情况下,事权会具体落实到财政支出上。如果制度设计不恰当,则也有可能出现事权与支出职责不匹配的状况。这也是中国现阶段提出要建立"事权与支出职责相匹配"的财政体制的原因。

基于宏观调控等方面的考虑,中央政府往往会集中较大规模的财力,然后为实现特定的社会经济目标将部分财政资源以一定的形式移交给地方政府,这对地方政府来说也是一种很重要的财政收入来源。在很多国家,转移性财政收入在地方政府实际可支配财力或地方财政支出中所占的比重都不低。①

(3) 一级政府财权

政府财权(Fiscal Power)是政府为了履行其职能,支配和管理财政收入的权力。对地方政府而言,财权主要指的是与地方政府自有财力相关的立法权、行政权和司法权,而不包括与转移性财政收入相关的各项权力。

根据财政收入形式的不同,财权具体可以区分为"税权""费权""债权"和"产权"等多项内容,每一项权利又可以做进一步的细分,如税权就可以分为"税收立法权""税收行政权"和"税收司法权"等。税收是市场经济条件下最基本的财政收入形式,因此税权是一级政府财权的核心。对地方政府而言,费权、债权等对提高其财政自主权有着相当积极的意义。

(4) 一级政府预算

政府预算(Government Budget)是一级政府从事财政活动的具体反映。虽然有一级政府,就必然会有一级财政与之相对应,但并不是每一级财政都会在预算管理体制中获得相对独立的地位。有无一级独立的预算,是衡量一级地方政府财政在整个财政体系中是否具有独立性的重要标志。

一个国家地方财政基本构成要素的具体配置,主要取决于这个国家的"政府间财政关系"(Intergovernmental Fiscal Relations)及相应的制度安排。在现实中,就"事权""财力"和"财权"这三个核心要素的配置而言,其既可以是相匹配的,也可以分离开来并在不同级次的政府间进行不同的配置,从而形成"财力与事权相匹配"和"财权与事权相匹配"两种不同的模式。一级地方政府要履行其职能,必然要以相应的财力为基础,即"一级事权"必然要求有"一级财力"与之相对应,这就是所谓的"财力与事权相匹配"。然而,一级政府在履行其职能的过程中,并不必然要求有与事权完全匹配的财权。在相当多的单一制国家,地方政府在拥有相应财力的同时并不拥有相应的财权;然而,在一些联邦制国家,地方财政基本构成要素的配置,大体上属于"财权与事权相统一"模式,地方政府不仅具备与事权相适应的财力,而且拥有与事权相匹配的财权。

1.2 中国地方财政问题的凸显

地方政府与地方财政的设立,只是地方财政问题存在的必要条件,而不是充分必要条件。1949年以来,中国先后实行了计划经济和市场经济两种不同类型的经济体制。计划

---

① 在有些发展中国家和转型国家,政府间财政转移支付大约占地方财政支出的60%,而在经济发展与合作组织(OECD)的成员国中,这一比例大约为1/3(参见罗宾·鲍德威,沙安文.政府间财政转移支付:理论与实践.北京:中国财政经济出版社,2011,13)。

经济时期,中国并不存在真正意义上的地方财政。直到市场化改革之后,中国的地方财政问题才逐步凸显出来。

1.2.1 地区间的差异性与流动性

一个国家只有一个中央政府,地方政府的数量在不同的国家各不相同,但在大部分国家都比较多,如日本设有 47 个包括都、道、府和县在内的中间级次政府,以及 1 719 个市、町和村等基层政府,而法国设有 13 个行政大区、96 个省和 36 681 个市镇(见表 1-2)。每一个地方政府背后,都有相应的行政辖区。数量如此之多的地区,既是多样性的体现,同时其中又必然包含了地区间的差异性(Diversity)。

表 1-2 部分国家地方政府的数量

国家	一级地方政府数量	二级地方政府数量	三级地方政府数量	四级地方政府数量
中国	31	334	2 851	39 888
俄罗斯	8	85	2 864	25 736
印度尼西亚	34	502	6 543	75 244
法国	13	96	36 681	—
西班牙	17	50	8 041	—
美国	51	82 949	—	—
英国	5	156	—	—
日本	47	1 719	—	—
乌拉圭	19	—	—	—

资料来源:根据中华人民共和国外交部网站、维基百科(Wikipedia)和百度百科的相关资料整理。

地区间不仅有自然地理条件方面的差异,而且有经济发展水平、经济结构、人口规模与结构、社会文化、历史传统以及体制等方面的不同。在一个国家内部,有的地区地理位置优越、自然资源丰富、社会经济较发达,也有着悠久的历史文化传统,而有的地区所处的地理位置偏僻、资源匮乏、经济和社会发展滞后,也没有太多的历史文化积淀;有的国家不同地区间甚至还有语言等方面的不同。多方面因素叠加在一起,无疑使得地区间的差异性变得更加明显和突出。

在市场经济条件下,地区间既在政治、经济和社会等诸多领域存在较大的差异,又具有较强的"流动性"(Mobility)。地区间的流动性有"经济流动性"和"物质流动性"两种类型。[①] 经济流动性(Economic Mobility)是指包括自然人和法人在内的"人",可以自主地在不同地区之间选择最适合自己居住、工作、投资和消费的场所;而物质流动性(Physical Mobility)则是指各种生产要素在市场机制这只"看不见的手"的指引下,为实现利益最大

---

① Ronald C. Fisher. *State and Local Public Finance*. Routledge, 2016, 4.

化而在不同地区之间进行转移。人的流动和物的流动,在有些情形下可以结合在一起,但在有些情形下也可以是分离开来的。

不论是在哪一个国家,地区间的差异性都是一种客观存在,它常常与地区间的流动性结合在一起并相互作用、相互影响。人和生产要素跨地区的流动,实际上就是对地区间差异性的一种反应。如果没有地区间的差异性作为基础,那么人和各种生产要素就失去了在各个不同地区之间进行流动的动力;而地区间的流动性又反过来促使地区间的差异性变得更为复杂,因为人和生产要素跨地区的流动既有可能缩小地区间的差距,也有可能拉大地区间的差距。在现实生活中,地区间的流动性总是不完全的。之所以如此,主要基于以下三方面的原因:第一,部分生产要素对地面的附着力很强,如房产和土地,根本无法移动;第二,现实中有些生产要素的流动,在很大程度上受到体制方面因素的限制;第三,有些生产要素的流动成本非常高,也限制了其流动性。地区间不完全的流动性,使得生产要素不可能通过流动实现空间上的均衡分布。如果人和生产要素在各个地区间不能自由地流动或者流动性不强,那么地区间的差异性极有可能就不会受到人们的重视,从而逐渐变得不那么重要。①

地区间的差异性和流动性,对地方政府的财政行为和财政政策的影响非常大,因为地区间的流动性必然会使原有的财政资源配置格局发生改变。比如各种生产要素在不同地区之间的流动,意味着税基在各地区之间的流动,这会引起财政收入在各地区之间的再分配,从而可能导致地区间的矛盾和冲突以及地区间的财政竞争;再如地区间的流动性会降低地方财政政策在收入分配和宏观经济稳定方面的有效性。正因为如此,由地区间的差异性产生的选择性与地区间的流动性相结合,就成为影响地方财政活动的一个重要因素,而且也是贯穿地方财政问题研究的一条主线。②

1.2.2　中国计划经济体制下的地方财政

计划经济时期,虽然中国的政府体系被划分为中央政府和地方政府,相应的财政体系也被区分为中央财政和地方财政,但这一时期的地方财政问题并没有深入研究的必要。

在计划经济体制下,中央政府对整个社会经济生活的方方面面都实行着严格的计划管理,大到整个国民经济计划的制订,小到一个工厂所要生产产品的种类和数量,都被涵盖其中。在这样一种体制下,人和生产要素极其有限的跨地区流动都要服从或受制于国家计划的安排。以人的流动为例。除以计划为基础的资源配置方式对人口流动的限制外,中国在计划经济时期实行的户籍制度、就业制度和人事管理制度等措施,都在不同方面起到了限制人口自由流动的作用。户籍制度是中国计划经济时期限制人口在各地区之

---

① Ronald C. Fisher. *State and Local Public Finance*. Routledge, 2016, 4.
② 权威的《新帕尔格雷夫经济学大辞典》(*The New Palgrave Dictionary of Economics*)在"地方财政"(Local Public Finance)词条中"The mobility of consumers and producers in response to fiscal incentives gives the study of local public finance its distinctive character"的描述,就揭示出地区间的流动性对地方财政研究的重要性。

间自由流动最重要的制度安排。在户籍制度下,根据地域和家庭成员关系,户籍属性被区分为农业户口和非农业户口。一个人出生后在其母亲的户籍所在地进行户籍登记,除升学、招工和提干等引致的少量人口迁移外,绝大多数的人口迁移都得不到政府的认可,这样就将城乡人口的分布和劳动力的配置固定了下来。[①] 计划经济条件下,劳动力就业也是国民经济计划管理的一项重要内容。在这一时期以"统包统配"为主要内容的就业制度下,城镇劳动力统一由国家包揽就业,由行政手段实行统一计划、统一招收、统一调配,它具有较强的指令性特征,政府劳动人事部门安排某个人到某个地方去工作,他就必须到那儿去工作。在实行指令性的就业制度的同时,中国还辅之以严格的人事管理体制,没有人事档案随行,一个人想到其他地区去工作或就业几乎是不可能的事情,只能留在其人事档案所在地。在城镇实行的指令性就业制度和严格的人事管理制度等措施,以及在农村实施的人民公社制度,还与户籍制度一起产生合力,使得流动人口在许多公共服务的供给上受到歧视性的待遇,这极大地限制了中国人口的自由流动。

专栏 1-3　　　　　　　　中国计划经济时期的人口流动

中华人民共和国成立初期,人口自由迁徙权在 1949 年通过的《中国人民政治协商会议共同纲领》和 1954 年制定的中华人民共和国第一部宪法中均得以确认,所以 1954—1956 年间中国人口的流动性也相对较强,全国人口迁移数达到 7 700 万,占总人口的 11%。尽管如此,在这一时期政府部门发布的政策文件中,已经出现限制人口自由流动与迁徙的迹象。1952 年 11 月,《人民日报》发出了关于"盲流"的预警信号。1953 年 4 月,政务院下达了"劝止农民盲目流入城市的指示",首次以政府的名义要求各地对流入城市的农村劳动力实行计划管理。1956 年 12 月—1957 年 12 月间,中央政府及有关部门又连续发布了 9 个限制农民进城的文件。

1958 年颁布的《中华人民共和国户口登记条例》,正式确立了户口迁移审批制度和凭证落户制度,人口可以相对自由流动的状况从此彻底发生了改变,这也标志着中国以严格限制农村人口向城市流动为核心的户口迁移制度的形成。从此,中国的户籍管理不仅实行严格的迁移事前审批,而且还与各项公共服务联系起来。正是由于户籍制度的限制,从 20 世纪 50 年代后期至 80 年代初期,全国流动人口的规模一直都不是很大,直到 1982 年也只有 657 万人,仅占总人口的 0.66%。

资料来源:根据程默.我们怎样失去迁徙自由的.当代中国研究,2007(4)编写整理。

人和生产要素在各地区间的流动性低,由流动而引致的财政利益跨地区转移就不会频繁发生,因此而产生的地区间的财政矛盾和冲突就会少很多。尽管中国在计划经济时

---

① 蔡昉,林毅夫.中国经济.北京:中国财政经济出版社,2003,52.

期各地区之间存在较为显著的差异,但由于地区间的流动性非常低而使得地区间的差异性没有受到人们太大的重视。正是因为在计划经济时期地区间的流动性和差异性要么被人为消除,要么显得不那么重要,所以这一时期的地方财政问题就是无关紧要的,自然也就没有进行深入研究的必要。

此外,计划经济体制下强调的"全国一盘棋",也否定了地方政府具有区别于由中央政府所代表的整体利益的特殊利益。此时的地方政府只不过是中央政府为了便于地方公共事务的管理而设置的一个机构,它不仅功能十分单一,而且在结构上也与中央政府具有高度的同质性。作为中央政府在地方的代表,地方政府是中央政府的行政附属物,只能充当中央政策的传声筒和被动执行者,根本不具有"自主行为"的能力,只能被动地服从中央政府的指令实施"受命行为"。这一背景下的地方财政,毫无疑问就是中央财政的延伸,没有任何的独立性可言。这也是中国计划经济体制下地方财政问题变得无足轻重的重要原因之一。

1.2.3 市场化改革与中国地方财政问题的凸显

改革开放后,随着经济体制市场化程度的不断提升,中国的社会经济生活乃至政治生活都发生了较大的变化。就财政而言,较为突出的一个变化就是地方财政问题的逐步凸显。中国的地方财政问题,就是在市场化改革过程中,主要在地区间依然存在的差异性、不断增强的流动性以及地方政府自主性的提升等因素的共同作用下凸显出来的。

1. 市场化改革并没有消除原先就存在的地区间的差异性

不同地区的自然地理条件、资源禀赋和历史文化传统等,一般都难以在短期内发生改变,相对容易发生改变的是经济发展水平。计划经济时期,中国各地区之间的经济发展本来就存在较大的差异。市场化改革之后,中国各地区之间原先就存在的经济差距依然存在,并没有大幅度的缩小或消除,不管是绝对经济差距还是相对经济差距,不管是使用人均 GDP(国内生产总值)指标还是人均财政收支指标来衡量,都是如此。

表 1-3 中的数据分别显示了正式确定建立社会主义市场经济体制目标四年后的 1996 年和市场化改革进行二十多年之后的 2016 年中国各地区间的绝对经济差距。1996年,中国有上海、北京和天津等 3 个直辖市的人均 GDP 超过 1 万元,其中最高的上海市人均 GDP 甚至超过 2 万元,达到 22 275 元;而甘肃、西藏和贵州等 3 个排名靠后省区的人均 GDP 均低于 3 000 元,其中排名最后的贵州省人均 GDP 只有 2 093 元,与上海市相差 2 万多元,只相当于它的 9.40%。除人均 GDP 存在较大的地区差距之外,各地区人均财政收入和人均财政支出也存在较大的差距。1996 年,上海市、北京市和天津市的人均财政支出都超过 1 000 元,分别为 2 348 元、1 489 元和 1 194 元,而排名后四位的河南省、贵州省、四川省和安徽省的人均财政支出均不足 300 元,分别仅为 278 元、280 元、286 元和 294元,与最高的地区相比相差 2 000 多元。1996 年各地区间人均财政收入的差距,也大体类似(参见表 1-3)。

表 1-3 中国地区间的绝对经济差距 单位：元

地区	1996 年						2016 年					
	人均 GDP		人均财政收入		人均财政支出		人均 GDP		人均财政收入		人均财政支出	
	数额	排名	数额	排名	数额	排名	数额	排名	数额	排名	数额	排名
北京	15 044	2	1 199	2	1 489	3	118 198	1	23 394	2	29 497	2
天津	12 270	3	834	3	1 194	4	115 053	3	17 520	3	23 798	5
河北	5 345	12	234	18	358	21	43 062	19	3 827	26	8 123	30
山西	4 220	17	271	15	428	18	35 532	27	4 239	22	9 335	25
内蒙古	4 259	16	248	16	548	15	72 064	8	8 016	7	17 940	7
辽宁	7 730	8	514	5	765	6	50 791	14	5 024	15	10 451	22
吉林	5 163	14	293	12	558	14	53 868	12	4 607	19	13 074	11
黑龙江	6 468	10	340	8	560	13	40 432	22	3 018	31	11 109	18
上海	22 275	1	1 977	1	2 348	1	116 562	2	26 499	1	28 620	3
江苏	8 447	6	314	11	437	17	96 887	4	10 167	4	12 497	13
浙江	9 455	5	322	10	492	16	84 916	5	9 528	5	12 533	12
安徽	3 881	21	189	24	294	27	39 561	25	4 332	21	8 951	28
福建	8 136	7	436	6	614	11	74 707	6	6 884	10	11 086	19
江西	3 715	25	188	25	321	26	40 400	23	4 699	18	10 084	23
山东	6 834	9	277	14	411	19	68 733	9	5 921	11	8 846	29
河南	4 032	20	177	27	278	30	42 575	20	3 317	28	7 841	31
湖北	5 122	15	214	19	339	24	55 665	11	5 286	14	10 945	20
湖南	4 130	18	203	20	339	25	46 382	16	3 966	25	9 319	26
广东	9 513	4	689	4	864	5	74 016	7	9 511	6	12 309	14
广西	4 081	19	197	21	342	23	38 027	26	3 231	29	9 221	27
海南	5 500	11	418	7	615	10	44 347	17	6 975	9	15 060	9
重庆	—	—	—	—	—	—	58 502	10	7 347	8	13 196	10
四川	3 763	22	183	26	286	28	40 003	24	4 116	23	9 728	24
贵州	2 093	30	139	29	280	29	33 246	29	4 407	20	12 032	16
云南	3 715	25	322	9	669	9	31 093	30	3 810	27	10 552	21
西藏	2 732	29	100	30	1510	2	35 184	28	4 763	17	48 488	1
陕西	3 313	27	191	23	344	22	51 015	13	4 822	16	11 542	17
甘肃	2 901	28	176	28	369	20	27 643	31	3 021	30	12 092	15
青海	3 748	23	196	22	670	8	43 531	18	4 039	24	25 822	4
宁夏	3 731	24	243	17	567	12	47 194	15	5 773	12	18 683	6
新疆	5 167	13	286	13	680	7	40 564	21	5 460	13	17 395	8

注：表中的财政收支指的是地方本级财政收支。

资料来源：《中国统计年鉴》(1997，2017)和《中国财政年鉴》(1997，2017)。

2016年,中国有北京、上海、天津、江苏、浙江、福建、广东、内蒙古和山东等9个省、自治区和直辖市的人均GDP超过6万元,其中最高的北京市人均GDP达到118 198元;而排名最后的甘肃省的人均GDP只有27 643元,与北京市相差9万多元,只相当于它的23.39%。除人均GDP存在较大的差距之外,各地区人均财政收入和人均财政支出也存在较大的差距。2016年,上海市和北京市的人均财政收入均超过2万元,分别为26 499元和23 394元,而排名最后两位的黑龙江省和甘肃省的人均财政收入均不足4 000元,分别仅为3 018元和3 021元,与最高的地区相比相差2万多元。2016年各地区间人均财政支出的差距,也大体类似(参见表1-3)。可见,在明晰市场化改革方向的初期和改革推进二十多年之后,中国各地区间都存在不小的绝对经济差距。①

表1-4显示了市场化改革之后中国各地区间的相对经济差距。② 无论是使用相对差异系数还是使用最大最小比值作为衡量指标,中国各地区1980—2000年间人均GDP、人均财政收入和人均财政支出相对差距的变化趋势是大体一致的。在计划经济色彩还比较浓厚的1980年,各地区人均GDP相对差异系数为96.8%,1990年为83.0%,到2000年为74.7%。虽然各地区人均GDP相对差异系数在这20年间有所下降,但幅度并不大,这表明市场化改革之后中国各地区间的相对经济差距并未缩小太多。1980年各地区人均财政支出相对差异系数为59.5%,1990年为52.2%,2000年为72.1%。用这一指标来衡量,各地区间的相对经济差距非但没有缩小,反而还在1991—2000年间有所扩大。1980年各地区人均财政收入相对差异系数为200.0%,1990年为102.8%,2000年为105.6%。从各地区人均财政收入的角度来衡量各地区间的相对经济差距,似乎市场化改革之后已经有很大幅度的缩小,但这一变化的背后另有着深刻的经济体制原因。③ 如果将一些特殊原因排除在外,那么是不能从各地区人均财政收入相对差异系数这一指标在过去20年间的变化中得出"市场化改革后,中国各地区间的经济差距已经有很大幅度的缩小"的结论的。

---

① 用改革开放以来任何一个年份的数据来分析,都能得出这一结论。
② 由于中国地方财政问题是在20世纪八九十年代逐步凸显出来的,因此仅分析1980—2000年间中国各地区间的相对经济差距就足以说明问题。
③ 中国在计划经济时期形成的地区产业结构是相对富裕的东部地区以工业生产为主,而贫困的西部地区则以农业和初级工业为主。尽管在备战、备荒的年代里,国家也将一些工业化程度较高的工厂从东部地区搬迁到西部地区,但这并未使这一时期形成的地区产业结构发生根本性的改变。计划经济时期中国实行的是"统购统销"体制和以政府定价为主的价格机制。在这种背景下,西部地区的农产品和初级工业品等按照国家制定的相对较低的计划价格调拨到东部地区,东部地区的工业制成品又以相对较高的价格销往西部地区。工、农产品间的价格"剪刀差"实际上把本应在西部地区实现的财政收入转移到东部地区等少数几个大城市来实现。正是这种机制,才使得中国出现了各地区间的人均财政收入最大值与最小值的比值之间相差70余倍的情况。直到20世纪80年代中前期,中国经济体制中的计划经济成分还比较高,计划经济体制下形成的价格机制和地区产业结构仍然发挥着重要的作用。随着计划经济体制逐步被打破,原先形成的地区产业结构发生了较大的改变,而工、农产品间的价格"剪刀差"机制也在市场化改革中有了较大幅度的缩小,通过价格"剪刀差"方式在地区间转移财政收入所导致的人均财政收入最大值与最小值之间的差距自然也不再像以前那么大了。因此,各地区间人均财政收入最大值与最小值的比值和相对差异系数的大幅下降,并不能说明各地区相对经济差距的缩小。

表 1-4　中国地区间的相对经济差距（1980—2000 年）

年份	各地区人均 GDP		各地区人均财政收入		各地区人均财政支出	
	相对差异系数（%）	最大值/最小值	相对差异系数（%）	最大值/最小值	相对差异系数（%）	最大值/最小值
1980	96.8	14.2	200.0	70.8	59.5	6.1
1985	87.4	12.3	170.0	31.4	55.8	6.0
1990	83.0	11.9	102.8	13.7	52.2	4.8
1991	81.8	11.6	89.6	12.1	50.0	4.9
1992	84.7	12.5	88.1	12.2	45.7	5.0
1993	85.0	13.2	88.1	11.6	44.9	6.3
1994	66.7	9.8	90.4	13.9	66.4	9.0
1995	66.4	10.2	96.7	17.5	70.8	8.3
1996	66.6	10.6	98.1	19.8	71.2	8.4
1997	68.6	11.6	102.3	18.9	75.8	9.1
1998	70.3	12.1	102.7	17.9	75.0	9.2
1999	71.9	12.5	105.2	15.9	75.1	8.8
2000	74.7	13.0	105.6	14.8	72.1	8.1

资料来源：根据《新中国 50 年财政统计》和《中国财政年鉴》(1996—2002)相关数据计算得出。

可见，市场化改革非但没有消除中国各地区间的经济差距，反而在一定时期内在某些方面拉大了各地区间的经济差距。各地区间经济及其他方面差距的存在，为中国地方财政问题的凸显提供了一个基本的前提条件。

2. 市场化改革使得中国各地区间的流动性越来越强

改革开放之后，中国推行了市场导向的经济体制改革，与此同时也在政治和社会等方面进行了配套的改革。在经济体制从计划经济向市场经济逐步转轨的过程中，中国的资源配置方式从以计划机制为主转变为由市场机制发挥基础性的作用，再加上中国也不断地对户籍制度、就业制度和人事管理制度等进行幅度不同的改革，这些改变使得制约人和生产要素跨地区流动的障碍越来越少，从而不断提高了各地区间的流动性。

市场化改革使得中国各地区间的流动性越来越强，这首先表现为地区间人口迁移规模的持续扩大。根据测算，1987 年中国人口迁移的总规模为 3 000 万人，是改革开放之初的 4 倍多，1994 年和 1999 年中国人口迁移的总规模分别超过 4 000 万人和 5 000 万人[①]；到 2000 年，中国人口迁移的总规模已经超过 1 亿人。进入 21 世纪后，中国人口迁移的规模进一步扩大，2005 年已达 1.47 亿人，占总人口的 11.3%；2010 年更是突破 2 亿人，达

---

① 杨云彦.中国人口迁移的规模测算与强度分析.中国社会科学,2003(6).

到 2.21 亿人，占总人口的 16.5%；2014 年达到改革开放以来的顶峰，为 2.53 亿人，约占总人口的 18.5%；随后几年人口迁移的规模有所下降，但 2017 年仍然达 2.44 亿人。①

专栏 1-4　为什么市场化改革之后中国的人口流动性不断增强？

市场化改革之后，政治、经济和社会管理等方面的许多改革措施，如户籍制度改革、就业制度改革、人事管理制度改革和社会保障制度改革等，分别从不同侧面放松了对人口流动的限制，为跨地区人口流动规模的扩大提供了条件。

（1）户籍制度改革

随着经济体制改革的进行，中国的户籍制度改革被提上日程。1984 年 10 月，《国务院关于农民进入集镇落户问题的通知》颁布，此后农民可以自理口粮进集镇落户，户籍严控制度从此出现松动。1997 年 6 月、1998 年 7 月和 2001 年 3 月国家先后出台了《国务院批转公安部小城镇户籍管理制度改革试点方案和关于完善农村户籍管理制度意见的通知》《国务院批转公安部关于解决当前户口管理工作中几个突出问题意见的通知》与《国务院批转公安部关于推进小城镇户籍管理制度改革意见的通知》等多个规范性文件，进一步放松了小城镇的户籍管理，只要符合"有稳定生活来源和合法住所"条件的外地个人和家庭，都可以申请获得小城镇户口。

2013 年 11 月，《中共中央关于全面深化改革若干重大问题的决定》确立了建立"新型户籍制度"的改革目标，要求"全面放开建制镇和小城市落户限制，有序放开中等城市落户限制，合理确定大城市落户条件，严格控制特大城市人口规模"。2014 年 7 月，《国务院关于进一步推进户籍制度改革的意见》正式发布，决定统一城乡户口登记制度、取消农业户口与非农业户口的区分，同时提出要"稳步推进义务教育、就业服务、基本养老、基本医疗卫生、住房保障等基本公共服务覆盖全部常住人口"。所有这些举措，都大大降低了户籍制度对人口自由流动的负面影响。

（2）就业制度改革

改革开放之后，"统包统配"的就业制度在经过"双轨制"等过渡环节后逐步被市场导向的就业制度取代。大学毕业生就业制度就足以说明中国就业制度的变化。在过去相当长一段时间里，大学毕业生一般是按照"从哪里来，回哪里去"的原则进行工作分配，其就业的凭证是政府劳动人事管理部门签发的"派遣证"；而现在大学毕业生就业实行的是用人单位与毕业生之间的"双向选择"，基本上是大学毕业生愿意去、用人单位也同意接收就可以了，其就业的凭证不再是政府劳动人事管理部门签发的"派遣证"，而是双方签订的《就业协议书》。

（3）人事管理制度改革

严格的人事管理制度在改革过程中也逐步得以放松。在严格的人事管理制度有所松

---

① 《中国统计年鉴》（2018）。

动的背景下,越来越多的用人单位都不再过于看重求职人员的人事档案,甚至可以不要人事档案。于是,人事管理制度对人口在各地区之间流动的约束力就大大降低了。

资料来源:编者撰写。

除了人口的流动性不断增强,中国各种生产要素的流动性在市场化改革之后也得到了极大的提升,这具体体现在各地区间活跃的国内贸易和投资上。在过去的计划经济体制下,跨区域的贸易和投资都必须在国家指令性计划的安排下进行,但现在区域间的贸易和投资更多的是由各经济活动主体依据比较利益原则进行的。虽然中国目前限制各地区间生产要素自由流动的因素仍有不少,其中最为典型的就是"地方保护主义",但随着经济体制改革的深入,这些限制性因素的阻碍作用都将进一步减弱直至被消除。

人口和各种生产要素在各地区间流动性的不断增强,为中国地方财政问题的凸显提供了另一个基础性的前提条件。

3. 市场化改革使得地方政府逐步成为相对独立的利益主体

市场化改革既是对个人利益的一种肯定,又是对由各地方政府所代表的各个地区相对独立利益的一种承认。在市场经济条件下,不仅各地区间相对独立的利益是各不相同的,而且由地方政府所代表的局部利益也区别于由中央政府所代表的整体利益,它们之间在一定程度上也存在一定的相互排斥的关系,尽管从根本上看局部利益与整体利益是一致的。此外,在市场化改革中,社会经济形势的改变也促使中央政府不得不在政治、经济和文化等方面赋予各级地方政府更多的权力,这样地方政府就能够根据本地区的特殊利益以及本地区社会经济发展的目标自主地采取相应的行动,而不再是一味地服从中央政府的指令。

地方相对独立利益主体地位的确定和地方政府自主权的增强,也是导致中国地方财政问题凸显的重要原因之一。

1.2.4 中国地方财政问题凸显在现实中的表现

地方财政问题的凸显,在中国的相关财政实践和财政理论研究中都有所体现。

1. 地方财政活动的规模越来越大、自主性越来越强

从某种意义上来说,地方财政支出较好地体现了地方政府活动的规模和作用。1970年中国地方财政支出总额仅267.04亿元,占全国财政支出的比重为41.1%,而且这一时期地方财政支出的自主性比较低;1985年中国步入了经济体制改革的"全面推进阶段",此时的地方财政支出总额达到1 209亿元,占全国财政支出的比重为60.3%;1992年中共十四大明确提出建立社会主义市场经济体制的目标,此后地方财政支出的绝对规模和相对规模都有了进一步的提高,2000年中国地方财政支出总额为10 367亿元,占全国财政支出的65.3%;2008年中国地方财政支出总额达到49 248亿元,占全国财政支出的78.7%;2017年中国地方财政支出总额更是达到173 471亿元,占全国财政支出的比重进一步提高到85.3%。规模如此之大的地方财政支出的任何变化,对全部财政支出乃至整个社会经济的发展都会产生重要影响,更为重要的是地方政府在财政收支方面有了越来越大的自主权。①

2. 地方财政活动与每个社会成员的关系越来越密切

在高度集权的计划经济时期,大大小小的社会公共事务均由中央政府控制或者由地方政府按照中央政府的指令来行事。这一时期,地方政府和地方财政与每个社会成员之间的关系并不是很紧密。市场化改革之后,这种状况发生了很大的变化。

改革开放之后,越来越多的公共产品和服务交由地方政府根据本地区的具体情况来提供,而且由地方政府和地方财政负责提供的社会治安、公共交通、公共卫生、基础教育、供水供电、街道照明以及垃圾处理等都是对每一个社会成员日常生活影响最大、关系最为密切的事务。随着财政民主化进程的进一步推进,地方财政活动与社会成员之间的关系还会变得更为密切。

3. 地方财政活动与中央财政活动在目标取向、行为方式和具体效应等方面的差异越来越大

计划经济体制下,地方政府的活动大多是受命行为,地方政府在目标取向和行为方式等方面极少偏离中央政府的政策或指令。经济体制改革不仅承认了由各地方政府所代表的各个地区相对独立的利益主体地位,而且在改革过程中地方政府还在政治、经济等诸多方面获得了较大的自主权。在这种背景下,地方政府的自主行为就不会再自然而然地与中央政府的政策意图完全相同,地方财政活动与中央财政活动在目标取向、行为方式和具体效应等方面很难继续保持一致,而且差异会越来越大。在现实中,这方面的事例并不鲜见。②

专栏1-5　从"铁本事件"等看中国地方政府的经济行为

2003年下半年,国务院相关部门就开始通过各种形式、多条渠道对相关行业发出"经济过热"的警告。2004年年初,国家发展和改革委员会宣布对钢铁、电解铝、水泥三大行业实施宏观调控。然而,就是在这样一种宏观经济形势下,江苏铁本钢铁有限公司这一最高年产量不足80万吨的民营小钢铁企业,居然一下子上马了年产840万吨的项目,成了一个与首钢规模相当的大型钢铁联合企业。对抗中央政府宏观调控措施的铁本钢铁有限公司最后遭到了查处(当然,其遭到查处还有其他方面的原因)。对于这起事件,铁本公司自身当然难辞其咎。但"铁本事件"之所以发生,在很大程度上可以说是地方政府及相关职能部门监管不力、纵容甚至是庇护的结果,地方政府及相关职能部门也应为这起事件承担更多的责任。

---

① 1994年以后,地方政府的财政收入占全国财政收入的比重与以往相比有所下降,这实际上是中国为规范政府间财政分配关系而主动进行的一种调整,不能以此说明中国地方财政作用在下降。

② 除了专栏1-5中提及的"铁本事件",类似的典型案例还有"地条钢事件"等。

改革开放初期,苏南的三个城市苏州、无锡、常州,基本处在同一发展水平上,差距并不明显,无锡强一点,苏州和常州不相上下,但经过20年的发展和竞争,格局发生了很大的变化,苏州超过无锡,而无锡又把常州远远地抛在了后边。在这种情况下,出于政绩方面的考虑,常州市政府和官员自然憋着一口气。在现行体制下,缩小差距最简便的办法就是上大的建设项目,只要一个大项目上去了,一切就都有了。可以说,铁本公司的规模从200万吨加到400万吨,再翻番到840万吨,就是在地方政府和官员的一再鼓动、劝说、利诱甚至施压和请求下,一步一步膨胀起来的。

"铁本事件"背后问题的实质是,市场化改革之后,地方政府热衷于通过投资推动本地区的经济发展,这必然会导致以行政力量干预市场的行为,也必然会有企业借助地方政府的行政力量来躲避和对抗中央政府的宏观调控。市场化改革之后,中央政府与地方政府的效用函数并不完全一致,地方政府总有实现自身利益最大化的冲动,特别是在分税制财政体制改革之后,增值税、消费税、关税等数额大、增长稳定的税种大多归属中央财政,地方必须兴办更多的企业才有可能取得更多的财政收入,也更有利于地方经济的发展。"铁本事件"暴露出在体制转轨时期,中央政府的宏观调控在现实中遭到了极大的挑战,某些地方政府甚至从"阳奉阴违"发展到公然对抗。

资料来源:根据http://finance.sina.com.cn/nz/steelmagnate(访问时间:2018年11月20日)等编写整理。

4. 中国地方财政方面的理论研究越来越多

改革开放前,中国极少有理论研究涉及地方财政以及地方财政运行过程中出现的相关问题。市场化改革之后,中国财政经济理论界越来越重视对地方财政运行及其相关问题的研究。与以前相比,地方财政方面的专著和论文越来越多,一些高等院校和科研院所先后成立了相应的地方财政研究机构,专门的地方财政期刊也在中国创办。与此同时,"地方财政学"也作为一门独立的课程重新走进了大学课堂。

1.3 地方财政学的研究对象与主要内容

"地方财政学"是财政学中专门研究地方政府财政活动及其经济效应的一门分支学科,它是财政学在地方政府层面的具体应用。

一个国家的地方政府会怎样从事经济活动或者说地方政府具体会采取何种经济行为方式,要受这个国家政治、经济和社会等诸多方面因素的影响,但对地方政府财政行为影响最大而且也最为直接的因素是政府间财政关系及由此决定的中央政府与地方政府间财政分配格局。正因为如此,地方财政学的研究对象可以进一步明确地表述为,"既定政府间财政分配关系和分配格局下的地方政府财政活动"。

"地方财政学"的主要内容,是根据地方财政学的研究对象和地方财政的基本构成要素来确定的。"地方财政学"由基础理论、政府间财政关系和地方财政活动三方面的内容组成(见图1-1)。① 基础理论部分具体包括地方政府与地方财政存在的必要性、中国地方财政问题的凸显以及地方性公共产品理论等内容;政府间财政关系可以区分为政府间财政合作关系和政府间财政竞争关系两个方面,其中政府间财政合作关系包括政府间财政职能的划分、政府间税收的划分以及政府间财政转移支付等内容;而地方财政活动包括地方财政支出、地方财政收入、地方政府债务以及地方财政管理等内容。②

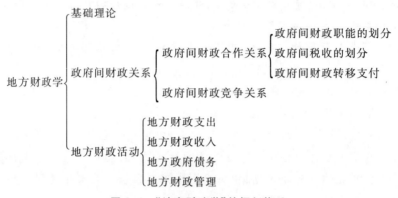

图1-1 "地方财政学"的框架体系

专栏1-6　　中国地方财政研究的历史沿革

虽然中国一直奉行中央集权体制,但早在19世纪四五十年代,一些地主阶级的经世派、早期维新派就开始关注西方国家的地方自治问题;19世纪末20世纪初,整个朝野更是兴起了一股"地方自治"的思潮,以至于清末预备立宪把推行地方自治作为政治改革的一项重要内容。在这样一种背景下,中国亦开始了地方财政方面的理论引进和相关研究。日本学者石冢刚毅的《地方自治财政论》和小林丑三郎的《地方财政学》,先后于1903年和1919年在中国翻译出版,而京兆地方自治模仿讲习所编撰的《地方财政讲习录》则对英、法、德、日等国家和地区的地方财政制度及征管状况进行了介绍。

中国早期的留美学者在地方财政及相关问题上也进行了一些研究,如马寅初1914年在哥伦比亚大学获得博士学位的论文《纽约市的财政》、李权时1922年在哥伦比亚大学获得博士学位的论文《中国中央和地方财政:中央、省、地方政府财政关系研究》和陈岱孙1926年在哈佛大学获得博士学位的论文《马萨诸塞州地方政府开支与人口密度的关系》等。20世纪三四十年代,中国还出现了一些本国学者完成的地方财政方面的教科书和专著,如刘百闵的《日本之地方财政》(1933)、马存坤的《非常时期之地方财政》(1937)、谭

---

① 现代主流财政学主要运用微观经济学的基本原理来分析政府的经济活动,或者说主流财政学就是"微观财政学"[参见 Martin Feldstein. The Transformation of Public Economics Research: 1970-2000. *Journal of Public Economics*, 2002(86)]。与主流财政学相适应的是,地方财政学的研究范围也主要局限在微观财政领域内。然而,在分析地方政府的活动时也不可避免地会涉及宏观经济稳定问题。

② 完整的地方财政学框架体系,还应包括"地方公共企业"和"地方政府规制"等方面的内容。但受篇幅所限,本书未将这两部分纳入进来。

宪澄的《地方财政》(1939)、朱博能的《地方财政学》(1942)和彭雨新的《县地方财政》(1945)等。总体来看,1949年以前,中国学者主要是翻译相关外文文献和介绍欧美日等国家和地区的地方财政实践,对本国地方财政问题的研究并不是很深入。

20世纪50年代中国走上计划经济体制的轨道之后,地方财政方面的科学研究基本就销声匿迹了,相关的研究成果也极为少见。改革开放后,随着市场化进程的不断推进,中国逐步恢复地方财政方面的科学研究,不仅先后将英国学者肯耐斯·戴维(Kenneth Davey)的《地方财政》(1989)、美国学者罗纳德·费雪(Ronald Fisher)的《州和地方财政》(2000)和英国学者斯蒂芬·贝利(Stephen Bailey)的《地方政府经济学:理论与实践》(2006)等国外相对成熟的研究成果翻译出版,而且也开始独立运用相关理论来分析中国的地方财政运行,如《走向市场经济的中国地方财政》(1994)、《中国地方财政运行分析》(2001)和《地方财政问题研究》(2004)等。

资料来源:根据国家图书馆网站的相关数据和邹进文.近代中国经济学的发展:来自留学生博士论文的考察.中国社会科学.2010(5)等编写。

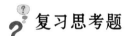 重要概念

地方财政　地方政府财权　地方政府事权　地方政府财力　地区间的差异性　地区间的流动性　地方政府自主行为　地方政府受命行为

复习思考题

1. 试述地方政府和地方财政存在的必要性。
2. 简述地方政府的特征。
3. 简述地方财政的基本构成要素。
4. 地区间的差异性和流动性之间存在怎样的关系?
5. 为什么说计划经济时期不存在地方财政问题?你怎样理解市场化改革与中国地方财政问题凸显之间的关系?

课堂讨论题

请结合所给案例材料,并联系现实,就如何认识和把握市场化改革之后地方财政问题逐步凸显进行课堂讨论。

 **案例材料**

收费争议暴露地方大学的尴尬

2003年11月,河北大学10位硕士毕业生和贵州省高等商业专科学校部分学生先后致电相关新闻媒体,投诉所在高校的"乱收费"问题。

- 河北大学:3 000元留住人才?

李林、张春明等10位河北大学硕士毕业生已成为北京大学、北京师范大学和中山大学等学校的博士生,但他们的户口还被扣在河北大学,因为他们毕业时没有缴纳"考博押金"。读博期间的出国以及将来毕业分配都将因此受到影响,除非在获得博士学位后还回河北省工作。

校方承认确有收取"考博押金"的事情,并给出了收取"考博押金"的理由。由于河北毗邻北京、天津,人才流失非常严重。学生若考取本省高校的博士,毕业后还有可能留在河北就业;而一旦考入名牌高校,90%以上的人会远走高飞。之所以要收取这笔费用,是因为李林等人占据国家统招名额但属于河北省内的定向生,河北为他们接受教育支付了费用。根据河北省物价局1999年出台的文件,河北省内定向性质的毕业生超出服务范围要收取6 000元,委培生为3 000元。这笔钱并不是归学校所有,而是归河北省人事厅大中专院校毕业分配办公室管理。

- 贵州商专:收费"内外"有别

2001年之前,贵州商专的招生范围一直限于贵州省内。由于与四川、湖北等地的商业专科学校进行"对等交流",2001级的152名同学成为该校成立以来的首批外省学生。这152名"外地生"入学后发现,从外省招收的学生根据专业的不同,每学期分别比省内学生多交800—1 300元。

校方对收费"内外"有别的现象做出了解释:贵州商专是地方财政拨款的院校,对于本省学生,省财政每人每年有2 600元左右的补贴,而省外学生则没有,这笔钱学校无力负担,因而外省学生的教育费用要自己掏,这被校方称为"教育补偿费"。

注:在改革开放以后的相当长一段时间内,绝大部分地方高校的招生和就业都局限在本行政区域内,只有中央部属高校才允许在全国范围内招生和分配;后来,地方高校的招生范围才慢慢延伸至本行政区域以外。

资料来源:根据吴晨光.收费争议暴露地方大学的尴尬.南方周末,2004-01-08整理。

 参考文献与延伸阅读资料

黄佩华.中国地方财政问题研究.北京:中国检察出版社,1999.
贾康.地方财政问题研究.北京:经济科学出版社,2004.
沈荣华.中国地方政府学.北京:社会科学文献出版社,2006.

徐勇,高秉雄.地方政府学.北京:高等教育出版社,2013.

Kenneth J. Davey. *Financing Regional Government: International Practices and Their Relevance to the Third World*. John Wiley & Sons Ltd., 1983.

Robert D. Ebel & John E. Petersen. *The Oxford Handbook of State and Local Government Finance*. Oxford University Press, 2012.

Ronald C. Fisher. *State and Local Public Finance*. Routledge, 2016.

Kara A. Millonzi. *Introduction to Local Government Finance*. UNC Press, 2018.

网络资源

经济合作与发展组织(OECD)网站"财政联邦制"栏目,http://www.oecd.org/ctp/federalism/

中国财政科学研究院网站,http://www.crifs.org.cn

美国国民经济研究局(National Bureau of Economic Research)网站"公共经济学:州和地方政府、政府间关系(Public Economics: State and Local Government Intergovernmental Relations)"栏目,http://www.nber.org/jel/H7.html

21世纪经济与管理规划教材
财政学系列

第 2 章

公共产品的层次性与政府间财政关系

【本章学习目标】

- 掌握公共产品的受益范围与地方性公共产品的特征、构成
- 掌握地方性公共产品的有效提供
- 掌握处理政府间财政关系的基本模式
- 掌握处理政府间财政关系的基本原则
- 掌握财政体制的主要内容

提供公共产品是政府的主要职责。在多级政府体系下，为了实现公共产品的有效提供，受益范围(Benefit Regions)不同的公共产品，需要分别由不同级次的政府来负责。由公共产品受益范围的层次性所派生出的政府财政的层次性，也决定了多级财政体制存在的必要性。

2.1 公共产品的层次性与地方性公共产品

现实中，不同公共产品的受益范围各不相同，有的公共产品的受益范围比较大，而另外一些公共产品的受益范围则相对较小，呈现出明显的层次性。

2.1.1 公共产品的受益范围

根据消费方式的不同，整个社会生产出的产品和服务可以被区分为"私人产品"和"公共产品"两大类。公共产品是具有共同消费性质的产品和服务。[1] "共同消费性"(Collective Consumption)指的是公共产品是向整体意义上的社会成员提供的，由全体社会成员共同从中受益，公共产品所带来的效用是无法在各个社会成员之间进行分割的，只能作为一个整体而存在，这也被称为"效用的不可分割性"。公共产品的共同消费性特征，具体通过其消费上的非竞争性(Non-rivalness)和非排他性(Non-excludability)体现出来。一般认为，只有在表象上同时具备消费上的非竞争性和非排他性特征的产品才是"纯公共产品"，而同时具备消费上的竞争性和排他性特征的产品属于"纯私人产品"。不同时具备消费上的非竞争性和非排他性特征或者说只具备消费上的非竞争性和非排他性中的某一个特征而不同时具备另一个特征的产品，被称为"混合产品"(Mixed Goods)或"准公共产品"(Quasi Public Goods)。在现实生活中，纯粹的公共产品和纯粹的私人产品都不是很多，绝大多数产品都属于混合产品的范畴。通常所说的"公共产品"大多指的是公共性(Publicness)相对较强的混合产品。

虽然公共产品具有共同消费的特征，但并不是每一项公共产品被提供出来之后，所有的社会成员都能够从中获得相应的利益。实际上，绝大多数的公共产品和服务都有着特定的受益空间范围(Spatial Limitation of Benefit Incidence)，只有受益区域内的社会成员才能从中获得相应的利益。也就是说，社会成员是否从某一公共产品的提供中受益以及受益程度的大小，要受到空间地理因素的影响。

图2-1显示出经济属性不同的产品各不相同的受益范围。[2] 大部分私人产品和服务的受益都是内部化的，只有出钱购买了私人产品和服务的消费者才能够获得它带来的利益。当然，也有部分私人产品和服务具有一定的外部效应，与产品所有者有密切联系的部

---

[1] 诺贝尔经济学奖获得者萨缪尔森在1954年发表的论文《财政支出的纯理论》(The Pure Theory of Public Expenditure)中对"公共产品"做出的经典界定"All enjoy in common in a sense that each individual's consumption of such good leads no subtraction of any other's consumption of that good"，就清楚地揭示出了这一点。

[2] 詹姆斯·M. 布坎南，M. R. 弗劳尔斯.公共财政.北京:中国财政经济出版社,1991,438.

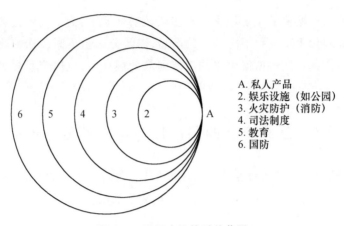

图 2-1 不同产品的受益范围

分社会成员也能够从中受益,但受益者人数不会太多,所以在图 2-1 中私人产品的受益范围可以被认为只发生在 A 点处。与私人产品的受益范围局限在一个非常狭小的区域内不同的是,具有公共性产品的受益范围往往是一个相对较大的区域,并且在其他因素既定的情况下,产品的公共性越强,其受益范围越大。如某一公园建成之后,住在附近的居民都可以到这个公园来游玩,享用公园里的各种娱乐设施,即公园的受益范围覆盖其周边地区,这可以用图 2-1 中的圆圈 2 来表示。就火灾的预防和控制而言,与之相关的消防系统的受益范围就要更大一些。如 X 市的消防系统可以使得每一个 X 市市民都从中受益,而一百多公里以外的 Y 市市民从 X 市的消防系统中所获得的利益就要小很多,而对于千里之外的 Z 市市民来说,X 市的消防系统对其几乎就没有任何利益可言。可见,X 市消防系统的受益范围基本局限在 X 市行政区域之内,如图 2-1 中的圆圈 3 所示。国防是最为典型的公共产品,当一个国家的国防提供出来之后,全国每一个地区的居民都可以毫无分别地从中受益。也就是说,国防的受益范围是这个国家的全部疆域,如图 2-1 中的圆圈 6 所示。

2.1.2 地方性公共产品的内涵和外延

根据受益范围的不同,可以把公共产品区分为"全国性公共产品"和"地方性公共产品"。① 全国性公共产品(National Public Goods)的受益范围与这个国家的疆域基本相当,全国各地的居民,不管居住在何处,也不管其收入、受教育程度和宗教信仰等状况如何,大体上都可以从全国性公共产品的提供中均等地受益。一般认为,全国性公共产品只能由中央政府负责提供。与全国性公共产品相对应的是地方性公共产品(Subnational Public Goods),它指的是主要由各级地方政府提供、只能满足特定区域内社会成员公共需求的产品和服务。地方性公共产品的受益范围大体上与地方行政区划面积相当,本地区的居民都可以从中受益。除具有较强外部性的地方性公共产品外,其他辖区的居民一般不会从

---

① 根据受益范围的大小对公共产品进行分类,还应包括"全球性公共产品"(Global Public Goods)。但在地方财政学中,一般不考虑全球性公共产品的存在。

地方性公共产品的提供中获得利益。毫无疑问,中央政府是有能力承担起地方性公共产品的提供职责的,但由中央政府来提供地方性公共产品却不可避免地会造成效率损失①,因而地方性公共产品的提供主要交由地方政府负责。

按照产品功能和特征的差异,属于地方性公共产品范畴的产品和服务可以细分为地方社会管理、基础设施、地方社会服务、文化与传播媒介等四大类。②

(1) 地方社会管理

地方社会管理是地方政府及其职能部门对本地区的社会公共事务进行的各种组织、协调等活动的总称,具体包括地方政府提供的公共秩序、公共安全和对相关社会经济活动进行的公共规制等。在各种类型的地方性公共产品中,地方社会管理的非竞争性和非排他性特征最明显,在性质上更接近于纯公共产品。

(2) 基础设施

无论是对地方经济发展还是对地区居民的生产生活来说,基础设施都是不可或缺的。基础设施具体包括道路、交通、电力、电信、自来水、下水道、路灯、垃圾收集与处理以及煤气管道等,其受益范围具有明显的地域性。尽管当经济发展到一定阶段后,私人部门也会在一定程度上参与到基础设施的提供中来,但由于基础设施一般都具有较强的规模经济和自然垄断属性,因此相当多国家的基础设施仍主要由地方政府来负责提供。

(3) 地方社会服务

地方社会服务主要包括基础教育、公共卫生、气象预报、消防和社会福利等。与基础设施不同的是,地方社会服务并不具备明显的规模经济和自然垄断属性,但它却具有较强的社会公益性。

(4) 文化与传播媒介

在现代社会,当物质需求得到一定程度的满足之后,人们便会希望获得更多的精神享受。在这种背景下,地方政府部门提供文化与传播媒介,既可以满足本地区社会成员精神方面的公共需求,又能够释放出相当大的社会效益。文化与传播媒介主要包括广播、电视、报纸、杂志、图书馆、博物馆以及文物与文化遗产发掘等。

许多国家的地方政府,都是由多级政府组成的,每一级政府都是本辖区内地方性公共产品的提供主体。根据提供主体的不同,中国地方性公共产品可以细分为省级公共产品、市级公共产品、县级公共产品、乡级公共产品以及村级公共产品(参见图2-2)。③ 不同级别的政府主体提供的地方性公共产品,不仅受益范围各不相同,而且各自的公共性也存在差异。一般来说,全国性公共产品更多地属于纯公共产品,而相当一部分地方性公共产品是具有正外部性或优值品特征的混合产品,其公共性由上至下呈现出逐步递减的趋势,但这也并不意味着地方性公共产品中就没有纯公共产品。

---

① 具体相关论述,参见本节2.2.1。
② 孙开.对地方公共产品有效供给问题的规范分析.财政研究,1997(7).
③ 严格说来,村民委员会并不属于政府的范畴,但作为公共组织的一种形式,它也承担着提供本区域内公共产品的职责。

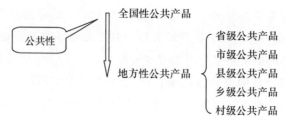

图 2-2 公共产品的层次性

根据受益区域特性的不同,还可以将地方性公共产品区分为"城市公共产品"和"农村公共产品"两类。城市公共产品和农村公共产品的受益范围分别为城市和农村。因为城市居民和农民在生产生活中所内生出的公共需求存在一些差异,所以城市公共产品和农村公共产品具体包含的内容也不完全相同,如农林水利灌溉、农林科技成果推广、农田防护林建设和病虫害防治等,属于农村公共产品的范畴,但不包含在城市公共产品的序列内。此外,由于城市是人口、资本和消费等活动较为集中的场所,因而城市公共产品的受益在空间上具有高度密集性,这有利于获得规模经济效应;而农村人口相对散居,这使得农村公共产品提供过程中的规模经济效应往往会出于人口分布方面的原因而无法较好地得以实现。

2.1.3 地方性公共产品的基本特征

除受益范围的地域性之外,地方性公共产品还具有明显的辖区间外部性、利益递减性、拥挤性和地方色彩性等特征。

1. 辖区间外部性

地方性公共产品辖区间外部性(Inter-jurisdictional Spillovers)的特征,指的是部分地方性公共产品的受益范围并不仅局限于本行政辖区内,它的提供往往也会使得相邻地区的居民从中获得一定的利益。

与全国性公共产品相比,地方性公共产品的外部性要明显得多。① 一个国家内部各地区之间有着密不可分的政治、经济和社会文化等方面的联系,区域之间的人口迁移和生产要素流动经常发生。虽然当今世界不同国家间的人口迁移和生产要素流动也并不少见,但其规模远不如一个国家内部各地区之间那么大,其频率也不如一个国家内部各地区之间那么高。即使是在经济全球化程度不断加深的背景下,国家间的流动性仍受到比较多的限制。然而在一个实行市场经济体制的国家内部,人口和生产要素在不同地区之间的流动基本上不会而且也不应当受到太多的限制。各地区间经常性的人口迁移和生产要素流动,不可避免地会使得地方性公共产品产生的利益外溢到其他地区。此外,大部分国家各行政辖区之间的界限(Political Boundary of the Jurisdiction),都是在本国的政治、历

---

① 实际上,全国性公共产品的利益在不同国家之间也存在外溢的问题。公共产品在不同国家之间的外部性相对来说不是太强,再加上不同国家间公共产品的外部性更多的是"国际财政学"的研究对象,因此在"地方财政学"中可以不考虑全国性公共产品的外部性。

史、民族等多方面因素的共同作用下形成的,并不是严格按照地方性公共产品的受益范围来进行划分的。地方性公共产品的受益范围与地方行政辖区很难完全一致,也决定了地方性公共产品的外部性是不可避免的。

辖区间外部性是一个影响地方性公共产品成本与收益之间平衡关系的重要因素,也是各级政府在处理政府间财政关系以及地方政府在进行决策时必须考虑的一个要素。如地方政府往往都不愿意在具有辖区间正外部性的地方性公共产品上投入太多。

2. 利益递减性

现实中的地方性公共产品大多不是纯公共产品,这些产品提供出来以后,往往并不能使该地区所有社会成员都同等地获得利益,反而表现出较为明显的利益递减特征。地方性公共产品的利益递减性指的是由于地方性公共产品具有不可移动性及受益范围的区域性,居住地点与地方性公共产品中心位置距离不同的社会成员从该公共产品的提供中获得的利益也是不同的。一般是随着距离的拉大,社会成员从中受益的程度呈递减态势,如居住地离公园、消防设施等较远的社会成员,从公园、消防等中获得的利益相对要少一些。受益范围不同的地方性公共产品表现出来的利益递减性特征是不同的(参见图2-3),有的要明显一些,有的则相对要弱一些。

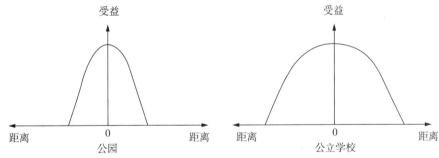

图 2-3 不同受益范围地方性公共产品的利益递减性

正因为部分地方性公共产品具有利益递减性,同一地区的居民从中获得的利益存在差别,所以才需要中央政府或相关的地方政府采取相应的措施来进行适当的干预,以保证同一地区的居民从具有利益递减性的地方性公共产品中获得利益的大体均等。

3. 拥挤性

在地方性公共产品中,还有相当一部分具有"拥挤性"的属性。当具有拥挤性属性的地方性公共产品的消费者人数过多时,就会降低现有消费者从中获得的利益。具有和不具有拥挤性属性的地方性公共产品之间的差异,可以以天气预报和地方公共安全系统为例来加以说明。如A市气象台发布的天气预报,通过电视、电台和报纸等新闻媒介提供给A市的每一位居民。A市的每一位居民从天气预报中所获得的利益,并不会因为A市居民人数的增加或外地居民迁入而相应地减少或受到损害。可见,作为地方性公共产品的天气预报不具有拥挤性属性。具有拥挤性属性的地方性公共产品的情况就不尽相同了。假设B市的常住人口为830万人,流动人口为150万人,现有警力1.8万人。

如果 B 市的警力配备和其他影响社会治安状况的因素均保持,只是流动人口由原先的 150 万人增加到 200 万人,则分配到每个辖区的警力就由原先的平均 540 人配备一名警力变为现在的平均 570 人配备一名警力,其结果就是 B 市的治安状况出现恶化,每一位居民所感受到的安全感也会降低。除了地方公共安全系统,类似具有拥挤性属性的地方性公共产品还有供水、供电、排污排水系统、公立学校、高速公路、公园以及图书馆等。① 具有这种属性的地方性公共产品,通常也被称为"拥挤性公共产品"(Congestible Public Goods)。

地方性公共产品的拥挤性,是与其所具有的不完全非竞争性紧密联系在一起的。公共产品消费上的非竞争性特征,使得既定规模的公共产品提供出来之后,增加一个消费者对该公共产品的消费并不会减少其他消费者对该公共产品的消费。但在地方性公共产品中,完全具备消费上的非竞争性的产品并不多,大部分在消费上具有的是不完全非竞争性。不完全的非竞争性在现实生活中表现为,在没有太多消费者时,增加一个消费者对产品的消费不会减少其他消费者从该产品中的获益,从而具有较强的非竞争性,这时增加一个消费者的边际成本为零;一旦消费者的人数达到一定的水平②,再增加一个消费者对该产品的消费就会影响其他消费者从该产品中的获益,而且消费者增加的人数越多,对其他消费者获益的影响就越大,此时增加一个消费者的边际成本不仅不为零,反而会随着消费者人数的增加逐步上升(参见图 2-4)。由于消费人数的增加而使得公共产品消费过程中人均获益的减少,就是公共产品的"拥挤成本"(Congestion Cost)。正因为存在这种拥挤成本,所以现实中常常对拥挤性公共产品采取一些排他性的措施,如收取一定的费用,来限制过多的消费者,以降低产品消费的拥挤程度。

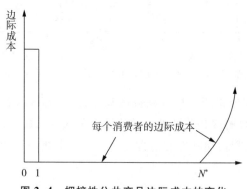

图 2-4 拥挤性公共产品边际成本的变化

专栏 2-1　　高速公路节假日免费政策要继续实行下去吗?

从 2012 年的国庆"黄金周"开始,中国实行了高速公路免收小型客车通行费的措施,其目的是给人们增加一些福利,并在一定程度上拉动内需。然而,多年来这一政策实施的

---

① 吴家声.财政学.台北:三民书局,1987,775.
② 这在图 2-4 中表现为 N^*,N^* 点也常常被称为"拥挤点"(Congestion Point)。

结果却是"黄金周"期间相当多地方的高速公路都出现了大面积的重度拥堵,并且拥堵状况还随着每年车辆拥有量的增加而愈演愈烈。

"有车一族"驾车出行是选择走高速公路还是走普通道路,价格与路况是其最主要的考虑因素。一直以来,中国的高速公路都要收取一定数额的通行费,而普通公路则是免费的。高速公路收费和普通公路免费共同构成资源配置机制引导"有车一族"有序出行,除天气或重大交通事故等特殊因素外,平时大多数高速公路极少发生通行不畅的情况。从某种意义上来说,"节假日免费通行"政策打乱了在高速公路普遍收费机制下形成的有序出行的格局。本来,节假日人们的出行需求就会增加,再加上高速公路的优质路况以及免费通行的诱惑,"有车一族"更是一窝蜂地涌入高速公路。在中国高速公路通车里程还较为有限的背景下,高速公路免费与节假日叠加在一起就必然会导致高速公路的严重拥堵。

高速公路的关键在于"高速",如果免费通行造成高速公路普遍的"低速",那么就和人们选择通过高速公路出行的目的背道而驰了。此外,高速公路免收小型客车通行费的政策,只是给"有车一族"的"优惠待遇",这一举措既有失公平,又出力不讨好,换来很差的社会效益。看来,高速公路节假日免费政策是否要继续实行下去,需要好好权衡一下。

资料来源:根据 http://newspaper.jfdaily.com/shfzb/html/2012-10/08/content_894686.htm(访问时间:2018年11月20日)编写整理。

地方性公共产品的拥挤性属性,也可以用拥挤函数式2-1加以说明。在式2-1中,Z_i^* 表示某一个消费者从地方性公共产品的提供中所获得的效用;Z 表示地方性公共产品给所有社会成员带来的总效用;α 表示拥挤参数。

$$Z_i^* = a^{-1}Z \tag{式2-1}$$

图2-5显示了随着具有拥挤性属性的地方性公共产品消费人数的不断增加,拥挤参数 α 的取值随之变化的轨迹。当地方性公共产品的消费人数控制在该产品的容量约束 N^* 之内时,增加一个消费者并不会影响其他消费者对该地方性公共产品的消费,此时拥挤参数 α 的取值为1。一旦这一地方性公共产品的消费人数超过该产品的容量约束 N^*,增加一个消费者就会影响其他消费者对该地方性公共产品的消费,而且随着人数的增加,相互间的影响就越大,相应的拥挤参数 α 的取值就大于1,并随着消费人数的增加不断提高。

对于具有拥挤性属性的地方性公共产品来说,某地区居民总数与每一位居民享受到的地方性公共产品所带来的利益之间存在负相关关系。如果该地区居民人数较少,那么既定规模的地方性公共产品给每一位居民带来的利益相对就要大一些。然而,如果这一地区居民人数不断增加到一定程度,那么提供同样规模的地方性公共产品给每一位居民带来的利益也会相应地减少。当然,随着所享受到的利益的减少,每一位居民所承担的地方性公共产品的提供成本也会呈现出递减的趋势。

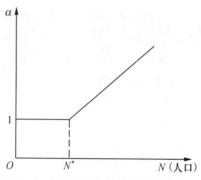

图 2-5 公共产品拥挤系数的变化轨迹

4. 地方色彩性

地方性公共产品的具体构成，取决于本地区社会成员的公共需求，而不同地区社会成员的公共需求又受制于该地区的历史文化传统、人文环境和自然资源等因素。尽管一个国家内部不同地区社会成员的公共需求会有很大的相似性或同质性，但也不应忽略不同地区社会成员的公共需求也存在或大或小的差异，这使得地方性公共产品在某种程度上被打上了地方烙印。也就是说，现实中既存在同质性地方性公共产品，也存在异质性地方性公共产品。

2.2 地方性公共产品的供给

地方性公共产品的有效提供指的是相关提供主体以相对较低的成本提供能够最大限度地满足本地区社会成员的需求和偏好的地方性公共产品。

2.2.1 地方性公共产品的有效提供

地方性公共产品能否实现有效提供，在相当大程度上取决于地方性公共产品提供主体和提供方式的选择。选择哪一级政府作为提供主体、采用哪一种提供方式，都直接关系到地方性公共产品能否以适当的成本提供出来以及是否能够较好地满足本地区社会成员的需求和偏好。

1. 地方性公共产品有效提供主体的选择

在多级政府体系下，地方性公共产品的提供主体有中央政府和地方政府两种选择。无论是从理论上分析还是立足于实践，中央政府都是能够承担起所有地方性公共产品的提供职责的。[①] 虽然具有可能性，但中央政府却并不是地方性公共产品的有效提供主体。

由于存在收入、历史和习惯等方面的差异，不同地区的居民对地方性公共产品的偏好通常各不相同，这就决定了不同地区的居民对地方性公共产品在质和量方面的需求都是

---

① 在计划经济条件下，中国的中央政府就不仅承担着全国性公共产品的提供职责，而且承担着地方性公共产品的提供职责，甚至还承担着相当一部分私人产品的提供职责。

不同的。仅从地方性公共产品的提供数量来看,当由中央政府统一提供地方性公共产品时,中央政府往往会在"公平对待"的政治压力下对不同地区提供水平相同的公共产品,并在经过"通盘考虑"后选择一个尽可能照顾到各个不同地区利益的公共产品的数量。① 尽管如此,还是存在中央政府提供出的地方性公共产品的数量对某一个地区来说正好适当,而对另外一些地区则并不适宜的情形,而且在那些提供数量并不适宜的地区中还存在中央政府提供的地方性公共产品的数量对部分地区来说供给过多,而对另外一些地区来说却供给不足的情况。但是,当地方性公共产品由地方政府来提供时,各个地方政府就能够针对本地区居民具体的消费偏好,来提供在数量和质量上与之尽可能相匹配的地方性公共产品。

中央政府和地方政府分别提供地方性公共产品的有效性,可以用图 2-6 来进行对比说明。在图 2-6 中,横轴表示居民人数,纵轴表示居民对地方性公共产品的需求。现假设一个国家有 A、B、C 三个地区,而且三个地区的居民人数都是 E。三个地区的居民对地方性公共产品的需求曲线在图中分别表示为 U_A、U_B 和 U_C。由于居民人数均为 E,此时三个地区的居民对地方性公共产品的需求量就分别为 OD_A、OD_B 和 OD_C。如果由中央政府来统一提供地方性公共产品的话,那么最有可能的提供数量是三个地区居民对地方性公共产品需求量的平均数 OQ。在图 2-6 中可以看到,Q 点非常接近于 D_B 点,这说明中央政府提供 OQ 数量的地方性公共产品对 B 地区的居民来说合意性较高;Q 点远低于 D_A 点,意味着 OQ 数量的地方性公共产品无法满足 A 地区居民的消费需求;Q 点又高于 D_C 点,表明 OQ 数量的地方性公共产品超过了 C 地区居民的消费需求,从而造成了资源的浪费。上述分析是在各地区人口数量相同的假定基础上做出的,而这一假定的现实性并不强。如果再考虑到不同地区居民对地方性公共产品需求在质上的差异的话,那么由中央政府提供地方性公共产品与各地区居民偏好之间的差异就会更大。可见,中央政府并不是地方性公共产品的有效提供主体。

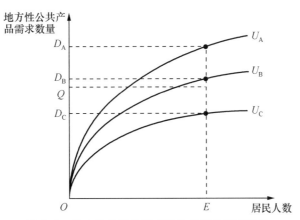

图 2-6　地方政府提供地方性公共产品的有效性

---

① 在本书中,如不做说明,一般都假定政府决策是有效率的,即各级政府都会根据本辖区内居民的集体偏好而有效地配置资源。

图2-7具体阐明了由中央政府统一提供地方性公共产品在效率上所产生的损失。[①] 为了使分析更为简便和直观,假定一个国家仅由对地方性公共产品需求和偏好各不相同的两个地区甲和乙组成,但在两个地区内部社会成员对地方性公共产品的需求是相同的。在图2-7中,甲地区和乙地区对地方性公共产品的需求曲线分别由D_a和D_b来表示。再假定地方性公共产品的人均提供成本是既定的,即提供地方性公共产品的税收价格为OP。此时,甲地区居民所期望的地方性公共产品的数量为OQ_a,而乙地区居民所期望的地方性公共产品的数量为OQ_b。在由中央政府统一提供地方性公共产品的条件下,无论两个地区的居民对地方性公共产品的偏好有多么大的差异,中央政府都只会对甲地区和乙地区提供相同数量的地方性公共产品,假定为OQ_c。对甲地区居民来说,OQ_c数量的地方性公共产品是一种过度提供,这使得甲地区居民消费地方性公共产品的边际成本大于其边际收益,从而产生了面积为ABC的福利损失;但对乙地区居民来说,OQ_c数量的地方性公共产品又提供不足,在这一水平上乙地区居民仍愿意为地方性公共产品的消费支付更高的边际价格,进而也产生面积为CDE的福利损失。

中央政府统一提供地方性公共产品效率损失的大小,与各地区居民消费偏好的差异以及各地区居民对地方性公共产品需求的价格弹性直接相关。各地区居民消费偏好的差异越大,在图2-7中体现为Q_a和Q_b之间的距离就越大,在其他因素既定的情况下,三角形ABC和三角形CDE的面积就越大,此时由中央政府统一提供地方性公共产品所产生的效率损失就越大;反之,则效率损失就越小。各地区居民对地方性公共产品需求的价格弹性,在图2-7中体现为甲和乙两个地区居民对地方性公共产品需求曲线的陡峭程度。价格弹性越小,在其他因素既定的情况下,三角形ABC和三角形CDE的面积就越大,此时由中央政府集中提供地方性公共产品的效率损失就越大;反之,则效率损失就越小。

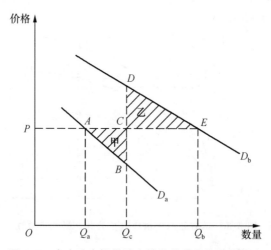

图2-7 中央政府提供地方性公共产品的效率损失

---

① Charles V. Brown & Peter M. Jackson. *Public Sector Economics*. Irwin, 1990, 263.

对不同地区统一提供地方性公共产品,只能满足全体居民的同质性消费偏好,但是当不同地区居民对地方性公共产品的消费偏好不同质时,任何形式的统一提供都只能是对不同需求水平的妥协,与差别性地提供地方性公共产品相比,必然造成福利损失。如果由直接对本地区居民负责的地方政府来提供地方性公共产品的话,那么各地方政府就可以分别根据本地区居民的实际需要来提供质量和数量都符合本地区居民消费偏好的地方性公共产品,从而实现以较低的成本较好地满足不同地区社会成员的消费偏好。这样,由中央政府统一提供地方性公共产品所产生的资源配置效率损失就得以避免。

虽然中央政府不是地方性公共产品的有效提供主体,但这并不意味着中央政府完全不参与地方性公共产品的提供。基于外部性、规模经济等方面的考量,中央政府仍会在某些方面以一定形式对部分地方性公共产品的提供进行适当的干预或介入。

2. 地方性公共产品提供方式的选择

地方性公共产品的提供方式,主要有公共提供和混合提供两种,一般不会大规模地采用纯粹的市场提供方式。

在公共提供方式下,地方性公共产品的提供成本全部由地方政府承担,相关社会成员可以免费从中获得利益。采用公共提供方式的主要是地方性纯公共产品以及公共性较强的地方性混合产品,具体包括公共秩序和公共安全等地方社会管理、基础教育、消防和气象服务等地方社会服务以及市区道路与照明等基础设施。这类地方性公共产品的受益对象是本行政区域内的所有民众,而不是部分群体,要想将那些不付费的特定人群排除在受益范围之外的成本非常高,如果地方政府对这类产品进行收费,无疑将使得产品的利用效率十分低下;与此同时,在增加消费者人数时也不会相应地导致地方财政支出的增加,地方政府没有理由对新消费这些产品的人收费。这些都决定了这类地方性公共产品的提供只能采用公共提供方式。

混合提供是地方性公共产品另一种常见的提供方式。在这一方式下,地方政府只承担地方性公共产品的部分提供成本,另一部分提供成本将通过向受益人收费的方式弥补,收费的标准需要根据具体情况来确定,但一般都不以营利为目的。通过混合方式提供的地方性公共产品,主要有教育和医疗卫生等地方社会服务、供水和高速公路等基础设施以及相当大部分的文化与广播媒介。这类地方性公共产品的受益对象比较容易确定,而且排他成本不高,这是其采用混合提供方式的重要原因。

专栏 2-2　PPP 方式及其在中国地方性公共产品提供中的运用

广义的 PPP(Public-Private Partnership)泛指公共部门与私人部门为提供公共产品或服务而建立的各种合作关系,而狭义的 PPP 则指的是在公共产品,尤其是基础设施领域的一种项目融资模式,即政府采取竞争性方式选择具有投资、运营管理能力的私人资本,双方按照平等协商原则订立长期合同,私人资本在公共产品生产的过程中承担一定的管理职责和相应的风险,政府依据公共服务绩效评价结果向私人资本支付报偿。

各级政府通过政府采购形式与中标单位组成的特殊目的公司签订特许合同,由特殊目的公司负责筹资、建设及经营。政府通常与提供贷款的金融机构达成一个直接协议,这不是一个对项目进行担保的协议,而是一个向借贷机构承诺将按与特殊目的公司签订的合同支付有关费用的协议,这个协议使特殊目的公司能够比较顺利地获得金融机构的贷款。采用这种融资形式的实质是:政府通过给予私人资本长期的特许经营权和收益权来换取基础设施加快建设及有效运营。

PPP 具体可以区分为三大类,每一类又包含多种形式。管理外包类具体包含 O&M(Operations and Maintenance,委托运营)和 MC(Management Contract,管理合同)等;特许经营类具体包括 BOT(Build-Operate-Transfer,建设—运营—移交)、BLT(Build-Lease-Transfer,建设—租赁—移交)、TOT(Transfer-Operate-Transfer,转让—运营—移交)、ROT(Renovate-Operate-Transfer,改建—运营—移交)和 BOOT(Build-Own-Operate-Transfer,建设—拥有—运营—移交)等;私有化类具体包括 BOO(Build-Own-Operate,建设—拥有—运营)和 TOO(Transfer-Own-Operate,转移—拥有—运营)等。在不同的形式下,私人资本在公共产品和服务提供中的参与程度和承担的风险各不相同(参见图 2-8)。

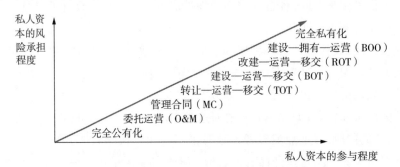

图 2-8 PPP 中私人资本的参与程度与风险承担程度

PPP 中实施最为普遍的是 BOT 方式。BOT 方式以政府和私人部门之间就拟建的基础设施项目达成协议为前提,由政府向私人部门授予特许权,允许其组建项目经营公司在约定的期限内建设和经营某一基础设施,政府对该基础设施的价格一般都会有所限制,但也会保证私人部门有获取利润的机会。当特许期结束时,私人部门要按约定将项目产权移交给政府,并转由政府指定的部门或机构来经营和管理。PFI(Private Finance Initiative)是对 BOT 项目融资的优化,它指的是政府根据社会对基础设施的需求,提出需要建设的项目,通过招投标,由获得特许权的私人部门进行公共基础设施项目的建设与运营,并在特许期(通常为 30 年左右)结束时将所经营的项目完好、无债务地归还政府,而私人部门则从政府或接受服务方那里收取费用以回收成本的项目融资方式。

PPP 在中国的发展,先后经历了三个阶段。第一阶段(20 世纪 80 年代—2003 年):早在 1984 年,中国第一个 BOT 项目——由香港合和集团和广东省政府合作的广东省深圳市沙角 B 电厂项目就已开始运作。1995 年,福建省泉州市刺桐大桥项目也采用 BOT 方式动工建设。尽管很早就开始探索,但在相当长一段时间里,BOT 方式并未在中国得到很好的推广。

第二阶段(2003—2013年):2003年,中共十六届三中全会通过了《中共中央关于完善社会主义市场经济体制若干问题的决定》,明确了允许社会资本进入基础设施和公用事业领域,成为中国启动真正意义上的PPP的重要标志。在这一阶段,中国将特许经营的概念正式引入市政公用事业,并在城市供水、污水处理及燃气供应等领域发起大规模的项目实践。这一阶段比较知名的PPP案例就是法国威望迪集团以约20亿元人民币的价格拍得上海浦东自来水厂50%的股权、50年的经营权和北京地铁4号线项目。

第三阶段(2013年至今):2013年,中共十八届三中全会通过了《中共中央关于全面深化改革若干重大问题的决定》,允许社会资本通过特许经营等方式参与城市基础设施投资和运营。财政部、国家发展和改革委员会从2013年年底起就展开了对PPP模式推广工作的全面部署,并在随后的年份每年都发布PPP示范项目名单,从而在全国各地掀起了一轮PPP热潮。

资料来源:根据http://ppp.worldbank.org/public-private-partnership/overview/what-are-public-private-partnershipsl和https://en.wikipedia.org/wiki/Public%E2%80%93private_partnership(访问时间:2018年12月20日)等编写整理。

2.2.2 地方性公共产品的最优辖区规模

地方性公共产品提供过程中的"最优辖区规模"(Optimal-size Fiscal Community)问题[①],常常被认为是"俱乐部产品"(Club Goods)理论的具体运用。所谓"俱乐部",是指共同享用某些可以排他的混合产品,并共同负担混合产品提供成本的人员志愿组成的团体或组织,而俱乐部产品通常被理解为具有一定程度的非竞争性并且可以排他的物品。[②] 要成立一个俱乐部,必须满足以下基本条件:第一,俱乐部成员的偏好相同。俱乐部成员的偏好相同,意味着他们从俱乐部产品中获得的利益是相同的,因此每个成员都要承担相同份额的成本费用。第二,俱乐部成员可以实现排他。不缴纳费用的人将被排斥在俱乐部产品的消费之外,这一假定实际上还隐含有俱乐部产品排他成本较低的含义。第三,俱乐部成员可以自由退出。俱乐部是由各成员志愿组织起来的,他们加入或退出完全由个人自主决定。第四,俱乐部成员准确表达自己的偏好。之所以要成立俱乐部来提供俱乐部产品,主要是因为这样可以获得规模经济效应,比由个人提供相应的产品更具成本优势(More Cost-effectively)。一个俱乐部产品最优的规模,由俱乐部成员增减而产生的边际收益和边际成本相等的平衡点决定。地方性公共产品的受益往往局限于一个特定的地理区域,在辖区外一般无法获得相应的利益,这与俱乐部产品极为类似,因为只有加入俱乐部

---

① 地方性公共产品提供过程中的最优辖区规模,具体使用辖区人口数量和人口密度来衡量,而不是用地理学意义上的辖区面积指标。由于人口数量在辖区面积既定的情况下与人口密度是直接正相关的,因而可以只使用人口数量一个指标来衡量最优辖区规模。

② 俱乐部产品理论是诺贝尔经济学奖获得者詹姆斯·M.布坎南于1965年提出来的[参见James M. Buchanan. An Economic Theory of Clubs. *Economica*,1962(32)]。

的成员才能从俱乐部产品中获益。正是从这种意义上,可以将地方政府视作按空间划分的"俱乐部"。① 根据俱乐部产品理论,地方性公共产品最优的辖区规模对应着随辖区居民人数增减而产生的边际收益和边际成本相等的平衡状态。

1. 地方性公共产品最优辖区规模的影响因素

地方性公共产品的性质、地方性公共产品在提供过程中的规模经济程度、地方性公共产品在消费上的拥挤程度以及消费者对地方性公共产品的偏好等因素,都会影响其最优的辖区规模。②

(1) 地方性公共产品提供过程中的规模经济效应

不同地方性公共产品的规模经济效应(Economies of Scale)是不同的。虽然对公共安全和消防等劳动密集型地方性公共产品(Labor Intensive Service)来说,随着运营规模的扩大,其单位成本并不会发生很大变化,但自来水供应、污水处理、电力和天然气配送等资本密集型地方性公共产品(Capital Intensive Service),具有显著的规模经济效应,其人均提供成本随着产品规模的扩大而不断下降。③辖区规模的扩大,会使分担既定数量的地方性公共产品成本的纳税人增加,这将降低每个居民的税收负担。如果地方性公共产品的规模经济效应较强的话,那么辖区规模的扩大所带来人均成本的下降就会更加明显一些。也就是说,在其他条件给定不变的情况下,地方性公共产品提供过程中的规模经济程度越高,辖区的有效规模就越大。当然,规模经济效应导致地方性公共产品人均提供成本的下降只存在于一定范围之内,而且由辖区规模扩大所引致的人均提供成本的降低也是边际递减的。

(2) 地方性公共产品提供过程中的拥挤效应

除增加分担地方性公共产品提供成本的纳税人之外,辖区规模的扩大还会产生拥挤问题。随着辖区居民人数的不断增加,既定数量的地方性公共产品给每个居民带来的利益就会降低。地方性公共产品提供过程中的拥挤效应越大,辖区规模的扩大使每一位居民从地方性公共产品中获益降低的程度也越大。在其他条件给定不变的情况下,地方性公共产品提供过程中拥挤效应的存在,会使得辖区的有效规模变小。拥挤属性决定了大多数地方性公共产品的最优辖区规模都是有限的。

(3) 社会成员对地方性公共产品偏好的多样性

社会成员对地方性公共产品偏好的多样性(Heterogeneous Preferences),也会影响辖区的有效规模。当一个辖区内的居民人数越来越多时,居民对地方性公共产品偏好的差异必然会越来越大,居民消费偏好的多样性也表现得越来越明显。在这样一种情况下,对

---

① 地方性公共产品与俱乐部产品之间有着很大的相似性,但也存在一些差异。俱乐部产品的特点在于对该产品的提供进行支付的成员可以排除那些未付费的人,可排他性使得偏好显示问题对俱乐部产品不再重要,因此对俱乐部产品的讨论更多地集中于同质性消费群体的效率问题;而地方性公共产品则在分析异质性消费群体与偏好显示时更常用(参见吉恩·希瑞克斯,加雷思·D.迈尔斯.中级公共经济学.上海:格致出版社,2011,106)。
② 哈维·罗森,特德·盖亚.财政学.北京:中国人民大学出版社,2015,415。
③ John L. Mikesell. Fiscal Administration: Analysis and Application for the Public Sector. Cengage Learning, 2017, 646-647.

地方性公共产品进行公共选择的最终结果,实际上很难满足所有居民的消费偏好。具体到某一个居民来说,随着辖区内居民人数的增加,每一位居民对地方公共决策的影响力会越来越小,公共选择的结果与每一位居民消费偏好之间的距离也会越来越大;而当一个辖区内居民人数相对较少时,公共选择的结果会更接近于每个居民的偏好。可见,消费者偏好的多样性会缩小辖区的有效规模,而消费者偏好的同一性则会扩大辖区的有效规模。

与消费者对地方性公共产品偏好多样性密切相关的是具有相似消费偏好的居民是否聚居在一起。如果具有相似消费偏好的居民集中居住在一起,那将降低辖区内居民消费偏好的多样性和差异性,从而扩大地方性公共产品的有效规模。从某种意义上来说,民族自治地区就是为了使具有相同消费偏好的人更多地集中居住在一起而设立的。[①]

2. 地方性公共产品最优辖区规模的决定

地方性公共产品提供过程中最优辖区规模的决定,可以分三个步骤来说明。[②] 为了方便澄清地方性公共产品提供过程中最优辖区规模问题的本质,需要假定所分析辖区内所有居民都准确表达自己对地方性公共产品的偏好、所有居民的所得和偏好是相同的、地方性公共产品的受益只限于本地区的居民以及地方性公共产品不具有规模经济效应等。

步骤Ⅰ:地方性公共产品规模既定条件下最优辖区规模的决定

在每一位居民所得和偏好都相同的假定下,辖区内每一位居民都按其从地方性公共产品中所获得的边际收益来分担成本,即每一位居民承担的成本都是相同的。如果提供 Q_1 数量的地方性公共产品的总成本为 Z,那么该辖区内每一位居民承担的成本为 Z/N(居民人数)。

在图 2-9 中,横坐标表示辖区内的居民人数,纵坐标表示每一位居民所负担的地方性公共产品的提供成本。AA 是提供 Q_1 数量的地方性公共产品的人均成本曲线,由于人均成本随着辖区内居民人数的增加而减少[③],因此 AA 曲线呈现出从左上向右下倾斜的态势。A_mA_m 曲线是由 AA 曲线派生出来的,它表示随着辖区内居民人数的增加,每一位居民负担既定数量地方性公共产品提供成本的边际节约。人均成本的边际节约实际上就是一种边际收益,所以 A_mA_m 可以被视为随着居民人数的增加而产生的边际收益曲线。既定数量的地方性公共产品提供出来之后,随着辖区内居民人数的不断增加也会产生拥挤成本(Cost of Crowding)。在图 2-9 中,OB 曲线表示在地方性公共产品的性质和技术水平等因素既定的情况下因辖区内居民人数增加而产生的人均拥挤成本,而 OB_m 曲线表示在辖区内居民人数不断增加的情况下产生的人均边际拥挤成本。A_mA_m 曲线与人均边际拥挤成本曲线 OB_m 的交点,决定了与 Q_1 数量的地方性公共产品相适应的最优辖区规模为 N_1。如果地方性公共产品的提供数量由 Q_1 提高到 Q_2,那么与之相对应的人均成本曲线 AA 和人均成

---

① 当然,除经济因素之外,民族自治地区的设立也有政治等方面的考虑。
② Richard A. Musgrave & Peggy B. Musgrave. *Public Finance in Theory and Practice*. McGraw-Hill Book Company, 1986, 502-508.
③ 地方性公共产品的人均成本 Z/N 对 N 的一阶导数为负($d(Z/N)/dN=-Z/N^2$),说明地方性公共产品的人均成本是递减的。

本边际节约曲线 A_mA_m 也将分别向右移动到 $A'A'$ 曲线和 $A'_mA'_m$ 曲线。$A'_mA'_m$ 曲线与人均边际拥挤成本曲线 OB_m 的交点,决定了与 Q_2 数量的地方性公共产品相适应的最优辖区规模为 N_2。如果继续改变地方性公共产品的提供数量,则也可以得到与之相适应的最优辖区规模。

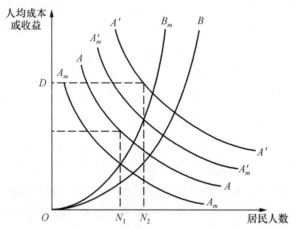

图 2-9 地方性公共产品规模既定条件下最优辖区规模的决定

将在图 2-9 中获得的地方性公共产品的规模及与之相适应的最优辖区规模组成的一系列坐标点 (Q_1,N_1)、(Q_2,N_2) ……在图 2-10 中连接起来,就可以得到曲线 N_{opt}。N_{opt} 曲线上的点表示与任何既定数量的地方性公共产品相适应的最优辖区规模。

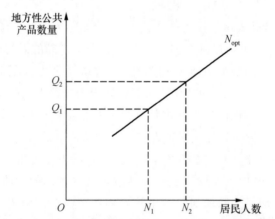

图 2-10 地方性公共产品规模既定条件下最优辖区规模的决定

步骤 Ⅱ:既定辖区规模条件下最优地方性公共产品规模的决定

在图 2-11 中,横坐标表示地方性公共产品的数量,纵坐标表示每一位居民所负担的地方性公共产品的提供成本。DD 是辖区内某位居民对地方性公共产品的需求曲线,由于公共产品具有共同消费的特征,再加上又假定辖区内所有居民的收入和偏好相等,因此 DD 也就可以视为该辖区内全部居民对地方性公共产品的需求曲线。S_3 曲线表示辖区内居民人数为 N_3 时的地方性公共产品的供给曲线,它反映了该辖区提供地方性公共产品的成本状况。① DD 曲线和 S_3 曲线的交点，决定了与 N_3 数量的居民人数相适应的地方性公共产品的最优数量为 Q_3。当辖区内居民人数由 N_3 提高到 N_4 时，该辖区地方性公共产品的供给曲线也随之由 S_3 移动到 S_4。DD 曲线与 S_4 曲线的交点，决定了与 N_4 数量的居民人数相适应的地方性公共产品的最优数量为 Q_4。

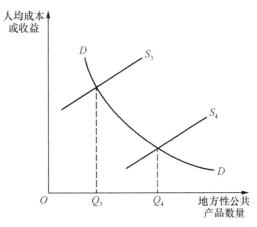

图 2-11 既定辖区规模条件下的最优地方性公共产品规模的决定

将在图 2-11 中获得的辖区规模及与之相对应的最优地方性公共产品规模组成的一系列坐标点 (Q_3,N_3)、(Q_4,N_4)……在图 2-12 中连接起来，可以得到曲线 Q_{opt}。Q_{opt} 曲线上的点表示与任何既定辖区居民人数相适应的最优地方性公共产品数量。

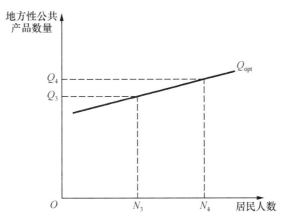

图 2-12 既定辖区规模条件下最优地方性公共产品规模的决定

从步骤Ⅰ和步骤Ⅱ的分析中可以知道，一方面最优辖区居民人数是由地方性公共产品的提供数量决定的，如果不知道提供了多少数量的地方性公共产品，就不能确定与之相适应的最优辖区居民人数；另一方面地方性公共产品的最优提供数量又是由现有辖区居民人数决定的，如果不首先确定辖区的居民人数，也就无法决定提供多少数量的地方性公

---

① 辖区居民人数既定时提供不同数量地方性公共产品的供给曲线的斜率，取决于地方性公共产品的经济性质及其生产函数。

共产品才是最优的。辖区最优居民人数与地方性公共产品最优提供数量之间存在相互决定的关系,这就要求两个问题同时解决。

步骤Ⅲ:最优地方性公共产品的规模与最优辖区规模的同时决定

通过坐标点的转换,可以将与任何既定地方性公共产品提供数量相适应的最优辖区居民人数的曲线 N_{opt} 和与任何既定辖区居民人数相适应的最优地方性公共产品提供数量的曲线 Q_{opt},在图 2-13 中组合起来。在图 2-13 中,虽然位于 N_{opt} 曲线上的任何一点,如 B 点,都意味着与既定数量的地方性公共产品相适应的最优辖区规模,但此时的地方性公共产品的规模未必是最优的;而位于 Q_{opt} 曲线上的任何一点,如 C 点,虽然都是与既定辖区规模相适应的最优地方性公共产品数量,但此时的辖区规模也不一定是最优的。只有 N_{opt} 曲线与 Q_{opt} 曲线的交点 A,才是最优地方性公共产品数量与最优辖区规模同时实现的整体均衡点。

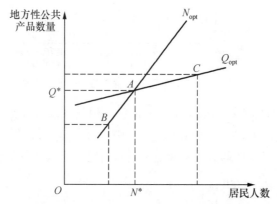

图 2-13 最优地方性公共产品规模与最优辖区规模的同时决定

尽管上述分析十分巧妙地解决了地方性公共产品提供过程中的最优辖区规模问题,但分析中也存在一些不足之处:

第一,假设前提条件过多、过严,与现实生活存在较大的差距。事实上,辖区内居民对地方性公共产品的偏好总会在数量和质量上存在或大或小的差异;地方性公共产品在各地区间通常也存在明显的外部效应,部分利益可能外溢到其他辖区;而且部分地方性公共产品规模经济的属性也比较显著。这些都会改变地方性公共产品的成本与收益间的对比关系,从而影响地方性公共产品的最优数量和与之相适应的最优辖区规模。

第二,上述分析隐含有明显的辖区居民人数依存于财政的思想,而这一思想与现实不符。实际上,一个辖区内到底会居住多少人,多大规模的人口才是最优的,财政因素在其中的影响往往并不是关键性的。在现实生活中,人口在不同辖区之间的分布,通常是由政治、经济、社会和历史等多方面因素共同决定的。

第三,上述分析没有考虑不同地方性公共产品的异质性。在任何一个国家,地方性公共产品的种类都不止一种,而每一种地方性公共产品都具有不尽相同的特征,所以与不同数量的地方性公共产品相适应的最优辖区规模也存在差异,而在现实中不可能为此而设立相应的政府单位,即每一种地方性公共产品不可能都由不同规模的地方辖区来提供。

专栏 2-3　　　　　　　　　中国农村中小学布局的调整

在"撤县设区"之前,重庆市潼南是一个农业大县,农业人口占到总人口的 85% 以上,与之相适应的是农村中小学的数量也比较多,有 15 所乡镇初中和 110 所村小。潼南部分农村中小学的办学规模比较小,学生人数在 300 人以下的乡镇初中有 3 所,最少的只有 180 人;学生人数在 30 人以下的村小有 38 所,最少的只有 5 人。这种"小而散、小而全"的办学模式在全国各地普遍存在,既浪费人力、物力,又难以保证教育质量。

2001 年 5 月国务院下发《关于基础教育改革与发展的决定》,提出要按照"小学就近入学、初中相对集中、优化教育资源配置"的原则因地制宜地规划和调整义务教育阶段学校的布局。农村小学布局调整将在坚持学生就近入学的前提下,有计划、有步骤地调整撤并一些村办小学和教学点,适当扩大办学规模,打破村村办小学的"小而全"模式。农村小学一年级适龄儿童人数不足 20 人的一般不再设立建制小学。平原地区小学服务半径一般不超过 2 公里(不含寄宿制学校),校址选择要适中。每个乡镇可设若干所中心小学;距离中心小学较远的村,可以行政村为单位设立完全小学;在交通不便或距离较远的村保留必要的教学点,方便学生就近入学。教育部统计数据显示,2000—2010 年十年间,中国农村小学减少了一半,从 44 万所锐减到 21 万所。

对农村中小学布局进行调整的目的,就是要通过扩大办学规模来降低人均办学成本、提高效率。然而,在具体的实施过程中,一些地方为了便于管理采取"一刀切"政策,脱离当地实际撤销了一些交通不便地区的小学和教学点,"就近入学"成了许多农村孩子破灭的梦想,造成了新的"上学难",辍学率反弹;有些地方则办学点过于集中,造成一些学校"大班额"现象严重,教学质量和师生安全难以保证。2015 年 11 月,国务院发布的《关于进一步完善城乡义务教育经费保障机制的通知》再次强调,慎重稳妥撤并乡村学校,建设并办好寄宿制学校,努力消除城镇学校大班额,保障当地适龄儿童就近入学。

资料来源:根据乡村小学仅 5 名学生　代表:要调整农村中小学布局[N]. 腾讯·大渝网等编写整理。

2.3　政府间财政关系与多级财政体制

与公共产品的层次性相适应的是多级政府和多级财政的存在。在多级政府和多级财政体系下,必然产生如何处理和协调各级政府之间财政关系的问题①,它具体包括政府间财政支出的划分、政府间收入来源的划分、政府间财政转移支付和地方政府债务的规制四

---

① 政府间财政关系是政府间关系(Intergovernmental Relations)的重要组成部分。尽管从多级政府体系产生之日起,政府间关系就是一个客观存在,但政府间关系这一术语直到 20 世纪 30 年代经济大危机政府全面干预社会经济时才出现(参见 Deil S. Wright. *Understanding Intergovernmental Relations*. Brooks-Cole Publishing Company, 1988, 13),从此政府间关系成为公共政策研究的重要内容。

个不同的维度。① 虽然从现象上看,政府间财政关系主要表现为财权和财力在各级政府间的划分,但其背后的实质却是各级政府间的利益分配。

2.3.1 处理政府间财政关系的基本模式

处理政府间财政关系的模式,主要有财政集权(Fiscal Centralization)和财政分权(Fiscal Decentralization)两种。一个国家应当采用哪种模式来处理政府间的财政关系?对于这一问题,不同的学者有不同的主张,不同的国家也有不同的实践。

1. 财政集权与财政分权

财政集权指的是财权、财力在政府体系中往较高层次的政府集中。财政集权模式有利于全国性公共产品的有效提供,能够较好地解决地区间的公平和外部性问题,有助于保持宏观经济的平稳运行,有助于在地方性公共产品提供过程中获得规模经济效应,也可以避免地方政府竞争带来的负面影响。财政集权的优势已经为一些国家的实践所证明,但它也存在可能造成决策失误和效率低下、导致体制和政策僵化、致使政府官员忽视与人民的联系以及难以满足各地居民不同的需要等自身难以克服的弊端。

财政分权通常是指上级政府将相应的财权、财力向下级政府的转移②,具体表现为赋予下级政府一定的税收权力和支出责任,并允许其自主决定财政支出的规模与结构,同时可以自行举借债务。财政分权模式在处理政府间财政关系方面具有独特的优势,它有利于实现地方性公共产品的有效提供,有利于制度创新与制度扩散,也可以为居民提供更多的选择;但过多的财政分权,也会带来政治、经济等多方面的风险。

专栏2-4　　　　　　　　　财政分权理论的发展

分权观念的形成实际上是对社会分工与协作这一客观现实的反应。早在两千多年前社会分工有一定发展的古希腊和古罗马,就已经产生分权思想的萌芽。17世纪,现代分权理论作为英国资产阶级革命成果的产物正式登上历史舞台。分权在实践中不仅体现在政治领域,而且体现在经济等领域。在现代财政学中,针对财政领域内的分权问题所做的

---

① Jamie Boex, Jorge Martinez-Vazquez & Andrei Timofeev. Subnational Government Structure and Intergovernmental Fiscal Relations. Andrew Young School of Policy Studies, Georgia State University, International Studies Program Working Paper 04-01, 2004.

② Jennie Litvack, Junaid Ahmad 和 Richard Bird 等经济学家在"Rethinking Decentralization at the World Bank"一文中将分权区分为授权、权力委托和权力下放等三种形式。权力授予(Deconcentration)指的是相应的权责在政府科层制组织内部的重新分配,一部分权力和责任被分配给下级政府或部门行使,但中央政府仍保有最终的控制权。授权是分权程度最弱的一种形式,它常常在单一制国家中运用。权力委托(Delegation)是将特定职能的决策和管理权责交给地方政府或准政府部门,但它们最终仍要向中央政府负责。在这一分权形式下,中央政府与地方政府之间是一种典型的"委托-代理"关系。权力下放(Devolution)是将与地方性事务相关的权责完全转移给地方政府,中央政府不再实行直接控制,也不再介入地方性事务。尽管在权力移交形式下,中央政府需要确保地方政府在全国性的方针政策框架内运行,但地方政府的自主性已经得到很大的增强(参见 http://www.worldbank.org/html/fpd/urban/mun_fin/toolkit/rethinking.html,访问时间:2018年11月20日)。各国的财政分权,往往几种分权形式同时使用。

研究基本上都集中在对"财政联邦主义"（Fiscal Federalism）的论述上，先后形成了第一代和第二代财政分权理论。

第一代财政分权理论始于20世纪50年代，查尔斯·提布特（Charles Tiebout）、理查德马斯格雷夫（Richard Musgrave）和华莱士·奥茨（Wallace Oates）等经济学家对其形成做出了突出贡献，因而第一代财政分权理论常被称为"TOM 模型"。第一代财政分权理论的分析是建立在"追求辖区居民社会福利最大化的政府，会自动地按照公众利益实现资源的优化配置"的假设基础之上的。在解决了财政分权的合理性或者说地方政府存在的经济依据之后，第一代财政分权理论以新古典经济学为理论分析框架，重点研究了在政治、地理和人口条件、地区间居民偏好的差异性、规模经济和外部性、辖区间竞争和垂直分工等因素的影响下，政府财政职能在不同级次的政府间进行合理配置以及相应的财政工具如何分配的问题，以最终实现资源的有效配置、收入的公平分配以及宏观经济的平稳运行。

20世纪80年代以来，激励相容与机制设计学说这一微观经济学发展的最新成果，被加布里埃拉·蒙蒂诺拉（Gabrtella Montinola）、钱颖一、巴里·温加斯特（Barry Weingast）、罗纳德·麦金农（Ronald McKinnon）和托马斯·内希巴（Thomas Nechyba）等学者运用到财政分权学说中来，形成了所谓的"第二代财政分权理论"（Second Generation Theory of Fiscal Federalism）或"市场维护型的财政联邦主义"（Market-preserving Federalism）。第二代财政分权理论放弃了"仁慈政府"的假设，而是立足于"经济人"这一基点，在承认政府和政府官员有着自身利益追求的同时，从政府治理角度出发，认为财政分权使地方政府具有了市场经济的激励和约束机制，可以促使地方官员的行为动机与当地居民的福利保持一致，因而有益于地方公共产品的供给。新一代财政分权理论所关注的问题，主要有政府尤其是地方政府自身的激励机制以及政府与经济当事人之间那种类似于委托-代理关系的经济关系等。尽管与传统财政分权理论的"市场供求式"的分析框架有所不同，但新一代的财政分权理论在主题思想上与传统财政分权理论仍然是基本一致的。此外，第二代财政分权理论还较多地涉及财政分权与经济增长之间的相互关系。

资料来源：根据平新乔.当代财政学前沿的若干问题.经济学动态，2000（4）和 Wallace E. Oates. Toward A Second-Generation Theory of Fiscal Federalism. *International Tax and Public Finance*，2005（12）编写。

2. 财政集权与财政分权的测度

一个国家财政集权与分权的水平，可以通过对在多级政府体系下哪一级政府负责什么项目的支出、哪一级政府决定收入的分配、政府间财政转移支付是如何运作的以及地方政府在举债上具有多大的自由裁量权等问题，从质和量两个层面来加以衡量。

就基本性质而言，对财政集权与分权程度的判断主要是看中央与地方政府之间的经济利益关系和地方政府的行为方式。如果中央政府与地方政府之间的经济利益关系表现为地方政府没有相对独立的利益或者地方利益得不到有效保障，片面强调局部利益服从整体利益，而且地方政府的行为是一种非自主的受命行事方式的话，那么这个国家的财政集权程度就要高一些;而与财政分权相关联的是地方政府有相对独立的且有法律保障的利益,其行为也主要表现为一种自主的行为,如地方政府可以根据本地区的实际情况来决定是否发行地方债、何时发行以及发行的规模等问题。

从量上来分析,一般是用地方政府财政收支的相对规模来判断财政集权与分权的程度。从财政收入角度(Revenue Side of Fiscal Decentralization)看,一方面要分析地方财政收入在全部财政收入中所占的比重,另一方面还要看地方自有收入占地方财政总收入的比重。如果这两个比重都较大,那么在其他条件既定的情况下,财政分权的程度(Decentralization Ratio)也就比较高;如果两个比重均较低,则其财政集权的程度(Centralization Ratio)比较高。从财政支出角度(Expenditure Side of Fiscal Decentralization)看,一方面要考虑地方财政支出在全部财政支出中所占的比重,另一方面还要考虑中央政府对地方政府财政支出的控制程度。在其他条件既定的情况下,地方财政支出在全部财政支出中所占的比重越高,则财政分权的程度越高;反之,则财政集权的程度越高。① 在一些国家,虽然地方财政支出在全部财政支出中所占的比重比较高,但如果中央政府对地方财政支出的控制程度也比较高或者地方自行决策的支出(Locally Decided Expenditure)所占的比重比较低、地方通过转移支付形成的支出(Locally Spent National Grant)所占的比重比较高,则并不能说明这些国家财政分权的程度也比较高。在其他条件既定的情况下,中央政府对地方财政支出的控制程度越高,则财政集权的程度就越高;反之,则财政分权的程度就越高。

当然,单纯地用地方财政收支或中央财政收支占全部财政收支的比重来度量财政集权与分权是存在一定缺陷的。以中央政府税收收入在税收总收入中所占的比重来衡量,可能会低估分权的程度,因为中央政府可能会代替地方政府征税或将征收上来的税收转交给地方政府,这样就忽略了地方政府从中央政府所征税收中获得的份额。以中央政府财政支出占全部财政支出的份额来衡量,同样可能会低估分权的程度,因为无论一个国家的分权程度如何,收入再分配主要都是中央政府的支出职责,对国防支出来说更是如此。②

3. 财政集权与财政分权之间的选择

集权有集权的道理,分权也有分权的理由。然而,财政集权和财政分权都只不过是处理政府间财政关系的手段,并不是最终的目的。世界上并没有绝对的财政集权,也没有绝

---

① 学术界对财政分权程度的测度指标有不同的看法,概括起来主要有三大类:第一类是用下级政府的财政收支份额来度量财政分权程度。如张涛和邹恒甫于1998年分别以人均省级财政支出与中央财政支出的比例、人均省级预算内支出与中央预算内支出的比例,以及人均省级预算外支出与中央预算外支出来衡量财政分权水平;胡书东于2001年以省级人均财政支出占全国人均财政支出的比值来衡量财政分权;乔宝云于2002年以人均省级财政支出与人均总财政支出的比值来衡量财政分权水平。第二类是用自主收入的边际增量来度量财政分权程度。如林毅夫和刘志强于2000年使用了这一指标。第三类是用财政收入的分成率来度量财政分权程度。如金和辉、钱颖一和巴里·温加斯特于1999年以地方分成比例为中国财政分权的衡量标准;马骏于1997年以平均分成率来衡量财政分权水平。

② 神野直彦.财政学:财政现象的实体化分析.南京:南京大学出版社,2012,274—275;吉恩·希瑞克斯,加雷思·D.迈尔斯.中级公共经济学.上海:格致出版社,2011,408.

对的财政分权。绝对的财政集权和绝对的财政分权,都不可能很好地处理政府间的财政关系,也无法实现社会福利最大化的目标,这可以用图 2-14 来加以说明。①

假定有甲和乙两个国家,它们分别实行的是中央集权体制和地方分权体制。在正常的社会经济状况下,甲国的社会福利函数为 V_1、V_2、$V_3\cdots$,乙国的社会福利函数为 U_1、U_2、$U_3\cdots$。V_3 和 U_3 对应着甲国和乙国分别实行绝对集权和绝对分权时的社会福利水平,而 V_1、V_2 和 U_1、U_2 分别是甲国和乙国实行集权和分权不同程度组合情况下的社会福利函数。从图 2-11 中可以看到,中央集权与地方分权的各种组合使得社会福利最大化的边界是 TT,它与甲国和乙国的社会福利曲线 V_1 和 U_1 分别相切在 a 点和 b 点,实现了各自最大化的社会福利水平。V_1 和 U_1 分别位于 V_3 和 U_3 的右上方和左上方,这说明,对甲、乙两国来说,绝对的中央集权和地方分权都不能带来社会福利的最大化。只有在财政集权和分权都得以兼顾的情况下,才能实现社会福利的最大化。在实践中,各个不同的国家在处理政府间财政关系上大多采用的也是财政集权与财政分权的某种组合,国与国之间的差别只是财政集权和分权组合的程度和方式不同而已,或是偏重于财政集权,或是偏重于财政分权。

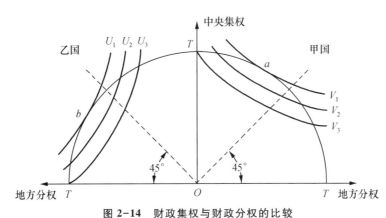

图 2-14 财政集权与财政分权的比较

现实中有很多因素都会影响一个国家在财政集权与分权之间的选择。在诸多影响因素中,国家结构形式对一个国家在处理本国的政府间财政关系时是选择侧重于财政集权还是侧重于财政分权的影响最为突出。由于单一制国家和联邦制国家在中央政府与地方政府间的权力配置方面具有不同的特点,因而在处理政府间政治、经济和社会等领域里的相互关系时,单一制国家更多地倾向于选择集权模式,而联邦制国家则偏重于选择分权模式。一般来说,联邦制国家财政分权的特征非常突出,而单一制国家财政集权的特征较为明显。②

---

① 薛天栋.现代西方财政学.上海:上海人民出版社,1983,199.
② 对这一结论不能做过于绝对的理解。丹麦和瑞典等单一制国家的分权程度往往被认为比德国、墨西哥和美国等联邦制国家还要高。即使是在联邦制国家中,也是有的国家相对集权,如德国和澳大利亚;有的国家偏向分权,如美国、加拿大、印度和瑞士等。

由于许多国家的地方政府也是由多级政府组成的体系,因而不仅在中央政府与地方政府之间存在财政的集权与分权问题,而且在各级地方政府之间也存在财政的集权与分权问题。这就决定了一个国家在处理多级政府间的财政关系时,还面临财政集权与分权的结构问题。就可能性而言,政府间财政集权与分权的结构有四种表现形式:第一种是在中央政府与中间层级政府之间、在中间层级政府与基层地方政府之间都侧重于财政分权;第二种是在中央政府与中间层级政府之间侧重于财政集权,而在中间层级政府与基层地方政府之间则侧重于财政分权;第三种是在中央政府与中间层级政府之间、在中间层级政府与基层地方政府之间都侧重于财政集权;第四种是在中央政府与中间层级政府之间侧重于财政分权,而在中间层级政府与基层地方政府之间则侧重于财政集权。

2.3.2 处理政府间财政关系的基本原则

一个国家在处理和协调政府间财政关系时,应当遵循多样性、成本与收益相对称、确保基本公共服务最低供给、财政地位均等化以及资源配置的区位中性等基本原则。① 只有很好地遵循了这些基本原则,政府间的财政关系才有可能理顺,步入良性循环的轨道。

1. 多样性原则

由于经济发展水平、地理条件和历史文化传统等存在差异,各个地区的居民对地方性公共产品和服务的偏好总是呈现出一些区域性的特征,这体现在不同地区居民所需要的地方性公共产品在种类、质量和数量上均可能有所不同。多样性原则(Principle of Diversity)要求在处理政府间财政关系时,不能强迫不同地区消费偏好存在差异的居民接受模式完全相同的公共产品和服务。在所有地区统一提供公共产品和服务,只能满足全体社会成员的同质性偏好,而当社会成员的需求偏好具有异质性时,任何形式的统一提供都会造成福利损失。有效的财政体制要为不同地区居民对公共产品偏好差异的存在提供必要的空间。财政分权程度越高,在不同地区提供不同种类与水平的公共产品和服务的可能性就越大。

2. 成本与收益相对称原则

不同的公共产品和服务的受益范围各不相同,全国性公共产品和服务的受益范围是全国性的,而地方性公共产品和服务的受益范围则只覆盖某个特定的区域。要使多级财政体制的运行真正有效,则受益范围不同的公共产品和服务的成本就必须由相应受益地区的居民来支付,即公共产品和服务的成本与收益应是大体对称的(Fiscal Equivalence Between Benefit and Cost)。一些地方性公共产品和服务在提供过程中常常出现的辖区间的外部性,往往会破坏公共产品和服务收益与成本间的对称。一旦出现这种情况,地方政府就会采取相应的措施来应对。

---

① Charles V. Brown & Peter M. Jackson. *Public Sector Economics*. Irwin, 1990, 278-279.

专栏 2-5　　美国州立大学"外地生"学费比"本地生"贵三倍

由于没有户籍制度等方面的限制,对美国人来说,在不同州或不同城市之间搬迁是再平常不过的事了。尽管如此,就教育而言,美国的"本地生"(In State Resident)和"外地生"(Out of State Resident)还是存在一些差别。当然,这种差别仅限于州立大学(State University)。私立大学的学费没有地域区分,对高中和小学也完全没有设定严格的"本地常住居民"资格。

美国亚利桑那州立大学二年级学生加里特的父母,多年前就因工作把家从俄亥俄州搬到了亚利桑那州定居下来。高中毕业后,尽管成绩非常优秀,加里特却并没有选择位于其他州的名校,而是进入亚利桑那州立大学就读。之所以做出这种选择,除了不想离家太远,低廉的学费也是他选择亚利桑那州立大学的主要原因。与其他很多州的州立大学一样,亚利桑那州立大学在学费上对本州居民非常优惠。2006 年,加里特作为本州居民需要缴纳的学费为 4 500 美元,而加里特来自美国其他州同学的学费却接近 16 000 美元。

由于州立大学学费"内外"有别,因此如何认定学生是不是"本地生"就成为一个重要问题。如果是成年人,则必须符合的基本条件包括:在该州连续居住达一年以上,同时出具有意在该州长期居住的证明,如车辆注册证明、在该州申请的驾照、工作证明、选民注册证明等;如果是未成年人,则他们的居民身份就取决于其父母或监护人的居住地。学生在申请入读州立大学时,为了获得本州居民的优惠待遇,必须把相关的证明材料寄给州立大学招生办公室,由其来判断该生是否属于本州居民。如果被发现通过虚假材料来骗取低学费,则"本地生"的资格会被立即取消,学生甚至还会被开除。

资料来源:根据 http://news.sohu.com/20070603/n250365035.shtml(访问时间:2018 年 11 月 20 日)编写整理。

3. 确保基本公共服务最低供给原则

公共服务均等化(Fiscal Equalization)指的是一个国家的所有社会成员,不论其身份、地位、收入以及居住地点等状况如何,都有权享有政府提供的水平大体相同的公共服务。① 公共服务均等化是针对现实生活中公共产品和服务提供过程中经常出现差异的状

---

① 由于公共产品和与之相对应而存在的私人产品之间的区分是从消费角度做出的,因而公共服务均等化概念自然也应从消费角度来界定。所谓"消费",指的是社会成员在占有及使用产品和服务的过程中利益的获得。正因为如此,从本源上看,公共服务均等化首先应从受益层面来理解。尽管许多公共服务在现实中采用的是公共提供这种"免费"的方式,但是"天下没有免费的午餐",社会成员"无偿地"享受公共服务是以"无偿地"缴纳各种税收和政府收费等为代价的。如果现实中不同社会成员在享有水平大体相同的公共服务的同时,各自为享有公共服务而缴纳的税费和分担的其他形式的公共服务提供成本却存在较大差异的话,那么也很难说真正实现了公共服务均等化,因而仅从受益的角度来考察公共服务均等化是不全面的,它还应包括"公共服务提供成本的公平分担"这一层面上的含义。综合受益和成本分担这两个方面是从一个更高的层面来把握公共服务均等化的内涵,它既要求不同社会成员享有水平大体相同的公共服务,也要求不同社会成员根据主流的价值观和判断标准来公平地承担相应份额的公共服务提供成本。

况而提出的,或者说公共服务均等化源于公共服务提供过程中的差异性,它是政府在实现社会公平中发挥作用的具体体现。公共服务均等化的对象主要是全国性准公共产品和服务以及具有同质性的地方性准公共产品和服务。异质性的地方性公共产品不存在全国范围内的对比关系,因而不属于均等化的范畴;而对于国防和外交等全国性纯公共产品来说,其均等化的实现是非常自然的事情。

在实践中,公共服务均等化是通过具体的均等化标准加以实现的。公共服务均等化的标准有最低均等标准、基本均等标准和完全均等标准三种。公共服务最低均等标准只是要确保不同地区社会成员享有的公共服务都达到预先确定的一个最低水平;公共服务基本均等标准要实现的是不同地区基本的公共服务达到平均水平,略高或略低于平均水平均属正常;在公共服务完全均等标准下,不同地区所有的社会成员享有水平完全相同的公共服务。公共服务完全均等标准只是一种理想状态,在现实中很难真正实现。由于对绝大部分贫困地区社会成员福利改善不多,公共服务最低均等标准的政治可接受性并不高,相比较而言,公共服务基本均等标准的政治可接受性就要高一些;然而,从经济上看,公共服务最低均等标准的可行性却要强于公共服务基本均等标准。① 基本公共服务最低供给(Minimum Standard of Public Service)实际上就是最低标准的公共服务均等化。

专栏 2-6　　　　　公共服务均等化理念在中国的确立

在经济发达国家,公共服务均等化已经有了半个多世纪的实践。在中国"摸着石头过河"的改革中,公共服务均等化的基本理念在经过一个曲折的过程之后,逐步为中国理论界和决策层所接受。

20世纪80年代末、90年代初,在酝酿分税制改革试点的过程中,中国较多地学习和借鉴了主要经济发达国家分税分级财政体制尤其是政府间财政转移支付方面的做法和经验,公共服务均等化概念就是在这一时期作为一个新事物引入国门的。从引入概念到20世纪90年代中后期,不管是在介绍经济发达国家均等化财政转移支付的经验时提及公共服务均等化,还是提出要将公共服务均等化作为中国财政体制改革的价值取向,都既没有在中国财政理论界引起大的争议,也没有得到决策部门太多的关注,这种状况一直延续到"公共财政论战"爆发后才发生改变。

20世纪90年代中后期,财政学界就中国财政改革的方向是不是"公共财政"及相关的理论问题展开了一次较大规模的论战。在论战中,公共财政论的主要倡导者厦门大学的张馨教授,将"为市场主体提供一视同仁的公共服务"概括为公共财政的基本特征。虽然没有使用完全相同的字眼,但"一视同仁"的财政观却明显地表达出"中国的财政改革就是要实现公共服务均等化"的观点。然而,部分学者对此提出了强烈的质疑,试图通过反对一视同仁的公共服务来达到否定公共财政的目的。经过激烈的论辩,公共财政论最终确立了其在中国财政理论界的主流地位。1998年年底召开的全国财政工作会议确定

---

① 王玮.多重约束条件下我国均等化财政制度框架的构建.北京:中国社会科学出版社,2011,134—135.

了建立公共财政基本框架的改革目标,这标志着公共财政理论正式为政府决策部门所接受;此时,作为公共财政理论不可分割的组成部分的"一视同仁"的财政观,也一并进入政府决策层的视野。尽管如此,公共服务均等化仍没有立即引起决策层的重视而成为国民经济和社会发展的目标。

进入21世纪后,在收入分配差距进一步拉大所带来的社会经济问题越来越突出的背景下,公共服务均等化才正式上升为国家意志。2005年10月,中共中央十六届五中全会通过的《中共中央关于制定国民经济和社会发展第十一个五年规划的建议》提出,"按照公共服务均等化原则,加大国家对欠发达地区的支持力度,加快革命老区、民族地区、边疆地区和贫困地区经济社会发展",这是公共服务均等化首次在中国的公共决策中被确认。2006年3月,第十届全国人大四次会议通过的《中华人民共和国国民经济和社会发展第十一个五年规划纲要》也明确提出,要"加快公共财政体系建设,明确界定各级政府的财政支出责任,合理调整政府间财政收入划分。完善中央和省级政府的财政转移支付制度,理顺省级以下财政管理体制,有条件的地方可实行省级直接对县的管理体制,逐步推进基本公共服务均等化"。2006年10月,中共十六届六中全会通过的《中共中央关于构建社会主义和谐社会若干重大问题的决定》又进一步提出,将"完善公共财政制度,逐步实现基本公共服务均等化"作为"保障社会公平正义"的制度保障。从上述过程中我们可以知道,中国政府决策层对公共服务均等化的把握也经历了一个逐步深入的过程,从最初将公共服务均等化作为区域协调互动机制的重要组成部分,到将其确定为完善中国财政体制的改革方向,并最终将其定位于实现社会公平的制度安排。

资料来源:王玮.多重约束条件下我国均等化财政制度框架的构建.北京:中国社会科学出版社,2011,19—20。

4. 财政地位均等化原则

地方政府财政地位均等化(Equalization of Fiscal Position)是实现公共服务均等化的一个重要前提。财政地位显示的是一级政府财政收入能力与财政支出需求之间的对比关系。如果一个财政收入能力较高的地方政府面临较低的财政支出需求,那么它的财政地位就比较强。地方政府财政支出需求与财政收入能力之间能否保持平衡,在不同的地区存在明显的差异。对这种差异不应完全忽视不管,而应采取相应的措施,使各地区的财政地位差距不要拉得过大,要逐步实现均等化,至少应保持在一个可以接受的范围之内。

5. 资源配置的区位中性原则

各地区间财政收支状况的差异,常常会对经济活动主体在一个国家内部的区位选择产生影响,尽管这种影响在多级财政体制中是不可避免的,但资源配置的区位中性原则(Principle of Locational Neutrality for Resource Allocation)要求财政体制使这种影响尽可能地最小化。

在现实中,处理政府间财政关系应当遵循的各项基本原则很难完全同时实现,因为其中有些原则本身就是相互矛盾的,如多样性原则和资源配置的区位中性原则就很难协调起来。尽管如此,上述基本原则对理顺政府间财政关系的积极意义仍是不容否定的。在实践中,往往需要根据一定时期主要的社会经济矛盾在存在一定冲突关系的各项原则之间做出某种权衡或取舍。

2.3.3 政府间财政关系的制度载体

每一个国家在处理本国的政府间财政关系时,都依赖于一定的制度框架,预算管理体制就是政府间财政关系的具体制度承载体。由于只有在多级政府体系下才需要处理政府间的财政关系,所以预算管理体制也常常被称为"多级财政体制"。① 多级财政体制具体体现出各级政府财政的独立自主性以及集权与分权关系问题。

1. 多级财政体制

财政体制首先与本国的政府结构相关。每一个国家的政府结构都涉及应设立几级政府,各级政府权力的大小,各级政府的职能应划分至什么程度、重叠至什么程度以及协调至什么程度等方面的问题。② 与之相适应的是,财政体制也包括在多级政府体系下确立财政管理的级次与管理的主体、财政收支在各级政府间的划分、财政管理权限在各级政府间的划分以及政府间预算调节等内容。然而在现实中,财政体制一方面依赖于政府体制和政府结构,但另一方面也要考虑财政活动的效率与财政委托-代理关系的有效性,因此它与政府体制并不一定完全吻合。在有的国家,财政体制的级次与政府级次相同,一级政府构成一级预算管理的主体,但也有国家存在财政体制级次与政府级次不完全相同的现象。

在国土面积相对较大的国家,处理政府间财政关系的制度载体都包括中央-省财政体制与省以下财政体制两个维度的内容。根据中央政府和省级政府在省以下财政体制中所起的作用不同,省以下财政体制可以区分为命令模式(Mandate Model)和自主模式(Autonomy Model)两种类型。③ 在命令模式下,各级政府间财政关系的制度安排均由中央政府直接确立,省以下政府间财政关系从某种意义上可以说就是中央-省财政关系的延续,两者具有一致性,这可以确保中央政府的政策可以在地方得到有效执行。而在自主模式下,中央政府将处理省以下政府间财政关系的权力交给省级政府,省以下财政体制既可以参

---

① "财政体制"是从中国传统的财政学沿用下来的一个概念。在传统的财政学中,财政体制这一概念可以从广义和狭义两个层面来理解。狭义上的财政体制指的就是预算管理体制;而广义上的财政体制,不仅包括预算管理体制和税收管理体制,而且包括国有资产管理体制、基本建设投资管理体制和文教行政财务管理体制等。从所包含的内容看,广义上的财政体制既要解决各级政府间的财政收支划分和管理权限的划分问题,同时还要解决政府与企业、政府与行政事业单位以及政府与基本建设单位之间的分配关系。然而,随着市场化改革的不断深入,中国政府与企业、政府与行政事业单位以及政府与基本建设单位之间的分配关系发生了根本性的变化。正是在这一背景下,中国财政学界更倾向于从狭义上来界定财政体制这一概念。

② Holley H. Ulbrich. *Public Finance in Theory and Practice*. Thomson Learning, 2003, 23.

③ James Alm & Jorge Martinez-Vazquez. *Public Finance in Developing and Transitional Countries: A Conference in Honor of Richard Bird*. Edward Elgar Press, 2003, 5-34.

照中央-省财政体制的做法,也可以根据本地区的实际情况重新设计,这样省以下政府间财政关系未必反映和延续中央-省的财政关系,中央政府的政策也就有可能无法得到很好的贯彻。如中央政府向省级政府进行均衡的财政分配,只要省级以下政府间不能实现财政均衡,国家缩小地区差距的政策意图就无法顺利实现。

2. 财政联邦制

在经济发达国家的财政理论与实践中,与财政体制最为接近的概念是"财政联邦制"(Fiscal Federalism)。① 尽管财政联邦制范畴中的"联邦制"最初是从政治学中的联邦制概念引申而来的,但两者之间仍有很大差别。政治学中的联邦制是一种国家结构形式,它突出强调的是在宪法中保护各级地方政府的自治权,而财政联邦制中的联邦制概念强调的是各级政府在财政收支上是否有明确的分工、各级政府提供的公共产品是否反映了各自辖区内居民的需求偏好。只要各级政府间有明确的财政职能分工,不管这个国家的国家结构形式是单一制还是联邦制,这个国家的财政体制都可以被称为"财政联邦制"。正是从这个意义上说,相当多国家的财政体制都可以归并到财政联邦制的范畴。

专栏 2-7　　　　　　　华莱士·奥茨与财政联邦主义

华莱士·奥茨(Wallace Oates,1937—2015 年)出生于美国的加利福尼亚州,1965 年从斯坦福大学获得经济学博士学位后,先后在普林斯顿大学(1965—1979 年)和马里兰大学(1979—2015 年)任教。奥茨教授的研究主要集中在财政学、环境经济学和城市经济学等领域。

1972 年,华莱士·奥茨出版了《财政联邦主义》,该书具体研究联邦制国家政府职能的划分、地方性公共产品的提供、政府间财政转移支付的设计和地方财政收入机构等问题。《财政联邦主义》一书在政府间财政关系方面所进行的开创性研究,不仅奠定了奥茨在被称为"TOM 模型"的第一代财政分权理论中的地位,而且也促进了财政联邦主义理论在各国的传播。该书先后被翻译成德语、西班牙语、日语和中文。《财政联邦主义》一书出版后,政府间财政关系才作为一项重要内容逐步被纳入财政学教科书中,现代财政学中针对地方财政问题所做的研究也大多与财政联邦主义的研究紧密联系在一起。

资料来源:根据 http://econweb.umd.edu/~oates/~oates/index.htm(访问时间:2018 年 11 月 20 日)编写。

---

① 国内学术界对如何翻译"Fiscal Federalism"这一英文术语存在不同的认识,有的学者将其译为"财政联邦制",有的将其译为"财政联邦主义"。单从文字上看,"财政联邦制"和"财政联邦主义"之间的差异还不小,但这两种译法并不矛盾。若将"Fiscal Federalism"理解为一种理论或思想,则较好的译名是"财政联邦主义",它指的就是多级政府的经济学,或者说是从经济学的角度去寻找为有效行使财政职能所需的财政支出和收入在中央与地方各级政府之间最优分工的理论和学说;而将其作为一种制度时,则宜译为"财政联邦制",也就是从指导思想到具体的制度安排都贯穿着财政联邦主义基本观点的财政体制。

尽管可以说国土面积稍大一些的国家实行的都是财政联邦制,但不同国家,尤其是经济发达国家与发展中国家的财政体制还是存在较大的差别。相比较而言,经济发达国家的财政体制是更为典型的"财政联邦制"。弄清主要经济发达国家实行的财政联邦制的基本特征,对更好地理解"财政联邦制"的实质是很有帮助的。

(1) 各级地方政府及其财政主要对相应的代议机构负责

经济发达国家的地方议会和地方行政首长都由本地区的居民通过选举产生,而并非由上级政府任命或指定,因而他们最终主要是对本地区的选民负责,并不需要听命于上级政府。经济发达国家各级地方财政都在法律规定的框架内制定本级预算,以支定收,自求平衡,上级政府不承担为下级政府弥补财政赤字的责任。这样,无论是实行联邦制还是实行单一制的经济发达国家,其地方财政都能够与中央财政一样成为一级真正相对独立的预算主体。正因为如此,经济发达国家没有统一的"国家预算",而只有中央预算和各级地方政府预算,并且上、下级政府预算之间不存在包含与被包含的关系。

(2) 以法律形式明确各级政府之间的事权与财权划分

经济发达国家明确划分了各级政府间的事权与财权,并且以宪法或相关法律对之加以规范,从而为形成相对稳定的政府间财政分配关系打下了坚实的基础。经济发达国家各级政府之间事权与财权的划分一般都以效率原则和公平原则为主要依据,其中财政支出范围在很大程度上是按照公共产品的受益范围进行划分的。从总体上看,经济发达国家各级政府的事权与财政支出范围的划分比较清晰而且相对稳定。

(3) 各级政府都有自己独立的财政收入来源及相应的财权

经济发达国家的地方财政都有相对独立的地方税系作为基本的财政收入来源,而且地方政府在规定权限范围内可以自主地决定开征、停征或取消某一地方税种,同时也可以在一定约束条件下发行地方公债。经济发达国家的地方政府相当大一部分财政支出就是依靠这些地方财政收入来满足的。除了地方税和地方公债,经济发达国家的地方财政收入中也有一部分来自中央或上级政府的财政转移支付。

(4) 中央财政在宏观经济调控中依然发挥着重要作用,各级地方财政仍要受到来自中央财政的制约

尽管在财政联邦体制下,经济发达国家的地方财政拥有相对独立的财政地位,但从根本上看,它仍然要受到中央政府和中央财政的制约,只是这种制约并不表现为行政型的从属关系。由于经济发达国家地方政府的财政活动只对本级议会和本地区选民负责,因此中央政府难以直接用行政命令的方式来安排地方财政的活动。

在经济发达国家,中央政府和中央财政对各级地方财政活动的控制主要依靠法律和经济手段来进行,这具体体现在立法和政府间的财政转移支付上。政府间财政转移支付制度早已成为经济发达国家中央财政对地方财政进行宏观调控的重要手段,通过财政转移支付制度的实施,中央政府可以在一定程度上引导和规范地方财政的活动。中央政府也可以通过修订法律的办法,对已有的财政收支划分办法进行修改来体现自己的宏观调

控意图。①

专栏 2-8　　不同"状态"下的财政分权体制

财政分权领域的著名经济学家罗伊·鲍尔(Roy Bahl)分析了"最优""次优"和"最差"等不同状态下"财政分权体制"基本构成要素的组合情况(参见表 2-1)。

表 2-1　财政分权体制构成要素的组合

构成要素	最优状态	次优状态	最差状态
地方立法机关	普遍选举	间接选举	由上级政府任命
地方主要官员	地方任命	中央借调	—
预算	地方批准、硬约束	地方批准、软约束	中央批准、软约束
支出自主	地方对支出有充分的控制权	地方对部分支出有控制权	上级政府控制地方支出
自有收入	地方拥有重要的权力	地方拥有一些权力	没有征税权
政府间转移支付	大部分是无条件拨款	—	大部分是有条件拨款
举债权	硬预算约束	受限制的举债权	无举债权

在最优状态的财政分权体制下,地方立法机关由普选产生,地方主要官员由地方任命,地方立法机关自行批准地方预算,地方财政支出职责明确,地方政府有能力征收财政收入并有效地提供服务,地方政府有一定的举债能力,中央政府有能力控制有效财政分权的进程。这些构成要素的组合,在很大程度上反映了经济发达国家实行的财政联邦制的共性。

资料来源:根据罗伊·鲍尔.中国的财政政策——税制与中央及地方的财政关系.北京:中国税务出版社,2000,154 和 Bahl Roy. The Pillars of Fiscal Decentralization. Research Department Working Papers 257, CAF Development Bank of Latin America, 2008 编写整理。

重要概念

公共产品的层次性　地方性公共产品　全国性公共产品　公共产品的拥挤性　俱乐部产品　最优辖区规模　政府间财政关系　财政分权　财政集权　多级财政体制　中央-省财政体制　省以下财政体制　财政联邦主义　财政联邦制　公共服务均等化

---

① 孙开.政府间财政关系研究.大连:东北财经大学出版社,1994,125—129;张馨.比较财政学.北京:中国人民大学出版社,1997,420—422.

复习思考题

1. 试述地方政府和地方财政存在的必要性。请综合运用第1章和第2章所学的知识,从不同角度进行分析。
2. 与全国性公共产品相比,地方性公共产品具有哪些不同的特征?
3. 试结合图示阐述"地方政府才是地方性公共产品的有效提供主体"这一命题。
4. 结合图示分析地方性公共产品的最优辖区规模的决定。
5. 试比较财政集权与财政分权在处理政府间财政关系方面的优势和劣势。
6. 经济发达国家的财政联邦制具有哪些基本特征?

课堂讨论题

请结合所给案例材料,运用地方性公共产品相关理论就如何认识"公共交通老年人免费政策及其调整"进行课堂讨论。

案例材料

老年人免费乘公交:保留还是取消?

根据《中华人民共和国老年人权益保障法》的"爱老敬老"精神,一些城市开始实施年满65或70周岁的老年人免费乘坐公共交通的政策。老年人免费乘坐公交车辆,是增进老年人福利、提倡"尊老、敬老、助老"道德理念的一种体现。然而这一政策的实施,也引发了一些社会问题。由于"免费"的福利只有通过乘车才能兑现,所以许多原本无须乘坐公交工具的老年人在高峰期选择公交出行,这一方面挤占了原本就稀缺的公共交通资源,另一方面大大增加了因为"不让座"而引发矛盾纠纷的可能,这些让年轻人颇为不满。

上海市从2009年开始实施70岁以上老人免费乘坐公共交通的政策,但从2016年6月开始,上海市取消了这一优惠政策,取而代之的是"老年综合津贴制度"。据媒体报道,上海市取消70岁以上老人免费乘坐公共交通政策以后,公交车和地铁上的老年乘客明显减少,部分线路甚至陡降八成以上。

资料来源:根据 http://news.163.com/16/0630/00/BQP506M800014AED.html(访问时间:2018年11月20日)等编写整理。

参考文献与延伸阅读资料

罗伊·鲍尔.中国的财政政策:税制与中央及地方的财政关系.北京:中国税务出版社,2000.

西南财经大学财税学院课题组.地方公共物品有效供给研究.北京:经济科学出版社,2012.

财政部干部教育中心.现代政府间财政关系研究.北京:经济科学出版社,2017.

David N. King. *Fiscal Tiers: The Economics of Multi-Level Government*. George Allen & Unwin Ltd, 1984.

Wallace E. Oates. *The Economics of Fiscal Federalism and Local Finance*. Edward Elgar, 1998.

Robin Boadway & Anwar Shah. *Fiscal Federalism: Principles and Practices of Multiorder Governance*. Cambridge University Press, 2009.

OECD/KIPF. *Measuring Fiscal Decentralization: Concepts and Policies*. OECD Publishing, 2013.

Ehtisham Ahmad & Giorgio Brosio. *Handbook of Multilevel Finance*. Edward Elgar Pub, 2015.

 网络资源

美国肯塔基大学(University of Kentucky)联邦制与政府间关系研究所(The Institute for Federalism and Intergovernmental Relations)网站,http://www.ifigr.org/index.html

加拿大女王大学(Queen's University)政府间财政关系研究所(The Institute of Intergovernmental Relations)网站,http://www.queensu.ca/iigr/index.html

中国《地方财政研究》杂志网站,http://www.dfczyj.com

第 3 章

政府间财政职能的划分与地方财政职能

【本章学习目标】

- 掌握政府间财政资源配置职能的划分与地方政府的资源配置职能
- 掌握提布特模型的内涵
- 掌握政府间财政收入分配职能的划分
- 掌握政府间财政宏观经济稳定职能的划分
- 了解对政府间财政职能划分的不同认识

在处理政府间财政关系的过程中,社会分工原则首先要求财政职能在各级政府之间做出一个明确的划分(Division of Fiscal Function Among Levels of Government)。由于地区间差异性和地区间流动性的存在,中央政府和地方政府各自承担的财政职能实际上是大不一样的。①

3.1 政府间财政资源配置职能的划分

财政资源配置职能(Allocation Function)指的是政府通过相应的财政收支活动以及财政政策的制定、调整与实施,来影响和改变社会资源的流向与结构以提高资源使用的效率。一般认为,政府间财政资源配置职能的划分应采取分权模式,由地方政府承担主要的财政资源配置职能。

专栏3-1 理查德·马斯格雷夫:政府间财政职能划分经典理论的提出者

理查德·马斯格雷夫(Richard Musgrave,1910—2007年)出生于德国,1937年从哈佛大学获得经济学博士学位后,除先后在密歇根大学、霍普金斯大学、普林斯顿大学、哈佛大学和加州大学伯克利分校等美国著名的大学任教外,也多次担任美国、韩国和玻利维亚等国的政府经济顾问,还与其他经济学家一起创建了国际财政研究院(IIPF)。

作为西方现代财政学集大成者,马斯格雷夫教授在财政理论的诸多方面都进行了开拓性的研究。除在税制改革、代际公平和税负归宿理论、发展财政以及国际财政等方面颇有建树之外,马斯格雷夫教授在政府间财政关系与地方财政领域内也做出了突出的贡献。公共产品理论是包括地方财政学在内的整个财政学的理论基础。马斯格雷夫教授不仅率先提出了按照消费上的非竞争性和非排他性来划分公共产品和私人产品,而且他于1939年发表的论文《公共经济自愿交换论》(The Voluntary Exchange Theory of Public Economy)是英美财政学界接过奥意学派的旗帜成为公共产品理论研究主流的标志,为公共产品理论奠定了坚实的基础。马斯格雷夫教授还首次将财政的职能概括为资源配置、收入分配和宏观经济稳定三个方面,并在此基础上进一步提出了政府间财政职能划分理论和政府间税收划分的原则等。

资料来源:根据 http://en.wikipedia.org/wiki/Richard_Musgrave(访问时间:2018年11月20日)编写整理。

3.1.1 财政资源配置职能及其实现机制

在社会经济资源总量既定的情况下,公共部门和私人部门之间的资源配置是具有竞争性的,这就决定了财政资源配置职能首先是要确保社会资源在公、私两大部门之间的最

---

① 本章对政府间财政职能划分的分析,仅局限于中央政府与地方政府之间的划分,没有考虑一些国家的地方政府也存在多个层级的情况,但这并不影响问题的实质。

优配置。公共部门取得的资源既不能过多,也不能过少。公共部门占用的资源过多意味着经济活动主体的税收负担过重,而公共部门占用的资源过少又使得公共产品和服务提供不足。社会资源在公、私两大部门之间的最优配置,应以政府从私人部门取走的份额和向私人部门提供公共产品和服务的状态来综合衡量。解决社会资源在公、私两大部门之间的最优配置的财政机制是合理地确定财政收支占 GDP 的比重。

在取得一定规模的社会资源之后,政府会将归其支配的资源使用出去。财政的资源配置职能所要解决的第二个方面的问题,就是如何有效地配置归公共部门占有的资源。在资源稀缺性的前提下,政府从社会资源总量中获得的份额是有限的,政府对不同种类公共产品的提供也只能在资源总量有限的约束条件下进行。任何一项公共产品耗用的社会资源过多,都是以另一项公共产品耗用的社会资源过少为代价的。因为财政支出结构体现出的就是社会资源在公共部门内部配置的比例关系,所以在公共部门内部有效地配置资源的财政机制就是优化政府的财政支出结构。

政府的财政活动也会间接地对私人部门的资源配置产生影响。财政资源配置职能第三个方面的内容体现为财政的间接资源配置作用,它是通过具体的财政收支活动对私人经济活动主体产生的收入效应和替代效应来实现的。如果私人部门在市场机制作用下的资源配置是有效率,那么政府财政就应尽可能地不去干预它,只有在私人部门的资源配置处于低效率状态,如垄断、外部性等时,才需要政府财政发挥其间接的资源配置作用,积极主动地采取相关措施对其进行矫正。

3.1.2 政府间财政资源配置职能的划分

政府间财政资源配置职能主要涉及公共产品的提供。现实生活中大量存在的是地方性公共产品,受益范围覆盖全国的公共产品并不是非常多。虽然中央政府具有承担起地方性公共产品提供职责的能力,但这样不可避免地会带来效率损失,而地方政府却能够提供更符合本地区居民偏好的地方性公共产品。正因为如此,地方政府承担主要的财政资源配置职能。

1. 提布特模型与地方政府的财政资源配置职能

政府有效提供公共产品的一个基本前提条件,是其准确地知道所有社会成员公共产品需求方面的信息(Preference Revelation)。然而,公共产品所具有的消费上的非竞争性和非排他性,却造成了社会成员普遍具有"搭便车"的心理,现实中的社会成员是不可能真实地显示出自己对公共产品的偏好的。相当一部分经济学家认为,由地方政府来提供地方性公共产品同样会遇到社会成员不愿意真实显示其偏好进而导致地方性公共产品不能有效提供的问题。然而,美国经济学家提布特却提出,"搭便车"心理带来的社会成员不会真实显示其对公共产品偏好的情形,并不会发生在地方政府提供地方性公共产品上。①

---

① Charles M. Tiebout. A Pure Theory of Local Expenditures. *Journal of Political Economy*, 1956, 64(5),416-424.

(1) 提布特模型的内涵

提布特将"看不见的手"的机制引申到地方性公共产品提供的分析中来①,用提布特模型(Tiebout Model)或者说"用脚投票"(Voting with Feet)理论分析了地方政府提供地方性公共产品的有效性问题。提布特认为,由各地方政府分别提供地方性公共产品(Multi-unit Provision of Subnational Public Goods),不仅有助于揭示社会成员对地方性公共产品的需求偏好,而且不同地方政府分别提供地方性公共产品而形成的政府间竞争还可以促进地方政府提高运作效率,更好地提供本地区居民所需要的地方性公共产品。

专栏 3-2　　　　　　　　　　提布特与提布特模型

查尔斯·提布特(Charles Tiebout,1924—1968 年)出生于美国康涅狄格州的格林威治。1942 年,提布特进入卫斯理大学学习,一年后他离开学校参加海军,一直服役到第二次世界大战结束。战后,提布特重新回到卫斯理大学,并于 1950 年完成硕士学业。1954 年,提布特从密歇根大学经济系获得博士学位后,进入西北大学经济系任教。1956 年,提布特在《政治经济学杂志》上发表了题为《一个关于地方支出的纯理论》(A Pure Theory of Local Expenditures)的论文,提出了著名的提布特模型。1963 年,提布特到华盛顿大学地理系担任教授直至去世。

《一个关于地方支出的纯理论》发表初期,主流学术界对其的反应较为冷淡。此后,提布特将主要精力集中到区域经济发展方面的研究上,其后期的研究几乎与他 1956 年发表的论文没有太多的联系。直到 1969 年马里兰大学经济系教授华莱士·奥茨发表了在某种程度上对提布特模型进行经验检验的论文《财产税和地方财政支出对财产价值的影响》(The Effects of Property Taxes and Local Public Spending on Property Values),提布特模型才广为人知并逐步受到重视,同时引发了相当多的后续研究。在财政学领域内,目前还没有任何一篇论文能够像《一个关于地方支出的纯理论》那样产生较多的后续研究,这足以说明提布特的贡献以及提布特模型在地方财政理论研究中的重要性。

资料来源：根据 http://faculty.washington.edu/krumme/VIP/Tiebout.html 和 http://en.wikipedia.org/wiki/Charles_Tiebout(访问时间:2018 年 11 月 20 日)编写整理。

一个国家一般都被分为若干个地区,每个地区提供的地方性公共产品在相当大程度上具有相似性,而且每个地区都有与之相对应的政府财政收支组合(Fiscal Package)。提布特认为,在地区间的流动性比较强以及流动成本很小的情况下,一个地区的居民就可以

---

① 在《一个关于地方支出的纯理论》一文中,提布特首先提出了"私人市场能够保证私人产品的有效提供,是什么因素导致公共产品难以实现有效供给"的问题。提布特给出的答案是"购买"与"竞争"。他认为,购买是诱导私人产品市场内效率产生的基本作用力。如果一家企业的产品比其他企业差,那么消费者理所当然就会去购买竞争者所生产的产品,而不是这家企业的产品。在具有较强竞争性的私人市场中,上述过程中的竞争行为能够使企业有效地进行生产。然而,对大多数公共产品来说,购买这一过程是不存在的。中央政府在对公共产品供给进行决策时几乎不会受到竞争所产生的压力,在这种情况下,最终的决策极有可能导致无效率的公共产品供给。

像选购私人产品那样挑选一个符合自己偏好的政府财政收支组合的地区来居住。如果一个社会成员对某个地方政府提供的地方性公共产品及因此应缴纳的税收不满意,那么它就可以选择离开,到他所喜欢的地方去居住。显然,最后被选中地区提供的地方性公共产品与税收的组合最符合或接近这个社会成员的消费偏好。隐瞒真实偏好是不利于社会成员的,因为选择非最优的居住地只会降低他自己的福利水平,最好的选择就是诚实行动。可见,在提布特模型中,地方性公共产品在一个由众多辖区组成的体制中的提供被看作类似于私人产品在一个竞争性市场上的提供,因地方性公共产品而发生的空间迁移与消费者在竞争性市场中购物的移动是极其相似的。在竞争性市场中,消费者是用手中的货币来显示其对私人产品的偏好;而在多辖区提供地方性公共产品的体制中,社会成员在不同辖区间的选择或者人口跨地区的迁移也起到了显示偏好的作用,这样地方性公共产品的需求偏好揭示问题就通过"用脚投票"的方式得以解决。

由于社会成员可以在不同地区间进行选择,如果某个地方政府的运作效率低下,那么就有可能导致本地区居民选择到其他地区去居住,这无疑是对地方政府有效率地提供更适合本地区居民偏好的地方性公共产品的一种激励,即人口流动向地方政府发出的信号与市场需求向企业发出的信号极为相似。在这种情况下,地方政府的决策者就会像企业经营者那样对各种信号做出必要的反应①,并最终落实到地方性公共产品的提供和相应的财政收支上,于是在不同地区间就会形成一种竞争的格局。政府间竞争最终将促使整个社会的资源配置达到一个均衡状态。在均衡状态下,社会成员以其对地方性公共产品的需求为依据分布在不同的地区,与此同时社会资源在各地区间的配置也达到最优。

(2)提布特模型的理论贡献

提布特模型不仅寻找到了一种达到地方性公共产品有效提供状态的方法,而且其中还包含了政府间财政竞争背景下的公共政策,它在地方财政理论乃至整个财政学中都占据着重要地位。

第一,提布特模型为地方性公共产品偏好的揭示提供了一种"用脚投票"的准市场方法。在市场经济中,消费者到市场"取走"私人产品;虽然地方性公共产品取不走,但"用脚投票"是一种相对运动,它本质上与私人产品偏好的表达机制是一致的。可见,提布特模型以模拟市场机制的方式揭示了社会成员对地方性公共产品的消费偏好。②

第二,提布特模型给出了地方性公共产品供给充分竞争的理论。当存在"用脚投票"的情况时,各地方政府必须尽可能地厘清活动范围、规范自身的收支行为,并提高运作的效率,这些都是政府间财政竞争的结果。提布特模型为政府间财政竞争理论的进一步发展奠定了坚实的基础。

第三,提布特模型为分析地方财政收支政策变化及其影响提供了一定的理论依据。在现实生活中,尤其是在经济发达国家,一些个人或家庭的迁移确实受到了不同地区间财

---

① Joseph E. Stiglitz. *Economics of Public Sector*. W.W. Norton & Company, 2000, 736.
② 实际上,从假设前提到具体的分析过程,提布特模型都是在模拟市场机制。

政收支差异的影响,而且一些经济发达国家的地方政府也的确把注意力放在了与居民生活密切相关的领域,不断增加教育、交通、医疗卫生、社会福利等方面的开支,从而使地方财政支出的范围和结构与本地区居民的消费需求更趋吻合。这与提布特模型的推理基本一致,说明提布特模型在财政实践中也是有一定实用性的。

专栏3-3　　美国城市人口大规模移居郊区

20世纪20年代之前,美国人口主要是向城市聚集,这具体体现在1900—1910年间和1910—1920年间,美国中心城市的人口增长率分别为35.5%和26.7%,而郊区的人口增长率只有27.6%和22.4%。1920年,美国城市人口首次超过乡村人口。此后,郊区的人口增长率一直高于城市,而且两者之间的差距越来越大。第二次世界大战后,美国城市人口更是以空前的速度向郊区转移。20世纪50年代,美国郊区人口增加了1 900万,增长率高达48.6%,而中心城市人口仅增加了630万,增长率只有10.7%。到20世纪70年代,郊区人口已经分别超过城市和乡村人口。在郊区化的过程中,美国不仅人口向郊区迁移,而且其经济活动的重心也在日益向郊区转移。

汽车的高度普及与高速公路网的建立,为第二次世界大战后美国郊区化的迅速发展创造了基础性的条件。早在1929年,每5个美国人中就有1辆汽车;1978年,美国的汽车保有率更是提高到每1.5人拥有一辆。美国国会1956年通过的《联邦援助高速公路法案》规定专门设立联邦公路信用基金(Federal Highway Trust Fund),用征收汽油、车辆、轮胎等消费税的方式资助公路建设,这标志着政府大规模地介入公路建设的开始。如今,美国各地建立了庞大的公路与道路网,这些高速公路从城市核心地区向郊区广阔的空间放射,并深入乡村腹地。

除了前提性条件,美国之所以会出现人口大规模地从城市迁移到郊区,当然还有其他方面的原因。从财政角度看,在可以自由流动的情况下,哪里能够有效地提供符合消费者偏好的公共产品和服务,哪里就有较多的人口流入;反之,人口就会流出。美国城市人口大规模移居郊区的部分原因,可以说是在以"用脚投票"的方式选择满足不同需求的优质教育资源。法国只有1个全国统一的教育体系,澳大利亚全国分成6个学区,日本大概有65个学区,而美国至少有15 000个学区,每个学区都有着财政独立权、征税权,学校预算、课程设置、教职员聘请等都由学区的教育委员会完全掌控。

资料来源:根据孙群郎,韩宇.美国现代城市的郊区化及其原因.安徽大学学报,2002(5)等编写整理。

(3)提布特模型的局限性

提布特模型的分析是建立在诸多假设前提基础之上的,这些假设包括以下七个方面[1]:第一,各地区的居民可以在不同地区间自由流动,能够自主地选择到那些提供地方

---

[1] 在提布特的原文中,并不包括所有这些条件,部分是学者后来根据提布特的论述总结补充的(参见哈维·罗森,特德·盖亚.财政学.北京:中国人民大学出版社,2015,416—417)。

性公共产品和征税的组合最适合其偏好的地区去居住。第二,所有社会成员对不同地区的财政预算有充分的了解,即他们完全清楚各地区为提供地方性公共产品所征收的税收和进行相应财政支出方面的信息,并且能够对不同地区财政收支差异做出反应。第三,存在足够多的能够提供各种不同类型地方性公共产品和征税组合的辖区。第四,消费者不会出于某种原因而长期居住在某个固定的地方,其流动性不受任何就业机会的约束或限制。第五,地方性公共产品和税收在各地区间不存在任何外部效应。如果存在外部效应,那么每个地区所选择的地方性公共产品的数量尽管对本地区的居民来说是最优的,但从整个社会的角度来看,这一数量却可能是无效的。第六,各地区都以最低的平均成本提供地方性公共产品。第七,各地区可以实行排他性分区法(Exclusionary Zoning Laws),规定修建房屋的面积不得小于某个水平。[①] 提布特模型的假设条件都过于严格,与现实生活有着相当大的差距,如人口的流动不可能是无成本的,人们也不可能对不同地区财政预算具有完全的信息,地方性公共产品跨区域的外部效应也是普遍存在的。如此严格的假设条件,无疑使得建立在这些假设基础之上的提布特模型得出结论的现实性大打折扣。

在分析和解释居民跨地区的流动问题时,提布特模型仅说明了地方财政预算对人口迁移所产生的影响。实际上,如果要建立一个完整的人口迁移模型的话,除了需要考虑各地区间地方性公共产品供给方面的差异,还必须综合考虑各地区间在就业机会、历史文化传统、自然地理条件、迁移成本以及人口密度等诸多方面的差异,这样才有助于得出全面而准确的结论。

此外,提布特模型的分析重点在于地方性公共产品的提供效率上,它没有充分考虑地方性公共产品提供过程中的公平问题。有相似偏好的居民更多地聚居在一起,是提布特模型理想状态中的一项重要内容。但具有相似偏好的居民聚居在一起,实际上意味着富人更多地居住在一起、穷人更多地居住在一起。在这种状态下,地区间的收入差距会越来越大,这很难说是最优的。

2. 中央政府的财政资源配置职能

提布特模型以"用脚投票"理论诠释了地方政府承担资源配置职能的效率问题[②],但由地方政府承担主要的财政资源配置职能,并不意味着中央政府就不需要介入资源配置领域。实际上,中央政府仍然要在资源配置领域的一些方面发挥作用。

---

① 在提布特模型中,社区是根据成员对公共产品的需求来划分的。如果收入与公共产品的需求正相关,那么就会产生按收入来划分的社区。在高收入社区中,财产的价值较高,因而高收入社区就能以相对较低的财产税税率为既定的财政支出筹资。在这种情况下,低收入家庭会想办法搬到高收入社区,并建造相对较小的住房。由于税率低,低收入家庭的纳税义务也相对较小,但仍然能享有较高水平的公共服务。随着越来越多低收入家庭的迁入,高收入社区的平均税基就会减小。结果,为了为不断增加的人口所需的公共服务融资,税率必然会提高。这是高收入社区居民,尤其是高收入者不愿意看到的。要防止这种情况的发生,除了限制人口流动,别无他法。排他性分区法可以防止这种情况的发生,从而维持一种稳定的帕累托效率均衡。这是提布特模型做出这一假设的原因(参见哈维·罗森,特德·盖亚.财政学.北京:中国人民大学出版社,2015,417)。

② Henry J. Raimondo. *Economics of State and Local Government*. N. Y. Praeger, 1992, 61.

(1) 全国性公共产品的提供

全国性公共产品的受益范围覆盖全国所有地区,根据成本-收益相对称的原则,其成本也应由全国所有地区的居民来承担,而不应仅由某个地区的政府和居民来承担。由于权力和财力等方面的限制,地方政府也没有能力承担起全国性公共产品的提供职责。中央政府拥有足够的权力和财力承担起全国性公共产品的提供职责,而且由中央政府来承担全国性公共产品的提供也符合成本-收益相对称的原则。

(2) 地区间的外部性

效率原则要求所有的经济活动都应当使其边际收益等于其边际成本,不论是对私人产品还是对公共产品来说都是如此。地方性公共产品提供过程中的收益与成本的完全内部化,是地方性公共产品有效提供的一个重要前提条件。然而在现实生活中,地方政府提供的地方性公共产品的收益和成本常常会外溢到本地区以外的地方,从而打破了地方性公共产品提供过程中成本与收益之间的平衡。如果对地区间的外部性不加以矫正,不管是地区间的正外部性还是负外部性,都不利于资源在全社会的有效配置,因为地区间的正外部性会使得地方性公共产品提供不足,而地区间的负外部性会导致地方性公害品(Subnational Public Bads)提供过量。这就需要中央政府对地区间的外部性进行必要的干预。①

如果地方性公共产品提供过程中的外部性仅涉及少数辖区,那么一种可能的解决方法就是相关的地方政府进行协商(Inter-jurisdictional Bargaining with Small Numbers),由受益方给予地方性公共产品的提供方一定的补偿。一旦外部性涉及较多的辖区,那么各相关地方政府间的自愿协商就难以进行。即使进行协商,协商一致所需的时间较长,成本也将非常高。在这样一种情况下,就需要上级政府的干预(Higher Levels of Government Intervention with Large Numbers)。调整存在外部性的行政辖区的边界等也可以作为中央政府或上级政府干预的一个选择,但政治上的可行性并不强。辖区间的外部性还可以通过引导相关辖区按照地方性公共产品规模经济的程度重组不受政治边界约束的服务区来解决,这也是将辖区间外部性内部化的一种途径。如美国、加拿大等经济发达国家成立的来执行利益横跨其他辖区的某些特定功能(如水污染清除计划、下水道建设以及大都市运输系统等)的特别服务区(Special Service Districts),就是朝这一方向发展。② 从整个社会的角度来看,在中央政府进行干预之后,地区间资源配置的效率就会在某种程度上得到提高。

专栏 3-4　　江、浙两省的边界水污染案

浙江嘉兴与江苏盛泽仅一河之隔,这条名为"麻溪港"(江苏将其称为"清溪塘")的河从盛泽流向嘉兴。嘉兴和盛泽的人文与地理条件完全一样,以前均以印染业闻名。嘉兴严格控制印染业的污染,印染业渐渐萎缩,而盛泽对印染业的发展基本不控制,于是印染

---

① 中央政府的财政转移支付是解决地区间正外部性的重要手段,具体论述参见本书 6.3.2。
② 魏萼.财政学原理.台北:三民书局,1983,300—301.

企业向盛泽集中。盛泽印染业的迅猛发展,也带来了当地印染业排污的失控。盛泽印染企业的日排放污水量为41万吨,而其污水处理厂日处理能力不过10万吨,有的印染厂为了降低成本,偷偷地直接排放。

麻溪港宽30余米,水深2米,河的两岸集中着盛泽印染企业的几个排污站。大部分的污水从盛泽顺流而下,主要经东、南两个方向分流,向东经排泾港进入苏嘉运河,一部分污水向南污染嘉兴北部,一部分进入嘉善境内。据统计,每年约有900万吨污水从盛泽流向嘉兴,最高时达9 000万吨/年,嘉兴被盛泽排放的污水污染的区域达上百平方公里。受到最直接影响的是嘉兴北部王江泾镇从事水产养殖的渔民,从1993年开始,嘉兴的外水系鱼与珍珠蚌基本死光,许多承包户血本无归。污染不仅是嘉兴养殖业的梦魇,而且使得嘉兴的生态遭到严重破坏。1999—2000年,嘉兴北部地区发生流行性肠道传染病3起、群体性急性腹泻1起。2000年的冬季征兵,嘉兴王江泾北边的12个村子无合格的应征青年。嘉兴市北部8个乡镇恶性肿瘤2001年的患病率比1996年上升了28.2%,消化道系统恶性肿瘤患病率更是上升到58%。

盛泽的污水侵害问题虽然经过两地政府的协商甚至对簿公堂,但由于牵涉两省地方产业发展和经济利益上的矛盾,一直没有得到妥善解决。1998年,国务院牵头实施了治理太湖流域水污染的"零点行动"。1998年下半年到1999年下半年,流过麻溪港的水质有了明显好转。此后不久,盛泽的污水排放再次抬头,这引致嘉兴北部渔民于2001年11月22日自筹资金100万元,动用8台推土机、数万只麻袋,自沉28条水泥船,截断河流,堵塞了江苏盛泽至浙江嘉兴之间的航道,这就是曾引起中央领导高度重视的"断河事件"。

这一公案最后在国务院的直接干预下才得以解决。在2001年11月24日召开的江、浙两省边界水污染和水事矛盾协调会上,水利部、国家环保总局、江苏省和浙江省等4家单位达成了逐步落实重点排污企业限产、停产整改方案和达到水质目标的总量削减方案。2001年年底前,江苏要完成盛泽地区产业结构调整方案,组织实施印染企业布局结构调整措施。苏州市政府对盛泽所有的印染企业采取轮产、控制排污总量的措施,并保证出境水体高锰酸盐指数到2002年年底达到五类标准,2003年年底达到四类标准。

资料来源:根据http://news.sina.com.cn/c/2003-03-07/1359937205.shtml(访问时间:2018年11月20日)编写整理。

(3) 地方性公共产品提供过程中的规模经济

如果具有规模经济效应的地方性公共产品由各个地方政府分别提供,则极有可能因提供规模过小、人均成本较高,导致无法获得相应的规模经济效应。如果由中央政府来统一提供或者由其组织协调几个地方政府来共同提供,那么就可以获得地方性公共产品提供过程中的规模经济效应,从而降低地方性公共产品的人均成本。

3.2 政府间财政收入分配职能的划分

财政的收入分配职能(Distribution Function)是政府为了实现公平分配的目标,对市场形成的收入分配格局予以适当调整的职责。一般来说,市场经济条件下政府财政的收入分配职能主要由中央政府来履行。

3.2.1 财政收入分配职能及其实现机制

财政收入分配职能所要实现的公平分配,既不是收入分配人人相等,也不是收入分配差距过于悬殊,而是把收入分配的差距控制在社会各阶层所能接受的范围之内。不影响经济效率、不影响社会安定,是衡量社会各阶层可接受的收入分配差距的重要指标。实现收入公平分配的财政手段,主要有税收-转移支付方式、税收-公共提供方式和公共生产等三种。

1. 税收-转移支付方式

税收-转移支付方式是先通过征税取得财政收入,然后将取得的收入以货币或实物的方式转让给低收入者以缩小收入分配的差距。具体来说,在税收方面,税收-转移支付方式主要体现为政府开征个人所得税、社会保障税、财产税和遗产税等税种,这些税种的收入更多地由高收入者承担;在财政支出方面,税收-转移支付方式的收入再分配作用主要是通过社会保障制度来实现的。社会保障制度具体包括社会保险和社会保证两大部分的内容。

2. 税收-公共提供方式

税收-公共提供方式是先通过征税取得财政收入,然后将这些收入用于公共交通、教育和公共卫生等特定公共产品和服务的提供以有助于实现缩小贫富差距的目的。在现实生活中,不同的社会成员需要缴纳的税收各不相同,一般是富人多缴税、穷人少缴税;而不同社会成员从特定公共产品和服务中获得的利益也是不同的,通常是富人从这些特定公共产品和服务中受益少,而穷人则是主要受益者。税收-公共提供方式的收入分配作用,就是通过不同社会成员缴纳的税款与他们从特定公共产品和服务中受益间的不对称来实现的。

在税收-公共提供方式中,公共服务均等化对实现社会公平有着重要意义。构建个人才能充分发挥的社会环境,是实现社会公平的一条有效途径,而公共服务均等化恰恰是人力资本开发的重要条件。公共服务的均等化并不是绝对的,而是动态的。在不同的经济发展阶段,公共服务均等化的标准会有所不同,社会越进步,政府提供的公共产品和服务应达到的均等化标准就越高。

3. 公共生产方式

公共生产方式通过生产资料的公有制、创造的利润归全民所有,来消除因不同社会成员占有资本的不同而造成的收入分配上的差别,使得人与人之间的收入差别仅表现为各人所提供的劳动量以及劳动生产率上的差别。全面的公共生产方式实际上是对市场经济体制的否定,因而公共生产方式作为政府收入再分配的手段在市场经济条件下是应当受到限制的,但也不能因此就否定公共生产在实现收入公平分配方面的积极作用。在生产市场盈利率较低的产品和服务、吸纳残疾等特殊群体就业等方面,公共企业对实现社会公平的积极意义非常明显。

3.2.2 政府间财政收入分配职能的划分

要缩小收入分配的差距以最终实现公平分配的目标,有直接和间接两条基本的实现途径:直接途径是在人与人之间进行收入再分配以实现人与人之间的公平分配;间接途径是先进行地区间的收入再分配,然后再力图通过地区间贫富差距的缩小来帮助实现缩小人与人之间的收入分配差距。在多级财政体制下,无论是哪一条途径,都无法通过地方政府来实现,而需要由中央政府集中统一行使收入分配职能以最终实现收入的公平分配。

1. 人与人之间的收入再分配不能由地方财政来实现

市场经济条件下,一个国家内部的市场是统一的,人、资本和商品在各个地区间的流动应该是没有任何障碍的。在人和生产要素可以自由流动的情况下,地方财政实际上是无法有效履行收入再分配职能的。

如果由地方财政来承担收入再分配职能,则由于各个地区的收入分配差距以及社会经济发展情况各不相同,再加上不同地区的居民对公平分配的偏好也不尽相同,因而不同的地方政府在促进社会公平方面采取的措施往往是不一样的。假定一个国家有甲和乙两个地区,乙地区没有采取收入再分配措施,而甲地区通过税收-转移支付和税收-公共提供等方式加大本地区的再分配力度,向富人课征较重的税收,然后对本地区穷人进行各种各样的转移性支出,或者用于本地区教育、公共交通、住房等特定公共产品和服务的提供以提高穷人的福利水平。这样做的结果必然是,一方面甲地区的富人不堪承受比较重的税收负担,而迁移到税收负担相对较轻的乙地区,另一方面乙地区的穷人也会在甲地区收入再分配措施的刺激下纷纷迁入。与富人外迁相伴随而来的是税收收入的流失,而穷人迁入又意味着财政支出的增加,这必然导致甲地区的收入再分配政策难以长时间维持,最终不得不取消或被迫进行相应的调整。

即使所有的地方政府都执行完全相同的收入再分配措施,地方政府的收入再分配职能仍然会因导致区域间人口的迁移而趋于失效,这可以用一个简化的例子来说明。① 假定一个国家由甲、乙两个人口结构存在差异的地区组成,较为富裕的甲地区的人口结构为每两位收入为 3 万元的富人对应一位收入为 1 万元的穷人,而相对贫困的乙地区的人口结构为每一位收入为 3 万元的富人对应两位收入为 1 万元的穷人,而且甲、乙两个地区都课征税率为 20%的比例所得税,并以此收入来向本地区居民提供地方性公共产品。表 3-1 中的数据显示了在上述假定条件下地方财政对收入再分配的影响。虽然甲、乙两个地区课征税率相同的比例所得税,但不同地区的人口结构存在差异,两个地区的税收收入和最终的公共服务水平也就不同。不管是穷人还是富人,在甲地区居住的居民的财政净收益都比在乙地区居住的居民的财政净收益高 1 333 元。由于居民都从财政支出中获得了相

---

① 罗宾·W. 鲍德威,大卫·E. 威迪逊.公共部门经济学.北京:中国人民大学出版社,2000,358.

同的收益,但根据收入高低不同缴纳了不同的税收,因而地方财政活动也就具有再分配的作用,在这种情况下,在乙地区居住的居民会纷纷选择向甲地区迁移。不仅如此,富人迁出和穷人迁入同时进行将导致地区间乃至人与人之间出现更大的收入差距,这与公平分配的目标是相悖的。可见,非流动性要素承担税负的事实,意味着地方层次的再分配作用非常有限。①

表 3-1 地方财政活动的收入再分配效应   单位:元

	甲地区		乙地区	
	收入为3万元的人	收入为1万元的人	收入为3万元的人	收入为1万元的人
应纳税额	6 000	2 000	6 000	2 000
人均财政支出	4 667	4 667	3 333	3 333
财政净收益	−1 333	2 667	−2 667	1 333

2. 地区间的收入再分配无法通过地方政府来实现

各地区之间的财政关系在市场经济条件下是相互平等和独立的。任何一个贫困地区都不具备强迫富裕地区向其转移部分财政收入的权力,富裕地区也不可能基于自身利益最大化的目标自愿地给予贫困地区单方面的财政援助。仅靠地方政府的力量,往往很难改变各地区间业已存在的经济差距过大的状况。这与当今国际关系中,贫富国家之间的发展差距难以靠国与国之间基于平等互利的自愿援助而缩小的原因是十分相似的。

此外,如果由地方政府来履行收入再分配职能,则不同地方政府间收入分配政策的差异也会影响到市场机制的正常运行,造成资源配置的低效率。在各地方政府分别执行各自的收入再分配政策的情况下,劳动力和资本在各地区间的配置就不仅仅取决于其要素市场回报率的高低,而且要受不同再分配政策的影响,其结果是有可能使资源从最有效使用的地区流出,而转到其他使用效率不高的地方,从而造成资源的低效或无效配置。此外,实行再分配措施力度较大的地区,还面临本地资本流出和外地资本不愿进入的问题,最终可能因此导致该地区经济停滞,这是任何一个地方政府领导人都不愿意看到的结果。

在市场经济条件下,政府间财政收入分配职能划分的最优选择是由中央政府集中统一行使财政的收入再分配职能,地方政府不实行各自的公平计划,这样就不会产生因为人和生产要素在地区间的流动对收入分配带来负面影响。由中央政府集中统一行使财政的收入再分配职能的基本前提条件,是所有生产要素在各地区间具有充分的流动性。如果不具备或不完全具备这个前提条件,则地方政府的收入再分配作用还是有一定空间的。地方政府在这方面作用的大小取决于生产要素跨地区流动的难易程度。人口、资本和商品等在各地区间的流动性越大,地方政府发挥的作用空间就越小;反之,就越大。即使由中央政府行使全部的收入再分配职能,也不意味着地方政府的财政活动就不具有任何收入再分配效应。

---

① Joseph E. Stiglitz. *Economics of Public Sector*. W.W. Norton & Company, 2000, 643.

专栏 3-5　　　　　　　　艰难出台的"异地高考"政策

改革开放以来,大规模的人口流动已成为中国不可改变的现实。由于户籍等方面的限制,流动人口在教育、就业、社会保险和住房等方面长期无法享受到与当地人同等的待遇,这不仅困扰着流动人口及其家庭的生活,而且也成为中国收入分配差距持续拉大的重要原因,严重阻碍了社会经济和谐发展。

自 1977 年中国恢复高考制度以来,考生只能在户籍所在地参加高考,而各大学在不同省(区、市)又是按计划指标录取的。在这一体制下,出现了北京学生考上北大等名校的概率是河南考生的 28 倍、是贵州考生的 35.4 倍、是广东考生的 37.5 倍、是安徽考生的 41 倍的严重不公平的现象。相当一部分人认为户籍制度是导致教育不公平的根本原因,而教育不公平又恰恰是形成社会不公平的最重要的原因之一,因而提出要通过允许"异地高考"来突破户籍制度的桎梏以实现教育公平。

近些年来,一直有人大代表和政协委员在"两会"上提出要解决外来务工人员子女就地高考问题。在 2010 年 12 月启动的国家教改试点中,"异地高考"就是其中一项重要内容。但遗憾的是,进行试点的地区并不是大家期待的北京、上海等外来人口聚集的大城市。2011 年 3 月,教育部在十一届全国人大四次会议上宣布将逐步推进异地高考。2011 年 7 月,湖北省出台《湖北省普通高校招生考试改革方案》(征求意见稿),提出高中学籍满 3 年的外省考生可以在湖北报名参加高考的方案,但最终因招致本省居民的强烈反对而不得不搁置。2012 年 8 月,国务院办公厅发出文件,要求各地在 2012 年 12 月 31 日前出台"异地高考"的具体办法。千呼万唤之下,各省陆续公布"异地高考"政策并先后付诸实施。然而,受本地外来人口占比、优质高等教育资源多寡以及高考升学率等多重因素的作用,各省(区、市)在"异地高考"政策中放开的力度、松绑的态势并不完全相同。北京、上海、天津、广州等省市,虽然相比过去有所进步,但放开的进程缓慢;新疆、西藏、海南等边疆省区,虽然优质教育资源稀缺,但高考录取率相对较高,"异地高考"不但没有放开,甚至有收紧的态势;其他省份,尽管"异地高考"放开的力度相对大一些,但依然对"异地高考"考生设置较高的准入门槛。

出台"异地高考"政策之所以如此困难,除了因为招致利益受损地区居民的反对,还在于人们担心会因此导致人口的非理性流动。"异地高考"放开后,人口可能会由录取分数高的区域向录取分数低的区域迁移。如果高考移民得不到有效遏制,那么将会引起新的教育不公平。也有学者提出,随迁子女的就地高考政策有可能引发更严重的城市人口膨胀。

资料来源:根据 http://www.sohu.com/a/224803186_115124 和 http://edu.163.com/special/gaokao/ydgk.html(访问时间:2018 年 11 月 20 日)等整理编写。

3.3 政府间财政宏观经济稳定职能的划分

财政的宏观经济稳定职能(Stabilization Function)指的是在市场机制自发运行导致经济过热和经济过冷交替循环发生的情况下,政府通过相关财政活动对市场运行进行干预,以平抑宏观经济运行中出现的波动,最终实现物价稳定、充分就业、经济稳定增长以及国际收支平衡等目标。通常认为,宏观经济稳定职能主要由中央政府承担。

3.3.1 财政宏观经济稳定职能及其实现机制

实现宏观经济稳定职能的财政机制,主要有内在稳定器和相机抉择的财政政策两种实现机制。这两种机制通过影响社会供求总量和社会总供求结构,以最终实现社会总供给与社会总需求之间的大体平衡。

1. 内在稳定器

内在稳定器(Built-in Stabilizer)是在不改变财政政策和不对财政制度进行调整的情况下,依靠特定的财政制度安排对经济运行波动所产生的反应,自动地部分抵消社会总需求的变化,以达到促进宏观经济平稳运行的目的。

财政的内在稳定器功能主要体现在累进个人所得税制和失业救济金上。当经济运行不景气时,社会成员的名义收入往往会下降,其适用的累进税率可能会随之降低,这时个人所得税收入就会以更快的速度下降,而这一时期失业的增加也相应地使得政府的失业救济金支出增加,这些都可以起到提升经济景气程度的作用;反之,当经济运行出现过热时,社会成员的名义收入就会增加,其适用的累进税率可能会随之上升,这时个人所得税收入就会以更快的速度增长,而失业的减少也相应地使得政府的失业救济金支出减少,这些也会在一定程度上起到抑制经济过热的作用。财政的内在稳定器功能只能在一定程度上减缓宏观经济波动的幅度,并不能从根本上解决宏观经济运行不稳定的问题。

2. 相机抉择的财政政策

相机抉择的财政政策(Discretionary Fiscal Policy)是针对不断变化的经济形势,灵活地调整财政收支的总量和结构以维持宏观经济的平稳运行。如果社会总需求大于社会总供给,即经济发展过热,则可以采取紧缩性的财政政策,通过增加税收、减少财政支出的办法来抑制社会总需求;如果社会总需求小于社会总供给,即经济出现过冷,则可以采取扩张性的财政政策,通过降低税收、扩大财政支出的办法,来提升经济景气程度;如果社会总需求与社会总供给处于大体平衡的状态,政府则应保持财政收支平衡,实行"中性"的财政政策。

3.3.2 政府间财政宏观经济稳定职能的划分

由于社会总供给与社会总需求之间的平衡关系到国民经济的全局和整个社会的利益,因而只有代表全社会利益并具备管理整个国民经济能力的中央政府才能解决这一问题。地方政府的财政决策一般是以本地区局部利益为依据,并不必然与社会整体利益最大化保持一致,因而地方政府自发的分散决策难以解决社会总供给与社会总需求之间的平衡问题,从而决定了地方政府是无法有效地承担宏观经济稳定职能的。

1. 地方政府的财政稳定措施通常是无效的

地方政府财政稳定措施的无效性,根源于地方政府的经济基础严重依赖于国内其他地区经济这样一个简单的事实。① 政府作用于经济,必然影响资本、商品和劳动力的流动。市场经济条件下,一个国家内部各地区的国民经济都具有开放经济(Open Economy)的特征,各种生产要素可以在国内统一市场上自由流动,这就限制了地方政府在宏观经济稳定方面的作用,因为在一个完全开放并且资本、商品和劳动力在各地区间具有高度流动性的经济环境中,地方政府单独实施的扩张性或紧缩性财政政策往往会因为"贸易漏损"(Trade Leakages)而失效。如经济不景气的甲地区想刺激本地区的经济,于是采取扩张性的财政政策,力图通过增加财政支出或减税来达到刺激本地区经济发展的目的。从理论上说,增加财政支出或减税所新增的购买力只有购买本地区生产的产品和劳务,才能起到增加本地区 GDP 的作用,并最终达到刺激本地区经济发展的目的。然而,地方政府推行的扩张性财政政策实际执行的结果是,增加财政支出或减税所新增的购买力总会有一部分因为地区间经济的开放性而购买邻近地区所生产的产品和劳务,由此形成的"进口漏损"(Import Leakages)会使得甲地区单独实施的扩张性财政政策的效应急剧缩小甚至趋于无效。同样的道理,某一地区单独实施的紧缩性财政政策,也会因"出口漏损"(Export Leakages)而失效。

财政政策的效力,除了取决于财政政策自身调整的力度,还受到财政政策乘数(Fiscal Multiplier)的影响。地方政府财政稳定措施的无效性,也可以用开放经济体系和封闭经济(Close Economy)体系中地方财政政策乘数的大小来加以说明。在式(3-1)中,Y 表示某一地区的国民收入,C 表示该地区的消费,I 表示该地区的投资,G 表示该地区的财政支出,E 和 M 分别代表该地区在国内市场"出口"和"进口"的产品,c 为该地区的边际消费倾向,m 为从国内市场"进口"的产品和服务在该地区消费总额中所占的比重。开放经济条件下地方政府财政政策的乘数,可以通过下面的推导得出:

$$Y = C + I + G + (E - M) \tag{3-1}$$

$$C = a + c(1-t)Y \tag{3-2}$$

$$M = mC \tag{3-3}$$

$$Y = \frac{1}{1 - c(1-t)(1-m)} [a(1-m) + I + G + E] \tag{3-4}$$

$$\frac{dY}{dG} = \frac{1}{1 - c(1-t)(1-m)} \tag{3-5}$$

如果该地方政府处于一个封闭经济体系中,也就是说地区间不存在"出口"和"进

---

① 大卫·海曼. 财政学:理论在政策中的当代应用. 北京:北京大学出版社,2006,605.

口",则该地方政府财政政策的乘数为:

$$Y = C + I + G \tag{3-6}$$

$$C = a + c(1-t)Y \tag{3-7}$$

$$Y = \frac{1}{1-c(1-t)}(a + I + G) \tag{3-8}$$

$$\frac{dY}{dG} = \frac{1}{1-c(1-t)} \tag{3-9}$$

通过式(3-5)和式(3-9)的比较,就可以知道开放经济体系中地方政府财政政策的乘数要明显小于封闭经济体系中地方政府财政政策的乘数,而且贸易漏损越大或者说"进口"在该地区消费总额中所占的比重越大,开放经济体系中地方政府财政政策的乘数就越小,相应的财政乘数效应(Multiplier Effect)也就越小。这足以说明,在市场经济条件下,地方政府旨在调节本地区经济运行的财政政策通常是无效的,至少效应不是很显著。

2. 地方财政缺少可用于宏观经济稳定的政策工具

把财政政策作为宏观经济稳定的政策工具,需要政府周期性地产生财政盈余和财政赤字,即在经济衰退期通过增加财政支出、减少税收来扩张经济,从而形成财政赤字,而在经济过热期通过减少财政支出、增加税收来抑制经济过热,从而形成财政盈余。然而许多国家都以法律的形式要求地方政府尽可能地保持预算平衡,不得随意出现预算赤字。即使能够突破这一限制,预算赤字还涉及相应的融资(即赤字财政,Deficit Financing)问题,由于地方政府的信用要低于中央政府的信用,因而相对中央政府的债务融资来说,地方政府通过资本市场为地方预算赤字进行融资要困难许多。

在现实生活中,宏观经济平稳运行的目标往往需要财政政策和货币政策的相互配合才能达到。通常情况下,货币的发行和利率的调整都是由中央银行根据全国的经济形势来操作的,地方政府基本上无力操控货币政策工具来支持其财政政策的执行。如果由各地方政府各自执行货币政策,那么不仅其有效性会因为地区间经济的开放性而严重受损,而且各地区分散的货币发行和利率调整会使得货币流通乃至整个国民经济陷入一片混乱之中。

在市场经济条件下,无论是从财政政策的效果还是从运用财政政策工具的能力上看,宏观经济稳定职能都应由中央政府来承担。地方政府不承担宏观经济稳定职能,并不意味着地方政府的财政活动就不产生任何宏观经济效应。毕竟,地方财政的收支活动也是整个国家财政收支中的一个重要组成部分,它必然会对整个国家财政的收支规模、结构以及由此产生的宏观经济效应施加一定的影响。另外,任何一个国家的中央政府在运用财政政策调控宏观经济时都会考虑到地方政府的呼声和利益诉求。

专栏3-6 对政府间财政职能划分的不同认识

财政联邦主义关于政府间财政职能划分的基本主张提出以后,为绝大多数经济学家所接受,并用于指导各国的实践。尽管广为接受,但财政联邦主义关于政府间财政职能划分的经典观点也遭到了部分经济学家的反对。美国经济学家爱德华·M.格兰姆里奇（Edward M. Gramlich）对地方政府在收入分配和宏观经济稳定方面是软弱无力的观点提出了挑战。格兰姆里奇提出，在许多情况下居民的流动并非由单一的经济原因所决定，它还要受风俗习惯、自然环境甚至气候等因素的影响，如果所谓的"流动性"事实上很少发生，那么地方财政政策在本地区内就能够有较大的作用空间。格兰姆里奇还认为，一些经济因素总是影响特定的产业，不同地区的产业结构各不相同，不同的产业对经济运行的影响是不同的，具有不同产业结构地区间的宏观经济效应也是不同的。正因为如此，格兰姆里奇得出了"宏观经济日益变得地区化而不是全国化，在宏观经济问题上需要甚至必须有地方的政策"的结论。关于地方财政的收入分配职能，格兰姆里奇认为，地区间的流动性并不能用来严格证明应消除地方政府的收入再分配政策。他提出，尽管再分配职能最好由联邦政府行使的传统观念依然存在，但现实中的财政制度却把大量的再分配职责留给了地方，美国联邦政府通过对州的补助拨款来参与州的再分配决策。

20世纪80年代以来，西方财政学者在财政联邦主义的基础上提出了所谓的"新财政联邦主义"（New Fiscal Federalism）。新财政联邦主义是经济全球化背景下财政联邦主义的新发展，它对财政职能在各级政府之间的划分提出了一些有别于传统财政联邦主义的新观点。

在资源配置方面，财政联邦主义强调居民在各地区间的"用脚投票"和地方政府的职责。新财政联邦主义并不否认这一点，但它同时也强调在经济全球化背景下，居民和企业既可以在一个国家内部的不同地区间"用脚投票"，也可以在不同国家间"用脚投票"；而且随着经济全球化程度的不断加深，国家间"用脚投票"的规模会越来越大，频率也会越来越高。这样，不仅地方政府要承担相应的财政资源配置职能，而且中央政府也要通过国际通行的法律准则的制定和制度环境的营造、透明的政策和规范的管理，对国内外各经济主体提供良好的公共服务，以增强其市场信心，促进资源的合理配置。

在收入分配方面，财政联邦主义一般认为收入分配问题首先是地区贫困问题，地方政府单独实施收入分配措施可能会引起富人迁出和穷人迁入，从而使得收入分配问题更为严重和突出。新财政联邦主义也同意收入分配问题基本上是地区贫困问题的观点，但它同时强调收入分配问题更是一个地区发展问题。只有地区经济得到了发展，本地区居民的收入水平才有可能普遍得到提高，而地区发展恰恰又是地方政府的一项重要职责。新财政联邦主义认为，地方政府在收入分配上也具有不可推卸的责任和义务，地方政府要通过有效提供地方性公共产品，实施本地区有特色的发展政策，促进本地区的经济发展，进而改善地区间以及人与人之间的收入分配。

在宏观经济稳定方面，新财政联邦主义提出在经济全球化背景下，中央政府独自承担宏观经济稳定职能的观点应有所变化。一方面，中央政府的宏观经济稳定工具，如关税、汇率等，在经济全球化背景下都受到了一定的限制。与此同时，经济波动在各个国家之间也具有较强的"传染性"，它已经超越国家的范围，不是一个国家的宏观经济稳定政策所能够单独控制的，这也大大削弱了中央政府的宏观经济稳定能力。另一方面，一国范围内各地区的经济结构、发展水平和居民偏好的差异依然存在,各地区的居民对失业和通货膨胀、对均等和增长的取舍与权衡也明显不同,而且各个地区对一些扰动的影响和反应也各不相同,因此由地方政府运用财政政策来平抑经济波动的作用可能会更大,地方政府的反周期政策甚至有可能优于中央政府的反周期政策。

如果说财政联邦主义是立足于国内资源的有效利用来认识财政职能的划分,那么新财政联邦主义则更加着眼于全球范围内的资源有效配置。在新的条件下,一个国家的政策和制度正在被全球化的市场力量驱动,各国的经济边界也在不断被突破,市场渗漏严重,各个国家政府的自主性、政策的作用和效应都大为下降。正是在这种背景下,新财政联邦主义才提出"由于经济全球化的发展,客观上扩大了地方政府的财政职能,与此同时中央政府的财政职能也发生了很大变化"的观点。尽管新财政联邦主义关于财政职能的划分的不同观点在一定程度上有其理论和现实基础,但能否从根本上推翻财政联邦主义关于财政职能划分的经典论述,还有待实践的进一步检验。

资料来源:根据 Ronald C. Fisher. *State and Local Public Finance*. Routledge,2016,25—29 和中国财政学会.第十五次全国财政理论讨论会文选.北京:中国财政经济出版社,2002,819—825 编写整理。

重要概念

政府间财政职能划分　地方财政职能　提布特模型　用脚投票　贸易漏损　新财政联邦主义

复习思考题

1. 中央政府和地方政府在资源配置方面各应承担什么样的职责?
2. 为什么说提布特模型揭示了居民对地方性公共产品的偏好?
3. 如何评价提布特模型?
4. 为什么地方政府在实施收入再分配与宏观经济稳定计划时会受到比中央政府更大的限制?
5. 创建公立学校与援助贫困家庭,哪一项由地方政府承担更有效?哪一项由中央政府承担更有效?请给出具体的解释。

课堂讨论题

请结合所给案例材料,运用相关理论对地方政府实施收入再分配的可行性和有效性进行课堂讨论。

案例材料

重庆市出台"共同富裕"计划

《重庆市国民经济和社会发展第十二个五年规划纲要》和2011年出台的《中共重庆市委关于缩小三个差距促进共同富裕的决定》提出,5年后将重庆市居民收入占国民收入的比例由43%提高到50%以上,将重庆市的基尼系数缩小至0.35,城乡居民收入差距缩小到2.5∶1,区域发展差距缩小到2∶1,在西部地区率先实现全面小康。

为了实现"共同富裕"的目标,重庆市提出了十二条具体措施:一是鼓励创业,扩大就业;二是积极稳妥地实施户籍制度改革;三是发展农村新型股份合作社2 000个,实现农村"三权"抵押融资1 000亿元以上;四是建成2 500个农民新村,利用"地票"交易制度等办法盘活农村资源;五是大力推进生态移民和扶贫移民;六是实施两大"关爱行动";七是继续坚持"国进民也进"的原则,发挥公有经济在促进共同富裕中的基础性作用;八是建成4 000万平方米公租房,改善中低收入群体的住房条件,大幅减少居民的住房支出;九是加强收入分配调节;十是实行最低生活保障标准与经济发展水平和价格上涨的"双联动";十一是促进公共服务均等化,实现人人享有基本社会保障;十二是把31个远郊区县城打造成区域经济中心。

资料来源:根据 http://www.chinanews.com/gn/2011/09-17/3334762.shtml 和 http://cpc.people.com.cn/GB/64093/64387/15228431.html(访问时间:2018年11月20日)编写整理。

参考文献与延伸阅读资料

曹荣湘.蒂布特模型.北京:社会科学文献出版社,2004.

杨之刚.财政分权理论与基层公共财政改革.北京:经济科学出版社,2006.

政府间财政关系课题组.政府间财政关系比较研究.北京:中国经济出版社,2008.

Charles M. Tiebout. A Pure Theory of Local Expenditures. *The Journal of Political Economy*, 1956, 64(5).

Richard A. Musgrave. *The Theory of Public Finance:A Study in Public Economy*. McGraw-Hill, 1959.

Werner Z. Hirsch. *The Economics of State and local Government*. McGraw-Hill, 1970.

Wallace E. Oates. *Fiscal Federalism*. Harcourt Brace Jovanovich, 1972.

Harvey S. Rosen. *Studies in State and Local Public Finance*. University of Chicago Press, 1986.

网络资源

世界银行网站"政府间财政关系"专题,http://www1.worldbank.org/publicsector/decentralization/fiscal.htm

税收政策研究中心网站"州和地方"专题,https://www.taxpolicycenter.org/topic/state-and-local-issues

加拿大阿尔伯塔大学(University of Alberta)公共经济学研究所(Institute for Public Economics)网站,http://www.uofaweb.ualberta.ca/ipe/local.cfm

第 4 章

政府间财政事权与支出职责的划分

【本章学习目标】

- 掌握政府事权的多维属性与政府财政事权的内涵
- 掌握政府间事权的划分
- 掌握政府间财政事权与支出职责划分的基本原则
- 掌握主要财政支出项目在中央政府与地方政府间划分的基本框架
- 掌握主要国家政府间财政事权与支出职责的划分

政府间财政事权与支出职责的明确划分,是处理好政府间财政关系、建立一个稳定而有效的财政分权体制最为重要的一个方面。合理划分各级政府之间的财政事权和支出责任,是政府有效分级提供基本公共产品与服务的前提和保障,也是推动国家治理体系和治理能力现代化的客观需要。

4.1 政府事权与政府间事权的划分

政府事权既是政府权力的一种体现,也意味着政府在公共产品和服务的提供中应承担相应的责任。在多级政府体系下,公共产品和服务的分级提供意味着政府事权要在中央政府与地方政府之间以及不同地方政府之间进行明确的划分。①

4.1.1 多维度的政府事权

公共产品和服务的提供本身就包含相关政策的制定、筹资、生产和监管等多个环节,因而政府事权是具有多维属性(Multi-dimension Nature for Service Delivery Power)的,它具体包括决策事权、财政事权、监管事权和生产事权等多个方面。

决策事权(Responsibility for Policy and Regulation)是一级政府拥有的提供公共产品和服务的最终决策权,具体包括决定提供哪种公共产品和服务、提供多少公共产品和服务以及按照什么标准提供公共产品和服务等基本问题。财政事权(Responsibility for Financing)是指一级政府承担某项公共产品和服务的提供所需资金的职责,包括资金的筹集(Getting Money)和资金的使用(Spending Money)。监管事权(Responsibility for Administration)是指在决定提供某项公共产品和服务之后,一级政府承担对其全过程进行相应的监督和管理的职责。生产事权(Responsibility for Production)则是指一级政府或某一组织具体承担公共产品和服务的生产职责。

在政府事权多维度的属性中,财政事权处于核心地位,因为它直接关系到哪一级政府承担公共产品和服务的公共提供(Public Provision)的职责。

4.1.2 政府间事权的划分

公共产品和服务不同维度的事权,既可以全部划归一级政府来承担,也可以分别划归不同级次的政府来承担。

在政府间事权划分过程中,一级政府承担某项公共产品和服务所有维度的事权,就会形成该级政府的"专有事权"(Exclusive Responsibilities)。政府专有事权具体可分为中央政府专有事权和地方政府专有事权。对中央政府而言,专有事权主要涉及一个国家的主

---

① 联邦制国家一般都在宪法中对联邦政府与联邦成员政府之间的事权划分做出明确的规定,要么是在宪法中列举联邦政府事权,剩余事权(Residual Powers)由地方政府保留,要么是在宪法中列举联邦政府事权和共同事权,剩余事权由地方政府保留。与联邦制国家不同的是,单一制国家很少在宪法和法律中对政府间事权做出明确而固定的划分。单一制国家政府间事权的划分,是建立在中央政府对地方政府的授权基础之上的。

权性事务以及关系一个国家整体和全局性利益的事务,如国防、外交、国家安全、全国统一市场规则和管理等各个维度的事权都由中央政府来负责(参见表4-1);而对地方政府而言,专有事权涉及的主要是区域性公共事务,如社区服务、城市建设和城市管理等。专有事权有助于公共产品和服务的有效提供,也有助于强化一级政府的责任性(Accountability)。

表4-1 政府间不同维度事权的划分

事权项目(部分)	决策事权	财政事权	监管事权	生产事权
国际事务	F	F	F	F
国防	F	F	F	F
公共秩序与安全	F/S/L	F/S/L	F/S/L	F/S/L
基础教育与中等教育	F/S/L	F/S/L	S/L	S/L/P
高等教育	F/S	F/S	F/S	F/S/P
健康保健	F/S/L	F/S/L	F/S/L	S/L/P
社会福利与保障	F/S	F/S	S/L	S/L
社区服务(供排水、垃圾处理、消防)	S/L	L	L	L/P
高速公路、市区道路	F/S/L	F/S/L	F/S/L	F/S/L/P
公园、娱乐与文化	F/S/L	F/S/L	F/S/L	F/S/L/P
全国性交通与通信网络	F	F/S	F/S/L	F/S/L/P
地方性公共交通	S/L	S/L	S/L	S/L/P

注:F代表联邦(中央)政府,S代表州(省、邦)政府,L代表省(州)以下的地方政府,P代表私人企业或市场。

资料来源:Jorge Martinez-Vazquez. Intergovernmental Fiscal Relations and Assignment of Expenditure Responsibility. Andrew Young School of Policy Studies, Georgia State University, 2001。

在现实中,由中央政府或地方政府单独行使的事权,在全部公共产品和服务的提供中所占的比重并不高,因为完全适合由某一级政府单独承担提供职责的公共产品和服务并不多。一些公共产品和服务,如基础教育和基本的保健服务,根据它们的受益范围,其具有地方政府事权的属性,但由于它们与社会福利和收入再分配有着密切联系,因而也常常被认为属于中央政府事权的范围。正因为如此,有相当一部分公共产品和服务的提供都是由中央政府和地方政府来共同承担的,从而形成多级政府的"共同事权"(Concurrent Responsibilities)。

在共同事权下,某项公共产品和服务不同维度或相同维度的事权分别划归不同级次的政府。在多维度的政府事权中,决策事权比较容易与处于核心地位的财政事权分离开来。即使是通常由地方政府承担财政事权的地方性公共产品,基于公平等诸多方面的考虑,中央政府也有可能承担其决策事权,这主要体现在中央政府制定部分地方性公共产品的提供标准上。① 许多国家都对公共产品和服务的提供规定了相应的标准,有的规定了"最低标准",所有的地方政府都必须达到,有条件的地方政府也可以高于这一水平,如基础教育等;有的规定了"基本标准";还有的规定了"最高标准",地方政府在提供公共产品和服务的过程中,不允许超过某个界限,如低层的公用建筑不得安装电梯等。

在实践中,共同事权具体有两种表现形式,一种是不同级次的政府分别承担某项公共产品和服务的提供,如一些国家的中央政府和省级政府都兴办大学;另一种是某项公共产品和服务不同维度的事权由不同级次的政府分别承担,最为常见的情形是中央政府承担决策事权,而地方政府承担财政事权、监管事权和生产事权,如基础教育方面的很多重要决策都由中央政府做出,而地方政府具体负责校舍的建设、教师的任用与培训等。

在政府间事权划分过程中,生产事权不仅可以与其他维度的事权相分离,而且其划分有一定的特殊性。其他维度的政府事权,具体无论怎样在不同级次的政府间配置,都限定在多级政府体系内来进行,而公共产品和服务生产事权的划分,并不总是局限在政府体系内部。由于私人企业的效率一般要高于政府和公共企业,因而在不少国家,相当一部分公共产品和服务尤其是地方性公共产品和服务的生产事权常常以合同外包(Contract-out)的方式交由私人企业或市场来承担(参见表4-1)。当然,在这种情况下,政府必须承担起相应的监管职责才能确保公共产品和服务的有效提供。

除了政府专有事权和政府共同事权,在各国的实践中还存在所谓的"委托事权"(Delegated Responsibilities),即原本属于某一级次政府承担的事权因管理便利等方面的考虑委托给其他级次政府来承担。最为常见的情形是,中央政府或上级政府将事权委托给地方政府或下级政府。委托事权一般都与政府间有条件的财政转移支付紧密联系在一起。

4.2 政府间财政事权与支出职责的划分

财政支出职责对应着财政事权中的"资金使用"。通常情况下,政府间财政支出职责的划分(Assignment of Expenditure Responsibilities)与政府间财政事权的划分是一致的。中央政府的财政事权由中央政府承担财政支出责任,地方政府的财政事权由地方政府承担财政支出责任,中央与地方政府的共同财政事权则由中央政府与地方政府共同承担财政支出责任。

4.2.1 政府间财政事权与支出职责划分的原则

从经济学的角度看,政府间财政事权与支出职责的划分,是由政府间财政职能的划分所决定的(Financing Should Follow Functions)。根据政府间财政职能的划分,与财政资源配置职能相关的财政支出职责主要由地方政府来承担,而与财政收入分配职能和宏观经

---

① Teresa Ter-Minassian. Fiscal Federalism in Theory and Practice. IMF, 1997, 26.

济稳定职能相关的财政支出职责则应当划归中央政府。然而,在各国的实践中,财政事权和支出职责在各级政府间的划分更多地反映了以往的惯例和历史性因素,而不是纯粹地基于经济效率方面的考虑。① 尽管不存在一个绝对最优的办法来确定提供某一特定公共产品所需的财政支出应由哪一级次的政府来承担,但仍有一些经济学家提出了财政事权与支出职责在各级政府间进行划分应遵循的基本原则。

1. 早期观点

20世纪上半叶英国财政学的主要代表人C. F. 巴斯特布尔(C. F. Bastable)提出,政府间财政事权与支出职责的划分应遵循受益、行动和技术等三项原则。② 受益原则指的是当公共产品的受益对象是全国范围内的所有居民时,与之相关的财政支出职责划归中央政府;而当公共产品的受益对象主要是某一特定地区的居民时,那么与之相关的财政支出职责应划归地方政府。行动原则要求凡政府提供的公共产品,在行动上必须统一规划的,与之相关的财政支出职责应划归中央政府;凡政府活动在实施过程中必须因地制宜的,则与之相关的财政支出职责应划归地方政府。技术原则指的是如果政府活动和公共工程的规模较为庞大、需要较高的技术才能够完成,则与之相关的财政支出职责应划归中央政府;否则,就属于地方政府的财政支出范围。

20世纪上半叶美国财政学的主要代表人E. F. A. 塞利格曼(E. F. A. Seligman)认为,应以效率为标准在各级政府间划分财政支出职责,由哪一级政府来承担财政支出职责更有效率,就应将其划归这一级政府来承担;同时他还提出,规模较大的财政支出划归中央政府,而规模较小的财政支出划归地方政府。

20世纪70年代,美国财政学者阿图·埃克斯坦(Otto Eckstein)强调在政府间财政支出职责划分中应重视决策程序问题。他认为,与中央政府的决策相比,地方政府形成一项公共决策程序所需的时间要短许多,即使中央政府的决策是科学的,也常常会因为决策程序过长而时过境迁;地方政府的决策相对快捷,而且更能够体现出本地区居民的偏好和习惯,往往更符合本地区居民的利益。因此,埃克斯坦主张除国防、外交、国家管理等支出需要由中央财政承担之外,其他财政支出项目应主要由地方政府承担。③

2. 现代观点

现代学者普遍认为政府间财政事权和支出职责的划分应遵循辅助性原则(Principle of Subsidiarity)和匹配性原则(Correspondence Principle)。辅助性原则指的是在可能的情况下,应将公共产品和服务的提供职责交给由受益范围决定的最低级次的政府履行。④

---

① 斯蒂芬·贝利.地方政府经济学:理论与实践.北京:北京大学出版社,2006,17.
② 转引自平新乔.财政原理与比较财政制度.上海:上海人民出版社和上海三联书店,1995,362.
③ 阿图·埃克斯坦.公共财政学.北京:中国财政经济出版社,1982,242—243.
④ 辅助性原则是在欧洲委员会(Council of Europe)于1985年通过的《欧洲地方自治宣言》(European Charter of Local Self-Government)中提出的,并在1993年生效的《马斯特里赫特条约》(The Maastricht Treaty)中成为欧盟与其会员国在处理主权上的最高指导。随着时代的发展,欧盟各国对辅助性原则的运用,并不仅限于处理欧盟与其会员国之关系,其亦适用于一个国家处理中央与地方之间的关系。

也就是说,实现公共产品和服务有效供给的最佳方式是在其受益范围内由最低级次的政府来提供。这种权力下放,可以提高政府对选民的责任感和反应速度,使政府提供公共产品和服务的数量、构成和质量与受益人的偏好之间具有更加紧密的对应性,这也在一定程度上反映了一种更加民主和更加强调参与性的政治发展过程。[1] 辅助性原则也并不意味着应将所有的财政事权及相关的支出职责都下放到基层地方政府。如果不顾及受益范围的约束而一味地将财政事权和支出职责下放到基层地方政府,那么辖区间的外部性会越来越严重,由此带来的公共产品和服务提供不足的问题也会越来越严重。而且公共产品和服务的提供职责下放得过低,也不利于规模经济效应的获得。从某种意义上说,辅助性原则要在更接近于选民与公共产品提供过程中的规模经济、外部性之间寻求平衡。

匹配性原则要求一级政府的财政支出应当与其提供公共产品和服务的受益范围相一致,它提供了一种将各种公共产品和服务的支出职责在各级政府间进行划分的基本规范。根据匹配性原则,一种利益不存在外溢的公共产品和服务,应当由地方政府来提供;能够使多个地区受益的公共产品和服务,应当由较高一级的地方政府来提供;能够使全国范围受益的公共产品和服务,则应当由中央政府来提供。如果不能将公共产品和服务的受益范围与提供这种公共产品和服务的政府所管辖的区域匹配起来,就可能导致资源的不合理配置,政府一方面对一些公共产品和服务支出过多,而另一方面对另一些公共产品和服务则可能供给不足。

专栏 4-1　政府间事权与支出职责划分的原则:中国前任财政部部长的观点

中国前任财政部部长楼继伟提出,政府间事权与支出职责划分的基本依据是外部性、信息处理的复杂性和激励相容等标准。

（1）外部性

各项公共服务的提供,应该由控制着这一服务提供的收益和成本内部化的最小地理区域的辖区来进行。只要不至于产生服务成本与收益在辖区间的不匹配,公共服务的供应职责就应该尽可能地下放到最低层级的辖区。

如果一项活动只是一个地方受益或受损,那么这个事情就交给这个地方来管理;如果一项活动不仅是一个地方受益或受损,还有其他地方受益或受损,那么就是具有外部性,需要由高一级的政府来承担;如果其外部性跨越多个区域,那么就适合更高级别的政府来管理。

（2）信息处理的复杂性

信息处理越复杂,越有可能出现信息不对称,就越应让地方政府来管理,因为地方政府熟悉基层情况,能够掌握更为真实、准确的信息,与中央政府相比有明显的优势。如社会保险中养老保险信息相对简单,只需知道参保人的年龄、生死、就业状况等就可以了,

---

[1] John L. Mikesell. *Fiscal Administration: Analysis and Application for the Public Sector*. Cengage Learning, 2017, 644-645.

而医疗保险还需知道参保人的身体情况、用药、定点医院等方面的信息。相比之下，中央政府可能有能力全面管理养老保险，而医疗保险可能就需要中央政府和地方政府进行合作管理。

（3）激励相容

一种体制如果能够使得所有参与人即使按照自己的利益去运作，也能够实现社会整体利益最大化，那么这种体制就是激励相容的。政府间财政关系是体现中央政府与地方政府之间利益格局的一种制度安排。由于中央政府和地方政府客观存在整体利益与局部利益的差别，因此制度安排的激励相容显得格外重要。在既定的政府间财政关系安排下，如果地方政府在追求局部利益的过程中损害了国家整体利益，那么这个制度安排就不是激励相容的，由此引发的中央和地方之间的矛盾冲突会推动中央政府实施新的制度安排，而每一次激励相容的安排都是在原来基础上的一次帕累托改进。

在实践中，常常出现地方政府因激励不足导致的对某项事权支出不足或因约束机制缺失导致的事权执行不到位等现象。激励相容原则认为，应设置适当的针对地方政府行为的激励授权机制和监督约束制度，以保障地方各级政府高效提供辖区范围内的基本公共服务，避免地方政府出现责任推诿或追求局部利益而损害其他地区利益或全国利益的行为。

资料来源：根据楼继伟.中国政府间财政关系再思考.北京：中国财政经济出版社，2013，145—151等整理。

不管采用什么原则去指导财政支出职责在中央政府与地方政府之间以及在各级地方政府之间的划分，清晰、稳定的政府间财政支出职责划分对于较好地处理政府间财政关系来说都是至关重要的。

4.2.2 一般意义上的政府间财政支出职责划分

尽管受政治、经济和历史等多方面因素的影响，现实中的政府间财政支出职责划分不存在统一的模式，但根据政府间财政职能的划分、政府间财政事权与支出职责的划分应遵循的基本原则，中央政府与地方政府间财政支出职责划分的基本框架，还是相对确定的。

（1）中央政府承担与全国性公共产品的提供相关的财政支出以及与收入分配相关的财政支出

全国性公共产品主要包括国防、外交、外贸管理、全国性的立法和司法、中央银行和中央税的征管以及宏观经济稳定等。根据成本-收益相对称的原则，全国性公共产品的提供成本应由全国所有的居民来承担，因而用于提供全国性公共产品的财政支出成本都应划归中央政府来承担。

调节地区间和居民间收入分配主要是中央政府的职责，与之相关的财政支出项目，如养老保险支出、失业保险支出和对个人的福利补贴等，主要由中央政府负责。但这并不排除在部分国家地方政府的财政支出中也有一部分与收入分配相关的项目。①

（2）地方政府承担与地方性公共产品的提供相关的财政支出

地方性公共产品包括地区性交通、警察、消防、基础教育、绿化、城市供水、下水道、垃圾处理、公园、地方性法律的制定和实施等。根据成本-收益相对称的原则，地方性公共产品的提供成本主要应由受益地区的居民来承担。为了达到资源配置最优的目标，地方性公共产品的决策应尽可能地留给地方政府，与之相关的财政支出职责应划归地方政府。

（3）中央政府和地方政府共同承担具有外部性特征和与跨地区建设的公共项目相关的财政支出

跨地区的公路、铁路、水陆运输、邮政、通信等公共项目，其受益范围一般都会覆盖好几个地区。有些公共项目虽然位于一个地区，但受益者却并不局限于本地居民，邻近地区的居民也能从中受益，如防洪设施、兴修水利、控制环境污染、教育等项目。这些都需要中央政府进行必要的参与。跨地区建设的公共项目以及具有外部性特征的地方性公共项目所需的财政支出，应由中央政府与地方政府共同承担，各自分担的比例会因为具体项目特征的不同而改变。②

专栏4-2　　中国义务教育领域共同支出职责的划分

2018年2月，国务院办公厅印发《基本公共服务领域中央与地方共同财政事权和支出责任划分改革方案》，将义务教育、学生资助、基本就业服务、基本养老保险、基本医疗保障、基本卫生计生、基本生活救助和基本住房保障等八大类18项纳入中央与地方共同财政事权范围，其支出责任由中央与地方政府按比例分担，并保持基本稳定。

考虑到各地区经济社会发展不平衡、基本公共服务成本和财力差异较大的国情，义务教育实行中央与地方分档差别化分担的办法。全国省级行政单位和计划单列市被分为五档。第一档包括内蒙古、广西、重庆、四川、贵州、云南、西藏、陕西、甘肃、青海、宁夏、新疆12个省（区、市）；第二档包括河北、山西、吉林、黑龙江、安徽、江西、河南、湖北、湖南、海南10个省；第三档包括辽宁、福建、山东3个省；第四档包括天津、江苏、浙江、广东4个省（市）和大连、宁波、厦门、青岛、深圳5个计划单列市；第五档包括北京、上海2个直辖市。不同的档级，中央政府和地方政府各自承担的支出职责是不同的。

根据《基本公共服务领域中央与地方共同财政事权和支出责任划分改革方案》的相关规定，河北省人民政府制定了《基本公共服务领域省与市、县共同财政事权和支出责任

---

① 在一些联邦制国家，采用累进税率的个人所得税等通过财政收入进行的收入再分配，一般由联邦政府执行；在社会保障、社会福利、教育、医疗等通过财政支出进行的收入再分配中，社会保障、社会福利是由联邦政府来承担的，而教育、医疗则主要由地方政府承担或由联邦与地方政府共同承担。从20世纪90年代开始，美国、加拿大和瑞士等国先后将一部分社会福利的职责从联邦政府下放到州和地方政府。美国于1996年实行分散化的福利政策后，各州在制定帮助穷人的福利政策方面有了很大的自主权，但由于出现大量的福利移民，各州出现了不再增加福利支出或降低福利支出的趋势。对此，有学者认为，如果这一趋势导致福利支出严重短缺，那么医疗补助和社会福利等支出责任可能重新回归联邦政府，从而形成一定程度的集权。

② 马骏，郑康斌.西方财政实践.北京：中国财政经济出版社，1997，51.

划分改革实施方案》,将需要地方政府承担的义务教育支出职责在省、市、县三级政府之间也做出了一个明确的划分。河北省属于第二档级。义务教育领域里的公用经费,中央政府承担60%,河北省承担40%。在由河北省承担的40%部分中,河北省与直管县按3∶1分担,河北省与市、市管县(市)按2∶1∶1分担,河北省与市、市辖区按1.5∶1.5∶1分担。义务教育领域里的其他支出,也采取了类似的区别分担的办法(具体参表4-2)。

表4-2 中国义务教育共同支出职责的划分

项目	基础标准	支出责任及分担方式	河北省
公用经费保障	中央统一制定基准定额。在此基础上,继续按规定提高寄宿制学校等公用经费水平,并单独核定义务教育阶段特殊教育学校和随班就读残疾学生公用经费等	中央与地方按比例分担。第一档为8∶2,第二档为6∶4,其他为5∶5	地方分担部分,省与直管县按3∶1分担,省与市、市管县(市)按2∶1∶1分担,省与市、市辖区按1.5∶1.5∶1分担
免费提供教科书	中央制定免费提供国家规定课程教科书和免费为小学一年级新生提供正版学生字典补助标准,地方制定免费提供地方课程教科书补助标准	免费提供国家规定课程教科书和免费为小学一年级新生提供正版学生字典所需经费,由中央财政承担;免费提供地方课程教科书所需经费,由地方财政承担	省级制定免费提供省级规定课程教科书补助标准,所需经费由省级财政承担。市、县制定免费提供市、县规定课程教科书补助标准,所需经费由市、县财政承担
家庭经济困难学生生活补助	中央制定家庭经济困难寄宿生和人口较少民族寄宿生生活补助国家基础标准。中央按国家基础标准的一定比例核定家庭经济困难非寄宿生生活补助标准,各地可以结合实际分档确定非寄宿生具体生活补助标准	中央与地方按比例分担,各地区均为5∶5,对人口较少民族寄宿生增加安排生活补助所需经费,由中央财政承担	地方分担部分,省与直管县按3∶2分担,省与市、市管县(市、区)按2∶1∶2分担
贫困地区学生营养膳食补助	中央统一制定膳食补助国家基础标准	国家试点所需经费,由中央财政承担;地方试点所需经费,由地方财政统筹安排,中央财政给予生均定额奖补	地方试点所需经费,中央按50%给予奖补,地方承担50%部分,省与试点县按3∶2分担

资料来源:根据《国务院办公厅关于印发基本公共服务领域中央与地方共同财政事权和支出责任划分改革方案的通知》(国发〔2018〕6号)和《河北省人民政府办公厅关于印发基本公共服务领域省与市、县共同财政事权和支出责任划分改革实施方案的通知》(冀政办字〔2018〕79号)整理。

在相当多的国家,地方政府本身也是由两级或多级政府组成的,因而除了要在中央政府和地方政府之间进行财政支出职责的划分,还要在地方政府内部进行财政支出职责的划分。在决定某一项财政支出职责具体由哪一级地方政府承担时,主要应考虑受益范围、效率和规模经济效应等因素。

4.3 主要国家政府间财政事权与支出职责的划分

在实践中,大多数国家的财政事权与支出职责都是根据本国的政治体制、经济发展水平和历史文化传统等因素在不同级次的政府间进行划分的,极少有国家的做法完全符合理论分析的框架。美国、德国、日本和英国是当今世界经济较为发达、市场经济体制较为完善的国家,其政府间财政事权与支出职责的划分也较典型和稳定。由于国家结构形式不同,再加上其他方面因素的影响,美、德、日、英等国的政府间财政事权与支出职责划分也不完全相同。

4.3.1 美国的政府间财政事权与支出职责划分

美国联邦宪法并未明确联邦政府、州政府和地方政府在公共服务提供方面应承担的职责。[①] 目前,相对于州和地方政府承担的公共服务提供职责,美国联邦政府的职能主要源于历史和实践。在美国的政治生活中,凡联邦宪法未授予联邦政府而且也没有明确禁止州政府行使的权力,都属于各州。由于州保留有很大的权力,各州的政府组织结构、功能以及财政收支权力各不相同,所以美国州与地方政府之间的事权与财政支出职责划分没有统一的模式,各州的情况都不完全相同。

美国联邦政府的专有事权主要体现在国防、外交和国际事务、航天研究以及邮政服务等方面。州和地方政府在一些公共产品和服务的提供上担负着几乎专属的职责,具体包括中小学教育、公共福利、高等教育、警察与矫正(Police and Corrections)、高速公路与普通道路(Highways and Roads)、消防、图书馆、固体废物、污水排放、供水和供电等。从总体上看,联邦政府在直接提供公共产品和服务方面的职责要比州和地方政府小很多。一些公共产品和服务虽然是州和地方政府的专属领域,但联邦政府仍然能够通过立法和政府间财政转移支付等方式对其产生较大的影响,同时承担相应的监管功能。

美国联邦政府、州政府和地方政府的共同事权主要体现在社会保险、教育、司法、警察、健康与医院、环境保护、公园和娱乐等公共事务上,但不同级次政府承担的具体任务有所不同。在多数情形下,联邦政府负责受益范围覆盖全国的公共事务或对各州的监管,而州和地方政府负责更为具体的事项。社会保险是美国联邦政府与州政府最主要的共同事权。联邦政府主要负责提供"社会保障养老金计划"(Social Security Pension Program)和"医疗保障计划"(Medicare Program);而州政府主要负责提供食品券、医疗救助和主要的福利计划以及"贫困家庭临时救助"(Temporary Assistance For Needy Families),但联邦政府会通过整额拨款为贫困家庭临时救助和食品券提供资金,还会通过有条件配套拨款为

[①] Larry Schroeder. Local Government Organization and Finance in the United States. Fiscal Policy Summer Training Courses, Andrew Young School of Policy Studies, Georgia State University, 2004.

医疗救助提供 1/2—3/4 的资金。① 尽管有联邦政府的参与和财政拨款,但社会福利(Social Welfare)支出仍然是美国州政府最大的财政支出项目,占州政府直接支出的 40%以上。教育是州政府和地方政府的共同事权。州政府侧重于负责高等教育,而中小学教育在大部分州主要由地方政府中的"学区"负责。② 中小学教育一直是美国地方政府财政支出规模最大的项目,约占地方政府直接支出的 40% 左右。从法律层面上看,消防、固体废物、污水排放和供水等,也是州政府和地方政府的共同事权,但在实际执行过程中,这些公共事务都由地方政府具体执行(参见表 4-3),并承担绝大部分的支出职责。

表 4-3 美国公共服务的法定职责与实际职责划分

公共服务项目	法定职责	实际职责划分
高等教育	州/地方政府	州/地方政府
中小学教育	州/地方政府	州/地方政府
国防	联邦政府	联邦政府
警察	联邦/州/地方政府	联邦/州/地方政府
消防	州/地方政府	地方政府
监狱	联邦/州/地方政府	联邦/州/地方政府
卫生与医院	联邦/州/地方政府	联邦/州/地方政府
固体废物	州/地方政府	地方政府
污水排放	州/地方政府	地方政府
供水	州/地方政府	地方政府
邮政服务	联邦政府	联邦政府
公园和娱乐	联邦/州/地方政府	联邦/州/地方政府
公路	联邦/州/地方政府	州/地方政府

资料来源:Anwar Shah.践行财政"联邦制".北京:科学出版社,2015,274。

专栏 4-3　美国用 ESSA 法案取代 NCLB 法案

2002 年,美国总统小布什签署了《不让一个孩子掉队法案》(No Child Left Behind Act,NCLB),该法案旨在解决贫困地区学生和少数民族儿童所面临的受教育不平等问题,其采用的主要措施是要求全国的学生从小学三年级开始每年都要参加统一的标准化测试直至高中。从开始实施的第一年,NCLB 法案就在全美范围内引发了激烈的争论。除诸如法案实施的技术难点、联邦政府财政转移支付低于预期等问题外,争论最关键的地方是联邦政府是否应当插手基础教育,而基础教育在传统上一直是州和地方政府的事权范围。

---

① Anwar Shah.践行财政"联邦制".北京:科学出版社,2015,276.
② 在马里兰、康涅狄格等没有设置学区的州以及只设有一个学区的弗吉尼亚州,基础教育由县或市政府负责提供;而在夏威夷州,基础教育是州政府的职责。

截至 2005 年 3 月,至少有 15 个州的立法机关对 NCLB 法案提出挑战。犹他州代表宣称,犹他州拥有良好的教育系统,而且最清楚怎样运作本州的教育体系,NCLB 法案是近五十多年间美国联邦政府权力在教育领域里最强有力的扩张,也是犹他所面对的联邦政府对州内事务的干预中最为严重的问题。关于 NCLB 法案争论的实质是哪一级政府应该拥有教育政策的掌控权。

在各方持续就 NCLB 法案对联邦政府施压下,美国联邦教育部于 2006 年同意对由 20 个州提交的关于根本性地改革考核学生进步程度方式的申请进行审核。2010 年 3 月,美国总统奥巴马提出了修改 NCLB 法案的计划。2015 年 12 月,奥巴马签署了《每一个学生都成功法案》(The Every Students Succeeds Act,ESSA)。ESSA 法案最明显的变化就是终结了 NCLB 法案确定的以测试成绩为基础的"联邦问责制",取而代之的是"州问责制",重新将基础教育的管理权归还给各州和地方政府。

资料来源:根据 Jonathan Gruber. *Public Finance and Public Policy*. Worth Publishers,2015,261-262 整理编写。

在第二次世界大战结束到 21 世纪初的五十多年间,美国联邦政府的财政支出份额在总体上呈下降的态势,从 1950 财政年度占全部财政支出的 59.4% 下降至 2001 财政年度的 47.96%[1],这表明此间财政事权和支出职责在各财政府间不断下移。然而,此后十多年间美国联邦政府的财政支出份额又有所回升,到 2011 财政年度回复到 53.73% 的水平。美国通常被认为是一个财政分权程度较高的国家,这在政府间财政支出的划分上体现为美国州和地方政府的财政支出在全部财政支出中所占的比重(Subcentral Share of Total Government Expenditures)高于大多数经济发达国家,在 1970—2016 财政年度间的非加权平均值达到 47.68%,而在 1999—2007 财政年度间其至超过了 50%(参见表 4-4)。

表 4-4 美国政府间财政支出的划分　　　　　　　单位:%

财政年度	联邦政府	州和地方政府	财政年度	联邦政府	州和地方政府
1970	57.12	42.88	2002	48.05	51.95
1975	55.08	44.92	2003	48.62	51.38
1980	57.03	42.97	2004	48.77	51.23
1985	59.36	40.64	2005	49.63	50.37
1990	55.90	44.10	2006	49.91	50.09
1991	54.52	45.48	2007	49.96	50.04
1992	54.52	45.48	2008	51.66	48.34
1993	53.86	46.14	2009	52.54	47.46

---

[1] 美国 2000—2001 财政年度从 2000 年 10 月 1 日开始到 2001 年 9 月 30 日结束。为了行文的简便,本书使用了"2001 财政年度"的表述。下同。

(续表)

财政年度	联邦政府	州和地方政府	财政年度	联邦政府	州和地方政府
1994	52.95	47.05	2010	53.42	46.58
1995	52.48	47.52	2011	53.73	46.27
1996	52.44	47.56	2012	53.24	46.76
1997	51.69	48.31	2013	52.43	47.57
1998	50.89	49.11	2014	52.10	47.90
1999	49.87	50.13	2015	51.54	48.46
2000	49.01	50.99	2016	51.64	48.36
2001	47.96	52.04			

注：由于四舍五入，表中部分财政年度数据之和可能稍大于或小于100%，下同。
资料来源：OECD Fiscal Decentralization Database。

4.3.2 德国的政府间财政事权与支出职责划分

德国联邦政府、州政府和地方政府之间的事权和财政支出范围由《基本法》予以确定。德国《基本法》规定，"为了普遍的利益必须统一进行处理的事务"由联邦政府负责，其他事务原则上由各州和地方政府负责。基于这样一种精神，德国联邦政府的专有事权主要包括外交事务和国防、联邦国籍、移民、统一市场的建立、铁路和空中交通、邮政通信、联邦政府和州政府之间的合作等。德国州政府主要负责没有明确归属联邦政府事权范围的事务，专有事权相对较小，主要局限在教育、文化、法律秩序、地区规划等不大的范围内，其中教育是非常重要的一项，中小学教育和高等教育都属于州政府的财政支出范围。德国地方政府的事权范围主要包括地方道路、学校建设、公共住房、供水和污水处理等（参见表4-5）。

表4-5 德国公共服务的职责划分

公共服务项目	立法权	行政权
国防	联邦政府	联邦政府
联邦国籍	联邦政府	联邦政府
外交事务	联邦政府	联邦政府
铁路和空中交通	联邦政府	联邦政府
邮政通信	联邦政府	联邦政府
社会保障	联邦政府	联邦/州政府
医疗事业	联邦政府	联邦/州/地方政府
社会救助	联邦政府	联邦/州/地方政府
垃圾清理	联邦政府	地方政府
区域经济政策	联邦政府	州政府

(续表)

公共服务项目	立法权	行政权
海岸线防卫	联邦、州共同任务	州政府
农业政策	联邦、州共同任务	州政府
公共资助的研究	联邦、州共同任务	联邦/州政府
环境保护	联邦/州政府	州政府
供水	联邦/州政府	地方政府
污水处理	联邦/州政府	地方政府
法律秩序	州政府	州政府
文化	州政府	州政府
中小学教育	州政府	州政府
高等教育	州政府	州政府
地方道路	地方政府	地方政府
体育娱乐	地方政府	地方政府
学校建设	地方政府	地方政府
公共住房	地方政府	地方政府

注：德国海关、货币政策方面的权力由欧盟掌握。
资料来源：Anwar Shah.践行财政"联邦制".北京：科学出版社，2015，105—106。

除由联邦、州和地方三级政府单独承担的事权以外，德国《基本法》还规定了地区性经济结构的改善、农业结构的改善与海岸保护为联邦政府与州政府的共同事权。其中，地区性经济结构的改善由联邦政府和州政府各负担一半的支出，而农业结构的改善与海岸保护方面的支出联邦政府至少负担50%以上。2015年开始实施的德国《基本法》修正案中，要求联邦政府和州政府共同支持科技、研究和教育的发展，由双方协议确定各方负担财政支出的比例。

按照降低成本和提高财政支出效率的要求，在经过一定的审批程序之后，德国联邦政府承担的公路、水运、航空运输和节能研究等方面的职责，往往会委托给有关州政府来完成。地方政府也常常接受联邦政府和州政府的委托，承担诸如公共选举、户籍和人口普查等职责。德国州和地方政府承担联邦政府委托事务所需的财政支出，全部由联邦政府负担。

在最近的二十多年间，德国联邦政府的财政支出占全部财政支出比重的非加权平均值为39.74%（参见表4-6）；与此同时，德国州和地方政府财政支出占比的非加权平均值分别为37.27%和22.98%。与同为联邦制国家的美国相比，德国的财政事权与支出职责并没有集中在联邦政府手中，更多地由州和地方政府来承担，但这并不意味着德国的财政分权测度高于美国等国家，因为德国通过联邦立法、共同立法和框架立法等方式决定或影响州和地方政府的财政政策，而州和地方政府只是执行而已。德国是一个特殊的单一联邦制国家①,其财政联邦制一直朝着更高的合作性和集权性的方向发展。

表 4-6 德国政府间财政支出的划分　　　　　　　　单位:%

财政年度	联邦政府	州政府	地方政府	财政年度	联邦政府	州政府	地方政府
1995	37.09	37.09	25.82	2010	41.50	35.79	22.71
2000	40.08	37.86	22.05	2011	40.32	36.73	22.95
2002	40.82	37.41	21.77	2012	40.82	36.7	22.48
2003	40.67	37.62	21.72	2013	39.39	37.27	23.34
2004	40.31	37.71	21.98	2014	38.31	37.85	23.85
2005	40.52	37.43	22.05	2015	36.92	38.44	24.64
2007	40.67	36.89	22.44	2016	37.19	38.02	24.79
2008	41.58	36.47	21.96	2017	37.35	38.06	24.6
2009	42.12	36.33	21.54				

资料来源:根据 Statistisches Jahrbuch (2006—2018)计算整理。

4.3.3　日本的政府间财政事权与支出职责划分

日本的政府体系由中央政府、都道府县(Prefectures)政府和市町村(Municipalities)政府构成。日本的《地方自治法》规定,凡直接与居民日常生活相关的行政工作,都尽可能由居民身边的地方自治团体来完成②;地方自治团体不能处理的问题,才由中央政府承担。日本各级政府间财政事权与支出职责的划分,就是遵照这一精神来进行的。

日本中央政府的事权主要有属于国家全局利益的国防、外交、货币政策等,需统一办理的重大经济事务,以及与人民生活密切相关并且需要全国统一协调的事务,具体包括国防、外交、产业政策、国土开发、高等教育、社会保险、全国性的公共事业和公共工程等。日本地方政府的事权与财政支出集中在基础设施建设、社会福利、卫生保健、消防、港湾、城市规划、公共卫生和住宅等方面。虽然都道府县和市町村的法律地位平等,但由于地域、人口等因素不同,都道府县和市町村的事权并不完全相同。都道府县是广域地方政府单位,主要承担市町村关系的协调和调整事务以及不适宜由市町村来承担的事务,具体包括国道(指定区间以外)、都道府县道路、一级河川(指定区间)、二级河川、港口、公营住宅、决定市中心街区、区域调整、高中、特殊教育学校、中小学教师的工资和人事、私立学校(幼儿园—高中)补助、公立大学(县立)、生活保障(町村区域)、儿童福利、保健所、警察、职业培训等。市町村是基层地方政府单位,主要承担与居民有密切关系的公共事务,具体包括户籍办理、居民基本信息登记、消防、垃圾和粪便处理、供排水、公园、市町村城市规划以及道路、街区建设、准用河川、港口、公营住宅、生活保障(市区域)、儿童福利、国民健康保险、护理保险、保育园、小学、初中、图书馆等。都道府县和市町村之间的职责划分并不是

---

① Anwar Shah.践行财政"联邦制".北京:科学出版社,2015,107.
② 在日本的法律中,都道府县和市町村被称为地方自治团体。

一成不变的。根据事务的性质和地区实际情况,都道府县可以向市町村转让一部分事务,而一些由市町村处理的事务也有可能交由都道府县来处理(参见表4-7)。

表4-7 日本政府间财政事权的划分

项目	中央政府	都道府县	市町村
基础设施	高速公路、国道(指定区间)、一级河川	国道(指定区间以外)、都道府县道路、一级河川(指定区间)、二级河川、港口、公营住宅、决定市中心街区、区域调整	城市规划、市町村道路、准用河川、港口、公营住宅、下水道
教育	大学(国立)、私立大学补助	高中、特殊教育学校、中小学教师的工资和人事、私立学校(幼儿园—高中)补助、公立大学(县立)	小学、初中、幼儿园、保育园
福利卫生	社会保险、医师等执照、医药品等许可执照	生活保障(町村)、儿童福利、保健所	生活保障(市)、儿童福利、国民健康保险、护理保险、上水道、垃圾与粪便处理、保健所(特定市)
其他	国防、外交、货币政策	警察、职业培训	消防、户籍办理、居民基本信息登记

资料来源:http://www.soumu.go.jp/main_content/000544444.pdf(访问时间:2018年11月20日)。

在日本,公路、河流、教育、社会福利、劳动、卫生、工商、农林行政等事务,由中央政府与地方政府共同负责。中央政府与地方政府共同负责的事务所发生的业务费用、公共产业费用等由中央财政全部或部分负担。

日本的地方政府提供了全国绝大部分的公共产品和服务,承担着比中央政府多得多的公共事务。这在财政支出中表现为除国防支出、外交支出和国债支出等由中央政府承担全部或大部分之外,其余的财政支出大都由地方政府承担。第二次世界大战结束以后的相当长一段时期内,日本中央政府财政支出占全部财政支出的比重一直稳定在1/3左右,而地方政府财政支出约占全部财政支出的2/3左右(参见表4-8)。后来出于国债还本付息支出增加等方面的原因,日本中央政府承担的财政支出份额从1970财政年度的26.9%上升为2016财政年度的42.2%,而地方政府承担的财政支出份额从1970财政年度的69.9%下降为2016财政年度的57.8%。虽然日本地方政府承担的财政支出份额远远超过了经济合作与发展组织(OECD)国家的平均水平,但这种政府间财政支出划分格局并不表明日本的财政分权程度要高于其他经济发达国家,因为它是在受控制的分权(Controlled Decentralization)框架下形成的。

表4-8 日本政府间财政支出的划分 单位:%

财政年度	中央政府	地方政府	财政年度	中央政府	地方政府
1950	31.8	68.2	2004	40.0	60.0
1960	30.1	69.9	2005	40.6	59.4

(续表)

财政年度	中央政府	地方政府	财政年度	中央政府	地方政府
1970	26.9	73.1	2006	40.5	59.5
1980	32.0	68.0	2007	41.1	58.9
1990	30.8	69.2	2008	41.2	58.8
1995	35.4	64.6	2009	42.9	57.1
1996	35.4	64.6	2010	41.3	58.7
1997	35.2	64.8	2011	41.6	58.4
1998	37.0	63.0	2012	41.7	58.3
1999	38.7	61.3	2013	41.7	58.3
2000	39.6	60.4	2014	41.7	58.3
2001	37.4	62.6	2015	42.0	58.0
2002	38.1	61.9	2016	42.2	57.8
2003	38.0	62.0			

资料来源：根据日本总务省历年《地方财政统计年报》整理。

4.3.4 英国的政府间财政事权与支出职责划分

英国中央政府的事权主要集中在国防、外交、对外援助、社会保障、空间开发、环境保护、海洋开发、通信、能源开发以及全国性的交通运输等领域。在英格兰、苏格兰、威尔士和北爱尔兰，地方政府的层级和具体设置有着较大的差别，不同地区的地方政府之间的事权配置也存在差异，并不存在一个统一的模式。

在苏格兰、威尔士和北爱尔兰，英国设立有地区政府（Devolved Government）和区政府（Councils）两级。以苏格兰为例，地区政府主要承担教育、社会服务、交通、住房、环境、文化、发展与规划、健康、司法、农村事务、消费者保护等方面的事权；而区政府的事权主要有教育、社会照看、废物处理、图书馆和规划。[1] 在英格兰地区，有的地区设立有郡和区两级地方政府。郡政府的事权有教育、交通、规划、消防与公共安全、社会照看、图书馆、废物处理和贸易标准等；而区政府的事权有垃圾收集、再循环、住房、地方税的征管以及规划实施等。有的地区只有一级地方政府（Unitary Authority），单一级次的政府承担了地方政府所有的事权。[2]

英国是一个在财政上高度集权的国家（the Most Fiscally-centralized Country），这首先就体现在政府间财政支出的划分上。1990—2016 年间，英国中央政府和地方政府承担的财政支出占全部财政支出的比重基本稳定在 73%：27% 的水平上（参见表 4-9）。英国中央政府的财政支出份额比美国联邦政府财政支出同期的水平高 20 个百分点，这种支出划分

---

[1] https://www.gov.uk/government/how-government-works（访问时间：2018 年 11 月 20 日）。

[2] https://www.gov.uk/understand-how-your-council-works（访问时间：2018 年 11 月 20 日）。

格局与英国所实行的高度集权的政治体制是相吻合的。

表 4-9 英国政府间财政支出的划分　　　　　　　　　　　　单位：%

财政年度	中央政府	地方政府	财政年度	中央政府	地方政府
1990	72.14	27.86	2004	71.55	28.45
1991	72.37	27.63	2005	71.93	28.07
1992	72.11	27.89	2006	71.31	28.69
1993	73.24	26.76	2007	71.50	28.50
1994	73.17	26.83	2008	72.46	27.54
1995	73.54	26.46	2009	72.08	27.92
1996	73.28	26.72	2010	72.81	27.19
1997	73.56	26.44	2011	73.40	26.60
1998	73.17	26.83	2012	74.39	25.61
1999	72.53	27.47	2013	74.88	25.12
2000	70.99	29.01	2014	75.43	24.57
2001	71.37	28.63	2015	75.36	24.64
2002	71.23	28.77	2016	75.89	24.11
2003	71.28	28.72			

资料来源：OECD Fiscal Decentralization Database。

专栏 4-4　发展中国家和转型国家政府间财政事权与支出职责划分的共性问题

经济发达国家都是用法律形式来对政府间财政事权与支出职责的划分加以规范，并且政府间财政支出职责的划分格局也较为稳定，从而为其较好地处理政府间财政关系打下了良好的基础。然而，发展中国家和转型国家的财政分权改革普遍效果不佳，具体到政府间财政事权与支出职责划分上，主要存在以下一些带有共性的问题：

第一，不具备有效划分政府间财政事权与支出职责的前提条件。只有明确"哪些是政府要干的、哪些是市场要干的"，才能将"需要政府干的事务"在多级政府间进行划分。但在一些发展中国家和转型国家，政府与市场之间的边界没有完全厘清，这就从根本上制约了政府间财政事权与支出职责的合理划分。

第二，政府间财政事权与支出职责的划分、政府间财政收入的划分和政府间财政转移支付之间的先后顺序没有处理好。通常情况下，财政分权各个构成部分的改革顺序（Sequencing of Decentralization Reforms）应当是政府间财政事权与支出职责的划分先于政府间财政收入的划分和政府间财政转移支付。然而，相当多的发展中国家和转型国家财政分权改革首先推进的大都是政府间财政收入的划分，而忽略了政府间财政事权与支出职责的划分。

第三，缺乏正式的政府间财政事权与支出职责的划分。在很长一段时间里，发展中国家和转型国家都没有和发达的联邦制国家一样在宪法或相关法律中明确各级政府的财政事权和支出职责,或者有着事实上的明确划分。正因为缺少正式的划分,所以发展中国家和转型国家在一些支出项目的划分上存在模棱两可的地方(Ambiguity in Certain Assignment)。

第四,存在一些无效率的财政事权与支出职责的划分。部分发展中国家和转型国家将资本性支出全部划归中央政府,而将社会保障支出职责交由地方政府来承担。

第五,缺少合作机制和冲突解决机制(Lack of Mechanism for Co-ordination and Conflict Resolution)。缺少合作机制和冲突解决机制,使得相当一部分的发展中国家和转型国家政府间的矛盾和冲突难以平息。

资料来源:根据 Jorge Martinez-Vazquez. Intergovernmental Fiscal Relations and Assignment of Expenditure Responsibility. Andrew Young School of Policy Studies, Georgia State University, 2001 整理。

重要概念

政府事权　政府间事权划分　政府财政事权　政府决策事权　政府监管事权　政府生产事权　中央政府专有事权　地方政府专有事权　中央地方共同事权　委托事权　政府间财政支出职责划分　匹配性原则　辅助性原则

复习思考题

1. 如何理解政府事权的多维属性?
2. 如何将多维度的政府事权在不同级次的政府间进行划分?
3. 政府间财政支出职责划分应遵循哪些基本原则?
4. 简述政府间财政支出职责划分的基本框架。
5. 如何理解政府间财政支出职责划分过程中的辅助性原则?

课堂讨论题

请结合所给案例材料,并联系现实,就中国现阶段政府间财政事权与支出职责划分中存在的问题及解决之道进行课堂讨论。

案例材料

两千年汉王城没有春天?

秦末,项羽与刘邦对峙于河南省郑州市荥阳广武山巅。这一享誉中外的古战场,只留给后人一条鸿沟,一座汉王城,一座霸王城。"楚河汉界"这一重要的历史古迹,正被黄河浊浪肆虐蚕吞。2003年11月2日,汉王城开始出现大面积坍塌下沉,先是从汉王城西50米处的张良城开始,紧接着便延及汉王城。40多天来,原来汉王城北至黄河边大约150亩地,已经全被黄河给"吃"了。原存30多米长的西城墙,现在只剩下5米左右。

荥阳市文物管理所的负责人在接受采访时说,在群众发现汉王城大面积坍塌后,如果及时采取有效的保护措施,汉王城还是很有希望保住的,但对汉王城的保护,村民、当地政府和文物管理部门在技术、资金等方面都没能力。荥阳市文物管理所、郑州市文物管理处曾多次向河南省文物管理局紧急报告汉王城坍塌情况,郑州市人民政府就此事向河南省政府递交紧急报告,河南省文物管理局也向河南省政府、国家文物局以及水利部黄河水利委员会等部门递交了报告,要求解决汉王城坍塌问题。

2003年12月初,河南省政府专门就汉王城塌方一事组织协调水利部黄河水利委员会、省市文物管理部门、郑州市政府等部门开会研究解决办法,但黄河水利委员会未派员出席。后来,黄河水利委员会提出了一套应急方案,由地方政府投资一两百万元,实施临时保护措施。该方案反馈给了郑州市后,未得到回应。黄河水利委员会相关负责人在接受采访时表示,历史文化古迹需要各方面来积极保护,黄河水利委员会可以帮助搞设计、搞规划,积极争取方案尽快批下来;同时地方政府也有责任,不能把责任都推给中央财政和黄河主管部门。

资料来源:根据http://www.southcn.com/weekend/commend/200402190006.htm(访问时间:2018年11月20日)整理编写。

参考文献与延伸阅读资料

黄韬.中央与地方事权分配机制——历史、现状及法治化路径.上海:上海人民出版社,2015.

韩旭.中央、地方事权关系研究报告.北京:中国社会科学出版社,2015.

王浦劬.中央与地方事权划分的国别研究及启示.北京:人民出版社,2016.

Henry J. Raimondo. *Economics of State and local Government*. N. Y. Praeger, 1992.

Charles E. McLure & Jorge-Martinez Vazquez. The Assignment of Revenues and Expenditures in Intergovernmental Fiscal Relations. Paper Prepared for the Core Course on Intergovernmental Relations and Local Financial Management, World Bank Institute, 2000.

Anwar Shah. Macro Federalism and Local Finance. World Bank, 2008.

OECD. *Reforming Fiscal Federalism and Local Government:Beyond the Zero-Sum Game*. OECD Publishing, 2012.

Gabriele Ferrazzi & Rainer Rohdewohld. *Emerging Practices in Intergovernmental Functional Assignment*. Routledge, 2017.

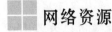

网络资源

世界银行网站"财政分权与地方政府课程"(Fiscal Decentralization and Local Governments Course)专题,http://web.worldbank.org/archive/website01061/WEB/0__CO-58.HTM

税收与经济政策研究所(The Institute on Taxation and Economic Policy)网站"州政策"专题,https://itep.org/category/state-policy/

美国佐治亚州立大学州和地方财政研究中心(Center for State and Local Finance,GSU)网站,http://cslf.gsu.edu/

第 5 章

政府间税收划分

【本章学习目标】

- 掌握政府间税收收入划分的方式及其特点
- 掌握政府间税种划分的基本原则
- 掌握一般意义上的政府间税种划分
- 掌握政府间税权划分的基本规律
- 掌握主要国家的政府间税收划分情况

在赋予各级政府一定的财政支出职责的同时,各级政府也必须拥有相应的财政收入来源作为其保障,因而财力也应当在各级政府之间做一个明确的配置。政府间税收收入的划分(Tax Assignment)是政府间财力配置的一个主要环节。

5.1 政府间税收收入的划分

政府间税收划分包括政府间税收收入的划分和政府间税权的划分两方面的内容,它是政府间财权、财力配置的关键。[①] 政府间税收收入的划分与政府间税权的划分,既可以完全匹配,也有可能出现一些相背离的地方。

5.1.1 政府间税收收入划分的方式

一般来说,税收收入在各级政府间的划分(Division of Tax Revenue),主要有共享税制、同源课税和独立税制等三种不同的方式。[②]

(1) 共享税制

在共享税制(Tax Sharing)方式下,政府间税收收入的划分是通过划分税额来实现的,其基本特点是"先税后分",即先由某一级政府统一征税,然后再将征上来的税收收入在各级政府之间进行划分,它也被称为"税收分享"。地方政府所分享的税收收入既可以是事先确定的一个总量,也可以是总收入中一个固定的比例。税收收入在各级政府之间进行分享的税种,就是通常所说的"共享税"(Shared Taxes)。

(2) 同源课税

在同源课税(Overlapping Taxing)方式下,税收收入在不同级次政府间的划分是通过划分税率来实现的,其基本特点是"划分税率、分率计征",即由各级政府对同一税基分别采用不同的税率、按照既定的程序,课征归本级政府所有的税收收入。划分税率方式的实质是"税基分享"(Tax Base Sharing)。

在各国的实践中,同源课税方式具体有税收附加和税收寄征两种不同的做法,无论是哪一种方式,地方政府都能够自主地决定归本级政府课征的税率。在税收附加(Tax Supplements)方式下,上、下级政府对同一税基按照各自所确立的税率,分别征收归本级政府所有的税收收入。税收附加既可以在上级政府税基的基础上附加,也可以在上级政府实际课税额的基础上附加课征。[③] 尽管在税收附加方式下,下级政府可以按照自己确立的

[①] 从某种宽泛意义上说,税收收入在各级政府间的划分也属于政府间税权划分的范畴,它可以归结为税收收入归属权在各级政府间的划分。

[②] 不同的学者对政府间税收收入的划分方式有不同的表述,有的学者将其表述为分割税额、分割税率、分割税种和分割税制等(参见李厚高.财政学.台北:三民书局,1984,207 和孙开.政府间财政关系研究.大连:东北财经大学出版社,1994,70—71),有的学者将其表述为税源划分法、分成法、附加税和特定税分配法等(参见平新乔.财政原理与比较财政制度.上海:上海人民出版社和上海三联书店,1995,365—367)。尽管这些表述在方式上存在不同,但其反映的实质内容却是一致的。

[③] 肯耐斯·戴维.地方财政.武汉:湖北人民出版社,1989,19.

税率独立地征收归本级政府所有的税收收入,但由于征税时采用的税基在相当程度上要受制于上级政府,因而被视为是对上级政府税收的一种附加税。在税收寄征(Tax Piggyback)方式下,上级政府在对某一税基按照自己确立的税率征收归本级政府所有的税收收入时,还按照下级政府确定的税率,代替下级政府对同一税基进行课税,然后再将这一部分税收收入拨付给下级政府。在税收寄征中,上级政府确立的税率通常被称为基础税率,而下级政府确定的税率往往都要低于基础税率。

(3) 独立税制

在独立税制(Tax Separation)方式下,税收收入在不同级次政府间的划分是通过税种划分来实现的,其基本特点是通过确立税种的归属来实现政府间税收收入的划分,即针对各级政府行使职能的需要,根据各个税种自身的特征和收入数量,把各个性质不同的税种分别划分给不同级次的政府,从而决定了税收收入在各级政府间的划分。这种方式的实质就是"划分税基"。

不同的政府间税收收入划分方式,在很大程度上只是理论上抽象的结果,在现实中它们往往存在交叉,有时很难截然区分开来。而且在各国的实践中,政府间税收收入划分所采取的方式也不是纯粹的共享税制、同源课税和独立税制中的某一种,通常采用的是混合型的划分方式,即以某一种方式为主、其他方式同时运用。一个国家以某种方式为主来划分各级政府间的税收收入,只是说这个国家大部分的税收收入划分采用的是这种方式,而不意味着大部分税种采用的是这种方式。

不管采取哪一种政府间税收收入划分方式,其直接目的都在于满足各级政府的财政需求。虽然都是将一定规模的税收收入在不同级次的政府之间进行分割,但不同的政府间税收收入划分方式不仅对分级财政体现程度不同,而且制度繁简程度和实施成本也不同。

(1) 不同政府间税收收入划分方式对分级财政体现程度不同

分离原则和共享原则是政府间税收收入划分的两项基本原则[①],这两项原则在一个国家政府间税收收入划分的实践中都会有所体现,但通常会以某一项原则为主。在分离原则下,各级政府主要的税基或税源是相互分离开来的,或者说各级政府主要的收入来源都有明确而相对独立的税种来保障。与分离原则相适应的政府间税收收入划分方式是独立税制。由于税基是相对独立的,与之联系在一起的是地方政府也常常享有一定的税权,这样地方政府就可以更自由地决定本辖区内公共产品的供给,此时更能体现出分级财政或财政分权的特征。

在共享原则下,主要的税基或税源由各级政府共有,只是按照一定的比例或通过各自决定自己税率的方式来决定政府间税收收入的分配。与共享原则相适应的政府间税收收入划分方式是共享税制和同源课税。由于税基是共有的,各级政府间的相互依赖关系要更加密切一些,对地方政府来说则会更多地受制于中央政府,其独立性要小很多,此时分

---

① 朱秋霞.德国财政制度.北京:中国财政经济出版社,2005,187.

级财政的色彩也相对淡一些。但就共享税制和同源课税这两种方式而言,同源课税方式至少可以让地方政府享有税率的决定权,因而共享税制方式财政集权的特征要更浓一些。

(2) 不同政府间税收收入划分方式的制度繁简程度和实施成本不同

不同政府间税收收入划分方式的实施机制存在一些差异。由于共享税制方式实施机制并不复杂,因而制度安排也较为简单;相比较而言,独立税制方式的制度设计就要复杂一些;而同源课税方式还要考虑到不同级次的政府对相同税基征税的协调问题,制度设计要更为复杂。

正因为三种方式的实施机制不同,所以各自的实施成本也各不相同。在共享税制方式下,税收由某一级政府征管,这不仅可以节省相关的行政成本,同时也可以避免重复征税的发生,但在这一方式下,由于各级政府之间的税收收入没有截然区分开来,因而经常会围绕着税收收入分成比例产生争论和摩擦。在同源课税和独立税制方式下,税收往往由不同级次的政府分别征收管理,征管成本较高,如果赋予地方政府一定的税收自主权,那么还极有可能产生重复征税,尤其是法律性重复征税。但在这两种方式下,各级政府的税收收入相对分离,只要形成了制度,就不存在类似于共享税制方式下就收入分成比例产生争论和摩擦的情况。

三种政府间税收收入划分方式各具优势和不足,但并不存在一种方式绝对优于另一种方式的情形,只是某一种方式更适合特定时期的社会经济状况而已。不同的方式与具体的约束条件相结合,往往会产生不同的运行绩效。

5.1.2 政府间税种划分的原则

不管以哪种方式为主,在相当多国家的实践中,政府间税收收入的划分都体现为确定税种的归属。在以独立税制和同源课税为主体的政府间税收收入划分方式下,税种会被划分成中央税和地方税;而在以共享税制为主体的政府间税收收入划分方式下,税种也会被划分成共享税、中央税和地方税。

作为政府间税收收入划分的主要表现形式,政府间税种划分(Assignment by Type of Tax)首先是一个经济行为,因而它必须遵循一定的客观经济规律;政府间税种的划分也是一个公共选择的过程,政府间税种划分的最终结果反映了各级政府对客观经济规律的理解和驾驭,同时也体现了中央政府的行为目标、对各级政府在利益和效率上的态度,甚至是政府领导人个人的意志和偏好。虽然政府间税种的划分过程中会不可避免地带有一定的主观性,但更多的还是从客观经济规律的角度来把握政府间税种的划分,即寻找哪些税种最适合由哪一级政府课征的一般规律。

专栏 5-1　　　　　　　　政府间税种划分理论的两个流派

虽然政府间税种划分在各国普遍付诸实施,但至今仍然没有被普遍接受的指导税种划分的原则。在财政学说史中,有两个不同的政府间税种划分理论流派。一个流派是建立在马斯格雷夫和奥茨的研究基础上的,它立足于政府间收入划分的支出层面(Expenditure-side Approach to the Revenue Assignment),强调政府间税收收入的划分应遵循受益原则,同时政府间税收收入的划分要促使财政支出配置过程中责任性和效率的提升。另外一个流派是建立在最优税收原则基础上的,它立足于政府间收入划分的收入层面(Revenue-side Approach to the Revenue Assignment),强调公共资金的边际成本与收入工具的正确组合,它认为政府间税收收入的划分应使征税成本最小化,当所有政府单位征税获得公共资金的边际成本都相等时,征税成本就实现了最小化。这两个理论流派各具特色,但第一个流派的观点在实践中影响更大一些。

第一个流派的代表学者马斯格雷夫提出了政府间税种划分应遵循以下七项原则:第一,以收入再分配为目标的累进税(Progressive Taxation Designed to Secure Redistributional Objectives),应划归中央政府。第二,适合作为稳定经济手段的税种(Taxes Suitable for Purposes of Stabilization Policy),应划归中央政府;而在经济循环中收入较为稳定的税种(Cyclically Stable),应划归地方政府。第三,税基在各辖区之间分布很不均匀的税种(Unequal Tax Bases between Jurisdictions),应划归中央政府。第四,对流动性生产要素所课征的税种(Taxes on Mobile Factors),应划归中央政府。第五,以居住为依据的税种(Residence-based Taxes),比较适合划归地方政府。第六,对流动性较低的要素课征的税种(Taxes on Low Mobile Factors),应划归地方政府。第七,受益性税(Benefit Taxes)及收费对各级政府都适用。

马斯格雷夫提出的七项原则包含了政府间税种划分应当有利于政府实现收入再分配的公平目标、稳定经济的宏观调控目标和资源配置的效率目标的思想,这体现出了现代社会经济的发展对政府财政职能划分的基本要求。然而,马斯格雷夫仅从经济学的角度提炼政府间税种划分应遵循的原则,没有从与政府间税种划分相关的政治学和行政管理方面进行分析,从这个角度看是存在一定缺陷的。

资料来源:根据Jorge Martinez-Vazquez & Cristian Sepulveda. Toward a More General Theory of Revenue Assignments. Andrew Young School of Policy Studies, Georgia State University, Working Paper Number 12-33, 2012和Wallace E. Oates. The *Economics of Fiscal Federalism and Local Finance*. Edward Elgar, 1998, 63-80整理。

1. 以政府间支出职责的划分引导政府间税种的划分

政府间的税种划分首先解决的是税收收入在中央政府和各级地方政府之间的分配问题。在市场经济条件下,税收收入是确保各级政府履行其职能的基本物质基础,因此税收收入在各级政府间的划分必须与各级政府的财政支出职责划分保持大体一致(Tax assignment should follow expenditure responsibilities)。只有这样,才能基本满足各级政府履行其职能所产生的支出需要。这在很大程度上也体现出了"以支定收"的财政思想。

然而,在各国的实践中,划分给地方政府的税收收入与其支出需求在数额上常常是不一致的。基于宏观调控等方面的原因,中央政府掌握的税收收入一般都会大于其支出需求,所以尽管在不同的国家,划分给中央政府和地方政府的税收收入占全部税收收入的比重是各不相同的,但一般来说大部分国家的中央政府税收收入占全部税收收入的比重都要高于地方政府税收收入占全部税收收入的比重。与这样的税收收入分配格局相对应的是,收入规模较大的税种大多划归中央政府,而收入规模较小的税种则多划归地方政府。

2. 受益原则

受益原则是税收负担在不同纳税人之间公平分配的一个重要标准,它要求纳税人承受的税收负担与其从政府提供的公共产品和服务中获得的利益相适应,即把纳税人从政府提供的公共产品和服务中获得利益的大小作为税收负担分配的标准。这一原则引申到政府间税种划分中的基本要求就是,如果一个税种与某一级政府提供的某种公共产品和服务之间存在较为明确的对应关系,那么该税种取得的收入就应当用来弥补这一公共产品或服务的成本,从而划归相应的政府所有。

在政府间税种划分的过程中贯彻受益原则,可以通过明确地方性公共产品的成本分担与受益之间的对应关系,激励社会成员关注并积极参与地方公共事务,实现居民自主管理本地区公共事务的目标。为了实现这一目标,地方政府和居民应当能够自主地选择税种和税率。不同地方性公共产品和服务的受益范围是各不相同的,所以其成本的补偿应当由不同的税种来完成;然而,诸多税种的存在,反而容易使得受益与成本分担之间的关系模糊不清。

根据受益原则在不同级次的政府间划分税种具有一定的合理性和实际意义;但与受益原则作为税收负担分配的标准具有局限性一样,在政府间税种划分过程中,受益原则的适用范围也是有限的。

3. 效率原则

政府间税种划分应当遵循的效率原则包括税种在各级政府间的划分不能损害社会经济活动的效率和政府间税种的划分应当便利于税收的征管两方面的内容,前者是政府间税种划分的经济效率原则,而后者则常常被称为政府间税种划分的行政效率原则。

政府间税种划分应遵循的经济效率原则,具体体现在以下两个方面:第一,政府间税种的划分应当不损害或少损害地区间的资源配置。在对资源本身进行征税或对资源运用所产生的税源进行征税时,如果资源可以轻易实现转移,则应将此税种划归中央税,并且该税种还应在全国范围内统一税收政策和税收负担,以免由于各地征与不征、多征与少征而导致资源在各地区间的不合理流动,进而产生效率损失。但如果由于某种特殊需要而希望促使资源在各地区间进行流动,则可以将对这种资源征收的税或对这种资源运用产生的税源课征的税种划归地方政府,或者划作中央税但在不同地区实行不同的税收政策。如果资源只在某个或某些地区存在,并且这种资源又不易流动,或者拥有这些资源的地区具有特别的经济优势,对资源有较强的吸引力,对这种资源或对运用这种资源所产生的税源进行课征不会导致资源在各地区间的不合理转移,那么也可以将这种税划归地方政府。第二,政府间税种的划分应当有利于优化产业结构和部门结构。在市场经济条件下,产业结构和部门结构的优化应着眼于全国,而不应仅局限在某个区域内。在全国范围内实现产业结构和部门结构优化战略意图的主体应该是中央政府,所以能够影响产业结构和部门结构的税种就应该划归中央政府。如果把这些税种划作地方税,那么地方政府就可能各自为政,利用这些税种来调整或改变本地区的产业结构和部门结构,建立本地区门类齐全的产业和部门体系,从而形成封闭的地方国民经济体系,但这无疑不符合区域间资源配置的合理分工原则和比较优势原则。

政府间税种划分的行政效率原则要求税种在各级政府间的划分应当便利于税收的征管,使税收征管成本最小化。就可能性而言,任何一个税种,无论是划归中央政府还是划归地方政府,都大体上可以做到足额征收。但是,一个税种划归不同级次的政府课征,其税收征管的便利程度却是不同的,由此所付出的征管成本也有较大的差异。一些税种课税对象的流动性比较强,其纳税人经常从事跨地区的经营活动,如果由地方政府来课征的话,那么这些税种的征管成本肯定比作为中央税征收所需的成本要高许多,因为中央政府的税收征管机构遍布全国,对流动性较强、跨地区从事经营活动的纳税人的征税可以由其在各个不同地区设立的分支机构来完成。而地方税务机关的权限只局限在本辖区范围内,它对跨地区经营的纳税人征税就必须付出较高的费用,而且地方税务机关跨越本辖区范围进行征税常常会产生一些不必要的利益摩擦。因此,是否便利于税收的征管、是否便利于降低征税成本,就成为各级政府间进行税种划分不得不考虑的一个问题。一般认为,税基广泛且富有流动性的税种应划作中央税,而税基狭窄且流动性不强的税种则应划归地方税系。古老的房产税和土地税之所以一直被各国划作地方税种,在很大程度上就是因为它们的征税对象房产和土地不具备流动性,划作地方税种便于地方政府掌握税源,核定房价和地价,并制定切实可行的征收方法,从而确保相对较高的课征效率和较少的税收流失。

4. 体现政府财政职能分工原则

体现政府财政职能分工原则要求政府间税种的划分要有利于各级政府有效地行使其财政职能。在任何国家,税收都是政府干预和调节社会经济运行的重要手段之一,只不过运用税收手段的程度和范围各不相同而已。

不同级次的政府运用税收手段干预和调节社会经济运行具体会涉及哪些税种,取决于各级政府的财政职能以及各个税种的具体功能。现代国家大多实行多级政府体制,每一级政府承担的职能都有所侧重,当然也需要掌握相应的税收手段来履行所承担的职能。一般认为,中央政府主要承担收入分配职能和宏观经济稳定职能,而地方政府主要承担资源配置职能。一方面,不同级次政府承担的财政职能不同,当然行使职能的税收手段也应不同。另一方面,各个不同税种在课税对象以及采用的税率形式等方面存在差异,其具体的功能和作用也是不同的。尽管每一个税种并不与各级政府的某项职能有着完全对应的关系,但在划分中央税和地方税时还是应尽可能地考虑到各税种具体的功能和作用是否与中央政府和地方政府职能的侧重点大体相符,力求使政府间的税种划分有利于中央政府和地方政府有效地履行其职能。按照这一原则,应该把有助于中央政府履行收入分配和宏观经济稳定职能的税种,如累进性的个人所得税划作中央税,而把有较明显受益性和区域性特征以及对宏观经济运行不产生直接影响的税种,如土地税、车船税等划作地方税。

5. 区域税收与税源大体一致原则

区域税收与税源大体一致原则指的是政府间的税种划分要尽可能地使地方税收收入主要在税源发生地来缴纳或实现,这实际上反映的是地方性公共产品和服务受益与成本分担之间的对应关系。区域税收与税源的背离(Tax Deviation)不仅直接导致企业和居民享受到的公共服务利益与分担的公共服务成本间的不对称,打破了各地区公共产品和服务的均衡状态,而且也会造成地区间税收收入的转移,不断拉大地区间社会与经济发展的差异,进而扭曲地方政府的行为。

在现实中,区域间税收与税源背离的成因比较复杂,总部经济、跨地区经营、区域间竞争、税收筹划和政策环境等诸多因素都有可能引起地区间的税收收入转移,而不仅仅与政府间税种的划分相关联。但将税基流动性较强的税种划作地方税或共享税,无疑为地区间税收收入的转移提供了基础性的条件,这是在政府间税种划分过程中要尽量避免的。①

专栏5-2　　　　　　　　中国的区域税收与税源背离

近年来,中国区域税收与税源背离的问题日趋严重。占全部税收收入75%以上的四个规模较大的税种——增值税、消费税、企业所得税和个人所得税,都不同程度地存在税收与税源背离的问题。中国税收与税源的不一致,更多地体现为税收收入从经济欠发达地区转移到经济发达地区,这不仅扭曲了地区间的税收分配关系,而且进一步拉大了地区间的财政差距。

- 在西气东输工程中,新疆的天然气输送到上海,几千公里的管道运输所形成的税源分布在沿途十几个省区,但在现行体制下,所有的税收都在企业注册地上海缴纳。除新疆从上海获得一部分非制度性补偿外,其他沿途各省区虽然已经并将继续为西气东输工程提供资源,如相关的移民、占地、治安等,但在当地形成的税源却没有转化为当地的税收收入。

- 中国海洋石油总公司在山东省龙口市附近的渤海湾设有海上钻井平台,其生活用品供应、淡水补给、原油上岸等都在山东,但其增值税却在中国海洋石油总公司的所在地天津集中缴纳,地方政府分享的增值税收入也归天津所有。

- 2004年,云南跨省经营企业按纳税单位统计有71户,共实现应纳企业所得税收入5.43亿元。除经批准减免的部分所得税外,在云南省就地缴纳的企业所得税收入仅为

---

① 要实现区域间税收与税源的一致性,除了在政府间税种划分中不要将流动性大的税基划作地方税或共享税,还要建立来源地税收管辖权(Source Jurisdiction to Tax)原则为主、居民税收管辖权(Resident Jurisdiction to Tax)原则为辅的国内税收管辖权制度。如果在税制设计中出于各种原因,难以实现地方性公共产品和服务受益与成本分担之间的大体对称,那么就应当设计一种地区间税收收入的分配机制,在税收收入征收上来后将其在相关地区间进行再分配(如美国对跨州经营企业所得税的分配先统一计算来自各州的总所得,然后根据税基跨州分配公式确定企业在各州的应税所得,并按各州税法规定计算缴纳企业所得税)。如果还不能解决问题,则应当通过上级政府对下级政府的财政转移支付来解决地区间横向公共服务受益与成本分担之间的不对称问题。

0.57亿元,汇总到北京、上海、广东、四川、重庆等地缴纳的企业所得税收入达 3.4 亿元。

- 2001—2005 年间,陕西省仅能源、铁路、邮政、金融等 12 个行业内资企业所得税一项就分别转移出 10.38 亿元、12.79 亿元、15.18 亿元、26.02 亿元和 36.69 亿元,平均每年转移出 20.21 亿元。其中税收收入转移最突出的行业是能源和金融,五年内能源行业累计转移出 42.59 亿元,金融行业累计转移出 55.26 亿元,占 12 个行业横向税收转移总额的 96.82%。

- 福建省是东部地区中少数几个税收净转出省。据测算,福建省增值税和企业所得税的税收与税源的背离度分别为 -0.56% 和 -1%。

资料来源:根据 http://www.caijing.com.cn/2008-05-23/100058148.html(访问时间:2018 年 11 月 20 日)等整理编写。

一个国家所开征的全部税种分别根据上述各项原则在不同级次政府间进行划分,其结果并不会完全一致。可能出现某个税种根据这一原则应该划归中央政府,而根据另一原则应该划归地方政府的现象。至于最终的划分结果,取决于公共选择过程中的权衡取舍,这正好体现出政府间税种划分是客观性与主观性的统一。

5.1.3 一般意义上的政府间税种划分

根据政府间税种划分的原则,如果不考虑各个国家的具体国情,而仅从一般意义上来分析一些重要的税种到底是应当划归中央政府还是应当划归地方政府,其基本框架大体上是确定的。

1. 关税的划分

关税(Import and Export Taxes)是对进出关境的商品和劳务所课征的国际贸易税。在现代社会,进口关税是最基本的关税类型,只有少部分发展中国家仍然征收出口关税。关税是一个国家统一对外主权的象征之一,因此世界各国基本上都把关税划归统一对外代表国家主权的中央政府。[①] 如果地方政府有权课征关税,那么就有可能对一个国家内部不同地区之间的货物流通形成一定的阻碍。进口环节征收的增值税和消费税在一定程度上也具有关税的性质,所以它们也应划归中央政府。

2. 个人所得税的划分

个人所得税(Personal Income Taxes)一般采用累进税率,其具有较强的收入再分配功能,也是一个税基流动性比较强的税种,因此比较适合由中央政府来课征。在一些经济发达国家,个人所得税在主要由中央政府课征的同时,各级地方政府往往也以税收寄征或税收附加的方式来课征个人所得税。在这样的情况下,中央政府一般把其课征个人所得税

---

① 也存在例外情况,如 20 世纪 70 年代以前,尼日利亚就曾经一度把出口关税交由州政府负责(参见乔新乔.财政原理与比较财政制度.上海:上海人民出版社和上海三联书店,1995,378),这种违背经济学基本原理的做法现已经被纠正。

的税率定得并不是很高,以便为地方政府在此基础上征收地方个人所得税提供必要的空间。

经济发达国家较高的经济发展水平为个人所得税提供了充足的税源,而且经济发达国家的税收征管制度比较完善,征管手段相对先进,个人所得税收入流失并不严重,这些保证了个人所得税收入在全部税收收入中占有比较高的比重,也为个人所得税较好地发挥收入再分配和宏观经济稳定功能提供了必要的前提条件。而在许多发展中国家,由于经济发展水平较低,个人所得税收入无论是绝对规模还是相对规模都不大,而且发展中国家的税收征管制度不完善,征管手段落后,个人所得税收入流失的现象非常严重,个人所得税实际上发挥不了太强的收入再分配和宏观经济稳定作用,因而不少发展中国家没有将个人所得税划作中央税而是划作地方税,也有部分发展中国家将个人所得税划作共享税。

3. 公司所得税的划分

公司所得税(Corporate Income Taxes)也是对流动性较强的税基所课征的一种税[①],它能够对一个国家的国民经济运行产生直接的影响。如果将公司所得税划归地方政府征收管理,那么各地区公司所得税的制度安排很难做到整齐划一,不同地区公司所得税税收负担轻重不一的状况就是无法避免的。这样,一些公司就极有可能基于自身利益最大化的目的,通过转让定价(Transfer Pricing)等手段将应税利润由公司所得税税负较重的地区转移到公司所得税税负较轻的地区,将成本费用由公司所得税税负较轻的地区转移到公司所得税税负较重的地区,甚至还会出现部分公司为了逃避较高的公司所得税而迁移到税率较低的地区去的情况,这都会严重干扰社会资源在不同地区间的正常配置。

政府间公司所得税的划分也要考虑征管要素。对那些业务范围限于特定区域的小公司来说,由地方政府来负责公司所得税的征管不会遇到太大的困难。然而,地方政府却会因为信息获取等方面的限制而无法对业务活动遍及全国以及从事跨国经营的大公司进行有效的税收管理。如果将公司所得税划归中央政府来统一课征,那么就可以避免上述类似情况的发生。

基于宏观经济稳定、经济效率和税收征管等方面的原因,相当多的国家都把公司所得税划作中央税。然而,从受益原则的角度看,地方政府分享一部分公司所得税也是有一定道理的。许多经济发达国家的地方政府都以税收寄征或税收附加的方式来课征公司所得税;而在一些发展中国家,公司所得税常常作为共享税在中央政府和地方政府之间进行分享。

4. 工薪税的划分

工薪税(Payroll Taxes)或者说社会保障税的主要目的是为社会保障制度筹集资金,它实际上是对工作课征的一个税种(Taxes on Jobs)。工薪税通常被视为只适合中央政府课

---

① 在许多国家,公司所得税被称为企业所得税或法人所得税。但严格说来,公司所得税与企业所得税、法人所得税是不能完全等同起来的。

征,如果由地方政府来课征工薪税,则税收负担各不相同的工薪税可能会驱使雇主或就业机会从高税区外流。只有少数国家实行工薪税共享的制度。

5. 一般销售税的划分

按照课税环节的不同,一般销售税(Sales Taxes)往往被区分为单一环节销售税和多环节销售税。单一环节销售税(Single-stage Sales Taxes)只在生产、批发或零售环节中的某一个环节征税,其税基相对较为容易确认和协调,可由任意一级政府来征收。如果由地方政府来课征单一环节销售税,则各地区不采取差距过大的税率,是其有效运行的一个重要前提条件。多环节销售税(Multi-stage Sales Taxes)是在生产、批发和零售环节中的所有环节都课征的一种税,最为典型的多环节销售税就是增值税。如果把增值税划归地方政府,则地方政府对跨地区的交易活动课征增值税就不如由中央政府征管便利。倘若各地区对增值税制度的规定存在差异,那么增值税的征管就会变得更为困难,而且增值税所特有的税款抵扣制要求确认跨地区的交易活动在不同地区间的税基分配,以便抵扣在前一环节缴纳的税款,但这样经常会带来各种利益摩擦。为了避免这些问题的发生,增值税一般应划归中央政府所有,但这并不排除增值税收入由中央政府与地方政府共享的可能。

只有少部分国家的地方政府可以课征增值税。在中央政府与地方政府同时课征增值税的情形下,为了避免扭曲地区间的贸易关系,就必须以目的地原则(Destination Principle)为基础来进行增值税的国内协调。根据目的地原则,增值税应由最终消费所在地征收并由最终消费者承担。这样,对从其他地区"进口"的产品就应征税,而对"出口"到其他地区的产品实行退税,这就要求对地方征收的增值税实行边界税收调整。增值税国家间的边界税收调整是可行的,但在一个国家内部各地区间进行边界税收调整则会产生很高的成本,这是制约地方政府课征增值税的一个重要因素。

6. 消费税的划分

消费税(Excise Taxes)既可以是一个税种,也可以是根据具体的应税对象而设置的一组选择性的商品税。如果主要承担的是调节社会经济运行的功能,那么消费税一般应由中央政府来课征;如果主要承担的是收入功能,那么消费税是可以由地方政府来课征的。

当地方政府课征的消费税是建立在来源地原则(Origin Principle)基础之上时,往往会出现地方政府采取各种措施来吸引应税行业的生产厂商流入的现象,由此形成的政府间竞争必然对国内市场运行的效率以及劳动和资本的配置产生大的负面影响。在消费税的收入规模较大或者地方政府对消费税的依赖程度较深的情形下,这种负面影响会更为明显。然而,如果地方政府根据目的地原则来课征消费税,则大体上不会出现上述问题。

7. 财产税的划分

财产税(Property Taxes)有静态财产税和动态财产税两种类型。① 动态财产税(Dynamic Property Tax)也被称为财产转让税,它是对财产所有权的转让或变动进行的课征,遗产税

---

① 广义上的财产税内容非常庞杂,既包括财产保有税,也包括财产转让税,还包括财产收益税,而狭义上的财产税则将具有所得税性质的财产收益税排除在外。这里所说的财产税指的是狭义上的财产税。

和赠予税是其主要的课征形式。由于遗产税和赠予税是重要的收入再分配工具,再加上遗产税和赠予税的税基具有较强的流动性,因而一般都划作中央税。

静态财产税(Static Property Tax)也被称为财产保有税,它是对财产所有人某一时点占有的财产,依其数量或价值进行的课征。根据征税范围的大小,财产保有税可以划分为一般财产税和选择性财产税。一般财产税和选择性财产税的具体功能存在差异,因而它们在各级政府间进行划分的结果是不一样的。一般财产税是对个人、企业和其他经济实体所拥有的除特定免税项目外的所有财产总价值减去债务和个人宽免额后的净值征收的一种税,其典型形态是财富税(Wealth Taxes)。一般财产税税基的流动性较大,如果由地方政府来课征,就有可能因各地区间税收负担的不同以及各地区间的税收竞争而引起财富在不同地区间的非正常流动,从而降低资源的整体配置效率。将一般财产税划归中央政府就可以避免类似的情况发生;而且征收一般财产税,也能够发挥较强的收入再分配作用,比较适合划归承担主要收入分配职能的中央政府课征。选择性财产税是对特定财产项目就其数量、价值或收益额课征的一种税。土地税、房产税、土地与房产并征的房地产税或不动产税是选择性财产税的基本形态。选择性财产税税基的流动性较小,比较适合划归地方政府课征。由于具有信息方面的优势,地方政府能够对土地与房产的价值做出较为准确、客观的审核和评估,并具有连贯性和一致性,因而由地方政府来课征选择性财产税比由中央政府集中课征更有效率。此外,地方政府在改进基础设施和完善投资环境方面的投入也会使财产价值发生变化,将选择性财产税划作地方税不仅符合受益原则,而且有助于地方政府从长远的角度更加重视本地区的基础设施建设,培育自己的财源。

8. 资源税的划分

根据课税的目的和意义的不同,资源税(Natural Resource Taxes)可以分为级差资源税和一般资源税。级差资源税是对开发和利用自然资源的经济活动主体因资源条件的差别所取得级差收入课征的一种税。开征级差资源税,就是要将经济活动主体利用自然资源而多获得的级差收入直接收归政府所有,使经济活动主体的利润水平能够真实地反映其主观努力经营所取得的成果,排除因资源优劣造成企业利润分配上的不合理状况,有利于经济活动主体在同等水平上展开竞争,同时也有利于促使经济活动主体合理利用不同品质的资源。显然,只有将级差资源税划归中央政府课征,才能有效实现上述目标。

一般资源税是对使用自然资源的经济活动主体为取得应税资源的使用权而征收的一种税。一般资源税的税基具有不可流动性,因而由各个地方政府课征具有征管上的便利性。但是,自然资源在各个不同地区间的分布很不均匀,把一般资源税划归地方政府来课征,无疑又会使得各地区自然资源分布的不均匀在财政上固化下来,这无助于地区间财政公平的实现。由于自然资源多数具有不可再生性,课征自然资源的税收收入也具有不稳定性和不可预见性的特征,因而将一般资源税作为地方政府长期稳定的收入来源是不可靠的。通常把对那些在地区间分布不均匀的自然资源课征的一般资源税划归中央政府,以避免地区间税源的不均衡;而对部分在地区间分布相对均匀的自然资源课征的一般资源税,也可以划归地方政府。

9. 矫正税的划分

矫正税(Corrective Tax)是用于矫正市场失效的税收,它以改善或提高资源配置效率为目的。对过量生产与消费不利于人们健康的烟、酒和鞭炮等课征的消费税以及为控制环境污染等课征的排污税等,就是典型的矫正税。在市场经济条件下,矫正税是中性税收的一种补充,其适用对象主要局限于负外部性、自然垄断和劣值品等较小的范围内。

矫正税可以根据具体课税对象所产生的影响是全国性的还是地方性的,分别划归中央政府和地方政府课征。如以烟、酒等为课税对象的消费税一般划归中央政府来征收,而排污税等则适合由地方政府来课征。

联邦制国家政府间税种划分的基本框架如表 5-1 所示。

表 5-1 联邦制国家政府间税种划分的基本框架

税种	联邦政府	州政府	地方政府
个人所得税	Y	有可能采用同源课税方式开征	N
工薪税	Y	N	N
公司所得税	Y	有可能采用同源课税方式开征	N
自然资源税	Y	受限	N
增值税	Y	N	N
零售税	Y	Y	N
关税	Y	N	N
消费税	Y	有可能采用同源课税方式开征	N
财产税	N	N	Y

注:Y 代表该级政府可以征收,N 代表该级政府不可以征收。

资料来源:Richard M. Bird. Subnational Taxation in Developing Countries:A Review of the Literature. *Journal of International Commerce*, *Economics and Policy*, 2011,2(1)。

5.2 政府间税权的划分

税权(Taxing Powers)是政府在税收领域所拥有和行使的权力,具体由税收立法权、税收征管权和税收司法权所构成。在现代社会,税权会在不同级次的政府间进行划分(Assignment of Taxing Powers),具体体现为税收立法权在中央立法机关与地方立法机关之间的划分、税收行政权在中央税务部门和地方税务部门之间的划分。①

---

① 本节没有涉及政府间税收司法权的划分问题。有学者认为,政府间税权的纵向划分,本身就不包括税收司法权(参见刘剑文,熊伟.税法基础理论.北京:北京大学出版社,2004,63—67)。

5.2.1 政府间税收立法权的划分

税收立法权是有关国家机关按照一定的程序制定、修改、补充和废止税收法律的权力,它在实践中具体体现为税种的开征停征权、税基的决定权、税目和税率的调整权以及税收优惠的确定权等,其中最为重要的是税基的决定权和税率的调整权。任何一个国家都会将中央税种的立法权保留在中央政府手中,绝大部分国家也会将共享税种的立法权保留在中央政府手中,至少中央政府会获得共享税种的优先立法权,因而政府间税收立法权的划分主要是将地方税种和同源课税税种的立法权在中央政府与地方政府以及各级地方政府之间进行配置,其核心问题在于地方政府在地方税和同源课税税种上获得多大的税收立法权。

根据所体现出的财政集权、分权程度的不同,政府间税收立法权的划分有集权型和分权型两种模式。在集权型政府间税收立法权划分模式下,无论是中央税种、共享税种还是地方税种,税种开征权、税目确定权以及征收范围调整权等主要的税权都由中央政府掌握;地方政府无任何税收立法权,而只在调整地方税税率、实施地方税优惠措施等方面有少许的机动权。而在分权型政府间税收立法权划分模式下,地方政府拥有地方税种完整的立法权和同源课税税种的部分立法权,这有助于地方政府自主地组织和支配财力,同时也会形成统一的中央税系与有差别的地方税系并存的格局,这就对各级政府税收制度的协调和衔接提出了相当高的要求。如果各级政府之间的税收关系未能很好地协调的话,那么很可能产生各级政府间税收政策上的矛盾、中央税系与地方税系以及不同地区地方税系之间的制度摩擦。

在不同政府间税收收入划分模式下,政府间税收立法权的划分也不尽相同。在共享税制模式下,一般采用集权型的政府间税收立法权划分;而在独立税制模式和同源课税模式下,一般采用分权型的政府间税收立法权划分,但独立税制模式下地方政府的税收立法权要强于同源课税模式下地方政府的税收立法权,因为在同源课税模式下,地方政府的税收立法权要受到中央政府较多的约束或限制。

5.2.2 政府间税收征管权的划分

税收征管权是相关政府职能部门执行税收法律、进行税收征收与管理的权力,它具体体现为税款核定权、税款征收权、采取税收保全措施权、税收强制措施执行权、税收稽查权、税务行政处罚权和税收行政复议裁决权等。政府间税收征管权的划分有集中型的税收征管(Centralized Administration)和地方政府独立的税收征管(Independent Subnational Administration)两种类型。

在集中型的税收征管模式下,所有税种的征收管理工作都由中央政府税收职能部门及其分支机构承担,然后再将征收上来的税收收入按照财政体制的规定分别划归中央政府和地方政府。税收征管是具有规模经济效应的①,这使得集中型的税收征管模式在成本上具有相对优势。而从宏观经济的角度来看,集中型的税收征管模式具有明显的优势,因为中央政府负责所有的税收征管,旨在稳定经济的税收政策就更有可能按计划执行,但如果还有地方政府参与税收征管,那么这些措施就有可能执行不力。② 在集中型的税收征管模式下,地方政府的税收自主权相当小。

在地方政府独立的税收征管模式下,中央政府和地方政府会分别建立各自的组织机构和工作程序,来分别征收中央税、地方税和共享税。独立的税收征管模式比集中型的税收征管模式要复杂一些,不仅征管成本高,而且纳税人的税务奉行成本也高。中央税务机构与地方税务机构如果不进行必要的协调,则税收管理的有效性更是会受到损害。不必要的复杂性会带来沉重的管理负担、税收稽查的困难以及潜在的税收损失③,但独立的税收征管赋予了地方政府更大的自主性和更高的灵活性。

5.2.3　政府间税收立法权与政府间税收征管权划分间的衔接

从总体上看,政府间税收立法权的划分与政府间税收征管权的划分,在实践中比较常见的组合有三种④:第一种是集权型的税收立法权划分与集权型的税收征管权划分的组合。在这种组合方式下,税收立法权和税收征管权高度集中在中央政府手中,地方政府基本丧失了税收自主权。高度集权的单一制国家往往采用这种组合。第二种是分权型的税收立法权划分与分权型的税收征管权划分的组合。在这种组合方式下,地方政府拥有最大的财政独立性和对税基、税率的控制权,有利于其自主地组织和支配财力。采用这种组合的主要是高度分权的联邦制国家。第三种是集权型的税收立法权划分与分权型的税收征管权划分的组合。"税收立法权集中、税收征管权分散"是这一组合最主要的特征,如果处理得好,则可以实现"集权而不统揽,分权而不分散"。采用这种组合的既有单一制国家,也有联邦制国家。

具体到某一个税种,其税收立法权和税收征管权在各级政府间的划分有不同的组合方式。一个税种的税收立法权和税收征管权在各级政府间的划分可以是一致的,也可以是分离的。有的税种从税基、税率的确定和调整权到税收的征收管理权都划归同一级政府,这是一种"连贯式"的政府间税权划分方式。有的税种各项权限则分别划归不同级次的政府,如税收收入归属权和税收征管权划归地方政府,但制定和调整该税种税收政策的权力却掌握在中央政府手中,这就是"分割式"的政府间税权划分方式。中央政府控制包括地方税在内的大部分税种的立法权但对税收征管权的控制程度要低得多,是各国政府间税权划分的普遍做法,因此在许多国家的实践中,大部分地方税税种的税权划分采用的

---

① John L. Mikesell. Developing Options for the Administration of Local Taxes: An International Review. *Public Budgeting & Finance*, 2007(1), 41-68.
② Teresa Ter-Minassian. Fiscal Federalism in Theory and Practice. IMF, 1997, 109.
③ 同上。
④ 理论上说,还存在分权型的税收立法权划分与集权型的税收征管权划分的组合,但这一组合在现实中基本不存在。

是"分割式"政府间税权划分方式,而中央税税种的税权划分多采用的是"连贯式"政府间税权划分方式,也存在采用"分割式"政府间税权划分方式的可能,但主要是把税收征管权交给地方政府,税收立法权仍掌握在中央政府手中(参见表5-2)。

表5-2 政府间税权划分的一般框架

税种	税收立法权		税收征管权	理由
	税基的决定权	税率的决定权		
关税	F	F	F	国际贸易税
个人所得税	F	F,S,L	F	流动性要素、再分配和稳定工具
公司所得税	F	F,S	F,S,L	流动性要素、稳定工具
工薪税	F,S	F,S	F,S	受益税
销售税				
单一环节	F,S	F,S	F,S,L	较低的遵从费用
多环节	F	F	F	潜在的稳定工具
财富税	F	F,S	F	再分配
财产税	S,L	S,L	L	税基流动性小、地方征管便利
土地税	S	L	L	税基不可流动、受益税
矫正税	F,S,L	F,S,L	F,S,L	共享责任

注:F代表联邦(中央)政府,S代表州(省、邦)政府,L代表省(州)以下的地方政府。
资料来源:安瓦·沙.发展中国家的地方治理.北京:清华大学出版社,2010,11—12。

5.3 主要国家的政府间税收划分

尽管政府间税收划分的基本框架是确定的,但在各国的实践中,由于社会经济条件、国家结构形式以及财政状况等因素存在许多不同,因此不同国家的政府间税收收入和税权的划分也各具特色。

5.3.1 美国的政府间税收划分

美国实行的是一种多级财政同源课税的制度,联邦政府、州政府和地方政府对相同税基采用不同的税率按照不同的程序分别课征各自的税收收入;在政府间税权的划分上,美国实行的是一种相对分权的体制。

1. 美国的政府间税收收入划分

在多级财政同源课税的体制下,美国形成了联邦政府以所得税为主、州政府以商品劳务税和所得税为主、地方政府以财产税为主的税源分配格局。美国联邦政府可以征收除一般销售税和财产税以外的几乎所有税种,主要包括个人所得税、公司所得税、社会保险税、关税、消费税、遗产税和赠予税等,其中个人所得税和社会保险税共同构成联邦政府主要的税收收入来源。2015 财政年度,个人所得税和社会保险税收入在联邦政府税收收入中所占的比重分别为 47.4% 和 32.8%,还有 10.6% 的收入来自公司所得税(参见表 5-3)。州政府可以开征除关税和社会保险税以外的几乎所有税种,主要包括一般销售税、个人所得税、消费税、公司所得税、遗产税和赠予税等。各州大都以一般销售税和个人所得税为主体税种,州政府的主要收入来源还包括消费税。2015 财政年度,一般销售税、个人所得税和消费税在州政府税收收入中所占的比重分别为 31.4%、36.9% 和 15.9%。地方政府的税收收入范围包括除关税、社会保险税、遗产税和赠予税以外的几乎所有税种,虽然地方政府开征税种的数量并不少,但均非大宗税种,只有财产税和一般销售税的规模相对大一些。2015 财政年度,财产税和一般销售税占地方政府税收收入的比重分别为 72.1% 和 12.5%(参见表 5-3)。

表 5-3　美国各级政府的税收收入结构(2015 财政年度)　　　　　单位:%

税种	联邦政府	州政府	地方政府
个人所得税	47.4	36.9	4.8
公司所得税	10.6	5.3	1.3
社会保险税	32.8	—	—
一般销售税	—	31.4	12.5
消费税	3.0	15.9	4.8
财产税	—	1.7	72.1
关税	1.1	—	—

资料来源:根据 https://www.taxpolicycenter.org/statistics/revenue-government-level(访问时间:2018 年 11 月 20 日)的数据计算。

专栏 5-3　　　　　美国不完全统一的州税体系

美国并不存在一套全国统一适用的州税制度,各州政府可以征收除联邦和州宪法明确禁止课征税种以外的所有税种,但不同的州具体开征的税种却存在一些差别。各州普遍开征而且收入规模较大的税种主要有个人所得税、公司所得税、一般销售税、财产税、遗产税和赠予税、采掘税(Severance Tax)等。在美国 50 个州和 1 个特区中,有 45 个州开征了一般销售税,44 个州开征了公司所得税,41 个州开征了个人所得税,37 个州开征了财产税,34 个州开征了采掘税,18 个州开征了遗产税和赠予税(参见表 5-4)。虽然美国大多数州都以一般销售税和个人所得税为主体税种,但仍然有 7 个州没有开征个人所得税,有 5 个州没有开征一般销售税。

表 5-4　美国各州开征的主要税种(2015 财政年度)

州	个人所得税	公司所得税	财产税	一般销售税	遗产税和赠予税	采掘税
阿拉巴马州	√	√	√	√		√
阿拉斯加州		√	√			√

（续表）

州	个人所得税	公司所得税	财产税	一般销售税	遗产税和赠予税	采掘税
亚利桑那州	√	√	√	√		√
阿肯色州	√	√	√	√		√
加利福尼亚州	√	√	√	√		√
科罗拉多州	√	√	√			√
康涅狄格州	√	√		√	√	
特拉华州	√	√			√	
佛罗里达州		√	√	√		√
佐治亚州	√	√	√	√		
夏威夷州	√	√		√	√	
爱达荷州	√	√		√		√
伊利诺伊州	√	√	√	√	√	
印第安纳州	√	√	√	√		√
艾奥瓦州	√	√	√	√	√	
堪萨斯州	√	√	√	√		√
肯塔基州	√	√	√	√	√	√
路易斯安那州	√	√	√	√		√
缅因州	√	√	√	√	√	
马里兰州	√	√	√	√	√	
马萨诸塞州	√	√	√	√		
密歇根州	√	√	√	√		√
明尼苏达州	√	√	√	√	√	
密西西比州	√	√	√	√		√
密苏里州	√	√	√	√		√
蒙大拿州	√	√	√			
内布拉斯加州	√	√	√	√		
内华达州			√	√		√
新罕布什尔州		√	√			
新泽西州	√	√	√	√	√	
新墨西哥州	√	√	√	√		√
纽约州	√	√		√	√	
北卡罗来纳州	√	√		√		√
北达科他州	√	√	√	√		√

（续表）

州	个人所得税	公司所得税	财产税	一般销售税	遗产税和赠予税	采掘税
俄亥俄州	√			√		√
俄克拉荷马州	√	√		√		√
俄勒冈州	√	√	√		√	√
宾夕法尼亚州	√	√	√	√	√	
罗得岛州	√	√	√	√	√	
南卡罗来纳州	√	√	√	√		
南达科他州				√		√
田纳西州		√				
得克萨斯州				√		
犹他州	√	√		√		√
佛蒙特州	√	√	√	√	√	
弗吉尼亚州	√	√	√	√		√
华盛顿州			√	√	√	√
西弗吉尼亚州	√	√	√	√		√
威斯康星州	√	√	√	√		√
怀俄明州			√	√		√
合计	41	44	37	45	18	34

不同州的社会经济情况有很大不同,所以不同州的主要税收收入来源也存在一些差别。有的州,如俄勒冈州和马里兰州,非常依赖个人所得税,这两个州 2015 财政年度个人所得税收入占州和地方税收收入的比重分别为 41.6%和 37.6%,远高于全美平均水平。俄勒冈州不课征一般销售税,是其尤其依赖个人所得税的主要原因。也有的州,如华盛顿州和南达科他州,一般销售税收入的规模非常大。2015 财政年度,华盛顿州和南达科他州一般销售税收入占州和地方税收收入的比重分别高达 45.9%和 40.5%。华盛顿州既不课征个人所得税,也不征收公司所得税,所以不得不依靠一般销售税来筹集财政资金。还有少数州,如新罕布什尔州和阿拉斯加州,对财产税的依赖程度非常高。2015 财政年度,新罕布什尔州和阿拉斯加州财产税收入占州和地方税收收入的比重分别高达 65.7%和 57.2%,而北达科他州和阿拉巴马州财产税收入占州和地方税收收入的比重分别只有 13.3%和 17.2%。

资料来源:根据 https://www.taxpolicycenter.org/statistics/state(访问时间:2018 年 11 月 20 日)等整理编写。

虽然美国是公认的实行分权财政体制的国家,但美国联邦政府依然保持着一定的财力集中度(参见表5-5)。在过去的半个多世纪里,美国联邦政府税收收入占全部税收收入的比重基本都保持在65%左右,而且波动幅度并不是很大;与此同时,州政府和地方政府税收收入所占的比重(Subcentral Tax Share)也未发生太大的变化。1975财政年度,美国联邦、州和地方三级政府的税收收入分配格局为65.84%∶19.46%∶14.70%,1990财政年度为66.29%∶19.95%∶13.76%,2000财政年度为68.94%∶18.88%∶12.18%,2016财政年度为67.1%∶19.3%∶13.6%。这样一种政府间税收收入分配格局,表明美国政府间财政关系在较长一段时间内都保持相对稳定。

表5-5　美国各级政府间税收收入的划分　　　　　　　　　　　单位:%

财政年度	联邦政府	州政府	地方政府	财政年度	联邦政府	州政府	地方政府
1975	65.84	19.46	14.70	2002	65.82	19.86	14.32
1980	69.33	18.84	11.83	2003	64.94	20.22	14.84
1985	67.27	20.16	12.57	2004	64.82	20.35	14.82
1990	66.29	19.95	13.76	2005	65.50	20.20	14.29
1991	65.53	20.02	14.46	2006	65.92	19.95	14.13
1992	65.20	20.45	14.36	2007	65.72	19.86	14.41
1993	65.76	20.33	13.92	2008	64.72	20.40	14.87
1994	66.10	20.13	13.77	2009	61.68	20.86	17.46
1995	66.61	20.04	13.35	2010	62.76	20.60	16.65
1996	67.24	19.76	13.00	2011	63.00	20.89	16.12
1997	67.92	19.32	12.76	2012	63.47	20.83	15.70
1998	68.24	19.32	12.44	2013	65.30	20.14	14.56
1999	68.46	19.17	12.36	2014	66.28	19.66	14.06
2000	68.94	18.88	12.18	2015	66.98	19.44	13.59
2001	68.04	19.22	12.74	2016	67.08	19.34	13.58

资料来源:OECD Fiscal Decentralization Database。

2. 美国的政府间税权划分

美国联邦、州和地方三级政府均具有相对独立的税收立法权,各级政府都可以在联邦和州宪法规定的范围内开征经过法定程序核准的税收。美国联邦政府的税收权限是由联邦宪法赋予的,美国联邦宪法规定,联邦政府不得对任何一个州输出到国内另外一个州的商品征税,其他未禁止的税收立法权,联邦都可行使,但所课征的各种税收应全国统一。

由于美国的州长期以来形成了固有的权限,因而只要州的税收立法不与联邦宪法相抵触,便是有效的。尽管美国各州在税收立法方面有较为充分的自主权,但是州的税收立法权也要受到联邦政府的限制和制约。美国联邦宪法规定,州未经国会的核准,不得对任何出境的商品课征进出口税,各州的税收立法也不得与联邦政府和其他国家签订的税收条约相冲突。地方政府的征税权限由州决定。一般情况下,地方议会在联邦和州法律规定的范围之内可以制定本地区税收的具体法规,拥有一定的自治权限,但由于地方的税收立法权来自州的授予,所以地方的税收立法权相对较小,而且要受到州的约束,如美国一些州就立法对地方政府财产税在税率、税基评估和征收管理等多个方面进行了限定。

美国分别设立了联邦、州和地方三级税收征管机构,分别隶属于各级政府,负责征收和管理划归本级政府的税收。联邦政府国内收入局(Internal Revenue Service)主要负责联邦税的征收。国内收入局在全国范围内设立了7个大区中心税务局、10个税收服务中心、2个数据处理中心;每一个大区中心税务局又设立了若干个地区税务局以及大量的办事处。各州及州以下的地方政府税务机构的设置因地而异。各州财政部设立州税务局(Department of Revenue or Division of Taxation),具体负责州层面所有税收的征管;在很多州,州税务局还负责地方销售税的征管。地方税务局的主要职责是财产税的征收与管理。美国各级税务机构在税收征管、人员和经费管理等方面相互独立,不存在隶属关系,但在业务上相互配合、相互协调。为了节省成本和提高执法效率,各级税务机构之间保持经常性的业务协作和信息沟通①,对于同源征收和实行税率分享的税收,可以实行委托代征,如有些州委托州税务局代征地方个人所得税和地方公司所得税。美国各级税务机构之间的合作不是靠行政命令,而是通过协议来确定相互之间的合作事项。

5.3.2 德国的政府间税收划分

德国实行的是以共享税为主体、共享税与专享税共存的政府间税收收入划分模式;而在政府间税权的划分上,德国实行的是一种税收立法权高度集中、税收征管权相对分散的体制。

1. 德国的政府间税收收入划分

德国将税种分为专享税与共享税两大类。德国联邦政府的专享税主要有各类消费税(具体包括烟草税、酒税、咖啡税、茶税、石油税、糖税、盐税、照明灯税等)、道路货物运输税、资本流转税、交易所营业税、保险税、团结税附加(Solidarity Surcharge)等;州政府的专享税主要有财产税、遗产税和赠予税、消防税、地产购置税(Tax on Acquisition of Real Estate)、机动车辆税、啤酒税和博彩税等;地方政府的专享税主要有营业税、不动产税、娱乐税、饮料税和狗税等。德国各级政府专享税的收入规模都不大。联邦专享税占德国全部税收收入的比重一直低于20%,2017财政年度为13.7%;州专享税占德国全部税收收入的比重极少超过5%的水平,2017财政年度仅为3.0%;地方专享税的规模相对稳定,近年来占德国全部税收收入的比重基本保持在9%左右的水平上(参见表5-6)。

---

① 几乎所有开征个人所得税的州,都就个人所得税的征管与美国国内收入局签订有税收信息共享的协定。如果国内收入局调整了联邦个人所得税经调整后的总收入(Federal AGI),就会通知各州财政部。尽管州个人所得税的征管仍然由各州自行负责,但在大多数情况下各州财政部常常会把本州个人所得税的税务稽查权委托给联邦政府。

表 5-6 德国政府间税收收入的构成　　　　　　　　　　单位:%

财政年度	共享税	联邦专享税	州专享税	地方专享税
1980	73.3	12.8	4.3	9.6
2009	70.7	17.0	3.1	8.4
2010	70.3	17.6	2.3	9.0
2011	70.4	17.3	2.3	9.2
2012	71.0	16.6	2.4	9.2
2013	71.4	16.2	2.5	9.1
2014	71.8	15.8	2.7	9.0
2015	72.3	15.6	3.0	9.0
2016	72.6	14.9	3.2	9.3
2017	73.9	13.7	3.0	9.4

资料来源:根据 https://www.destatis.de/EN/FactsFigures/SocietyState/PublicFinanceTaxes/Taxes/Tax-Budgets/Tables/CashTaxRevenueMillionEuros.html(访问时间:2018 年 11 月 20 日)和 Jason Clemens & Niels Veldhuis. Federalism and Fiscal Transfers: Essays on Australia, Germany, Switzerland and the United States. Fraser Institute, 2013 整理。

德国的共享税主要有增值税、工薪税、估定所得税(Assessed Income Tax)、非估定所得税(Non-assessed Taxes on Yields)和资本收益税(Final Withholding Tax on Interest and Capital Gains)等。虽然纳入共享税范畴的税种数量并不多,但德国共享税的收入规模比较大,多年来一直保持在占德国全部税收收入70%以上的水平(参见表5-6)。在这种情形下,共享税在各级政府的税收收入中所占的比重也比较大。2017 财政年度,共享税收入在德国联邦政府和州政府税收收入中所占的比重就分别高达67.7%和92.5%,在地方政府税收收入中所占的比重要低一些,但也有34.9%。①

增值税收入在德国联邦政府和州政府之间的分享比例并不是固定的,当联邦与各州的财政收支出现足以影响各自平衡关系的变化时,就要对增值税的分享比例进行调整。2017 财政年度,联邦和州政府增值税收入的分享比例为50.72%∶46.62%,剩余的部分归地方政府。② 除增值税外,共享税在德国不同级次政府之间的分配比例一经确定就不会经常性的调整,如个人所得税和工薪税,联邦和州政府各得42.5%,其余15%归地方政府;公司所得税由联邦和州政府对半分;资本收益税由联邦和州政府各得44%,其余12%归地方政府所有。

---

① https://www.destatis.de/EN/FactsFigures/SocietyState/PublicFinanceTaxes/Taxes/TaxBudgets/Tables/CashTaxRevenueAfterTaxRedistribution.html(访问时间:2018 年 11 月 20 日)。

② https://www.destatis.de/EN/FactsFigures/SocietyState/PublicFinanceTaxes/Taxes/TaxBudgets/Tables/CashTaxRevenueAfterTaxRedistribution.html(访问时间:2018 年 11 月 20 日)。

在实行联邦制的经济发达国家中,德国的政府间税收收入划分方式比较特殊。美国和加拿大等国在政府间税收收入划分上实行的都是同源课税,只有德国实行的是以共享税为主体的方式。由于同源课税比共享税更能体现出分级财政和税权分散的风格,因而德国各级政府间在财政体制上的相互依赖关系要比同为联邦制国家的美国和加拿大等国更加密切一些,也可以说德国财政体制集权的色彩相对要浓厚一些。[1]尽管如此,德国联邦政府并没有相应地集中大部分的财力。1995 财政年度以来,德国联邦政府税收收入占全部税收收入的比重从未超过 50%,2000—2017 财政年度间,这一比重的非加权平均值为 44.43%,最低的是 2016 财政年度,为 42.73%;德国州政府获得了与联邦政府相差无几的财力份额,州政府税收收入的相对规模一直保持在 40%以上,2000—2017 财政年度间,这一比重的非加权平均值为 41.73%;与此同时,1995—2017 年间,德国地方政府税收收入的相对规模一直保持在 13.5%左右(参见表 5-7)。

表 5-7 德国各级政府间税收收入的划分   单位:%

财政年度	联邦政府	州政府	地方政府	财政年度	联邦政府	州政府	地方政府
1995	47.34	40.44	12.22	2010	44.60	41.49	13.91
2000	44.61	42.53	12.86	2011	45.18	40.86	13.96
2002	45.39	42.20	12.42	2012	44.66	41.18	14.16
2003	45.56	42.15	12.29	2013	44.16	41.50	14.33
2004	44.16	42.49	13.35	2014	44.20	41.51	14.28
2005	44.16	41.90	13.94	2015	43.82	41.70	14.48
2007	44.52	41.40	14.08	2016	42.72	42.67	14.60
2008	44.50	41.15	14.35	2017	43.39	41.85	14.76
2009	45.28	41.13	13.60				

资料来源:根据 Statistisches Jahrbuch (2006—2018)计算整理。

2. 德国的政府间税权划分

德国的税收立法权区分为专属税收立法权和竞合税收立法权。专属税收立法权由联邦政府行使,各州均不得涉及这一领域。联邦享有专属立法权的税种主要是关税等联邦专享税。竞合税收立法权并非指由联邦和州共同进行立法,而是在规定的范围内,联邦拥有优先立法权,只有在联邦不行使优先立法权时各州才能够立法。德国的共享税一般都由联邦立法或由联邦优先立法。为保持税收制度的统一、各州和地方生活条件的基本一致以及避免各州税法中的相互干扰,大部分的州专享税也由联邦立法。在不与联邦税收立法权冲突的前提下,州和地方政府也拥有一定限度的税收立法权,由州立法的税种包括

---

[1] Eckhard Wurzel, .Towards More Efficient Government: Reforming Federal Fiscal Relations in Germany. OECD Economics Department Working Papers 209, OECD Publishing, 1999.

遗产税和赠予税、机动车辆税、不动产转让税、啤酒税、博彩税和消防税等。部分小税种则由市议会立法,它可以自主决定营业税和不动产税的税率。德国还规定联邦立法的法律效力高于州及州以下立法的法律效力,州及州以下的税收立法不得超越联邦立法精神。目前,德国大约有95%的税收法律是由联邦议会制定的,仅有约5%的税收法律由州或市议会制定。

德国的税收征管有联邦征管、州代理联邦征管、州征管和地方征管等四种形式。关税[①]、消费税、消防税、保险税和机动车辆税等收入规模不大的部分税种的征管由联邦政府负责;除此之外的其他税种,包括共享税、联邦专享税和州政府专享税的征管都由州政府负责。各州财政总局内分设联邦管理局和州管理局两个系统,联邦管理局作为联邦政府的代理者负责其他联邦专享税的征管工作,州管理局则负责共享税和州专享税的征收管理,共享税收入征收上来后,按照法定的比例分别划缴联邦、州和地方财政金库。地方税务局作为各州的派出机构,负责狗税、娱乐税等地方专享税的征管,并向地方政府负责。联邦征管和地方征管的税收收入规模都比较小,州政府的税收征管是德国税收征管的主要形式。与税收立法权相对集中格局不同的是,德国的税收征管权则相对分散,这种税收征管权的划分模式在经济发达国家中不多见。

5.3.3　日本的政府间税收划分

日本将划分税种与同源课税、政府间财政转移支付结合在一起,形成了一种比较复杂但又有特色的政府间税收收入划分的模式;在政府间税权划分上,日本实行的是税收立法权相对集中、税收征管权相对分散的模式。

1. 日本的政府间税收收入划分

日本划归中央政府所有的税种有所得税、法人税、遗产税、赠予税、地价税、登记许可税、印花税、消费税、酒税、烟草税、烟草特别税、汽油税、挥发油税、航空燃料税、天然气税、石油税、汽车载重量税、关税、地方挥发油税、地方法人税、地方法人特别税和国际旅客观光税等,其中所得税、法人税和消费税是主体税种。在日本的中央税系中,有一部分税种的收入会通过地方让与税和地方交付税的方式转让给地方政府。[②] 地方让与税和地方交付税以外的其他税种,为日本中央政府的专享税。

日本的地方税体系由都道府县税和市町村税组成。都道府县税包括都道府县居民税(Prefectural Inhabitant Tax)、事业税(Enterprise Tax)、地方消费税、不动产购置税、都道府县烟草税、高尔夫球场使用税、轻油交易税、汽车税、汽车购置税、地方特别消费税、矿井税、狩猎者注册税等税种,其中都道府县居民税、事业税和地方消费税是主体税种。市町村税包括市町村居民税(Municipal Inhabitant Tax)、固定资产税(Fixed Asset Tax)、市町村烟草税、轻型交通车辆税、矿产税、木材交易税、洗浴税、特别土地保有税等税种,市町村居

---

① 关税收入划归欧盟所有,所以未体现在德国政府间税收收入的划分中。
② 地方让与税和地方交付税的具体运作机理,参见本书6.6.3。

民税与固定资产税是主体税种(参见表5-8)。日本中央政府与地方政府也采取同源课税的形式来共享所得税和消费税等税种的税基,如日本中央政府开征了消费税,都道府县政府开征了地方消费税;日本中央政府开征了烟草税,都道府县和市町村政府也分别开征了都道府县烟草税和市町村烟草税。

表5-8 日本的中央税、都道府县税和市町村税

	中央税	都道府县税	市町村税
普通税	所得税、法人税、遗产税、赠予税、地价税、消费税、酒税、烟草税、烟草特别税、挥发油税、天然气税、航空燃料税、汽车载重量税、关税、国际旅客观光税、印花税、登记许可税、地方挥发油税、地方法人税、地方法人特别税	都道府县居民税、事业税、地方消费税、不动产购置税、都道府县烟草税、汽车税、高尔夫球场使用税、矿井税、汽车购置税、地方特别消费税、轻油交易税	市町村居民税、固定资产税、轻型交通车辆税、市町村烟草税、矿产税、特别土地保有税、市町村法定外普通税
目的税	电力开发特别税、复兴特别所得税	狩猎者注册税、水利地益税、都道府县法定外目的税	水利地益税、洗浴税、事业所税、都市规划税、共同设施税、宅地开发税、国民健康保险税、市町村法定外目的税

资料来源:http://www.soumu.go.jp/main_content/000377155.pdf(访问时间:2018年11月20日)。

第二次世界大战结束后很长一段时间里,日本中央政府都保持了较高的财力集中度,地方政府掌握的财力有限。1950财政年度,日本中央政府税收收入占总税收收入的比重为75.2%,地方政府税收收入占总税收收入的比重为24.8%;1970财政年度,日本中央政府和地方政府的税收收入分配比例为67.5%:32.5%。此后,随着分权化改革的推进,日本中央政府税收收入的相对规模一直呈下降趋势,地方政府的财力规模有所扩大。2005财政年度,日本中央政府集中的财力份额为60.0%,2009财政年度又降为53.4%;随后的几年,中央政府集中的财力份额又有缓慢上升,2014财政年度回复到61.2%,2016财政年度为59.9%(参见表5-9)。

表5-9 日本各级政府间税收收入的划分 单位:%

财政年度	中央政府	地方政府	财政年度	中央政府	地方政府
1950	75.2	24.8	2004	58.9	41.1
1955	71.7	28.3	2005	60.0	40.0
1960	70.8	29.2	2006	59.7	40.3
1965	67.6	32.4	2007	56.7	43.3
1970	67.5	32.5	2008	53.7	46.3

(续表)

财政年度	中央政府	地方政府	财政年度	中央政府	地方政府
1975	64.0	36.0	2009	53.4	46.6
1980	64.1	35.9	2010	56.0	44.0
1985	62.6	37.4	2011	57.0	43.0
1990	65.1	34.9	2012	57.7	42.3
1995	62.5	37.5	2013	59.0	41.0
2001	58.5	41.5	2014	61.2	38.8
2002	57.9	42.1	2015	60.4	39.6
2003	58.1	41.9	2016	59.9	40.1

资料来源:根据日本总务省历年《地方财政统计年报》整理。

2. 日本的政府间税权划分

日本的税收立法权相对集中,中央税和地方税原则上均由国会统一立法,地方政府的税收立法权相对较小,仅对少数法定外普通税拥有立法权。根据征税依据的不同,日本的地方税被区分为法定地方税和法定外地方税。法定地方税由中央政府立法,其标准税率由地方税法加以确定。法定地方税是日本地方税的主体,其收入在地方政府税收收入总额中所占的比重通常在95%以上。法定外地方税是地方政府根据特殊需要而课征的法律规定以外的税种。地方政府开征法定外地方税要遵循不给居民带来过重负担、不妨碍地区间的货物流通和不与中央政府的经济政策相冲突等原则。虽然地方政府根据自治原则有权决定征收何种地方税,但为了防止地方税与中央税之间的重复课征,日本对法定外地方税的课征控制得较为严格,当地方政府计划课征地方税法列举税种之外的税收时,必须得到总务大臣的许可或同意①,这种做法在日本被称为"课税否决"(Tax Denial)制度。课税否决制度不仅严格控制地方政府擅自开征法定外地方税,同时也对地方税的税率实行限制(Tax Restriction),规定地方政府不能独自决定税率,中央政府有权制定、控制税率的上限,并且规定了标准的税率,这实际上是要求地方政府采用统一的税率。② 日本实行课税否决制度的主要目的在于防止因各地分别征税而出现税率混乱的局面,以避免出现各地区间税收负担失衡的状况。

---

① 2000年后,日本将地方政府法定外创设新税种从原来的总务大臣许可制改为经总务大臣同意的协商制。普遍认为,地方政府开征新税种比以前容易了,然而新开征法定外地方税的地方政府并不多。目前,开征法定外普通税的有22个地方政府(15个道府县、7个市町村),开征法定外目的税的有35个地方政府(29个道府县、6个市町村)。由于在所实施的法定外税种中有多个地方政府对同一税种课征,因而日本法定外普通税实际为10个、目的税为7个。法定外地方税的收入规模非常小,它在日本地方政府税收收入总额中所占的比重不到0.5%。

② 很少有国家像日本这样近乎统一了地方税的税率。即便是在同样实行中央集权体制的法国,中央政府对职业税这一最大的地方税也只是确定其税率范围,地方政府仍保留一定的调整权(参见神野直彦.财政学:财政现象的实体化分析.南京:南京大学出版社,2012,281)。

日本中央税和地方税的征收管理由各级政府各自负责。日本的中央税由财务省（Ministry of Finance）所属的国税厅及其分支机构负责征收。总务省（Ministry of Internal Affairs and Communications）所属的自治税务局下设有都道府县税务课、市町村税务课和固定资产税务课，负责指导全国地方税的征管。一般来说，中央税在征收上有优先权。为了便利于征管，各级政府所属的税种可以实行代征，如地方消费税由国税厅及其分支机构在征收中央消费税时一并征收，都道府县居民税则由市町村代征。

5.3.4 英国的政府间税收划分

英国采用的是一种较为彻底的分税体制，完全按照税种的归属划分中央财政收入和地方财政收入，它既不设立共享税，也不实行同源课征；与此同时，英国的税收立法权和税收征管权也高度集中在中央政府手中。

1. 英国的政府间税收收入划分

英国将绝大部分税种都划归中央政府，留给地方政府的税种寥寥无几。英国划归中央政府所有的税种主要有个人所得税、公司所得税、资本利得税、印花税、遗产税、石油收入税、增值税、消费税、关税和社会保险税等。在中央税系中，个人所得税、公司所得税、增值税和社会保险税的收入规模较大。英国的地方税由两个税种组成①：一个是市政税（Council Tax），另一个是商业房产税（Business Rates）。② 市政税主要对居住用房产（Residential Properties）课征，其课税对象是居民住宅的评估价值，取得的资金直接作为地方预算支出的资金来源；而商业房产税则对从事工商业经营活动的个人拥有或租用的商店、办公室、仓储和工厂厂房等非居住用房产（Non-residential Properties）课征。1990年之前，商业房产税一直由地方政府征收和管理，但1990年以后商业房产税的收入却并不再完全归属于地方政府所有。③

英国的政府间税收收入划分呈现出高度集中的态势。在1975—1990财政年度间，英国中央政府税收收入占全部税收收入比重的非加权平均值就已经接近90%，而1990—2016财政年度间，这一比重甚至超过了95%（参见表5-10）。进入1990财政年度后，除个别年份外，英国地方政府税收收入占全部税收收入的比重均在5%以下。如此之高的收入集中度，即使在单一制国家也不多见。

---

① 在英国的苏格兰地区，除了市政税和商业房产税，还有一种收入归属于苏格兰所有的所得税（Scottish Income Tax）。
② 作为地方税的财产税，在英国经过多次调整。"差饷"（Rates）是英国早期的财产税，它的历史可以追溯到17世纪。1989年和1990年，差饷在苏格兰、英格兰和威尔士先后被废止，取而代之的是"社区费"（Community Charge）。社区费实质上就是臭名昭著的"人头税"，它的开征直接导致撒切尔夫人内阁的倒台。社区费实施没多久，就被废止。市政税于1993年正式付诸实施，它在英格兰、苏格兰和威尔士课征。北爱尔兰地区没有引入社区费，目前实行的仍然是"家庭财产税"（Domestic Rates）（参见 Andy Lymer & Lynne Oats. *Taxation: Policy and Practice*. Fiscal Publications, 2013, 20-21）。
③ 商业房产税收入的分配参见本书6.6.4。

表 5-10 英国各级政府间税收收入的划分　　　单位:%

财政年度	中央政府	地方政府	财政年度	中央政府	地方政府
1975	88.95	11.05	2002	95.52	4.48
1980	89.43	10.57	2003	95.24	4.76
1985	89.84	10.16	2004	95.26	4.74
1990	93.01	6.99	2005	95.31	4.69
1991	95.81	4.19	2006	95.35	4.65
1992	95.98	4.02	2007	95.35	4.65
1993	96.10	3.90	2008	95.16	4.84
1994	96.23	3.77	2009	94.72	5.28
1995	96.27	3.73	2010	94.88	5.12
1996	96.20	3.80	2011	95.11	4.89
1997	96.16	3.84	2012	95.07	4.93
1998	96.14	3.86	2013	95.05	4.95
1999	96.08	3.92	2014	95.05	4.95
2000	96.04	3.96	2015	95.08	4.92
2001	95.82	4.18	2016	95.14	4.86

资料来源:OECD Fiscal Decentralization Database。

2. 英国的政府间税权划分

与政府间税收收入高度集中相对应的是,英国的税收立法权也基本集中在中央政府手中。几乎所有税种的开征权、税目税率调整权、税收减免权等都由中央政府掌握,地方政府无权设置和开征新的地方税种。尽管如此,地方政府还是有权根据本地区的预算支出需要决定市政税的基准税率。

在税收征管方面,英国地方政府的权力也不是很大。2005 年,原来的国家关税和消费税局(HM Customs and Excise)与国内收入局(Inland Revenue)合并成"国家收入和关税局"(Her Majesty's Revenue and Customs,HMRC)[①],具体负责中央税体系各税种的征管。各郡和区下设的市政税办公室(Council-tax Administration Office)具体负责市政税的征收与管理。

重要概念

政府间税收划分　政府间税收收入划分　政府间税权划分　划分税额　收入分享　共享税　划分税率　税收计征　税收附加　同源课税　划分税种　政府间税权划分

---

① Andy Lymer & Lynne Oats. *Taxation:Policy and Practice*. Fiscal Publications, 2013, 30.

复习思考题

1. 不同的政府间税收收入划分形式有什么区别?
2. 怎样理解政府间税种划分中的主观性和客观性?
3. 试述现代市场经济条件下政府间税种划分所应遵循的一般性原则。
4. 从一般意义上说,个人所得税、公司所得税、一般销售税、财产税和矫正税等应如何在各级政府之间进行划分?
5. 简述共享税和同源课税的异同。

 课堂讨论题

运用相关理论,并结合所给案例材料,就政府间税收收入划分过程中的公平与效率问题进行课堂讨论。

 案例材料

三峡电站税收分配争议

1994年12月,三峡工程正式动工,分三期进行,到2009年工程全部完工。三峡电站第一台机组发电时期,其税收收入的分配并无争议,主要由湖北省宜昌市进行属地管理,税收直接入湖北库和中央库。2003年,国家对三峡电站税收收入分配比例进行了调整。在三峡电站发电实现的税收收入中,增值税地方共享部分、城市维护建设税以及教育费附加,按照三峡工程综合淹没实物比例分配,重庆为85.33%,湖北为15.67%。该比例的确定主要是因为三峡工程的坝区虽然在湖北省宜昌市境内,但三峡库区的淹没区却大多集中在重庆市,两地淹没面积和移民数比例大致为15.67%:85.33%。

湖北方面提出,三峡电站税收收入分配是典型的税收与税源严重背离,而且税收属地原则被彻底打破。税收与税源背离造成电站所在地事权与财权不对称、影响当地发展等问题。工程建设使得大量施工人员和家属进驻坝区,带来了很大的治安、物价、教育、环保和就业等方面的压力。湖北永久性地承担了为三峡电站提供公共服务的责任,但电站产生的税收收入却大部分被分走,直接造成湖北省宜昌市无力解决工程建设带来的人民生活、社会秩序、城市功能等问题,影响了宜昌的城市和社会经济发展。湖北要求按照属地原则来调整三峡电站税收收入的分配。

重庆方面认为,判断某地政府是否具有税收管辖权的关键在于判断它是否为收入来源地,也称税源产生地。企业的生产经营地是企业的重要税源产生地,如果某地为企业的生产经营地,那么该地政府就对这个企业享有税收管辖权,就应该参与税收收入分配。离开库区或者坝区,三峡电站都无法发电,因此库区重庆和坝区湖北是三峡电站共同的生产场所,两地在法律上都享有税收收益权。

资料来源:根据 http://news.163.com/09/0316/08/54H0A4BN0001124J.html 和 http://www.cs.com.cn/gz/07/200804/t20080423_1438673_1.htm(访问时间:2018 年 11 月 20 日)整理。

参考文献与延伸阅读资料

许善达.中国税权研究.北京:中国税务出版社,2003.
课题组.区域税收转移调查.北京:中国税务出版社,2007.
靳万军,付广军.区域税收分配调查.北京:中国税务出版社,2011.
Charles E. McLure. Tax Assignment in Federal Countries. Australian National University Center for Research on Federal Financial Relations,1983.
David N. King. *Local Government Economics in Theory and Practice.* Macmillan,1992.
Anwar Shah. The Reform of Intergovernmental Fiscal Relations in Developing and Emerging Market Economies. The World Bank,1994.
OECD. *Taxing Powers of State and Local Government.* OECD Publishing,1999.
Gianluigi Bizioli. Tax Aspects of Fiscal Federalism:A Comparative Analysis. IBFD,2011.

网络资源

德国兰根地方财政研究所(Institute of Local Public Finance based in Langen,Germany)网站,http://www.ilpf.de/en/home

印度公共财政与公共政策研究院(National Institute of Public Finance and Policy,India)网站,http://www.nipfp.org.in/

美国纽约州立大学奥尔巴尼分校(State University of New York at Albany)洛克菲勒政府研究所(The Nelson A. Rockefeller Institute of Government)网站"州与地方财政"栏目,http://www.rockinst.org/government_finance/

第6章

政府间财政转移支付

【本章学习目标】

- 掌握政府间财政转移支付的基本形式及其特点
- 掌握不同政府间财政转移支付形式的经济效应
- 掌握不同政府间财政转移支付形式与不同社会经济目标间的对应关系
- 掌握政府间财政转移支付资金的分配方法
- 掌握主要国家政府间财政转移支付制度的特点

政府间财政转移支付(Intergovernmental Fiscal Transfers)既是除政府间税收划分之外的政府间财力配置的重要途径,也是处理政府间财政关系过程中有效平衡财政集权与分权关系的调节器。运行良好的政府间财政转移支付制度既会使财政分权的好处得以实现,同时又能尽可能地消除其潜在的不利影响。①

6.1 政府间财政转移支付的内涵与外延

政府间财政转移支付是政府内部资源重新配置的重要渠道,它不仅是地方政府的一个重要的收入来源,而且是中央政府对地方政府财政行为进行调控、实现社会资源在全国范围内优化配置以及地区间收入公平分配的主要手段。

6.1.1 政府间财政转移支付的内涵

政府间财政转移支付是财政资金在不同的政府主体之间单方面、无偿的转移。广义的政府间财政转移支付既包括纵向转移支付,也包括横向转移支付。政府间纵向转移支付指的是上下级政府间财政资金的无偿转移,而政府间横向转移支付指的是相同级次政府间财政资金的无偿转移。在各国的实践中,政府间财政转移支付最常见的资金流向是上级政府向下级政府的转移,这是狭义的政府间财政转移支付。通常所说的"政府间财政转移支付"主要指的就是狭义的政府间财政转移支付,它经常与财政拨款(Grant)、财政补助(Subsidy)等概念混用。

除直接的政府间财政转移支付之外,税式支出也可以被看作中央政府向地方政府提供财政补助的一种途径。如在美国,州和地方政府的债券利息可以"免交"联邦所得税,与之相关的经济活动实际上得到了联邦政府的"补贴"鼓励,或者说相当于美国联邦政府向州和地方政府提供了一定的财政援助。②

6.1.2 政府间财政转移支付的形式

对政府间财政转移支付最基本的分类是根据上级政府在进行财政拨款时是否附加条件,将其区分为政府间无条件财政转移支付(Unconditional Grant)和政府间有条件财政转移支付(Conditional Grant)两类。

1. 政府间无条件财政转移支付

政府间无条件财政转移支付指的是上级政府在对下级政府进行转移支付时不限定财政资金的使用范围和方向,也不提出具体的使用要求或附加其他条件,它也常常被称为一般性财政拨款(General Grant)或非选择性财政拨款(Non-selective Grant)。由于转移支付

---

① 罗宾·鲍德威,沙安文.政府间财政转移支付:理论与实践.北京:中国财政经济出版社,2011,5.
② 财政部税收制度国际比较课题组.美国财政制度.北京:中国财政经济出版社,1998,43.

的接受者(Recipient)可以按照自己的意愿自由地使用通过政府间无条件财政转移支付获得的财政资金,因而在不同形式的政府间财政转移支付中,地方政府更加偏好获得无条件财政拨款。

如果政府间无条件财政转移支付是一笔拨款数额固定的款项,那么它就属于无条件整额财政转移支付(Lump-sum General Grant)。另一种形式的政府间无条件财政转移支付的数额不固定,而是由转移支付提供者(Grantor)根据财政拨款接受者的自有收入等要素来确定拨款的数额;在实践中,财政拨款接受者的自有收入往往又在很大程度上取决于其税收努力(Tax Effort)程度①,所以它也被称为税收努力相关性无条件财政拨款(Tax Effort-related General Grant)。在这种转移支付形式下,具体的财政拨款数额与税收努力程度呈正相关关系,拨款接受者的税收努力程度越高,获得的财政拨款数额就越大。根据财政拨款是否有最高限额,政府间税收努力相关性无条件财政拨款可以细分为封顶的税收努力相关性无条件财政拨款(Closed-ended Tax Effort-related General Grant)和不封顶的税收努力相关性无条件财政拨款(Open-ended Tax Effort-related General Grant)。

2. 政府间有条件财政转移支付

政府间有条件财政转移支付是一种附加有相关条件(Certain Conditions are Attached)的政府间财政拨款形式,通常也被称为专项财政拨款(Specific Grant)或选择性财政拨款(Selective Grant)。中央政府在设定转移支付项目时附加的条件有多有少、有宽有严,既包括附加条件较多的指定用途的财政拨款(Highly Conditional Earmarked Grant),也包括附加条件较为宽松的部门拨款(Sectoral Grant)。部门拨款是拨付给提供教育、医疗保健等特定公共服务的政府部门的财政转移支付,它只规定了大的用途方向但未明确具体的用途,因而接受转移支付的下级政府使用起来相对自由一些。

根据限定条件的不同,政府间有条件财政转移支付可以区分为基于投入的有条件财政转移支付(Input-based Grant)和基于结果的有条件财政转移支付(Output-based Grant)两种类型。在基于投入的有条件财政转移支付方式下,上级政府在提供财政拨款时通常会指定该笔政府间财政转移支付资金的用途,下级政府必须按规定的用途使用这笔资金,否则就会失去得到该项拨款的资格;而在基于结果的有条件转移支付方式下,上级政府在提供财政拨款时往往对下级政府提供的某项特定公共服务的实际结果提出要求。

根据上级政府进行财政拨款时是否要求地方政府提供相应的配套资金,政府间有条件财政转移支付可以区分为有条件配套的财政拨款(Conditional Matching Grant)和有条件非配套的财政拨款(Conditional Non-matching Grant)。在有条件配套的财政拨款方式下,上级政府不仅指定政府间财政转移支付资金的具体用途,而且要求接受财政拨款的下级政府按照规定的配套率②从自有财力中拿出一定的资金用于上级政府指定的用途,否则

---

① 税收努力反映的是税收征收额与课税能力之间的对比关系,具体可以用某一地区实际征收上来的税收收入占该地区 GDP 的比例与全国所有地区该比例的平均水平的比较来衡量。

② 配套率=下级政府投入的配套资金/(上级政府提供的政府间财政转移支付+下级政府投入的配套资金)。

就不能得到该项拨款。有条件配套的政府间财政转移支付还可以进一步细分为有条件封顶的配套财政拨款(Conditional Closed-ended Matching Grant)和有条件不封顶的配套财政拨款(Conditional Open-ended Matching Grant)。在有条件封顶的配套财政拨款方式下,上级政府规定了接受财政拨款的下级政府可以获得财政拨款的最高额度;在最高限额内,上级政府按照设定的条件以及下级政府投入的配套资金的多少提供相应数额的财政拨款;一旦达到规定的限额后,不论下级政府是否继续投入配套资金,上级政府都不再增加财政拨款数额。在有条件不封顶的配套财政拨款方式下,上级政府不规定接受财政拨款的地方政府可以获得的财政拨款的最高额度,只要下级政府提供配套资金,就一直可以按照设定的拨款条件从中央政府那里获得相应数额的财政拨款。可见,有条件配套的财政拨款数额并不固定,它在很大程度上取决于财政拨款接受者的行为,在有条件不封顶的配套财政拨款方式下更是如此。

政府间有条件财政转移支付可以促使接受拨款的政府按与原先不同的方式来运行,鼓励其按照更大范围符合公共利益的方式来提供公共产品。然而,为了确保接受拨款的下级政府的政策目标符合拨款方的意图,上级政府必须建立复杂的管控机制来对下级政府的行为进行监督,这无疑提高了管理上的复杂性。虽然政府间有条件财政转移支付会尽量反映更大范围内的公共利益,但它的实施却不可避免地会扭曲地方政府的决策。

由于指定了资金的具体用途或附加了条件,政府间有条件财政转移支付有利于强化上级政府对下级政府的调控,因而上级政府更偏好选择政府间有条件财政转移支付。尽管如此,如果上级政府对每一项财政拨款都事无巨细地规定款项的使用方向,则无疑是不利于下级政府因地制宜地使用财政资金的,从而有损财政资金的使用效率,而且各个地区的财政状况也是有差别的,这就决定了上级政府在进行财政拨款时不可能全部使用政府间有条件财政转移支付这种方式,政府间无条件财政转移支付也有其存在的必要性。

根据上述分类,政府间财政转移支付的基本形式包括政府间无条件财政转移支付、政府间有条件非配套的财政转移支付、政府间有条件封顶的配套财政转移支付和政府间有条件不封顶的配套财政转移支付等四种(参见图 6-1)。

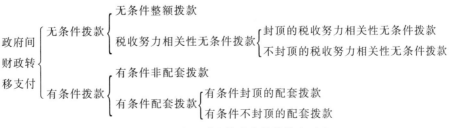

图 6-1 政府间财政转移支付的基本形式

6.2 政府间财政转移支付的经济效应

政府间财政转移支付对地方财政经济运行的影响,可以从财政拨款的收入效应和替代效应两个方面来分析。① 政府间财政转移支付的收入效应,指的是接受财政拨款的地方政府因拥有更多的资源归其支配使用而增加了相关产品的生产和消费;而政府间财政转移支付的替代效应,则是指由于转移支付改变了接受财政拨款的项目和未接受财政拨款的项目之间的相对价格,从而导致资源在不同项目之间重新进行配置。不同形式的政府间财政转移支付的收入效应和替代效应是不同的,因而它们对地方财政经济运行的影响也是各不相同的。

6.2.1 政府间无条件财政转移支付的经济效应②

在政府间财政转移支付的基本形式中,政府间无条件财政转移支付对地方财政的激励作用最小,它一般不会改变地方财政的偏好,也不直接干预地方政府的财政决策。尽管如此,政府间无条件财政转移支付依然会影响接受拨款地区地方性公共产品的提供,同时也会影响接受拨款地区私人产品的提供。

在图 6-2 中,横轴表示地方性公共产品,纵轴表示私人产品,预算线 AB 反映了在某一地区资源总量和技术水平既定的情况下,社会资源在地方性公共产品和私人产品之间的配置。预算线 AB 与该地区社会无差异曲线相切于 E_1 点,决定了在接受无条件财政拨款之前社会资源在该地区的最优配置格局,即生产和消费 OG 数量的地方性公共产品和 OF 数量的私人产品。市场经济条件下,所有资源的初始所有权都归私人部门所有,为了生产和消费 OG 数量的地方性公共产品,该地区的社会成员就必须放弃 FA 数量私人产品的生产和消费,也就是说该地区要课征 FA 数量的税收,地方税的总体税率为 FA/OA。如果该地区获得来自中央政府价值相当于 BD 数量地方性公共产品的无条件财政拨款,那么就会使预算线由原来的 AB 向外平移至 CD,新预算线与该地区社会无差异曲线相切于 E_2 点,决定了在接受无条件财政拨款后社会资源在该地区的最优配置格局,即生产和消费地方性公共产品和私人产品的数量分别为 OJ 和 OH。与接受财政拨款之前相比,该地区地方性公共产品的消费量提高了 GJ,与此同时私人产品的消费量也提高了 FH。可见,无条件财政转移支付具有明显的收入效应,但财政转移支付资金并非全部用于增加地方性

---

① 为了问题分析的简便,本节对不同政府间财政转移支付形式的经济效应进行的分析,至少需要做出以下三方面的假定:(1)分析中所涉及的地方性公共产品和私人产品都是正常产品,它们都随着收入的增长而增加消费额、随着价格的提升而减少消费额;(2)地方政府提供地方性公共产品的资金全部来源于地方税收;(3)地方居民对地方性公共产品的消费偏好具有同质性。

② 虽然政府间无条件财政转移支付可以细分为政府间无条件整额财政转移支付、政府间封顶的税收努力相关性无条件财政转移支付和政府间不封顶的税收努力相关性无条件财政转移支付,但这三种形式的区别只是具体拨款数额上的不同,这一差异并不会对接受拨款的下级政府的财政行为产生根本性的影响。在抽象的理论分析中,可以仅分析政府间无条件财政转移支付的效应。

公共产品的提供,部分财政转移支付资金"漏入"私人部门用于增加私人产品的提供。这种"漏出"具体是通过降低地方税的方式实现的。在接受了财政拨款之后,私人产品的消费从 OF 增加到 OH,但该地区居民所支付的税收却从 FA 降低到 HA,地方税总体税率也从 FA/OA 下降到 HA/OA。政府间财政转移支付资金漏出的程度,可以用均衡点 E_2 在线段 MN 上的具体位置来显示,当 E_2 点越靠近 M 时,政府间财政转移支付会导致地方政府提供数量更多的地方性公共产品,此时财政转移支付资金漏入私人部门的程度就越低;当 E_2 点越靠近 N 时,政府间财政转移支付会越多地增加私人产品的提供,此时财政转移支付资金漏入私人部门的程度就越高。政府间无条件财政转移支付不改变地方政府在地方性公共产品与私人产品之间的偏好,它不产生替代效应。

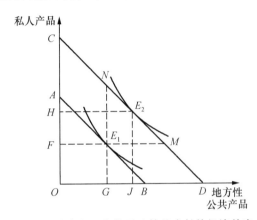

图 6-2 政府间无条件财政转移支付的经济效应

6.2.2 政府间有条件非配套的财政转移支付的经济效应

政府间有条件非配套的财政转移支付的突出特征是规定了财政拨款资金的具体用途,但并不要求接受拨款的地方政府提供相应的配套资金,从而使得这种方式既能够很好地体现支持地方政府提供某种特定地方性公共产品的政策意图,又不会扭曲地方政府在不同公共服务项目之间的选择,避免了在目标支出领域中无效率的资源配置。

在图 6-3 中,横轴表示接受财政拨款的地方性公共产品,纵轴表示除接受财政拨款的地方性公共产品以外的其他所有产品。某地区在接受财政拨款之前社会资源在接受财政拨款的地方性公共产品与其他产品间的配置情况由预算线 AB 表示。预算线 AB 与该地区社会无差异曲线相切于 E_1 点,决定了该地区生产和消费接受财政拨款的地方性公共产品的数量为 OG,其他产品的生产和消费量为 OI。如果该地区获得一笔来自中央政府的价值相当于 AC 数量接受财政拨款的地方性公共产品的有条件非配套财政拨款,则预算线由原来的 AB 平移至 FC,新预算线与该地区社会无差异曲线相切于 E_2 点,决定了该地区的资源在接受财政拨款的地方性公共产品和其他产品之间的最优配置格局为生产和消费 OH 数量的接受财政拨款的地方性公共产品以及 OJ 数量的其他产品。与接受有条件非配套财政拨款之前相比,接受财政拨款的地方性公共产品的消费量提高了 GH,其他产品的消费量也提高了 IJ。中央政府在进行财政拨款时,往往都不希望地方政府把拨款用于其他领域。然而,尽管在有条件非配套的财政转移支付方式下,财政转移支付资金必须用于指定的地方性公共产品,但这种形式的财政拨款也存在"漏出效应",它既会影响接受财政拨款的地方性公共产品的提供,也会影响除接受拨款的地方性公共产品之外的其他产品的提供。

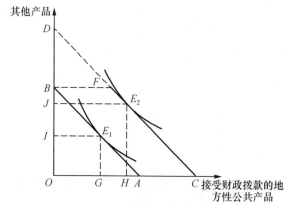

图 6-3　政府间有条件非配套的财政转移支付的经济效应

6.2.3　政府间有条件不封顶的配套财政转移支付的经济效应

有条件不封顶的配套财政拨款通常由中央政府规定资金的用途,同时要求接受财政拨款的地方政府也要拿出一定比例的配套资金,但不对财政拨款的最高额度进行限制。在图 6-4 中,横轴表示接受财政拨款的地方性公共产品,纵轴表示除接受财政拨款的地方性公共产品之外的其他产品。某地区在接受财政拨款之前的预算线 AB 与该地区社会无差异曲线相切于 E_1 点,决定了该地区资源最优配置格局为生产和消费 OF 数量的接受财政拨款的地方性公共产品以及 OJ 数量的其他产品。如果该地区获得了来自中央政府的有条件不封顶的配套财政拨款,由于需要地方政府提供配套资金,预算线将由原来的 AB 围绕着 B 点向外旋转至 BC,新预算线与社会无差异曲线相切于 E_2 点,决定了在接受有条件不封顶的配套财政拨款后社会资源在该地区的最优配置格局为生产和消费接受财政拨款的地方性公共产品与其他产品的数量分别为 OM 和 OG。与接受有条件不封顶的配套财政拨款以前相比,接受财政拨款的地方性公共产品的消费量提高了 FM,其他产品的消费量也提高了 GJ。可见,有条件不封顶的配套财政拨款具有收入效应。

有条件不封顶的配套财政拨款也具有较强的替代效应。在没有接受有条件不封顶的配套财政拨款之前,要生产和消费 OF 数量的接受财政拨款的地方性公共产品,就必须放弃 BJ 数量的其他产品,两者之间的替代率为 BJ/OF;但在接受有条件不封顶的配套财政拨款之后,由于地方政府需要提供相应的配套资金,改变了不同产品间的相对价格,此时生产和消费 OM 数量的接受财政拨款的地方性公共产品只需要放弃 BG 数量的其他产品,两者之间的替代率变为 BG/OM,从而会对地方政府的资源配置产生较强的影响。有条件不封顶的配套财政拨款的替代效应,取决于接受财政拨款的地方性公共产品与其他产品的相对优先程度。

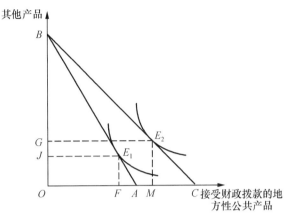

图 6-4　政府间有条件不封顶的配套财政转移支付的经济效应

对那些经济发展水平相对落后的地方政府来说,政府间财政转移支付的配套要求是一个两难的选择。在财力不足的情况下,地方政府提供配套资金具有一定的困难;如果不提供配套资金,那么地方政府又会失去取得财政拨款的机会。然而,不附加配套的要求,又难以体现出中央政府的政策意图或很难影响地方政府的行为。一个较为理想的解决办法就是根据各地区的人均财政能力按照反比例关系确定不同的配套率,从而为经济相对落后地区获得拨款资助项目创造一个更加公平的竞争环境。

专栏 6-1　中国中央财政扶贫不再强调地方配套

中央财政扶贫是中国政府间财政转移支付形式一项重要的组成部分。在很长一段时间里,中央财政扶贫资金的分配往往要求各级地方政府按照不低于 30% 的比例进行配套,其目的在于引导地方政府加大对扶贫开发的投入力度,以加快扶贫项目建设。然而,在具体的执行过程中,地方配套政策却未能充分按其初衷发挥作用。

在对中央财政扶贫资金的审计中发现地方配套政策存在以下问题:①受地方财力限制或主观因素影响,地方配套资金不能完全到位。2008—2009 年间,某省共下达 A 市扶贫资金 3 827 万元,要求配套 1 684 万元,实际配套 479 万元;下达 B 市扶贫资金 1 770 万元,要求配套 323 万元,实际配套 178 万元;C 县共有 2 613 万元应配套资金未到位。②为不影响以后年度中央政府下达的扶贫资金额度,地方政府常常弄虚作假。2009 年,D 县易地扶贫搬迁试点工程项目投资 741 万元,其中地方应配套 325 万元,该县财政于当年 12 月 31 日付给县发展和改革局配套资金 325 万元,并附上《财政授权支付额度到账通知书》,后又于当日收回该资金,形成虚假配套。③由于地方政府配套资金不能完全及时到位,致使项目缩水。项目实施单位是按照上级拨款和地方配套资金总额编制项目计划和预算并确定工程量的,由于地方配套资金不到位或不能完全到位,项目实施时不得不变更计划,缩减工程量,调整建设内容,有的甚至无法实施。2008 年,E 县易地扶贫搬迁试点工程项目计划建设住房 8 400 平方米,平整土地 700 亩,架设供电线路 30 公里,修建道路 10 公里,由于配套资金不到位,实际建设住房 5 400 平方米,平整土地 700 亩,架设供电线路 2 公里,批复计划大部分未完成;F 县整村推进项目,计划新打机电井 3 眼,实际完成机电井 1 眼;G 区整村推进项目计划新打机电井 3 眼,建养殖小区 1 处,实际仅打机电井 1 眼。

④扶贫资金长期闲置。导致扶贫资金闲置的原因有很多,配套资金不能到位也是其中之一。有些扶贫资金下达时要求的配套比例较高,但地方财力有限,无法配套,仅靠中央下达的资金项目根本无法实施,导致资金长期闲置在财政部门,甚至挪作他用,严重影响了扶贫资金效益的发挥。

财政扶贫上述几方面的问题在全国范围内普遍存在。有鉴于此,财政部、国家发展和改革委员会与国务院扶贫办于 2011 年 11 月联合下发了新的《财政专项扶贫资金管理办法》,不再对地方政府资金配套比例做硬性要求。2014 年出台的《国务院关于改革和完善中央对地方转移支付制度的意见》扩大了不要求地方政府配套政策的适用范围,明确"除由中央和地方共同承担的事项外,中央在安排专项转移支付时,不得要求地方政府承担配套资金"。

资料来源:根据 http://finance.sina.com.cn/nongye/nygd/20111130/184610910741.shtml 和 http://www.nmgaudit.gov.cn/sjzx/jryw/22161.shtml(访问时间:2018 年 11 月 20 日)等整理。

由于最终的财政拨款数额是不封顶的,因而只要地方政府提供配套资金,就可以获得有条件不封顶的配套财政拨款,这极大地刺激了地方政府增加对接受财政拨款的地方性公共产品的投入以获得更多的财政转移支付;但不断增加配套资金,必然会影响到地方政府其他方面的正常支出,甚至还可能引起地方政府预算安排上的困难。有条件不封顶的配套财政转移支付往往使得中央政府提供的拨款数额也是不确定的,这对中央政府来说也存在不便于安排预算等问题。

6.2.4 政府间有条件封顶的配套财政转移支付的经济效应

有条件封顶的配套财政转移支付规定了中央政府提供的财政拨款的最高限额。在图 6-5 中,横轴表示接受财政拨款的地方性公共产品,纵轴表示除接受财政拨款的地方性公共产品之外的其他产品。某地区接受财政拨款之前的预算线 AB 与该地区社会无差异曲线相切于 E_1 点,决定了该地区将生产和消费 OK 数量的接受财政拨款的地方性公共产品以及 OG 数量的其他产品。如果该地区获得了来自中央政府的有条件封顶的配套财政拨款,由于需要地方政府提供配套资金,而且中央政府财政转移支付的数额是有限制的(假定最高限额与 AF 数量的接受财政补助的地方性公共产品的价值相当),因此预算线就由原来的 AB 以 B 点为中心旋转为折线 BCF。在新预算线 BCF 的 BC 段或者说限额之内,中央政府将按设定的拨款条件提供财政拨款,但在 C 点以下的 CF 段或者说当财政拨款达到最高限额时,中央政府将不再增加财政拨款。新预算线 BCF 与无差异曲线相切于

E_2 点,决定了该地区接受财政拨款的地方性公共产品和其他产品的生产和消费量分别为 OH 和 OI。与接受财政拨款之前相比,接受财政拨款的地方性公共产品以及其他产品的生产和消费量均有所提高,然而与配套率相同但不封顶的政府间财政转移支付相比,接受财政拨款的地方性公共产品以及其他产品生产和消费量的增加额都要低一些,这在图 6-5 中表现为接受有条件封顶的配套财政转移支付后的预算线与该地区社会无差异曲线相切的均衡点 E_2 要低于接受有条件不封顶的配套财政转移支付后的预算线与该地区社会无差异曲线相切的均衡点 E_3。

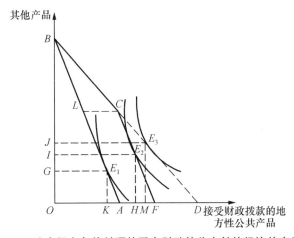

图 6-5 政府间有条件封顶的配套财政转移支付的经济效应(1)

在财政拨款限额之内(即在图 6-5 中的 BC 段),由于地方政府增加配套资金就可以从中央政府那里获得更多的政府间财政转移支付,此时就会产生接受财政拨款的地方性公共产品对其他产品的替代。然而,超过财政拨款限额之后(即在图 6-5 中的 CF 段),即使地方政府继续提供配套资金,中央政府的财政拨款也不会再增加,于是就失去了对地方政府提供接受财政拨款的地方性公共产品的进一步刺激,此时接受财政拨款的地方性公共产品与其他产品之间的替代率将恢复到接受政府间财政转移支付之前的状态。

由于有条件封顶的配套财政拨款有利于中央政府对本级预算的安排和控制,因此在实践中提供财政拨款的中央政府更愿意采用这种方式。如果地方政府所需要的财政拨款数额低于政府间财政转移支付的最高限额,即接受有条件封顶的配套财政拨款后的预算线与该地区社会无差异曲线相切的点 E_2 位于 BC 段而不在 CF 段(参见图 6-6),那么规定有条件封顶的配套财政拨款的最高限额也就失去了实际意义。

6.2.5 粘蝇纸效应

政府间财政转移支付的效应还可以通过对比一个地区居民收入的增加与获得同样数量的财政拨款对地方政府财政支出的影响进行分析。一些学者通过理论分析发现,地方政府以政府间财政转移支付方式获得的收入要比地方自有收入增加带来更多的地方财政支出。相关的计量研究也表明,地方政府以财政拨款方式增加 1 元的可支配收入将导致

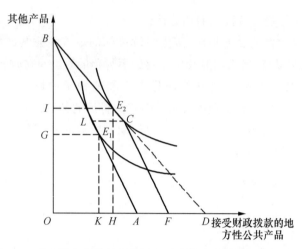

图 6-6　政府间有条件封顶的配套财政转移支付的经济效应(2)

地方财政支出增加 0.4 元,而地区居民收入增加 1 元仅会导致地方财政支出增加 0.1 元。① 这种现象被称为"粘蝇纸效应"(Flypaper Effect),即钱粘在它所到达的地方。

从 20 世纪 70 年代早期开始,许多学者都对粘蝇纸效应进行了研究,提出了无谓损失模型、交易成本模型、低收入约束模型、官僚制模型、贪婪政治家模型和提议者模型等多种诠释,但至今还没有任何一种解释在理论上和经验上均得以证实。② 尽管如此,一般认为,政府间财政转移支付割裂了地方性公共产品成本与收益之间的联系,扭曲了地方性公共产品的价格信号,使得社会成员对地方性公共产品的需求膨胀,是产生粘蝇纸效应的一个重要原因。

6.3　政府间财政转移支付的目标与方式的选择

政府间财政转移支付要实现的主要目标,具体包括弥补地方财政缺口、辖区间正外部性的内部化、确保全国范围内实现最低标准的公共服务、减少或降低各地区财政净利益的差别、鼓励地方性公共产品中优值品的提供以及稳定宏观经济运行等。不同目标的实现,需要采用不同的政府间财政转移支付形式。

6.3.1　弥补地方财政缺口

在政府间财政收支范围划定之后,当某一级政府财政出现财力相对不足而其他级次政府出现财力相对过剩时,就出现了政府间纵向财政失衡(Vertical Fiscal Imbalance)。政府间纵向财政失衡是针对多级财政体制中上、下级政府之间财政收支差异的状况而言的。在各国的实践中,一般都把税基广、增长快和有利于宏观调控的税种划归中央政府,而把税基小、税源分散、与地方社会经济发展密切相关且易于征管的税种划归地方政府。在这

---

① 哈维·罗森,特德·盖亚.财政学.北京:中国人民大学出版社,2015,433.
② 斯蒂芬·贝利.地方政府经济学.北京:北京大学出版社,2006,284—306.

种财政收入划分格局下,往往出现中央政府掌握相对较多的财力而地方政府处于收不抵支的状况,这是最为常见的一种政府间纵向财政失衡表现形式。①

地方政府的财政收入能力小于其事权所需的财政支出额,就会形成地方财政缺口(Local Fiscal Gaps)。地方财政缺口在很大程度上只是各级政府间财政收支划分不匹配的产物,它反映的是多级财政体制下政府间财政支出职责与财政收入能力之间的结构性失衡,而不是地方财政运行的结果,它与地方财政赤字不能画等号,所以地方财政缺口的弥补(Bridging Local Fiscal Gaps)方式也不同于地方财政赤字,通常情况下是通过政府间财政转移支付来弥补的。地方财政缺口并不与特定的地方性公共产品联系在一起,一般选用政府间无条件财政转移支付来加以解决。

6.3.2 辖区间正外部性的内部化

当存在辖区间正外部性时,地方政府无法将其提供的地方性公共产品产生的利益完全保留在本地区,这使得地方政府提供地方性公共产品的数量小于立足于全国范围的最优水平。

与微观经济活动产生的外部效应导致无效率的资源配置需要进行必要的干预一样,各级地方政府提供地方性公共产品过程中产生的外部效应问题,也必须采取相应的措施来解决。在诸多应对措施中,相比较而言,政府间财政转移支付可能是解决辖区间正外部性所产生低效率的一种较为有效的干预方式。在政府间财政转移支付的各种基本形式中,政府间有条件配套的财政转移支付比较适合辖区间正外部性的内部化(Internalized Inter-jurisdictional Spillovers)。中央政府提供的财政拨款应与地方性公共产品在辖区间利益外溢的程度大体一致,辖区间的正外部性越大,中央政府提供的财政拨款数额就越大;反之,就越小一些。

6.3.3 确保全国范围内实现最低标准的公共服务

确保全国范围内实现最低标准的公共服务(Ensuring Minimum Standards of Public Services),既有公平方面的考虑,也有效率方面的考虑。就公平而言,一个居民无论居住在什么地方,作为其基本生存条件重要组成部分的一定水平的公共服务必须得到满足,而不应存在过大的地区差异。就效率而言,共同的最低公共服务标准有助于减少地区间要素和商品流动的壁垒,促进国内统一市场的形成,并增进地区间资源配置的效率;否则,各辖区间基本公共服务水平的差异将诱使劳动力、资本和商品在不同地区间的非正常流动。

有些具有再分配特征的公共服务,比如社会保障、公共卫生和基础教育等,也必须有中央政府的介入才能在全国范围内达到特定的共同最低标准。由于要素流动和税收竞争限制了地方政府执行再分配职能的有效性,因而地方政府不仅不愿意充足地提供这类公共服务,而且还有可能采取种种措施来限制其他地区的居民享受本地区提供的此类公共

---

① 政府间纵向财政失衡的另一种表现形式是中央财力相对不足、地方财力相对过剩,但在现实中并不常见。

服务。在这种情况下,通过政府间财政转移支付是有助于各地区特定公共服务水平和数量标准的一致性的。当用政府间财政转移支付来保证各地区间特定公共服务的最低服务标准时,政府间有条件非配套的财政转移支付和政府间有条件配套的财政转移支付都是比较合适的手段。

6.3.4 减少或降低各地区财政净利益的差别

财政净利益(Net Fiscal Benefits)指的是财政支出与财政收入之间的差额,就个人而言,其所感受到的财政净利益是人均财政收支之间的差额。由于各地区的自然资源禀赋和经济发展水平各不相同,再加上人口方面的因素,各地区的税基与可征税潜力必然会有差异,而且有的地区还存在不利的高费用因素,因此地区间财政净利益出现差别是不可避免的。如果不对地区间财政净利益方面的差异加以矫正,则会导致地区间资源配置的低效率。经济活动主体在进行地区间资源配置决策时,不仅要考虑各地区市场条件等方面的因素,而且要考虑各地区的财政净利益情况。在市场条件大体相同但各地区财政净利益存在差别的情况下,经济活动主体无疑会选择财政净利益大的地方。甚至可能出现从市场角度来看在甲地进行投资比乙地更为有利,但由于甲、乙两地的财政净利益差距较大,使得最终的投资转向乙地,这就扭曲了市场资源配置机制的区位决策。

各地区财政净利益存在差异也不符合公平原则。地区间财政净利益的差别是政府间横向财政失衡(Horizontal Fiscal Imbalance)的一种重要表现形式。政府间横向财政失衡在很大程度上是地区间经济发展差异在财政上的体现。当出现政府间横向财政失衡问题时,经济发达地区能够为本地区居民提供较高水平的地方性公共产品和服务,而贫困地区却可能连基本的地方性公共产品和服务都难以保证。显而易见,政府间横向财政失衡的存在和加剧,不利于各地区间的均衡发展和整个社会的共同进步。尽管地区间绝对的财政平衡是不现实的,但是采取相应的措施来缩小横向财政失衡还是很有必要的。

在财政分权体制下,各地区财政净利益的差异对资源区位选择一定程度上的干扰是不可避免的,但国内统一市场要求将这种干扰降低到最低限度,这是资源配置区位中性原则的具体体现。此外,政府间财政关系中财政地位均等化原则也要求消除或缩小各地区财政净利益的差别。对地区间财政净利益差异进行矫正,需要中央政府提供旨在消除或缩小各地区财政净利益差别的均等化政府间财政转移支付,其具体措施是运用政府间无条件财政转移支付。在制订政府间无条件财政转移支付具体方案时,要将人均收入、人均税基、公共产品单位提供成本等客观性指标作为参考依据。

专栏 6-2　财政转移支付使得中国西部人均财力接近东部水平

1994年分税制改革后,随着中央财力的增强和宏观调控能力的提高,中国逐步建立并完善了中央对地方的财政转移支付制度。在二十多年的实践中,政府间财政转移支付的资金分配主要面向财力相对薄弱的中西部地区,在均衡地区间财力差异、促进公共服务均等化等方面发挥了重要作用。

财政部提供的数据表明,2005年中西部地区获得全部政府间财政转移支付资金的87%,东部地区仅获得13%,其中财力性转移支付西部地区获得了90%,专项转移支付中西部地区获得了83%。财政转移支付的实施大大提高了中西部地区的人均财力水平。财政转移支付实施之前,中部和西部地区的人均财力仅相当于东部地区的31.8%和33.4%;财政转移支付实施之后,中部和西部地区的人均财力分别上升到东部地区的42.5%和47.5%。2012年,财政转移支付实施之前,中部和西部地区的人均财力分别相当于东部地区的36%和42%;通过财政转移支付实施再分配后,中部和西部地区的人均财力提高到东部地区的63%和85%。2014年,财政转移支付实施之前,东部、中部、西部地区一般公共预算收入占比为54%∶25%∶21%;通过财政转移支付实施再分配后,东部、中部、西部地区一般公共预算支出占比为39%∶31%∶30%。

当然,西部地区人均财力水平与东部地区相当,并不意味着西部地区能够提供与东部地区同样水平的公共服务,因为西部地区地广人稀,再加上自然地理条件恶劣,西部地区公共服务的人均提供成本要远高于东部地区。尽管如此,政府间财政转移支付在缩小中国地区间公共服务的差距、解决横向财政失衡等方面的贡献是不容忽视的。

资料来源:根据http://yss.mof.gov.cn/zhengwuxinxi/zhengceguizhang/201502/t20150202_1187167(访问时间:2018年11月20日)和郭晋晖.中央财政转移支付超4万亿、西部人均财力接近东部.第一财经日报,2012-03-19等整理。

6.3.5 鼓励地方性公共产品中优值品的提供

正如不同的人对同一件产品或服务的评价会不同一样,分别代表整体利益和局部利益的中央政府和地方政府对地方性公共产品的效用评价也会不尽相同。如果中央政府对某一地方性公共产品的效用评价高于地方政府对它的评价,则该地方性公共产品在中央政府眼中就是全国性优值品(Local Public Goods as Central Merit Goods),中央政府认为这种地方性公共产品,如基础教育、博物馆、图书馆、美术馆等的提供应当加以鼓励。与全国性优值品相对应的是全国性劣值品(Central Demerit Goods),其生产和消费在中央政府看来是应当受到抑制的,如地方政绩工程等。

对地方性公共产品效用评价的不同会导致不同的决策。当地方政府和中央政府对地方性公共产品的评价大体一致时,地方政府在地方性公共产品提供上的决策不仅符合本地区的利益,而且符合全社会的利益。而当地方政府和中央政府对地方性公共产品的评价出现分歧时,虽然地方政府的决策有可能符合地方短期利益的最大化,但从全社会的角度来看,它仍然没有实现资源的最优配置。地方政府决策的变更不可能由地方政府自觉来实现,它需要中央政府进行必要的干预。政府间财政转移支付就是一种适合改变地方政府决策,使之更符合中央政府偏好的手段。

为了鼓励地方性公共产品中优值品的提供,一般应采用有条件不封顶的配套财政转移支付方式。如果中央政府认为地方性公共产品中的优值品不需要无限度地提供或者一定额度的财政拨款就能够促使地方性公共产品中优值品的提供达到它所期望的水平,那么也可以采用政府间有条件封顶的配套财政转移支付方式(参见表6-1)。

表 6-1 政府间财政转移支付方式的选择

目标	政府间财政转移支付方式的选择	要避免的问题
弥补财政缺口	无条件财政转移支付或重新分配支出职责	赤字拨款;依具体税种进行分享
减少区域财政非均等	非配套财政能力均等化转移支付	多因子的一般收入分享
对外部性的干预	不封顶的配套财政转移支付,配套率与收益外溢程度保持一致	
设立国家最低标准	有条件非配套财政转移支付	只根据支出情况进行转移支付;特别拨款
在中央政府认为重要但地方政府不重视的领域影响地方偏好	不封顶的配套财政转移支付,配套率与财政能力相反	特别拨款

资料来源:安瓦·沙.发展中国家的地方治理.北京:清华大学出版社,2010,14。

6.3.6 稳定宏观经济运行

在现代社会,越来越多的国家把政府间财政转移支付作为刺激需求、增加就业的一项重要手段。在经济危机时期,中央政府往往会增加各种反周期的财政拨款,用以帮助地方政府增加对失业者的补助,延长对失业者提供补助金的期限,或加大对地方政府兴办公共工程的资金支持力度,这对于恢复和增加就业、提升经济景气程度具有积极意义;而在经济繁荣时期,中央政府往往会减少反周期的财政拨款,以限制地方财政支出、防止经济过热。

6.4 政府间财政转移支付的资金分配

资金的分配是政府间财政转移支付制度的核心内容,它直接关系到政府间财政转移支付各项目标能否顺利实现。政府间财政转移支付的资金分配,或是基于地方政府财政支出需求,或是基于地方政府财政收入能力,或者两者都考虑进来。

6.4.1 地方政府财政支出需求

地方政府的财政支出需求(Subnational Fiscal Needs)是地方政府为提供一定数量和质量的公共产品和服务而掌握相应财政资源的需要。要相对准确地测度一个地区的财政支出需求,首先就要弄清楚影响该地区财政支出需求的各种因素。影响地方财政支出需求的因素主要有一般因素、自然条件因素、经济发展因素、社会发展因素和特殊因素等几个方面。其中,一般因素具体包括人口规模、人口结构、人口增长率和国土面积等;自然条件因素具体包括气候、资源和交通运输条件等;经济发展因素具体包括国民收入总额、人均国民收入、财政收入总额、人均财政收入和经济增长速度等;社会发展因素具体包括教育、医疗卫生、城市化水平等;而特殊因素则是指首都、民族地区、特区、不同地区的成本价格差异和通货膨胀因素等。上述因素可以归并为影响财政支出的需求因素和影响提供标准水平公共服务的成本因素两大类(参见表6-2)。其中,人口是影响地方政府财政支出需求的关键性因素。地方性公共产品和服务的受益对象主要是本地区的居民。人口总量和结构不同的地区,相应的财政支出需求也就不同。如果某一地区学龄人口比较多,则该地区教育方面的支出需求就较大;如果某一地区老龄人口比重大,则该地区医疗保健、养老方面的支出需求就大一些。在不同地区提供相同数量和质量的地方性公共产品的成本也是不同的,这主要是由不同地区自然地理条件和社会经济发展水平不同造成的。仅以地方政府的行政管理为例,山区的交通费用就要比平原高一些,而南方地区冬季的办公取暖费用就要比北方地区低许多。

表6-2 地方财政支出需求的影响因素

支出需求因素	澳大利亚	德国	印度	巴西	成本因素	澳大利亚	德国	印度	巴西
人口	√	√	√	√	地理面积	√	√	√	√
人口比例的倒数	√				温度、降雨量、土壤等	√	√		
人口密度		√			自然灾害	√			
人口分布	√		√		道路长度	√			
特定人口占总人口的比重	√				次级路面的比例	√			
性别			√		地区公路的弯道因素	√			
人口控制措施	√				桥梁、涵洞和隧道面积	√			
低收入家庭和个人	√				港口设施		√		
社会保险受益人	√				地市县数量				√
低英语熟练程度补贴	√				非政府单位平均工资	√			
非官方语言背景	√				平均有效出租率	√			
学生数	√				电力比率及成本	√			
识字率			√		上网价格	√			
人道主义移民	√				3分钟通话费的平均价格	√			
普通从业人员数量					50千克货物的运输价格	√			
土著或少数民族人口	√				国内经济舱平均机票价格	√			
城市人口	√	√			商业场所数量	√			
边远地区人口	√				住宅区数量	√			
农业人口	√				拥有第一套住宅的人数	√			
					公园游客数量	√			

资料来源:Francis Vaillancourt & Richard Bird. Expenditure-based Equalization Transfers. International Tax Program, Institute for International Business, Joseph L. Rotman School of Management, University of Toronto, ITP Paper 0512, 2005。

6.4.2 地方政府财政收入能力

地方政府的财政收入能力(Subnational Fiscal Capacity)是地方政府为满足公共需求在既定财政体制的约束下筹集财政资源的能力。影响地方政府财政收入能力的因素主要体现在经济、税收制度等方面,具体包括经济发展水平、经济结构、自然资源禀赋、城镇化水平等。其中,经济发展水平是地方政府财政收入能力最主要的影响因素,它直接决定着地方政府的财源;一般来说,经济发展落后地区政府的财政收入能力要明显弱于富裕地区。

6.4.3 政府间财政转移支付资金的分配方法

政府间财政转移支付资金的分配,在相当大程度上取决于对地方政府财政支出需求和地方政府财政收入能力的评估。在各国的实践中,评估地方政府财政支出需求和地方政府财政收入能力的方法主要有基数法和因素评估法两种。

1. 基数法

在基数法下,政府间财政转移支付资金的分配以各地区以前年度实际财政收支额为依据,并适当考虑增长因素来确定。基数法的最大优势在于简便易行,但从具体执行情况来看,这种方法存在的问题也很明显。

第一,基数法根据静态的历史资料确定财政收支指标,既缺乏科学依据,又无法适应复杂多变的社会经济状况。决定地方财政收支的各种因素是经常变化着的,随着时间的推移,对以往的实际财政收支略加调整来确定财政收支指标的准确性便会大打折扣,而且基数确定过程中也比较容易受人为等非客观因素的影响,尤其是对一些地区的特殊需要和特殊情况设置的专项补助的确定具有较大的随意性。

第二,基数法不符合公平原则。基数法没有触动历史原因造成的地区间财力分配不均和公共服务差距较大的问题,这一方法将原有的利益分配格局固化下来,人为地造成苦乐不均,使各地区无法处于同一起跑线上。

第三,基数法往往扭曲地方政府的行为。采用基数法确定财政收支指标,使得增收节支的地方吃亏,少收多支的地方占便宜,致使各地区争相藏富于企业,该收的不收,人为地压低收入基数,同时也人为地扩大支出基数,这不仅不利于调动地方政府增收节支和收支平衡的积极性,而且会给地方经济发展和人民生活带来一定的负面影响。

由于基数法无论是在财政均衡方面还是在资源配置方面都无法达到令人满意的效果,因而在分级财政体制较为健全的国家,普遍运用因素评估法来分配财政转移支付资金。

2. 因素评估法

因素评估法(Factor Assessment Method)是对影响地方政府财政收入能力和财政支出需求的各种因素进行全面分析,制定全国统一的客观标准和匡算地方财政收支的公式,并根据一些特殊因素加以修正,计算出各地区的标准财政收入能力(Standardized Revenues)

及标准财政支出需求（Standardized Expenditures），并以此来分配财政转移支付资金的一种方法。

在因素评估法下，一般选择不易受人为影响的客观性因素，各地区财政收支指标根据全国统一的标准来核定，与此同时也对各地客观存在的差异进行适当的调整，这既体现了公平原则，又减少了随意性、提高了透明度，有利于各地区公平竞争。与基数法相比，因素评估法要复杂得多，它的有效实施必须以能够及时、准确地获得各地区完备的相关信息为前提条件，而且如果评估因素选择不恰当，也会像基数法一样造成地方财政收支的双向扭曲。

6.4.4 因素评估法下政府间财政转移支付资金的分配

为了取得良好的效果，相当多国家的政府间财政转移支付都采用因素评估法来进行资金的分配。根据分配依据的不同，政府间财政转移支付资金的分配可以区分为财政收入能力均等化模式、财政支出均等化模式和财政收支均等化模式等三种。

1. 财政支出均等化模式下的政府间财政转移支付资金的分配

财政支出均等化模式下的政府间财政转移支付不考虑各地区财政收入能力的差异，而是基于满足各地区相同的人均财政支出需求来分配财政转移支付资金，力求通过使各地区具有相同的人均财政支出来达到不同社会成员享有水平大体相同的公共服务的目的。这一模式要求根据各地方政府承担的职能，准确地测算出其履行职能所需的标准财政支出。

选择什么因素来测算地方标准财政支出以及该因素占多大权重，直接影响着政府间财政转移支付的数额。想要更精准地测算出标准财政支出以有助于均等化目标的实现，就要考虑更多地方财政支出需求影响因素，如均等化程度接近100%的澳大利亚财政转移支付制度中考虑的地方财政支出需求影响因素就远多于均等化程度为70%左右的德国（参见表6-2）。当然，考虑的影响财政支出需求的因素越多，政府间财政转移支付制度就越复杂，实施成本也就越高。不同国家在财政管理水平、信息的可获得性以及要达到的均等程度等方面存在很大的差异，所以不同国家的财政转移支付制度考虑的财政支出需求影响因素也各不相同。一般来说，经济发达国家的财政转移支付制度考虑的财政支出需求影响因素要多于发展中国家。

在具体测算过程中，不同的财政支出项目应分别根据其自身特性采用不同的计算公式，并在公式中引入调整系数对部分地区在不同地理环境或人口密度等因素下形成的与标准财政支出背离较多的公共服务提供成本和其他成本进行调整，以使得政府间财政转移支付额尽可能地反映不同地区的自然特征等特殊因素对公共服务需求和公共服务提供成本的影响。当某一地区的人均标准财政支出高于全国平均水平时，该地区就可以获得中央政府的财政转移支付，转移支付额等于该地区的人均标准财政支出与全国人均财政支出水平之间的差乘以该地区的人口数，这可以用式(6-1)表示。

某地区应得财政转移支付额 = $\sum$（该地区某财政支出项目人均标准财政支出×调整系数-全国某财政支出项目人均标准财政支出）×该地区人口数 　　　　　(6-1)

2. 财政收入能力均等化模式下的政府间财政转移支付资金的分配

财政收入能力均等化模式下的政府间财政转移支付不考虑不同地区的财政支出需求差异，而是基于不同地区实现财政收入的均等来分配财政转移支付资金，力图通过使不同地区具有相同的财政收入能力来实现不同社会成员享有水平大体相同的公共服务的目的。

这一模式需要根据经济发展水平和税收征管等因素来确定各地区的标准财政收入。①当某一地区的人均标准财政收入低于全国平均水平时，该地区就可以获得中央政府的财政转移支付，转移支付额等于该地区的人均标准财政收入与全国人均财政收入水平之间的差乘以该地区的人口数，这可以用式(6-2)表示。

某地区应得财政转移支付额 = $\sum$（全国某税种税基总和÷全国总人口数-该地区某税种税基÷该地区人口数）×该地区人口数×标准税率 　　　　　(6-2)

3. 财政收支均等化模式下的政府间财政转移支付资金的分配

财政收支均等化模式下的政府间财政转移支付同时考虑各地区财政收入能力和支出需求的差异，通过测算各地区的人均标准财政收入和人均标准财政支出之间的差额来分配财政转移支付资金。某个地区能获得的政府间财政转移支付额等于该地区的人均标准财政支出与人均标准财政收入之间的差乘以该地区的人口数，这可以用式(6-3)表示。

某地区应得财政转移支付额 =（该地区人均标准财政支出-该地区人均财政标准收入）×该地区人口数 　　　　　(6-3)

6.5 主要国家的政府间财政转移支付

在不同国家，财政集权与分权的程度是不同的，各级政府之间财政收支的划分也不相同，再加上各国政治、经济、历史和文化传统等方面的差异，各国选用政府间财政转移支付的主体形式存在较大的差异，所要达到的目的也不尽相同。

6.5.1 美国的政府间财政转移支付

美国的政府间财政转移支付由分类拨款（Categorical Grants）和整额拨款（Block

---

① 美国政府间关系咨询委员会(ACIR)多年来一直致力于税收收入能力的研究，并提出了多种估测税收收入能力的方法，如个人平均所得税法(PCI)、地区生产总值法(GSP)、完全可税收入法(TTR)、代表性税制法(RTS)和代表收入法(RRS)等。

Grants)组成,它们都属于政府间有条件财政转移支付的范畴。由于美国联邦政府财政拨款的首要目的是对不同人群提供均等化的公共服务,而不是保证州和地方政府有提供均等化公共服务的财政能力①,因而美国目前不存在以实现横向均等化为目标的一般性拨款。②

自取消一般目的补助以来,分类拨款一直是美国政府间财政转移支付的主体形式。1987财政年度,美国联邦政府设立了435个财政拨款项目,其中422个项目采用的是分类拨款形式,只有13个采用的是整额拨款形式;1998财政年度,美国联邦政府设立了664个财政拨款项目,其中640个项目采用的是分类拨款形式,24个采用的是整额拨款形式;2017财政年度,美国联邦政府设立了1 319个财政拨款项目,其中1 299个项目采用的是分类拨款形式,只有20个采用的是整额拨款形式(参见表6-3)。

表6-3 美国联邦政府财政拨款的构成

财政年度	拨款项目数	分类拨款	整额拨款	财政年度	拨款项目数	分类拨款	整额拨款
1987	435	422	13	2012	996	970	26
1989	492	478	14	2013	1 052	1 030	22
1991	557	543	14	2014	1 099	1 078	21
1993	593	578	15	2015	1 188	1 168	20
1995	633	618	15	2016	1 216	1 196	20
1998	664	640	24	2017	1 319	1 299	20
2009	953	929	24				

资料来源:Robert J. Dilger. Federal Grants to State and Local Governments: A Historical Perspective on Contemporary Issues. Congressional Research Service, Report 7-5700, 2018。

美国的分类拨款是一种指定用途和范围都比较窄(Narrowly Defined Scope)的财政拨款,它主要提供给特殊目的型政府。③ 分类拨款不仅限制接受拨款政府对财政拨款资金的自由裁量权,而且对项目的选择、绩效以及监管等都有严格的规定;此外,分类拨款还要求接受拨款的政府提供相应的配套资金,同时向联邦主管部门提交各项补助计划执行情况的书面报告(Reporting Requirements)。美国的分类拨款通常具有竞争性,要想获得拨款,州和地方政府必须先提出申请,由联邦政府从申请者中择优进行资助。美国分类拨款的使用范围主要集中在健康、收入保障、交通、教育、环境保护和能源开发等领域,具体包括医疗补助项目(Medicaid Program)、食品券项目(Food Stamp Program)、补充营养援助项

---

① Anwar Shah.践行财政"联邦制".北京:科学出版社,2015,283。
② 20世纪60年代,美国联邦政府曾经向州和地方政府提供了被称为收入分享的一般目的补助(General Purpose Grants)。由于一般目的补助不具备有效体现联邦政府意图的功效,因而其在美国政府间财政转移支付体系中所处的地位从开始实施后一直在下降,其相对规模也日益缩小,到后来占联邦政府财政拨款额的比重只有2%左右。20世纪80年代,一般目的补助被取消,其中对州的一般目的补助结束于1982财政年度,对地方的一般目的补助结束于1986财政年度(参见 Holley H. Ulbrich. Public Finance in Theory and Practice. Thomson Learning, 2003, 298)。
③ John L. Mikesell. Fiscal Administration: Analysis and Application for the Public Sector. Cengage Learning, 2017, 662.

目（Supplemental Nutrition Assistance Programs）、儿童早期教育项目（Head Start Program）、林业援助项目（Forestry Assistance Programs）和防洪援助项目（Flood Mitigation Assistance Programs）等。美国的分类拨款要么以项目为基础（Project-based），要么以公式为基础（Formula-based），但还是以项目性分类拨款（Project Categorical Grants）为主，只有少部分是公式分类拨款（Formula Categorical Grants），项目-公式分类拨款（Formula-Project Categorical Grants）和不封顶的补偿性分类拨款（Open-end Reimbursement Categorical Grants）比较少见。分类拨款基本都按照特定的标准，通过一定的公式进行计算后加以分配，既反映了各地的实际支出需要，也体现出各地的财政收入能力。同样项目的拨款，联邦政府提供的资金比例在不同地区是不一样的，它与各地区的财政支出需求成正比，与各地区的人均财政收入成反比。

美国的整额拨款是一种宽范围用途补助（Broad Based Grants），它主要提供给一般目的型政府。① 美国联邦政府只确定了整额拨款大的使用方向，没有对具体的使用做详细的规定，也不附加任何条件②，州和地方政府可以根据自身需要在框定的大方向内自主地使用这一资金。美国在20世纪六七十年代率先确立了5个整额拨款项目，并从20世纪80年代开始在全美全面推行开来。美国的整额拨款是非竞争性的，只要满足设定的各项条件，就可以获得转移支付。美国较为典型的整额拨款有社区发展计划（Community Development Programs）、贫困家庭临时救助计划（Temporary Assistance to Needy Families Programs）和地面交通计划（Surface Transportation Programs）等。

专栏6-3　美国州政府的义务教育财政转移支付

美国的义务教育大多由学区负责，学区自行征税筹集义务教育所需的经费，经费缺口由联邦和州政府直接对学区进行财政转移支付，但联邦和州的责任不尽相同。联邦政府主要为处境不利的群体和无正常学习能力的儿童提供补助，其中最大的义务教育拨款计划是"一号计划"（Title One Program）。

除夏威夷州外，美国各州都担负了近一半的义务教育筹资责任。义务教育是美国州政府财政转移支付的主要项目，几乎所有州的大部分转移支付资金都用于中小学教育。各州普遍采用专项补助形式，具体包括基本补助、保证税基补助、基本补助与保证税基补助相结合等。

（1）基本补助

基本补助（Foundation Program）方式下的拨款额，不仅取决于学区内的学生人数，而且与学区内的教育成本、贫富程度相关。基本补助的基本公式为 $G_i = B(1+C_i) - V_i \times R^*$。式中，$G_i$ 为 i 学区生均补助，B 为基础性的生均补助，C_i 为 i 学区的教育成本指数，V_i 为 i 学区的人均财产税基，R^* 为基本的财产税税率。

---

① John L. Mikesell. *Fiscal Administration: Analysis and Application for the Public Sector*. Cengage Learning, 2017, 662.
② 整额拨款在性质上仍属于政府间有条件财政转移支付的范畴。

基本补助采取一次性总付的方式,其目的是提供一个基本水平的义务教育,从而有利于缩小贫富学区间的差距。由于在基本补助计划下,学区可以选择比基础税率更高的财产税税率,因此基本补助只能保证一个学区的最低支出水平,并不能实现各学区义务教育财政收入能力的均等化。事实上,各州那些富裕学区选择的财产税税率往往要比贫困学区高。基本补助公式中没有消除或减少生均支出与学区富裕程度间的相关性,所以遭到了不少反对。

(2) 保证税基补助

保证税基补助(Guaranteed Tax Base Program,GTB)旨在为每一个学区提供一个相同的、基础性的人均税基,使得贫富不同的学区在相同税率下都能筹集到大致相同的生均收入。GTB 补助的基本公式为 $G_i = (V^* - V_i) \times R_i$。式中,$G_i$ 为 i 学区生均补助,V^* 为保证的人均税基,V_i 为 i 学区的人均财产税基,R_i 为 i 学区的财产税税率或被允许的最高保证税率。当 V_i 大于 V^* 时,i 学区可以获得州政府的补助,且补助与 i 学区选择的税率成正比;当 V_i 等于 V^* 时,i 学区所得补助为零。

保证税基补助有效地为各学区提供了大体相同的财政收入能力。这种能力均等化方式有别于基本补助计划中设定一个基础性的生均最低支出水平,而且 GTB 是一种配套而非一次性总付的补助,有着与基本补助不同的经济效应。

(3) 基本补助与保证税基补助相结合

基本补助与保证税基补助相结合(Combined Foundation-GTB Program)的拨款方式能够将专项一次性补助与专项配套补助的优点结合起来,确保各州在享受最低人均支出的同时满足效率要求。综合补助的基本公式为 $G_i = B + (V^* - V_i) \times R^*$。式中,$G_i$ 为 i 学区生均补助,B 为基础性的生均补助或基本水平,V^* 为保证的人均税基,V_i 为 i 学区的人均财产税基,R^* 为基本的财产税税率。

资料来源:根据王强.国外义务教育财政转移支付模式:比较与启示.教育研究,2011(3)和商丽浩,田正平.美国州政府的基础教育转移支付制度.比较教育研究,2001(12)等整理。

在过去几十年里,美国联邦政府对州和地方政府财政转移支付的规模有一定波动。1970 财政年度,美国联邦政府对州和地方政府的财政拨款占联邦财政支出的比重为 12.3%,1980 财政年度上升到 15.47%,此后的十年间又有所下降,1990 财政年度这一比重已经降为 10.8%。从 20 世纪 90 年代初期开始至 2003 财政年度,联邦财政拨款的相对规模持续扩大,一度达到 17.99% 的水平,随后又下降至 2009 财政年度的 15.29%,但在 2016 财政年度又回复到 17.15% 的水平(参见表 6-4)。尽管美国的纵向财政失衡程度并不十分严重,但州和地方政府的财政支出需求在很大程度上仍有赖于政府间财政转移支付来满足。近年来,美国州政府有 32% 左右的财力来自联邦政府的财政转移支付,主要用于医疗和公共福利等;而政府间财政转移支付占地方政府财政收入的比重约为 36%,其中大部分来自州政府,较小的部分来自联邦政府,主要用于教育、住房和社区发展、废物处理及机场建设等。

表 6-4　美国联邦政府财政拨款的相对规模　　　　　单位:%

财政年度	联邦财政拨款/联邦财政支出	财政年度	联邦财政拨款/联邦财政支出	财政年度	联邦财政拨款/联邦财政支出
1970	12.30	1997	14.62	2008	15.47
1975	14.98	1998	14.89	2009	15.29
1980	15.47	1999	15.74	2010	17.60
1985	11.19	2000	15.98	2011	16.84
1990	10.80	2001	17.10	2012	15.40
1991	11.67	2002	17.55	2013	15.81
1992	12.89	2003	17.99	2014	16.46
1993	13.74	2004	17.77	2015	16.93
1994	14.41	2005	17.31	2016	17.15
1995	14.84	2006	16.35	2017	16.95
1996	14.60	2007	16.26		

资料来源:根据 Historical Tables Budget of the U.S. Government 计算整理。

6.5.2　德国的政府间财政转移支付

20 世纪五六十年代,联邦德国发生了因不同地区生活条件存在较大差异而引发的人口迁移潮。为了消除大规模的人口迁移,并防止由地区间生活条件差距过大导致诸多社会经济问题的发生,联邦德国于 1969 财政年度引入了财政平衡体制①,它由三个层次的政府间财力配置构成。

1. 增值税收入预平衡

德国第一层次的政府间财力配置是通过增值税分享来进行的。增值税是一个用来调整联邦与各州之间财力分配关系的平衡性税种,当联邦与各州的财政收支出现足以影响各自平衡关系的变化时,可以通过联邦和州政府之间的磋商来对增值税的分享比例进行调整。虽然增值税的分享比例是可以调整的,但在德国统一之前调整幅度并不大。在财政平衡体制正式确立后的 1970 年,增值税在联邦和州政府之间的分享比例为 70%∶30%。直到两德统一前,增值税在联邦和州政府之间的分享比例在 20 年间仅渐进调整了 5 个百分点(参见表 6-5),这在一定程度上反映出统一前德国的政府间财力分配具有稳定性。统一之后,德国却不断调整增值税的分享比例。在制定《团结公约Ⅰ》的 1993 年,增值税的分享比例就由 1990 年的 65%∶35%调整为 63%∶37%;而在东部各州正式被纳入财政平衡机制的 1995 年,又对增值税的分享比例进行了一次较大幅度的调

---

① 德国统一后,为缓冲统一对财政平衡体制带来的冲击,原民主德国各州没有立即被纳入,而是主要依赖联邦政府的纵向转移支付来"输血"。为了减轻联邦政府的财政负担,并进一步加强对原民主德国各州的援助,德国于 1995 年开始实行有效期为 10 年的《团结公约Ⅰ(Solidarity PactⅠ)》,原民主德国各州正式被纳入财政平衡体制。

整,州分享的比例一下子上调了7个百分点,一年后再次上调了5.5个百分点。此后,州增值税的分享比例继续提升,到2016财政年度达到48.33%(参见表6-5)。州分享增值税比例的大幅提升,主要是因为东部各州被纳入财政平衡体制加重了西部各州的财政负担,提高州的增值税分享比例实际上是对西部各州的一种补偿。①

表6-5 德国增值税在各级政府间的分享比例　　　　　　　　　　单位:%

财政年度	联邦政府	州政府	地方政府	财政年度	联邦政府	州政府	地方政府
1970	70.00	30.00	0.0	2010	53.20	44.80	2.00
1975	68.25	31.75	0.0	2011	53.90	44.10	2.00
1980	67.50	32.50	0.0	2012	53.40	44.60	2.00
1985	65.50	34.50	0.0	2013	53.40	44.60	2.00
1991	65.00	35.00	0.0	2014	53.50	44.50	2.00
1994	63.00	37.00	0.0	2015	52.30	45.50	2.20
1995	56.00	44.00	0.0	2016	49.43	48.33	2.24
2000	52.00	45.90	2.1	2017	50.72	46.62	2.66
2005	53.10	44.80	2.1				

注:德国每年要预留一定比例的增值税收入用于联邦政府的养老基金,剩下的增值税收入再按确定的比例在联邦政府和州政府之间进行分配。从1998财政年度开始,为缓解地方财政困难,德国联邦与州政府同意地方政府参与增值税共享。

资料来源:根据Ralf Hepp & Jürgen von Hagen. Fiscal Federalism in Germany: Stabilization and Redistribution Before and After Unification. Discussion Paper No.06, Department of Economics, Fordham University, 2009 和 https://www.bundesfinanzministerium.de/Content/EN/Standardartikel/Press_Room/Publications/Brochures/2018-03-28-financial-realations-federation-pdf.html(访问时间:2018年11月20日)等整理。

在确定了增值税属于州级财政的比例之后,这部分收入在各州之间的分配又分成两个部分来进行。第一部分是将属于州级财政所有的增值税收入中的75%按州的居民人数进行分配。具体做法是首先用75%的州级增值税收入除以各州居民总人数,得出人均应分配增值税税额,然后用各州的居民人数乘以人均应分配增值税税额,即得出各州按居民人数分配得到的增值税份额。将大部分增值税收入按人口在各州之间进行分配,主要是因为增值税是由消费者负担的与消费支出有关的税收,它最终是由消费者支付的,人口多,相应的消费就多,缴纳的增值税也就多。第二部分是将属于州级财政所有的增值税收入中的25%分配给那些财政收入能力弱的州,用于州级财政平衡。增值税收入预平衡以各州的人均税收为基础,这一财力平衡并不考虑支出需求。在相当长一段时间里,德国限定人均税收收入低于全国平均水平92%的州才有资格参加增值税平衡补助的分配,分配给各州的具体数额是州人均税收收入与全国平均水平92%之间的差额。在统一之前,西部财力状况相对较弱的下萨克森、莱茵兰-普法尔茨和石勒苏益格-荷尔斯泰因等州都可

---

① Arthur B. Gunlicks. German Federalism and Recent Reform Efforts. *German Law Journal*, 2005, 6(10), 1283-1295.

以从增值税预平衡中获得一定的补助,而统一后由于东部各州的加入,拉低了德国的人均税收收入水平,使得原先可以参加增值税平衡补助分配的一些西部州失去了分配的资格,这引起了部分西部州的不满。正是在这种情形下,德国《团结公约Ⅱ》(Solidarity Pact Ⅱ)确定从 2005 财政年度开始所有人均税收收入低于全国平均水平的州都可以参与增值税平衡补助的分配,而且各州获得的增值税平衡补助采用线性累退方法来分配,即人均税收收入低于全国平均水平 97% 的州可以获得相当于差额部分 95% 的补助;而人均税收收入超过全国平均水平 97% 的州,则按 95%—60% 的线性累退率来确定补助额。

2. 州际横向财力平衡

德国第二层次的政府间财力配置是极具特色的州际横向财力平衡体制,通常在联邦政府与州政府之间分配了增值税之后仍不能完全将各州的生活条件水平维持在大体相近的标准时实施,由财政状况相对较好的州根据法律规定拿出部分税收收入分配给财政状况较差的州,这是在增值税收入预平衡的基础上进行的再平衡。

州际横向财力平衡的资金来源于富裕州,而贫困州则接受援助。一个州是接受援助还是做出贡献,以及接受援助或做出贡献的具体数额,要按照《财政平衡法》的规定通过州财力和州财力需求之间的比较来确定。州财力为增值税预平衡以后形成的州税收收入和一定比例的地方税收收入。① 州财力需求是各州要达到全国人均财政支出的平均水平所需要的财力,具体由全国人均财力需求乘以加权的州人口数来确定。平衡指数(FA_i)体现的是州财力与州财力需求之间的比例关系。财力大于财力需求的州,其平衡指数大于 100%,它有义务向财政平衡的"资金池"做出贡献;而财力小于财力需求的州,其平衡指数小于 100%,它有权从财政平衡的"资金池"里得到补助。

在很长一段时间里,承担贡献责任的富裕州按照跨越式阶梯状的贡献率进行贡献,平衡指数为 100%—101% 的州要贡献出超过其财力需求部分的 15%,平衡指数为 101%—110% 的州要贡献出超过其财力需求部分的 66%,平衡指数在 110% 以上的州要贡献出超过其财力需求部分的 80%。平衡指数低于 100% 的州,可以获得援助,92% 与 100% 间差额部分的援助比例为 37.5%,而 92% 以下部分的援助比例为 100%。在这种分配方法下,"劫富济贫"的力度太大,直接导致德国各州的税收能力发生了较大的改变。1995 财政年度,德国人均税收收入水平排名靠前的西部六州,在经过州际横向财力平衡后大部分的排名均靠后,尤其是原先排名第二的黑森州变为垫底(参见表 6-6),而东部各州人均税收收入水平大幅提升,原先排名最后的图林根州变为第 6,这直接引致黑森州联合巴登-符堡腾、巴伐利亚等部分西部州向德国联邦宪法法院提起针对横向财政平衡体制的司法诉讼,

---

① 州内地方税收收入只按其实际收入的一定比例参加州税收能力的测算,主要是因为各个地方的税收收入相差悬殊,州财政又无权干涉地方的收入,如果地方税收收入全额参加测算,则意味着地方收入较高的州要多做贡献,这无疑对其是不公平的,因而采取折中的办法,地方税收收入只按其实际收入的一定比例参加州税收能力的测算。考虑到某些州的特殊负担,如港口城市的港口维护费用,可在统计其税收收入时做部分扣除。如果特殊负担与扣除额相差过大,则可以由联邦财政部在取得参议院的同意后,对扣除额加以调整。

并最终促使《团结公约Ⅱ》的出台。①

表6-6 德国财政平衡前后各州的人均税收收入(1995财政年度)

财政平衡前		州	财政平衡后	
州人均税收收入/全国平均水平(%)	排名		州人均税收收入/全国平均水平(%)	排名
236	1	汉堡	120	7
132	2	黑森	89	16
125	3	不来梅	197	1
120	4	北莱茵-威斯特法伦	91	12
116	5	巴登-符堡腾	90	15
112	6	巴伐利亚	90	14
98	7	柏林	141	2
91	8	石勒苏益格-荷尔斯泰因	94	10
90	9	萨尔	135	3
86	10	莱茵兰-普法尔茨	94	11
83	11	下萨克森	91	13
43	12	勃兰登堡	120	8
40	13	萨克森	117	9
36	14	萨克森-安哈尔特	121	5
36	15	梅克伦堡-前波莫瑞	122	4
35	16	图林根	120	6

资料来源：Arthur B. Gunlicks. Financing the German Federal System: Problems and Prospects. *German Studies Review*, 2000, 23(3), 533-555。

《团结公约Ⅱ》对州际横向财力分配办法进行了多方面的调整。首先，在计算州财力时，不仅将地方税收收入的计入比例由原来的50%调整为64%，而且允许州税收收入与上年相比的增加额超过平均数的部分有12%可以不计入进来②，这相当于允许富裕州保留部分税收收入增加额在本州使用，从而提高了富裕州加强税收征管的积极性。其次，在计算州财力需求时，对人口权数进行了调整，除人口密集地区可以进行加权外，人口稀少地区也可以进行人口加权，如柏林、汉堡、不来梅三个人口密集州级市的居民人数按其实际居民人数乘以1.35的调整系数计算，而人口稀少的梅克伦堡-前波莫瑞、勃兰登堡和萨

---

① 德国的《团结公约Ⅱ》于2005年生效，并实施到2019年。
② Thomas Lenk & Karolina Kaiser. The Premium Model in the German Fiscal Equalization System. Discussion Paper No 46, Institut für Finanzen/ Finanzwissenschaft, Wirtschaftswissenschaftliche Fakultät, Universität Leipzig, 2004.

克森-安哈特等州的居民人数按其实际居民人数分别乘以 1.05、1.03 和 1.02 的调整系数计算。最后，各州在州际横向财力平衡过程中的贡献额或补助额，采用了轴对称线性累进法。① 在这一方法下，汉堡、黑森、巴伐利亚等主要财政贡献州的边际财政贡献率均有较大幅度的下降，如汉堡在 2005 财政年度前的边际财政贡献率高达 94.70%，而在调整之后下降为 63.62%。② 新的分配方法，有效降低了州际横向财力平衡的再分配效应，使得各州人均财力的排序不因为州际横向财力平衡而发生根本性的改变，从而在一定程度上缓解了东、西部各州之间的财政利益冲突。

专栏 6-4　德国横向财政平衡体制有效运行的前提条件

　　当今世界主要国家中，真正将横向财政转移支付有效付诸实施并将其制度化的只有德国。从 1970 年正式开始实施到两德统一，横向财政平衡体制在缩小各州间的财力差距、稳定联邦与州政府间的财政分配关系、实现不同地区生活条件的一致性(To Assure Uniform Living Standards throughout the Territory of the Federation)以及区域经济的均衡发展等方面，都发挥了相当积极的作用。尽管如此，也应认识到并不是所有推行分级财政体制的国家都可以仿效德国建立横向财政平衡体制。横向财政平衡体制的有效实施，是需要具备一定的前提条件的。德国统一前政治、经济和社会等方面的状况，为其横向财政平衡体制的顺利运行奠定了良好的基础。

　　(1) 德国是一个单一民族国家。③ 只有民族的单一性，才会衍生出高度的民族认同感和强大的内在凝聚力，才会驱使不同地区的社会成员为实现民族团结而竭力相互帮助，横向财政平衡就是其在财政上制度化的一种体现。而在一个多民族国家，即使民族关系处理得再好，也难免会出现这样或那样的民族问题，甚至会因一些偶发事件而影响地区间的财政关系。这些民族问题无疑会成为横向财政平衡制度建立和有效运行的障碍。

　　(2) 统一前，德国西部各地区间的社会经济发展水平虽然也有一些差距，但并不是非常大，这是顺利推行横向财政平衡体制的一个非常有利的因素。如果一个国家的经济发展存在较大的地区差距，那么在横向财政平衡体制运行的过程中，富裕地区就不得不牺牲过多的财政利益，从而很难避免富裕地区居民不满和抵触情绪的产生。

　　(3) 德国长期以来都是以宪政化的方式来处理本国的政府间财政关系。法律是一个国家共同意志的体现，德国的《基本法》所强调的整个国家不同地区间生活条件的一致性以及财政平衡以法律形式被确立下来，意味着各地区已就这一问题取得了高度一致，从而为横向财政平衡的有效运行提供了一个良好的条件。德国的《基本法》和《财政平衡法》，对财政平衡运行过程中联邦和州政府的权利与义务关系，也都规定得非常明确。横向财政平衡在高度法治化的背景下运作，财力再分配的规范性强，透明度也较高，可以在很大

---

　　① Gisela Färber & Kira Baranova. Centralisation and Decentralisation of Fiscal Federalism in Germany. Paper Presented at the 2008 IACFS Annual Conference at the Institut d'Estudis Autonomics (IEA), Barcelona, 2008.
　　② Thiess Buettner. *The Finances of the German States*. Revista Catalana de Dret Públic, 2006(32), 211-232.
　　③ 德国有少量丹麦人、索布人和外来移民，最主要的还是德意志民族，基本上可以看作一个单一民族国家。

程度上减少横向财政平衡体制运行过程中一些不必要的麻烦。

（4）德国财政平衡体制中建立了完善的矛盾协调机制。横向财政平衡"劫富济贫"的性质，决定了在其实施过程中各地区间的利益冲突和矛盾是不可避免的。为了确保财政平衡体制的顺利运行，就必须建立相应的化解冲突和矛盾的机制。德国财政平衡体制运行中出现的冲突和矛盾，首先通过行政或司法协商来调和，如果得不到解决就会寻求宪法法院释宪或裁决，这一机制较好地化解了矛盾，有力地支持了横向财政平衡体制的运行。

（5）德国建立了健全的财政管理体系，并具有较强的财政管理能力。德国的《基本法》不允许有任何预算外财政收支的存在，除社会保障基金独立运行未纳入预算之外，德国的政府预算反映了联邦和各州真实的财力状况；德国政府还专门为财政工作建立了"预算、结算和记账自动系统"（HKR），在预算执行过程中，所有的财政收入和支出都按一定的程序进入 HKR 系统，使其能够准确地提供各州的总财力、人均财力和财力需求方面的数据；德国联邦政府设立了联邦结算支付中心，各州也设立了财政管理计算中心，负责财政平衡资金的计算与划拨。所有这些，都为德国统一前西部地区财政平衡体制的顺利运行提供了必要的技术支持和保障。

统一后不久，德国就对《财政平衡法》进行了修订，并于 1995 财政年度将原民主德国所属各州正式纳入横向财政平衡体制，希望通过西部各州财政上的援助，来帮助东部各州在 10—15 年的时间内赶上西部的经济发展水平。经过一段时间的运行，东部各州的经济在横向财政平衡体制的支持下，虽然也取得了很大的进步，但其进程与当初的预期仍有较大的差距，连德国联邦财政预算也将东部赶上西部地区的时间向后调整到了 2020 年。不仅如此，在具体的实施过程中，西部各州很快就发现在东部各州纳入横向财政平衡体制之后，自身承受的财政压力太大，它们很难继续长期承受如此沉重的负担，同时德国联邦政府也出现了财政赤字。通过比较，不难发现德国的横向财政平衡体制的运行绩效，在统一前后出现了相当大的差异。之所以如此，一个重要原因就在于实现统一后德国的社会经济状况发生了较大的变化。就德国横向财政平衡体制的运行而言，相关社会经济条件的最大变化，主要体现在民族认同感和地区间的社会经济差距这两个方面。

统一后，尽管德国仍是单一民族国家，但之前毕竟因为战争而分裂并在意识形态上相互对立长达半个世纪，民族感情长期被撕裂，由此而产生的隔阂和不信任感在短时间内不可能彻底消除。德国统一前西部地区因高度的民族认同感而产生的"同盟的团结"意识，在统一后很难再达到以前的水平，这在相当大程度上影响了横向财政平衡体制在更大范围内的正常运行。

由于东部各州的加入，统一后德国地区间的经济差距拉大了许多，东、西部各州间财政收入能力的悬殊差距也随之凸显出来。1995 财政年度，在德国西部 10 个州中，只有 4 个州的人均税收收入低于全国平均水平，而且差距都控制在全国平均水平的 20% 以内；而东部 6 个州的人均税收收入全部低于全国平均水平，除柏林外，其他各州的人均税收收入大致都只相当于全国平均水平的 40% 左右。尽管东、西部之间存在如此大的财政差距，但东部各州在正式加入横向财政平衡体制之后，就有权根据《财政平衡法》的规定，要求西部各州通过州际财政平衡进行再分配,将其原先只有全国平均水平30%—40%的财政收入能力,提高到法定的92%的水准,这也就意味着富裕地区要比统一前牺牲多得多的自有财力来援助贫困地区。经过财政平衡之后,东部各州的人均税收收入基本都达到了全国平均水平的120%,而西部各州却因为贡献出了较多的财力来支援东部地区,使得汉堡、黑森和北莱茵-威斯特法伦等几个州的人均税收收入大幅下降。与此同时,西部财力状况相对较弱的下萨克森、莱茵兰-普法尔茨和石勒苏益格-荷尔斯泰因等几个州,也因为横向财政平衡体制较多地关注东部地区而得不到应有的援助。2002财政年度,西部各州从州际财政平衡资金中只获得了21.1%的份额,这使得西部地区相对贫困的几个州人均税收收入在财政平衡之后仍低于全国平均水平,进而对较多占有财政平衡资源的东部地区产生不满。东、西部之间这种直接的利益冲突,加深了本来就存在的隔阂。此外,东部各州加入财政平衡体制后,德国州级财政也开始出现以前从未发生过的财政危机,西部各州的人均政府债务达到5 000欧元以上,它们对东部各州低下的财政收入能力颇有怨言。

正因为社会、经济和政治条件发生了一些变化,所以统一后德国以横向财政平衡体制来实现区域经济均衡发展和生活条件的一致性等目标所面临的难度和复杂程度,远比德国统一前西部地区要大得多,最终不仅导致东、西部地区间财政关系较为紧张,而且也使得横向财政平衡体制因缩小贫富地区间差距的积极效应得不到发挥而面临挑战。1999年,巴登-符堡腾、巴伐利亚和黑森等西部三州,就要求联邦宪法法院对新的《财政平衡法》进行"法规范审查",看它是否违反了《基本法》的相关规定。从1969年财政平衡体制正式确立以来,德国针对横向财政平衡体制提起的"法规范审查"一共才三次,其中就有两次发生在两德统一之后。发生在统一前的诉讼,只是要求宪法法院审查《财政平衡法》的部分条款是否合宪,而不像1992年和1999年的诉讼那样要求全面审查《财政平衡法》是否合宪。两次要求对《财政平衡法》是否合宪进行全面审查,实际上反映了西部各州对横向财政平衡体制的极度不满。在这样一种情况下,要想像德国统一前西部地区那样相对顺利地推行横向财政平衡是相当困难的。

资料来源:王玮.多重约束条件下我国均等化财政制度框架的构建.北京:中国社会科学出版社,2011,122—126。

---

3. 联邦补充拨款

德国第三层次的政府间财力配置是通过联邦补充拨款(Supplementary Federal Grants)来进行的,它承担着在增值税预平衡和州际横向平衡的基础上发挥最后平衡各州财力的功能。联邦补充拨款是联邦政府直接的无条件拨款,具体包括一般性联邦补充拨款(General Supplementary Federal Grants)和特定需求联邦补充拨款(Supplementary Federal Grants for Special Needs)两种类型。

为了促进各州之间财力的平衡,缩小各州由于经济发展水平不同而导致的收入差距,在进行了州际横向财政平衡后,德国联邦政府还要对贫困州提供一般性联邦补充拨款,以满足其一般性财政支出需求。财政能力指数和财政需求指数均低于全国平均水平的州,才能获得一般性联邦补充拨款。这一拨款可以弥补财政能力指数与财政需求指数之间差距的 77.5%。

2005 财政年度以后,德国的特定需求联邦补充拨款主要包括三个部分:第一部分是为了补偿分裂造成的东西部既有基础设施差距形成的特殊负担和平衡低于平均水平的地方财力而主要提供给东部各州(包括柏林)的特别需求拨款。2005—2019 财政年度间,这一拨款合计 1 050 亿欧元,每年的拨款数采取逐年递减的方式来确定,从 2005 财政年度的 105 亿欧元递减到 2019 财政年度的 21 亿欧元。第二部分是为了弥补与"哈茨改革"(Hartz Reforms)密切关联的高失业救济金支出产生的特殊负担而主要提供给东部各州(不包括柏林)的特别需求拨款。2005—2011 财政年度间,每年拨款 10 亿欧元;2012 财政年度和 2013 财政年度,每年拨款 7 亿欧元;2014—2019 财政年度间,每年拨款 8 亿欧元。第三部分是由于行政管理成本超过平均水平而提供给东部各州(包括柏林,但不含萨克森)和西部的不来梅、莱茵兰-普法耳茨、萨尔和石勒苏益格-荷尔斯泰因等 10 个财政能力低于全国平均水平州的联邦补充拨款。2014—2019 财政年度间,每年拨款 5 亿欧元。

4. 州际横向财力平衡与联邦补充拨款的规模

德国统一之前,州际横向财力平衡在其政府间财政转移支付中占据着重要的位置,其绝对和相对规模都远超过联邦对州拨款的规模。1987 年,联邦德国州际横向财力平衡的规模为 16.35 亿欧元,占全部政府间财政转移支付的比重为 64.3%,而联邦对州拨款的规模为 9.08 亿欧元,占全部政府间财政转移支付的比重为 35.7%(参见表 6-7)。直到德国统一前的 1989 年,联邦德国州际横向财力平衡占全部政府间财政转移支付的比重仍高达 56.9%。

表 6-7　德国州际财力平衡与联邦补充拨款的规模　　　　单位:亿欧元

财政年度	州际横向财力平衡	联邦补充拨款	财政年度	州际横向财力平衡	联邦补充拨款
1985	13.16	8.35	2006	73.22	146.80
1987	16.35	9.08	2007	79.17	148.24
1989	17.97	13.59	2008	82.63	147.84
1990	20.57	15.33	2009	68.48	135.33
1992	17.14	20.17	2010	70.39	128.84
1994	14.85	37.05	2011	73.24	121.89
1995	57.24	128.19	2012	78.91	113.99
1997	61.35	129.02	2013	84.24	109.47
2000	82.73	133.39	2014	90.25	105.89
2002	73.99	157.68	2015	95.95	101.87
2005	69.48	146.29	2016	106.20	98.56

资料来源:根据朱秋霞.德国财政制度.北京:中国经济出版社,2005,205 和 https://www.bundesfinanzministerium.de/Content/EN/Standardartikel/Press_Room/Publications/Brochures/2018-03-28-financial-realations-federation-pdf.html(访问时间:2018 年 11 月 20 日)整理。

在"两德"实现统一的 1990 年,德国州际横向财力平衡的相对规模就开始下降;仅仅两年之后,联邦补充拨款的绝对规模就已经超过州际横向财力平衡,州际横向财政平衡的相对规模也缩减至 45.9%。东部各州正式加入财政平衡体制的前一年,州际横向财力平衡的相对规模进一步降低为 28.6%。从 2000 财政年度开始的四五年里,甚至州际横向财力平衡的绝对额都出现下降。2012 财政年度,州际横向财力平衡的相对规模回复到 40%的水平,并在随后的几年里持续回升至 2016 财政年度的 51.9%,但已无法与统一前超过 60%的水平同日而语。

6.5.3 日本的政府间财政转移支付

日本的政府间财政转移支付由地方让与税(Local Transfer Tax)、地方交付税(Local Allocation Tax)、国库支出金(Treasury Disbursements)和地方特别拨款(Special Local Grants)等组成。

1. 地方让与税

日本的地方让与税包括地方挥发油税、天然气税、汽车载重量税、航空燃料税和地方法人特别税等税种,它由中央政府作为中央税统一立法征收后,再按照一定的标准将收入返还给地方政府,它实质上是一种为了便于征管而交由中央政府代征的地方税。日本地方让与税的主要目的在于充实和增加地方修建公路、港口、机场等基础设施的财力。地方让与税的规模并不大,1960—2016 财政年度间,地方让与税在日本地方政府可支配财力中所占的比重最高的年份都不超过 3%(参见表 6-8),它不具有均衡作用。

2. 地方交付税

日本的地方交付税具体包括所得税、法人税、酒税、消费税和地方法人税等税种,它由中央政府统一立法征收后,再按照一定的比例在中央政府和地方政府之间进行分配。地方交付税既不规定款项的具体用途,也不附加其他任何条件,它实际上是以平衡各地区财力、实现财政均衡为目标的由中央政府给予地方的财政补助。① 地方交付税是日本政府间财政转移支付的主体,1990 财政年度以来一直是规模最大的转移支付项目,它在日本地方政府可支配财力中所占的比重基本保持在 20%左右。

地方交付税兼有财力保障功能与财力调整功能。无论是对富裕地区还是对贫困地区来说,地方交付税都是其重要的收入来源。日本地方政府约有 18%的收入来自地方交付税(参见表 6-8),这一比例在贫困地区更高。日本地方交付税的规模并不是按照地方政府的需求来决定的,而是根据地方交付税法的相关规定与法人税、消费税、酒税等中央税税种建立起了关联机制②,规范、透明而且有弹性。目前,各税种的具体交付比例是所得

---

① 日本地方交付税最初的定位为解决地方财政困难的应急性措施,后来才逐渐过渡到地区间财力差异的调节手段,并最终演变为以均等化为理念的财力均衡制度。

② 从五种中央税中按照一定比例分配的资金,是日本地方交付税的主要资金来源。此外,日本中央政府一般会计预算的增加拨款和特别会计预算中的借款,也是地方交付税的资金来源。

税和法人税的33.1%、酒税的50%、消费税的22.3%和地方法人税的100%。① 但是,地方交付税的总额也不是完全由法定分享比例决定的。每年日本中央政府在预算编制中都会同时制订相配套的地方财政计划,它是日本中央经济政策的一个重要环节。在地方财政计划中,中央政府为确保分配给地方政府的任务能够很好地完成,会对地方政府必须执行的任务给予财源保障。当地方税、地方让与税收入的预估额加上一定比例的五种中央税的数额不能满足地方政府的财政需要时,日本中央政府就会对地方交付税的交付额进行相应的调整。如果地方政府所需的交付税金额过于不足的问题持续三年以上,那么就会对地方交付税的交付比例进行调整。

日本的地方交付税分为普通交付税和特别交付税两个部分:普通交付税是地方交付税制度的中心内容,它约占地方交付税总额的94%。普通交付税的分配对象是财政收入能力不足的地方政府,其数额依据各地方政府基准财政需要与基准财政收入之间的差额来加以确定。基准财政需要是地方政府依据合理且恰当的水准执行事务、事业所需的经费金额,它是提供标准公共服务所需的支出。具体的计算公式为:基准财政需要额=单位费用×测定单位的数值×修正系数。其中,测定单位的数值是与所需的公共服务成正比的指标,如人口、面积、公路长度等;单位费用是所需公共服务每测定单位的费用;修正系数是根据不同的地区、环境等,对单位费用的调整。基准财政收入额是用来合理测定地方政府税源大小的指标。具体的计算公式为:基准财政收入额=(标准地方税收入+地方让与税+交通安全对策特别交付金)×计入率。为了既照顾地方政府的支出需求又调动其增收的积极性,日本将作为补助基础的基准财政收入额做了适当调整,地方收入按标准收入的75%计入基准财政收入。一个地方政府基准财政需要与基准财政收入之间的差额越大,它获得的普通地方交付税就越多。由于核定的标准支出难以兼顾地方的特殊要求,如自然灾害等特殊情况,这就需要中央政府提供补充性财源。特别交付税是为普通交付税没有涉及的特殊财政需要而设置的,对普通交付税起补充作用,其规模约为地方交付税总额的6%。有的年份,特别交付税的规模降至地方交付税总额的4%,但2011财政年度因发生东日本大地震,特别交付税占地方交付税总额的比例也暂时性地超过了6%。

根据规定,在接受地方交付税后,地方政府应使其行政事业达到一个合理的水平;当地方政府被认定为怠于完成以上义务致使其行政水平下降时,中央政府将对其提出劝告,如果不听从劝告,那么中央政府将采取减少地方交付税额度等措施,这可以保障地方政府最低限度责任的履行。地方交付税大约可以填平地方政府70%的财政收入能力差距,从而使日本的教育、公路、医疗、供水等基本公共服务的全国统一标准得以基本实现。

3. 国库支出金

国库支出金又称专案拨款补助金,它是集规定用途和附加条件于一身的政府间财政转移支付,它在体现中央政府政策和诱导地方政府行为、贯彻事权和财权的统一以及实现纵向和横向财政均衡等方面,均有着较强的功效。日本的国库支出金由国库负担金、国库

---

① http://www.soumu.go.jp/main_content/000544451.pdf(访问时间:2018年11月20日)。

补助金和国库委托金组成。国库负担金是基于中央政府与地方政府的共同责任,由中央政府向具体承担职责的地方政府提供的补助,其目的是保证国家政策的执行、在全国范围内确保一定水平的公共服务,同时减轻地方政府的财政负担。日本最主要的国库负担金有义务教育负担金、生活救济负担金和儿童补贴国库负担金等。国库负担金是日本国库支出金的主体形式,其规模占到国库支出金的60%以上。国库补助金是中央政府为奖励或促进地方政府推行特定事业,或为援助某些特定事务所给予的财政拨款。国库补助金主要有科学技术的研究费补助金、贸易振兴补助金、公共事业的补助金等,它在国库支出金中占到35%左右的份额。国库委托金是中央政府基于便利和效率等方面的考虑将自身事务,如国会议员的选举、国情调查、公共医疗保险和公共年金等,委托给地方政府承担时,由中央政府拨付给地方政府承担全部费用的转移支付。由于委托办理事务通常是临时性的,而且事务相对单一,因而国库委托金的规模一般不大,在国库支出金中所占的份额非常小。① 由于国库支出金在拨付时附加了各种条件,极有可能改变甚至歪曲地方政府的行为,所以日本近年来一直在推进所谓的"三位一体"的改革,力图减少用途受到限制的国库支出金、增加地方政府可以自由使用的地方交付税,同时也将部分中央税源移交给地方。但在日本,这一改革通常被认为是不充分的。

日本的政府间财政关系有着显著的纵向不平衡特征,在政府间税收收入的划分上,中央政府约占2/3,地方政府只占1/3;在政府间财政支出职责的划分上,中央政府财政支出约占1/3,而地方政府财政支出约占2/3。地方政府的税收收入远不能满足其支出需求,需要中央政府对地方政府进行大量的政府间财政转移支付。长期以来,日本地方政府通过政府间财政转移支付方式获得的收入占地方财政收入的比重一直在40%左右徘徊(参见表6-8)。

表 6-8 日本地方政府财政收入来源 单位:%

财政年度	地方税	地方让与税	地方特别拨款	地方交付税	国库支出金	其他
1960	38.6	1.9	0	16.2	24.7	18.7
1970	39.6	1.2	0	19.0	22.1	18.1
1980	37.9	1.0	0	19.2	25.2	16.8
1990	45.1	2.3	0	19.3	14.4	18.9
1991	45.5	2.2	0	19.4	14.7	18.2
1992	42.5	2.4	0	19.3	15.9	19.9
1996	40.9	2.4	0	19.7	17.3	19.7
1997	42.1	1.3	0	19.9	16.8	19.9
1998	40.4	0.7	0	20.3	18.9	19.7
1999	38.5	0.7	0.7	23.0	18.3	18.9

---

① 如1998财政年度,日本的国库支出金中,国库负担金占67.2%,国库补助金占31.7%,而国库委托金仅占1.1%。

（续表）

财政年度	地方税	地方让与税	地方特别拨款	地方交付税	国库支出金	其他
2000	40.1	0.7	1.0	23.9	15.9	18.5
2001	41.0	0.7	1.0	22.8	16.3	18.3
2002	41.8	0.8	1.3	19.7	16.6	19.7
2003	39.8	0.8	1.0	23.3	15.7	19.3
2004	42.0	1.4	1.4	20.7	15.1	19.4
2005	42.4	1.9	2.3	20.6	13.9	18.9
2006	44.1	0.9	4.5	19.3	12.5	18.7
2007	49.4	0.3	0.9	18.7	12.6	18.1
2008	47.6	0.7	0.8	18.5	14.1	18.4
2009	41.6	1.5	0.6	18.2	19.3	18.8
2010	41.3	2.4	0.5	20.1	16.8	19.0
2011	38.7	2.5	0.5	21.2	18.1	19.0
2012	39.4	2.6	0.1	20.9	17.7	19.3
2013	39.9	2.8	0.1	19.8	18.6	18.8
2014	40.6	3.3	0.1	19.3	17.1	19.6
2015	42.9	2.9	0.1	19.1	16.8	18.2
2016	43.2	2.6	0.1	18.9	17.3	17.9

资料来源：根据 *White Paper on Local Public Finance*（2003—2018）计算整理。

6.5.4 英国的政府间财政转移支付

在相当长一段时间里，英国地方政府外部性财政收入（Aggregate External Finance）都是由收入援助拨款（Revenue Support Grant）、非居民房产税的分配收入（Redistributed Non-domestic Rates）和专项转移支付（Specific Grants）组成的；其中，前两项构成英国的一般性转移支付。

从1990年4月起，原来一直由地方政府征收和管理的商业房产税，改由英国中央政府征收和管理，收入收归中央政府后会按照一定的标准分配给地方政府，从而形成非居民房产税的分配收入。1991—2006财政年度间，商业房产税收入按照人口数量在各地区之间进行分配。2007—2013财政年度间，商业房产税收入按照收入援助拨款的分配标准在各地区之间进行分配[①]；正是基于这一原因，非居民房产税的分配收入被认为是政府间财政转移支付的一种。2013年4月，英国对商业房产税收入的分配办法进行了大的调整，

---

① *Local Government Financial Statistics England*（2010）。

开始实施商业房产税分享计划（Business Rates Retention Scheme）。根据这一计划，地方政府将留用本辖区内一半的商业房产税收入①，这样就将商业房产税收入的增长与地方政府为当地民众提供公共服务直接联系起来了。另外一半的商业房产税收入归中央政府，作为收入援助拨款的主要收入来源。

收入援助拨款是英国中央政府拨付给地方政府可以用于提供任何一项公共服务的转移支付，其具体数额由地方政府财政结算方案（Local Government Finance Settlement）加以确定。

专项转移支付（Specific Grants）在英国也常常被称为定向拨款（Targeted Grants），它由中央政府直接分配到特定的用途上，如学校的运营、低收入者居住条件的改善等，其分配在地方政府财政结算方案之外进行，每一项专项转移支付的分配依据都不一样。专项转移支付是英国政府间财政转移支付的主体，其规模比一般性转移支付的规模要大许多。如2016—2017财政年度，英格兰地区的收入援助拨款为71亿英镑，而专项转移支付高达392亿英镑。②

英国地方政府在政府间税收收入划分中获得的份额并不大，1990—2016财政年度间，地方政府税收收入仅为全部税收收入的5%左右，却承担了27%左右的支出责任，为保证地方政府提供高质量的公共服务，英国中央政府不得不提供相应规模的财政转移支付来弥补地方财政缺口。1990—2016财政年度间，财政转移支付在英国地方政府财政收入中所占比重的非加权平均值为70.13%，有的年份甚至高达75.22%（参见表6-9）。

表6-9 英国财政转移支付占地方政府收入的比重 单位：%

财政年度	中央财政拨款/地方财政收入	财政年度	中央财政拨款/地方财政收入	财政年度	中央财政拨款/地方财政收入
1990	63.36	1999	68.64	2008	69.71
1991	73.95	2000	69.05	2009	70.51
1992	75.22	2001	68.46	2010	71.24
1993	74.03	2002	69.19	2011	70.78
1994	73.74	2003	70.12	2012	71.47
1995	72.83	2004	70.14	2013	68.87
1996	71.98	2005	70.07	2014	68.61
1997	70.48	2006	69.54	2015	67.78
1998	68.56	2007	69.41	2016	65.88

资料来源：OECD Fiscal Decentralization Database。

---

① 商业房产税分享计划实施后，英国《英格兰地方政府财政年鉴》已经不再将地方政府留用的商业房产税收入划入转移性收入（Grant Income）的范畴，而是将其和市政税一起划入地方自有收入（Locally-funded Income）的范畴。

② *Local Government Financial Statistics England*（2018）。

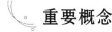
重要概念

政府间财政转移支付　财政拨款　政府间无条件财政转移支付　政府间有条件非配套财政转移支付　政府间有条件封顶的配套财政转移支付　政府间有条件不封顶的配套财政转移支付　财政失衡　纵向财政失衡　地方财政缺口　横向财政失衡　粘蝇纸效应　地方财政收入能力　地方财政支出需求　地方标准财政支出　地方标准财政收入

复习思考题

1. 简述各种政府间财政转移支付形式的基本特征。
2. 分析四种基本政府间财政转移支付形式的经济效应。
3. 在处理政府间财政关系时应遵循哪些原则？
4. 结合所给表格分析政府间财政转移支付形式与目标之间的对应关系。

目标＼方式＼程度	政府间无条件财政转移支付	有条件非配套政府间财政转移支付	有条件封顶的配套政府间财政转移支付	有条件不封顶的配套政府间财政转移支付
弥补地方财政缺口				
减少或缩小地区间财政净利益				
全国范围实现最低标准的公共服务				
辖区间正外部性的内部化				
体现中央政府意图				
影响地方政府决策				
地方政府运用资金的自由度				

5. 主要国家的政府间财政转移支付制度有哪些共性和不同？

课堂讨论题

中国正式建立分税分级财政体制后，几乎每年都有学者提出中国要借鉴德国的经验建立"纵向为主、纵横交错"的政府间财政转移支付制度，只不过各自提出问题的角度或立足点不同而已。请联系现实，就中国能否真正建立起政府间横向财政转移支付制度并有效付诸实施进行课堂讨论。

参考文献与延伸阅读资料

马骏.论转移支付:政府间财政转移支付的国际经验及对中国的借鉴意义.北京:中国财政经济出版社,1998.

理查德·M.伯德.社会主义国家的分权化:转轨经济的政府间财政转移支付.北京:中央编译出版社,2001.

卢中原.财政转移支付和政府间事权财权关系研究.北京:中国财政经济出版社,2007.

罗宾·鲍德威,沙安文.政府间财政转移支付:理论与实践.北京:中国财政经济出版社,2011.

Matthew Drennan & Dick Netzer. *Readings in State and Local Public Finance*. Wiley-Blackwell, 1991.

Edward M. Gramlich. *Financing Federal Systems*. Edward Elgar, 1997.

Ehtisham Ahmad & Giorgio Brosio. *Handbook of Fiscal Federalism*. Edward Elgar, 2006.

Jorge Martinez-Vazque & Bob Searle. *Fiscal Equalization:Challenges in the Design of Intergovernmental Transfers*. Springer Science & Business Media, LLC, 2007.

网络资源

中国财政部"中央对地方转移支付管理平台",http://www.mof.gov.cn/zhuantihuigu/cczqzyzfglbf/

日本财务省财政政策研究所(Policy Research Institute, Ministry of Finance, Japan)网站,http://www.mof.go.jp/english/pri/index.htm

韩国财政研究所(Korea Institute of Public Finance)网站,http://eng.kipf.re.kr/Main/Main.aspx

第 7 章

中国财政体制的变迁

【本章学习目标】

- 掌握中国 1994 年前财政体制变迁的基本轨迹
- 了解"统一领导、分级管理"财政体制和"分级包干"财政体制的基本特点
- 掌握 1994 年分税制财政体制改革的主要内容及之后的主要调整
- 掌握分税制财政体制下一步改革的方向
- 掌握省以下财政体制改革的内容

财政体制是政府间财政关系的承载体,而财政集权与分权又是政府间财政关系的主线。透过财政体制的变迁,可以清楚地看到一个国家的政府间财政关系围绕着财政集权与分权这条主线运行变化的轨迹。

7.1 中国1994年前财政体制的演进

中国1994年前的财政体制,先后经历了"统收统支""统一领导、分级管理"和"分级包干"三个阶段。尽管在不同的阶段中国财政体制的具体制度安排各不相同,但其中体现出的由"统"到"分"的轨迹却非常清晰(参见表7-1)。

表7-1 中国1994年前财政体制的变迁

体制类型与实施时间		主要特点
统收统支阶段	1949—1950	高度集中、统收统支
统一领导、分级管理	1951—1957	划分收支、分级管理
	1958	以收定支、五年不变
	1959—1970	收支下放、计划包干、地区调剂、总额分成、一年一变
	1971—1973	定支定收、收支包干、保证上缴(或差额补贴)、结余留用、一年一定
	1974—1975	收入按固定比例留成、超收另定分成比例、支出按指标包干
	1976—1979	定收定支、收支挂钩、总额分成、一年一变,部分省(市)试行"收支挂钩、增收分成"
分级包干的财政体制	1980—1985	划分收支、分级包干
	1985—1988	划分税种、核定收支、分级包干
	1988—1993	财政包干

资料来源:李萍.财政体制简明图解.北京:中国财政经济出版社,2010,1。

7.1.1 "统收统支"的财政体制

为了克服中华人民共和国成立初期财政经济工作所面临的严重困难,中央政府做出了统一国家财政经济工作的决定,并从中华人民共和国成立到1951年间实行了"统收统支"的财政体制。"统收统支"财政体制的基本特征主要体现为:第一,财政收入和支出高度集中。全国各地区的主要财政收入,统一上缴中央金库,没有中央政府的拨付命令不得动用。地方政府所需的一切开支均需由中央政府统一审核,按月逐级拨付。第二,财政管理权限基本集中在中央政府手中。国家财政制度由中央政府统一制定和执行,中央政府对各项财政收支实行严格的预算管理。第三,严格实行"收支两条线"。地方政府组织的财政收入要全额上缴中央,地方政府所需支出均由中央财政另行拨付,地方财政收入与地方财政支出不发生直接联系。在中华人民共和国成立初期的特殊时期里实行高度集权的财政体制,不论是从当时还是从现在来看,都是非常必要的,因为要在短期内稳定通货、实现财政平衡以及尽可能地满足恢复经济的资金需要,就必须采取统一的财经管理决策,把国家预算管理的权限集中到中央政府手中。

在"统收统支"的财政体制下,地方财政并非真正独立的一级财政,只是中央财政在地方负责组织收入的一个派出机构,地方财政的各项支出均由中央政府核定,地方财政根本无法对本级预算资金进行统筹安排。尽管"统收统支"不是绝对的,仍然留给地方政府少许财力用于解决农村、文教卫生事业和城镇市政建设以及其他临时性的需要,但地方财政机动财力数量极少,使得其难以因地制宜地行使职责。在"统收统支"的财政体制下,大量纷繁复杂的财政收支事务都集中在中央财政,极大地分散了中央财政的注意力,弱化了中央财政对重大财经问题的决策能力和影响能力。正因为中央政府不可能面面俱到地管理好每一笔财政资金,所以随着经济状况的好转,"统收统支"的财政体制很快就被取代了。

7.1.2 "统一领导、分级管理"的财政体制

1951年,政务院颁发了《关于1951年度财政收支系统划分的决定》,把国家财政的收支由高度集中、统一于中央人民政府改为在中央的统一领导下的分级管理,整个财政被分为中央财政、大行政区财政和省(市)财政三级;财政支出按照企业、事业和行政单位的隶属关系和业务范围分为中央财政支出和地方财政支出;财政收入被区分为中央财政收入、地方财政收入以及中央和地方比例解留收入。地方政府的财政收支,每年由中央政府核定一次,其支出首先用地方财政收入抵补,不足部分由比例解留收入抵补。与之前相比,1951年的财政体制有利于调动地方政府的积极性,但它仅仅是财政分级管理的开始,财政资金仍集中在中央政府手中,地方政府的财权、财力仍然很小。

从1953年起,中国开始实行"国民经济与社会发展第一个五年计划"。为了适应社会形势的变化与经济发展的需要,财政体制高度集权的态势有所松动,将原先地方财政的大行政区和省(市)两级财政改为省、县两级财政,并逐步扩大了地方财政的管理权,由此奠定了中国分级财政管理的基础。在确定中央、省和县三级财政体制的同时,中国开始在中央和地方财政收支的划分上实行"分类分成"的办法,财政收入被划分为中央财政固定收入、地方财政固定收入、固定比例分成收入和调剂收入四块,调剂收入由中央财政用于对地方"入不敷出"时的调剂。与"统收统支"的财政体制相比,"分类分成"模式留给地方财政一笔固定收入,在一定程度上调动了地方政府的积极性。尽管中国在"一五"时期开始实行分级管理的财政体制,但总的说来财政体制的集权性仍然非常强,财权、财力向中央财政的集中趋势依然是明显的。"一五"时期,中央财政收入占全国财政收入的比重为77.7%,中央财政支出占全国财政支出的比重也达到73.2%。权力集中于中央政府,虽然可以保证国家集中主要财力进行重点建设,但也就难免存在某些统得过死、集中过多的弊端。

1956年4月,毛泽东同志发表了著名的《论十大关系》的讲话,提出应当"在巩固中央统一领导的前提下,扩大一点地方的权力,给地方更多的独立性,让地方办更多的事情"。在这一精神的指引下,中国于1958年对财政体制进行了调整,改以前"以支定收、一年一

变"的办法为"以收定支、五年不变"的财政体制,其主要精神是在把大部分中央企业下放给地方政府管理的同时,相应扩大地方财权。在1958年的财政体制调整中,地方分得的机动财力大大超过了原来的设想,而且各地区很不平衡,地方的财力多了,就自主扩大基本建设的规模,这不可避免地同国家经济建设的统一布局产生了矛盾。与此同时,中央政府直接管理的企事业单位大批下放给地方政府管理,这大幅缩小了中央财政的机动财力,不利于国家有计划地发展国民经济。1958年以放权为主的财政体制改革实际上只执行了一年就停止了。

1959年,中国开始实行"收支下放、计划包干、地区调剂、总额分成、一年一变"的财政体制,其基本精神是在继续下放收支项目的同时,适当收缩一部分地方政府的机动财力。与1958年的财政体制相比,这一办法的主要变化是把"以收定支、五年不变"改为"总额分成、一年一变",把地方政府负责组织的全部收入和地方财政支出挂起钩来,把基本建设支出由中央专案拨款改为列入地方预算支出,参与收入分成,国家通过预算指标一年一定的办法,适当地集中财力。但从实际执行结果来看,1959年和1960年财力并未适当集中,而且地方财政工作中依然存在财经纪律松弛、财政管理偏松、任意改变资金用途、用流动资金搞基本建设、乱上计划外建设项目等许多问题,这些严重影响了整个国家的财政运行,不利于国家经济建设的顺利进行。为解决这些问题,中央于1961年提出了"调整、巩固、充实、提高"的八字方针,强调财政管理的集中统一、扩大中央固定收入、基建支出全由中央专案拨款,同时对地方财政加以整顿。在1962年及以后的几年里,根据加强财政集中管理的精神,对地方财政又进行了适当缩小财权、加强财政统一管理和压缩预算外资金等调整。这一体制在1965年之后,做过一些旨在"调动地方积极性"的小改进,除在1966年"文化大革命"的非常时期暂时实行"收支两条线"外,一直执行到1970年。

1971年,中央政府决定把大部分企事业单位下放给地方政府管理,与之相适应的是财政体制也进行了较大的改动,转而实行"定支定收、收支包干、保证上缴(或差额补贴)、结余留用、一年一定"(简称"财政收支包干")的体制,扩大了地方财政的收支范围,按核定的绝对数包干,超收全部归地方。"财政收支包干"体制调动了地方政府增收节支的积极性,然而受"文化大革命"的影响,国民经济受到了很大的损失,很多地区的生产下降,财政收入完不成,这一体制已执行不下去。针对这种状况,1974年又改为实行"收入按固定比例留成、超收另定分成比例、支出按指标包干"的财政体制,以保证地方政府必不可少的财政支出。1976年,为解决固定比例留成体制收支不挂钩、不能体现地方财政权责关系的问题,再次实行"定收定支、收支挂钩、总额分成、一年一变"的财政体制,部分省(市)试行"收支挂钩、增收分成"的财政体制。

虽然在1951—1978年间,中国多次调整财政体制,但都没有从根本上改变这一时期财政体制"统一领导、分级管理"的基本性质。在"统一领导、分级管理"的财政体制下,在中央政府统一政策、统一计划和统一制度的前提下,按照国家行政区划分预算级次,实行分级管理;原则上是"一级政府、一级预算",按中央政府和地方政府的职责分工以及企事业和行政单位的隶属关系确定各级预算的支出范围,财政收入也被分为固定收入和比例分成收入,但地方政府实际的收支支配权和管理权很小,并不构成一级独立的预算主体。

从中华人民共和国成立到改革开放之前的财政体制,"收支两条线"模式和"总额分成"模式都具有明显的"大锅饭"的特征,中央财政与地方财政之间未能严格分开;即使是在"分类分成"模式下,也仍旧未能摆脱各级财政相互搅在一起甚至几乎彼此不分的状况。这种制度选择具有深刻的历史和经济根源,虽然在计划经济体制下具有可行性,但缺陷也十分明显。由于财权、财力高度集中于中央,资源配置完全服从于中央计划,管理中的信息不对称和监督失灵往往导致决策失误和资源配置效率低下,而且不利于调动各方面的积极性和社会经济的持续发展。由于高度集中的财政体制运行中总是难以摆脱"一统就死、一死就放、一放就活、一活就乱、一乱又统"的恶性循环,因而改革开放以后启动的经济体制改革,在理顺中央与地方财政关系方面所面临的首当其冲的问题,就是打破"大锅饭"、朝分级财政体制的方向迈进。

7.1.3 "分级包干"的财政体制

"分级包干"的财政体制是中国开始实行经济体制改革到1994年分税制财政体制改革之前所实施的财政体制的总称。尽管在此期间,中国分别在1980年、1985年和1988年对财政体制进行了三次大的调整,但每一次调整都具有"在划分收支的基础上,分级包干、自求平衡"的特点,所以被统称为"分级包干"的财政体制或"分灶吃饭"的财政体制。

专栏7-1　　　　　　　江苏:第一个吃"财政包干"螃蟹的省份

20世纪70年代末,中国启动了经济体制改革,财政体制成为这一改革的切入点。1977年,江苏省在全国率先试行"固定比例包干"的财政体制。江苏试行的"固定比例包干"办法,是根据江苏历史上地方财政支出占收入的比例,确定一个收入上缴和留用的比例,并保持四年不变。与改革之前相比,"固定比例包干"的财政体制有以下几个特点:第一,打破了吃"大锅饭"的局面。收入和支出都有明确划分,经济搞上去了,地方得益就多;谁的支出超了,就由谁负责。这种尝试,是在中央统一领导下,各过各的日子,有利于调动两方面的积极性。第二,财力分配由"条条"为主改为"块块"为主。过去各项财政支出,原则上都由"条条"分配,地方很难统筹安排、调剂使用。改革之后,对于应当由江苏安排的支出,中央不再"条条"下达指标,改由江苏根据中央的方针政策、国家计划和地方的财力统筹安排。这样就大大增加了地方的财政权限,有利于因地制宜地发展地方生产和建设事业。第三,分成比例由一年一定改为四年一定。过去每年要核定收支,经常是年初吵指标、年中吵追加、年底吵遗留,矛盾很多。改为四年一定后,便于地方政府制定和执行长远规划,有利于地方经济和社会事业的发展。

江苏试行的"固定比例包干"的财政体制不仅扩大了地方的财权,同时也加强了地方的经济责任,从而促使各级地方政府加快经济结构的调整步伐,努力挖掘本地区生产、物资和资金潜力,不断增加财政收入;在狠抓增产增收的同时,注意节约支出,合理、有重点地安排和使用资金,提高了资金的使用效率。试行"固定比例包干"的财政体制后,江苏的经济和社会各项事业发展步伐明显加快,财政收入从1976年的44.01亿元增加为1980年的62.45亿元,财政支出从1976年的18.70亿元增加为1980年的28.95亿元。

江苏的"固定比例包干"财政体制试点,充分体现了"摸着石头过河"的中国改革特色。在总结试点经验的基础上,中华人民共和国成立以来中国财政体制领域的一次重大变革——"分灶吃饭"财政体制改革于1980年在全国范围内推行。

资料来源:根据吴红萱,樊华."财政包干":江苏吃"螃蟹".中国财经报,2009-09-29整理。

1. 1980年的财政体制改革

从1980年开始,为了扩大地方财权、调动地方政府的积极性,国务院颁布了《关于实行"划分收支、分级包干"财政体制的暂行规定》,决定除北京、上海、天津三个直辖市外,其余地方均实行形式各异的"分灶吃饭"办法:对财政收入进行分类分成,划分成固定收入、固定比例分成收入和调剂收入三类;而财政支出主要按照企事业单位的行政隶属关系进行划分;地方财政在划定的收支范围内多收可多支,少收则少支,自求平衡。

全国各个不同地区视情况的不同,分别实行四种不同的"分灶吃饭"办法。对辽宁、四川等大多数省,实行典型的"划分收支、分级包干"办法。"划分收支"是指按照行政隶属关系划分中央和地方政府间的财政收支范围;"分级包干"则是指以1979年财政收支预计数为基数,地方财政收入大于财政支出的,多余部分按比例上缴,地方财政支出大于财政收入的,不足部分由中央从工商税中确定一定比例进行调剂。在体制有效期内,地方多收可多支,少收则少支,自行安排,靠自身努力求得财政平衡。对江苏省继续试行从1977年起试行的"固定比例包干"办法,但从1981年起,江苏也开始实行四川等省采用的办法。对广东、福建两省,实行"划分收支、定额上缴或定额补助"的特殊优惠办法。对新疆、内蒙古、西藏、宁夏和广西等五个民族自治区和青海、云南和贵州等几个视同民族自治区的省,实行特殊的民族自治地方预算体制,除保留原有的特殊照顾外,也参照上述第一种办法划分财政收支范围,确定中央财政的补助数额,并由"一年一定"改为"五年不变",中央补助额每年递增10%,地方收入增长部分全部留归地方。此外,在全面推行"划分收支、分级包干"体制的同时,对北京、上海、天津三个直辖市仍继续实行原来的"总额分成、一年一定"的办法。

在执行"划分收支、分级包干"财政体制的过程中,根据中共十二大提出的"集中资金、保证重点建设"的精神,中国在1983年对财政体制又进行了若干调整以改变几年来资金过于分散和中央预算收不抵支的状况:第一,除广东、福建两省外,其他省、市、自治区一律实行收入按固定比例总额分成的包干办法。第二,将中央财政向地方财政的借款改为调减地方的支出包干基数。第三,将卷烟、酒两种产品的工商税上划中央,以限制其盲目发展。第四,中央投资兴建大中型企业的收入归中央所有;中央与地方共同投资的,按投资比例进行分成。第五,县办工业企业的亏损由原先的中央财政负担80%、县财政负担

20%改为中央和县财政各负担一半。

1980年开始推行的"划分收支、分级包干"的财政体制,是中华人民共和国成立以来财政体制的一次重大变革,它将过去的"一灶吃饭"改为"分灶吃饭",将以前的"条条"分配为主改为"块块"分配为主,分成比例和补助数额也由过去的"一年一定"改为"五年一定",由"总额分成"改为"分类分成"。实践证明,"分灶吃饭"财政体制不仅扩大了地方政府的财权、调动了地方政府的积极性,同时也加强了地方政府的经济责任,使地方政府有了发展本地区经济的内在动力和能力。但这一财政体制也产生了许多问题,"统收"局面打破了,"统支"局面却没有打破,地方发生赤字还是得由中央来解决,中央财政的负担较重,而且在此体制下中央财政收入增长缺乏弹性,导致中央财政能力下降,收支难以平衡。

2. 1985年的财政体制改革

1983年和1984年,中国先后推行了第一步和第二步"利改税",使得分配关系发生了较大的变化,原来实行的"划分收支、分级包干"的财政体制已不能适应新的经济形势发展的需要。为此,国务院决定对原先的"分灶吃饭"的财政体制进行调整,从1985年起实行"划分税种、核定收支、分级包干"的办法。

"划分税种、核定收支、分级包干"的财政体制以两步"利改税"后设置的税种为划分收入的依据,将财政收入划分为中央税、地方税和共享税三类(参见表7-2);而财政支出仍按行政隶属关系划分为中央财政支出和地方财政支出,中央财政支出主要包括中央经济建设支出、国防、外交及中央科教文卫事业费支出等,地方财政支出主要包括地方经济建设支出、地方科教文卫事业费支出等。地方财政支出基数按照1983年的既得财力确定,地方财政收入的包干基数以1983年的决算数为依据。凡地方固定收入大于地方财政支出的,定额上解中央;地方固定收入小于地方财政支出的,从中央地方共享收入中确定一个分成比例,留给地方政府;地方固定收入和中央地方共享收入全部留给地方还不足以抵拨支出的,由中央定额补助。在这一体制下,收入的分成比例或上解、补助数额确定后,五年不变,地方多收可多支,少收则少支,自求平衡。

表7-2 1985年财政体制改革中的中央地方收入划分

收入类别	具体项目
中央固定收入	中央国营企业所得税,中央国营企业调节税,铁道部和各银行总行、保险总公司的营业税,军工企业的收入,中央包干企业的收入,中央经营的外资企业的亏损,粮、棉、油超购加价补贴,烧油特别税,关税和海关代征的产品税、增值税,专项调节税,海洋石油、外资及合资企业的工商统一税、所得税和矿区使用费,国库券收入,国家能源交通重点建设基金,石油部、电力部、石化总公司、有色金属总公司所属企业的产品税、营业税、增值税的70%,其他收入
地方固定收入	地方国营企业的所得税、调节税和承包费,集体企业所得税,农牧业税,车船使用牌照税,城市房地产税,屠宰税,牲畜交易税,集市交易税,契税,地方包干企业收入,地方经营的粮食、供销、外贸企业亏损,税款滞纳金、补税罚款收入,城市维护建设税和其他收入,石油部、电力部、石化总公司、有色金属总公司所属企业的产品税、营业税、增值税的30%

（续表）

收入类别	具体项目
中央地方共享收入	产品税、营业税、增值税（均不含石油部、电力部、石化总公司、有色金属总公司四个部门所属企业和铁道部以及各银行总行、保险总公司缴纳的部分），资源税，建筑税、盐税，个人所得税，国营企业奖金税，外资、合资企业的工商统一税、所得税（不含海洋石油企业缴纳的部分）

资料来源：李萍.财政体制简明图解.北京：中国财政经济出版社，2010，16。

虽然1985年开始实行的财政体制仍属于"分灶吃饭"，但在旧体制的基础上也有一些突破，它改变了过去按企业隶属关系划分政府间收入的做法，而是以税种为划分各级财政收入的依据，进一步明确了各级财政的权利与责任，较好地体现了注重公平、兼顾一般的原则。

3. 1988年的财政体制改革

在20世纪80年代中后期，中国经济体制改革与发展过程中掀起了一股"承包"热潮，企业承包经营责任制的意识和方法也逐步被引入财政体制改革中来，于是就有了1988年全方位推行"财政承包制"的改革。在"财政承包"体制下，财政收入被划分为中央财政固定收入、地方财政固定收入、中央和地方财政固定比例分成收入和共享收入；而财政支出仍然按照行政隶属关系进行划分。全国39个省、自治区、直辖市和计划单列市，除广州、西安两市的预算关系仍与广东、陕西两省联系外，对其余的37个地区分别实行了六种不同形式的"财政承包制"（参见表7-3）。①

北京、河北等10个省（市）实行"收入递增包干"。这一方式以1987年的决算收入和地方应得财力为基数，参照各地区近几年的收入增长情况，确定各地区的收入递增率（环比）和地方留成或上解比例；在递增率以内的收入，按确定的留成或上解比例实行中央与地方分成，超过递增率的收入，全部留给地方，收入达不到递增率而影响上解中央的部分，由地方的自有财力补足。天津、山西和安徽3个省（市）实行"总额分成"。这一方式根据各地区1986年和1987年两年的预算收支情况，核定收支基数，以地方预算总支出占其预算总收入的比重，确定地方留成或上解中央比例。大连、青岛和武汉3个计划单列市实行"总额分成加增长分成"。这一方式以上年实际收入为基数，基数以内的部分按总额分成比例分成，实际收入比上一年增长部分，除按总额分成比例分成外，另加增长分成比例。广东、湖南2个省实行"上解额递增包干"。这一方式以1987年上解中央的收入为基数，每年按照一定比例递增上解。上海、黑龙江和山东3个省（市）实行"定额上解"。这一方式按原来核定的收支基数，收入大于支出的部分，确定固定的上解数额。吉林、江西等16个省（自治区）实行"定额补助"，这一方式按原来核定的收支基数，支出大于收入的部分，实行固定数额补助。

---

① 在各种财政承包制中，不同类型的包干基数中均不包括中央对地方的专项补助。在每年预算执行中，这部分财政资金根据专款的用途和各地的实际情况另行分配。

表 7-3 中国 1988 年"财政承包"体制的类型

承包方式	地区	
收入递增包干①	实行的地区、留成比例和收入递增率	
	北京 50.0% 4%	河北 70.0% 4.5%
	辽宁(不含沈阳市和大连市) 58.3% 3.5%	江苏 41.0% 5.0%
	沈阳 30.3% 4.0%	哈尔滨 45.0% 5.0%
	浙江(不含宁波市) 61.5% 6.5%	宁波 27.9% 5.3%
	重庆 33.5% 4.0%	河南 80.0% 5.0%
总额分成	实行的地区、留成比例	
	天津 46.5%	山西 87.6%
	安徽 77.5%	
总额分成加增长分成	实行的地区、留成比例、增长分成比例	
	大连 27.7% 27.3%	青岛 16.0% 34.0%
	武汉 17.0% 25.0%	
上解额递增包干	实行的地区、上解基数、递增比例	
	广东(含广州市) 14.1 亿元 9.0%	湖南 8.0 亿元 7.0%
定额上解	实行的地区、上解额	
	上海 105.0 亿元	黑龙江(不含哈尔滨市) 2.9 亿元
	山东(不含青岛市) 3.0 亿元	
定额补助	实行的地区、补助额	
	吉林 1.1 亿元	江西 0.5 亿元
	陕西(含西安市) 1.2 亿元	甘肃 1.3 亿元
	福建(始于 1989 年) 0.5 亿元	内蒙古 18.4 亿元
	广西 6.1 亿元	西藏 9.0 亿元
	宁夏 5.3 亿元	新疆 15.3 亿元
	贵州 7.4 亿元	云南 6.7 亿元
	青海 6.6 亿元	海南 1.4 亿元
	湖北(不含武汉市) 按当年武汉市决算收入的 4.78% 给予补助	
	四川(不含重庆市) 按当年重庆市决算收入的 10.7% 给予补助	

资料来源:李萍.财政体制简明图解.北京:中国财政经济出版社,2010,19—20。

上述各种办法,除总额分成外,其余各种办法都具有"地方可以从增收或超收中多留"的特点,这样就调动了地方特别是上解比例大的地方组织收入的积极性,保证了财政收入的稳步增长。如"定额上解"和"定额补助"是超收和增收部分地方全留,"上解额递增包干"是包死上解数额,超过上解数额的增收部分地方全留。就体制效应而言,各种承

---

① 地方的收入留成率低于或等于合同规定的增长率,任何超过这一数额的收入都由地方政府保留。

包方式体现出的激励作用和风险承担也是不同的。如"定额上解"和"定额补助"对地方增收的激励作用就非常大,因为这两种方法对地方来说没有什么风险。

1988年的财政体制原定实行到1990年结束。由于酝酿和构建一个全新的财政体制需要一个过程,因而在1991—1993年间除实行分税包干、分税制试点地区外的其他所有地区继续沿用"财政承包"体制。

4. "分级包干"财政体制的积极效应与制度缺陷

尽管"分级包干"财政体制是一个过渡性的体制,但在十多年的运行中,它还是在原有体制的基础上取得了实质性的突破。通过适当下放财权,"分级包干"财政体制使地方成为具有相对独立利益的主体,充分发挥了地方政府在经济建设中的积极性,对促进经济建设产生了积极作用。具体表现在以下几个方面:

第一,在"分级包干"财政体制下,地方财政初步成为责、权、利相结合的分配主体和一级相对独立的财政。"分级包干"财政体制在进一步明确中央与地方财政收支范围的前提下,扩大了地方财政的收支范围,而且多收可多支,自主支配,自求平衡。地方财政收支范围的扩大,本身就是权力扩大的体现,而权力的扩大又是以责任的加重为前提的,多支是以多收和自求平衡为前提的,这样地方财政就可以不再过分地依赖中央。

第二,"分级包干"财政体制在很大程度上是以税种为基础进行政府间财政收入划分的。过去,中国各级政府间完全是按行政隶属关系划分财政收入范围的,而"分级包干"财政体制使得政府间的收入划分朝着摆脱行政隶属关系的方向迈进了一大步。

第三,"分级包干"财政体制延长了体制的有效时间。以前的财政体制基本上是"一年一变",而"分级包干"财政体制却是"几年不变"。有效时间的相对稳定,是扩大地方财政预算自主权的首要前提,也是有效发挥体制效应的必要前提。

第四,"分级包干"财政体制扩大了地方财政的职能。在以前的财政体制下,地方财政目标单一,就是为国家集中财政收入。至于如何分配这些财力并提高经济效益,则基本上与地方财政无关。"分级包干"财政体制实施以后,地方财政除了要为国家集中财政收入,还负有通过财力分配在本地区实现资源优化配置,调整产业结构,实现公平分配,促进地区经济持续、稳定和协调发展的职责。

第五,"分级包干"财政体制初步形成了激励机制与约束机制相结合的体制模式。多收多支是有效的激励机制,过去地方财政利益主要在于争基数、争分成比例,而"分级包干"财政体制则把地方财政导向增收节支。自求平衡是有效的约束机制,而且这种约束是双向的,在体制既定的前提下,不仅要求地方财政自求平衡,不再向中央政府伸手要钱,而且要求中央财政自求平衡,不得随意从地方集中财力。

尽管在许多方面取得了一些积极效果,但随着经济体制改革不断向纵深发展,"分级包干"财政体制与社会经济发展不相适应的地方也充分暴露出来,这些问题具体体现在以下一些方面:

第一,"分级包干"财政体制下的财政分配秩序比较混乱。在"分级包干"财政体制下,一些地方完成包干任务后,便通过自行制定的各种优惠政策和减免税办法,不断地将预算内收入转化为预算外收入,力图逃避中央政府的预算监督,从而造成财政收入大量流失、财政分配秩序极度紊乱。

第二,"分级包干"财政体制随意性大,往往导致地区间、企业间不平等的竞争。"分级包干"财政体制的具体适用方式由中央政府通过与地方政府谈判确定,其中讨价还价的成分非常多,随意性较大,也缺乏必要的公开性。而且,不同地区适用不同形式的"分级包干"财政体制,对地方财政收入增长的影响也不一样,体制形式的选择存在机会不均等、信息不对称以及决策不透明等问题,这些都导致地区间财力分配的不合理,造成各地区间的苦乐不均和竞争的不平等。更为严重的是,财政体制的决策程序采用的是一对一的谈判方式,中央政府对地方的财政收支行为缺乏监督和控制手段。

第三,"分级包干"财政体制抑制了中央财政调控职能的发挥。"分级包干"财政体制包死了上缴中央财政的收入,使中央财政收入的增长缺乏弹性,在变化的环境中处于累退状态。自1988年以来,地方财政每年新增收入上缴中央的部分还不到10%,90%以上的新增收入都留在了地方。与此同时,由于税收收入基本上都靠地方税务机构组织征收,地方政府又掌握了相当大的减免税的权力,也难免造成中央政府分享收入的下降,其结果是使中央政府财力不足,难以支撑起宏观调控职能。此外,中央财政因年年发生赤字而不断向中央银行透支借款,加大了通货膨胀的压力,最终对国民经济的稳定增长构成威胁。

第四,"分级包干"财政体制往往形成包盈不包亏的格局。"分级包干"财政体制规定,地方政府增加的财政收入,除按规定上缴中央财政外,其余的都留给地方。但在具体的实施过程中,有的地区财政收入因某种原因达不到递增包干水平,中央也只得给予照顾,减免其应上缴的数额;而本属于地方政府财政支出包干范围之内的开支,也经常要求中央给予专项拨款进行补助,这就更加重了中央财政的困难。这一状况,实际上是财政体制改革仅仅打破了"统收"局面而"统支"局面没有被打破的一个具体表现。

第五,"分级包干"财政体制不利于全国统一市场的形成。"分级包干"财政体制是按企业隶属关系来划分企业所得税、按属地原则来划分流转税的,从而把工商企业的税收同地方财政收入紧密联系起来。这样,"分级包干"财政体制一方面使各地区都具有相对独立的经济利益,形成了各自不同的局部利益;另一方面各地为了扩大自己的财源,往往以本地区财政利益最大化为目标竞相发展见效快、税高利大的项目,并保护本地产品的销售。这不仅助长了地区保护和封锁,分割了市场,阻碍了全国统一市场的形成,而且对产业政策产生了逆向调节作用,地方政府受利益驱动支持高税率产业发展,导致了重复建设、产业结构趋同和资源浪费。

专栏 7-2　　　　"财政承包"体制的弊端:以北京、上海为例

在"财政承包"体制下,"一省一率"的弊病,在上海和北京体现得特别突出。上海实行的是"定额上解加递增分成"模式,规定每年财政收入任务为 165 亿元,其中 100 亿元归中央、65 亿元归地方,财政收入每增加 1 亿元,中央与地方五五分成。结果,在上海实行"财政承包制"的五年里,财政收入年年都保持在 163 亿—165 亿元,一点没增长。北京实

行的是"收入递增包干分成"模式,规定年增长率是4%。五年之中,北京每年的财政增长率都是4%,分税制改革之后才发现北京隐瞒了98亿元的财政收入。

所谓的"承包"是"包盈不包亏",即使包上来的收入也跟不上物价上涨,物价一涨财政就又缺了一块,这些都造成了中央税收来源困难。同时,地方承包了以后,就有了这样一种心理:我增收一块钱,你还要拿走几毛;如果不增收,不就一点都不拿了吗?于是就出现了"藏富于企业""藏富于地方"的现象,给企业减免产品税,人为制造财政收入"不增长",然后通过非财政途径的摊派或收取费用等形式收到地方财政。如此一来,中央财政收入就被"包"死了,而地方的日子相对要好过得多。

资料来源:根据赵忆宁.中国分税制决策背景历史回放.瞭望,2003(37)整理编写。

由于"分级包干"财政体制的这些弊端与继续深化经济体制改革的目标不相适应,因此对其进行改革就是不可避免的。1992年,中国选择在天津、辽宁、浙江、新疆、沈阳和大连等部分省、自治区、直辖市和计划单列市进行分税制财政体制改革试点,并决定在试点地区取得一定经验后在全国范围内推开。

7.2 中国的分税分级财政体制改革

根据《国务院关于实行分税制财政管理体制的决定》的基本精神,中国从1994年1月起全面实行分税制财政体制改革;在随后的二十多年里,中国又先后出台了一些大大小小的调整措施。

7.2.1 中央与地方财政事权与支出责任的划分

1994年分税制财政体制改革对中央与地方财政事权与支出责任的划分,基本沿用原来体制的做法。此后,中国的政府间财政事权与支出责任划分的改革一直处于停滞状态,直到2016年才被提上日程。

1. 1994年分税制财政体制对中央与地方财政支出责任的划分

根据1994年分税制财政体制改革方案对中央政府和地方政府之间财政事权的划分,中央财政主要承担国家安全、外交和中央政权机关运转所需的经费,调整国民经济结构、协调地区发展、实施宏观调控必需的支出以及由中央直接管理的事业发展支出。属于中央财政支出范围的支出项目具体包括国防费,武警经费,外交和援外支出,中央级行政管理费,由中央负担的国内外债务还本付息支出,中央统管的基本建设投资,中央直属企业的技术改造和新产品试制经费,地质勘探费,由中央财政安排的农业支出以及中央本级负担的公、检、法支出和文化、教育、卫生、科学等各项事业费支出。

地方财政主要承担本地区政权机关运转以及本地区经济、事业发展所需的支出。属于地方财政支出范围的支出项目具体包括地方行政管理费,公、检、法支出,部分武警经费,民兵事业费,地方统筹的基本建设投资,地方企业的技术改造和新产品试制经费,农业支出,城市维护和建设经费,地方文化、教育、卫生、科学等各项事业费、价格补贴支出以及其他支出。

2. 1994年后政府间财政事权与支出责任划分的改革

2003年,中共十六届三中全会通过的《中共中央关于完善社会主义市场经济体制若干问题的决定》提出,要"合理划分中央和地方经济社会事务的管理责权",并确定"属于全国性和跨省(自治区、直辖市)的事务,由中央管理;属于面向本行政区域的地方性事务,由地方管理,属于中央和地方共同管理的事务,要区别不同情况,明确各自的管理范围,分清主次责任",并在此基础上,提出要"明确各级政府的财政支出责任"。

分别于2013年和2014年通过的《中共中央关于全面深化改革若干重大问题的决定》和《深化财税体制改革总体方案》都强调,要适度加强中央政府的事权和支出责任,国防、外交、国家安全、关系全国统一市场规则和管理等作为中央事权;部分社会保障、跨区域重大项目建设维护等作为中央和地方共同事权;区域性公共服务作为地方事权;中央和地方按照事权划分相应承担和分担支出责任;中央可通过安排转移支付将部分事权支出责任委托地方承担;对于跨区域且对其他地区影响较大的公共服务,中央通过转移支付承担一部分地方支出责任。

2016年,国务院发布《关于推进中央与地方财政事权和支出责任划分改革的指导意见》(以下简称《指导意见》),对中央与地方财政事权和支出责任划分改革的深化和细化做出总体部署。根据部署,中国中央与地方财政事权和支出责任划分改革主要体现在三个方面:一是推进中央与地方财政事权划分。适度加强中央的财政事权,保障地方履行财政事权,减少并规范中央与地方共同的财政事权,建立财政事权划分动态调整机制。二是完善中央与地方支出责任划分。中央的财政事权由中央承担支出责任,地方的财政事权由地方承担支出责任,中央与地方共同财政事权根据基本公共服务的属性,区分情况划分支出责任。三是加快省以下财政事权和支出责任划分。将部分适宜由更高一级政府承担的保持区域内经济社会稳定、促进经济协调发展等基本公共服务职能上移,将适宜由基层政府发挥信息、管理优势的基本公共服务职能下移,并根据省以下财政事权划分、财政体制及基层政府财力状况,合理确定省以下各级政府的支出责任。《指导意见》也勾画了中央与地方财政事权与支出责任改革实施的具体时间表和路线图:2016年先从国防、国家安全等领域着手,2017—2018年深入教育、医疗、环保、交通等领域,2019—2020年基本完成主要领域改革,形成中央与地方财政事权和支出责任划分的清晰框架。

2018年2月,国务院办公厅发布《基本公共服务领域中央与地方共同财政事权和支出责任划分改革方案》,将义务教育、学生资助和基本就业服务等八大类18项纳入中央与地方共同财政事权范围,其支出责任由中央与地方按比例分担,并保持基本稳定。

2018年7月出台的《医疗卫生领域中央与地方财政事权和支出责任划分改革方案》,从公共卫生、医疗保障、计划生育和能力建设等四个方面划分医疗卫生领域中央与地方财政事权和支出责任,这是中国中央与地方政府间财政事权与支出责任划分改革中的首个细分领域方案。

7.2.2 中央与地方财政收入的划分

政府间财政收入的划分是中国1994年分税制财政体制改革的重点。在随后的二十多年间,中国又进行了数次大大小小的调整。

1. 1994年分税制财政体制对中央与地方财政收入的划分

分税制财政体制改革主要按税种归属将财政收入分为中央固定收入、中央与地方共享收入和地方固定收入。分税制财政体制改革确定的政府间税收收入划分的原则,是将维护国家权益、实施宏观调控所必需的税种划为中央税,将与经济发展直接相联系的主要税种划为中央与地方共享税,将适宜地方征管的税种划为地方税。

中央固定收入包括关税,海关代征消费税和增值税,中央企业所得税,地方银行和外资银行及非银行金融企业所得税,铁道部门、各银行总行、各保险总公司等集中缴纳的收入(包括营业税、所得税、利润和城市维护建设税),中央企业上缴利润等。外贸企业出口退税,除1993年地方已经负担的20%部分列入地方上缴中央基数外,以后发生的出口退税全部由中央财政负担。

中央与地方共享收入包括增值税、资源税、证券交易税①。其中,增值税中央分享75%,地方分享25%;资源税按不同的资源品种划分,海洋石油资源税划为中央收入,其他资源税划为地方收入;证券交易税,中央和地方各分享50%。

地方固定收入包括营业税(不包括铁道部门、各银行总行、各保险总公司等集中缴纳的营业税),地方企业所得税(不含地方银行和外资银行及非银行金融企业所得税),地方企业上缴利润,城镇土地使用税,个人所得税,固定资产投资方向调节税,城市维护建设税(不含铁道部门、各银行总行、各保险总公司等集中缴纳的城市维护建设税),房产税,车船使用税,印花税,屠宰税,筵席税,农牧业税,农业特产税,耕地占用税,契税,遗产和赠予税,土地增值税,国有土地有偿使用收入等。

在主要按税种划分收入的同时,分税制财政体制改革还原先的税务机构设置进行了调整,分别设立了国家税务局和地方税务局两套相对独立的税务机构,中央税种和共享税种的征收管理由国家税务局负责,地方税种的征收管理由地方税务局负责。

2. 1994年后中央与地方财政收入划分的局部调整

1994年分税制财政体制改革之后,社会经济形势发生了较大的变化,中国对财税制度先后做了一些调整,这些调整也直接改变或间接影响了中央与地方之间财政收入划分的格局。

(1) 先后开征、停征或调整了一些税种

2000年,中国暂停征收固定资产投资方向调节税,并于2013年正式停征;2004年,中

---

① 根据1994年的税制改革方案,中国拟开征证券交易税。但这一税种并未独立开征,而是以印花税"证券交易"税目的形式付诸实施,即通常所说的"证券交易(印花)税"。

国停征了农业特产税(除烟叶外),并在部分地区停征了农业税;2006年,中国在全国范围内全面停征农业税。屠宰税和筵席税也分别于2006年和2008年停征。部分税种的停征虽然并未触及政府间财政收入范围的调整,但也对相关级次政府的财政收入产生了一定的影响。

2001年,中国开征车辆购置税,并将其划归中央税体系;2006年,国务院颁布了《中华人民共和国烟叶税暂行条例》,新开征烟叶税,并以之取代对烟叶征收的农业特产税,仍然属于地方政府所有。2016年,全国人大常委会通过了《中华人民共和国环境保护税法》,新开征环境保护税,并于2018年1月正式开征。由于环境保护税是由收入原属于地方政府所有的环境保护费经过"费改税"而来,因而环境保护税自然也归并到地方税的范畴。①

1997年,金融保险业营业税税率由5%提高到8%。税率提高后,除各银行总行、保险总公司缴纳的营业税仍全部归中央政府所有外,其余金融、保险企业缴纳的营业税,按5%的税率征收的部分归地方政府,提高3个百分点征收的部分归中央政府。从2001年起,金融保险业营业税税率每年下调1个百分点,分三年降至5%,中央政府分享的部分也随之取消。

2012年1月,营业税改征增值税试点(简称"营改增")在上海正式启动,试点范围在年内就扩大至北京市、天津市、江苏省、浙江省(含宁波市)、安徽省、福建省(含厦门市)、湖北省、广东省(含深圳市)等8个省(直辖市);2013年8月,交通运输业和部分现代服务业"营改增"试点在全国范围内推开。2016年5月,"营改增"在全国范围内全面推开,完全停征营业税。"营改增"的实行,改变了原本的收入归属,但为了便利于改革的推进,"营改增"试点期间仍维持中央与地方原有收入分配关系不变,试点地区对交通运输业、现代服务业等试点行业征收的增值税即原营业税收入,仍归地方政府所有。"营改增"全面推开后,增值税收入在中央与地方政府间的分享比例由原来的75%:25%调整为50%:50%。

(2)对出口退税机制进行了改革

分税制改革后,出口退税由中央政府全部负担,这与增值税收入实行中央与地方共享的体制不相符,中央财政负担沉重,出口欠退税较多。国务院决定从2004年起实施出口退税机制改革,由中央和地方共同承担出口退税是其中一项重要内容,以2003年出口退税实退指标为基数,对超基数部分应退税款由中央和地方财政按照75%:25%的比例承担。2005年,中国对出口退税负担机制又做了进一步的调整,在维持2004年经国务院批准核定的各地出口退税基数不变的基础上,超基数部分由中央、地方按照92.5%:7.5%的比例分担,同时出口退税改由中央统一退库,地方负担的部分改为"年终专项上解"。从2015年起,出口退税全部改由中央财政负担,地方2014年原负担的出口退税基数,定额上解中央。

---

① 2017年12月,国务院印发《关于环境保护税收入归属问题的通知》,明确环境保护税为地方收入。

(3) 对所得税收入进行了分享改革

2001年,中央政府决定除铁路运输、国家邮政、四大国有商业银行、三家政策性银行以及石油天然气企业缴纳的企业所得税和对储蓄利息征收的个人所得税作为中央财政收入外①,其他企业所得税和个人所得税在中央与地方财政之间按统一比例实行共享,2002年的分享比例为50%∶50%,2003年及以后年份的分享比例为60%∶40%。中央财政因所得税收入分享办法改革增加的收入全部用于对地方的一般性转移支付。为了保证所得税收入分享办法改革的顺利实施,妥善处理地区间利益分配关系,中央政府还规定跨地区经营企业集中缴纳的所得税,按分公司(或子公司)所在地的企业经营收入、职工人数和资产总额三个因素在相关地区间分配。

(4) 调整了证券交易(印花)税的分享比例与归属

1997年,证券交易(印花)税收入的分享比例被调整为中央80%、地方20%。随后由于证券交易(印花)税的税率由原来对买卖双方各征收3‰调高为5‰,调高税率增加的财政收入全部作为中央财政收入,因此中央财政和地方财政证券交易(印花)税的分享比例经过折算后实际为中央88%、地方12%。2000年,国务院决定分三年将证券交易(印花)税分享比例逐步调整到中央97%、地方3%,即2000年调整为中央91%、地方9%,2001年调整为中央94%、地方6%,2002年调整为中央97%、地方3%,中央由此增加的收入主要用于支持西部贫困地区发展,并作为补充社会保障资金的一个来源。从2016年开始,证券交易(印花)税收入全部归中央政府所有,地方政府不再参与分享。

(5) 资源税改革

2016年7月,中国全面推开资源税改革。资源税改革在统一税政基础上实施适度分权,赋予地方政府确定部分资源税目税率、税收优惠及提出开征新税目建议等税政管理权。对于资源税税目中列举的资源品目,由省级政府在规定的税率幅度内提出具体适用税率建议,报财政部、国家税务总局确定核准。此次纳入改革的矿产资源税收入全部为地方财政收入,水资源税仍按水资源费中央和地方1∶9的分成比例不变,但河北省在缴纳南水北调工程基金期间,水资源税收入全部留给该省。

中国现行中央地方财政收入划分如表7-4所示。

表7-4 中国现行中央地方财政收入划分

收入类别	具体项目
中央固定收入	关税,海关代征消费税和增值税,消费税,车辆购置税,船舶吨税,铁道部门、各银行总行、各保险公司总公司等集中缴纳的收入(包括利润和城市维护建设税),未纳入共享范围的中央企业所得税,证券交易(印花)税,中央企业上缴的利润等

---

① 2008年11月,中国再次暂停征收对居民储蓄利息所得课征的个人所得税。

（续表）

收入类别	具体项目
地方固定收入	城镇土地使用税、城市维护建设税（不含铁道部门、各银行总行、各保险公司总公司集中缴纳的部分）、房产税、车船税、印花税［不含证券交易（印花）税］、耕地占用税、契税、烟叶税、土地增值税、环境保护税、地方企业上缴利润、国有土地有偿使用收入等
中央地方共享收入	增值税（中央分享50%，地方分享50%）；纳入共享范围的企业所得税和个人所得（中央分享60%，地方分享40%）；资源税（按不同的资源品种划分，海洋石油资源税为中央收入，其余资源税为地方收入）

在对中央与地方财政收入范围进行调整的同时，中央政府和地方政府分别征税的格局也发生了变化。在2018年的国家机构改革中，国税局和地税局合并，分税制财政体制改革所确定的国税、地税两套税务机构分设的体制被废止。

7.2.3 税收返还与政府间财政转移支付

1994年的分税制财政体制改革，引入了税收返还和政府间财政转移支付。最初的政府间财政转移支付制度主要由原财政包干体制中的体制补助和体制上解①、中央财政对地方财政的专项补助、中央财政与地方财政年终结算补助、结算上解、其他补助以及过渡期转移支付等构成。但在随后的二十多年里，中国的政府间财政转移支付在名称、构成和资金分配等方面都发生了很大的变化。

1. 中央政府对地方政府的税收返还

1994年分税制财政体制改革将原先财政体制下地方政府支柱财源产品税②的大部分收入上划给了中央财政，如果不采取适当的措施对地方财政予以补偿的话，则必然会损害地方政府的既得利益，招致地方政府的反对和不合作。为了保证分税制财政体制改革的顺利推进，中央政府决定通过税收返还（Revenue Returned）的方式来保持地方政府的既得利益。

增值税和消费税返还是中国税收返还的主体。在相当长一段时间里，"两税"税收返还额都以1993年为基期年采用基数法来核定，1993年中央从地方净上划的收入全额返还

---

① 由于利益格局一旦形成之后很难轻易改变，为了保证分税制财政体制改革的顺利出台，中国在1994年实行分税制改革时决定财政包干体制下形成的分配格局暂时维持不变，过渡一段时间后再逐步规范化。原财政包干体制中的体制补助和体制上解就是在这样一种背景下保留下来的。在中央财政对地方核定的收支基数中，地方财政支出基数大于财政收入基数的，其差额由中央财政给予补足。原财政包干体制下地方上解仍按不同体制类型执行，原实行递增上解的地区，按原规定继续递增上解；原实行定额上解的地区，按规定的上解额，继续定额上解；原实行总额分成和原分税制试点地区，暂按递增上解办法，即按1993年实际上解数，并核定一个递增率，每年递增上解。1995年，中央财政取消了对各地区体制上解的递增率，开始实行定额上解的办法。原来中央财政拨给地方政府的各项专款，该下拨的继续下拨。地方财政在1993年承担的20%部分出口退税以及其他年度结算的上解和补助项目相抵后，确定一个数额，作为一般上解或一般补助处理，以后年度按此定额结算。

② 在1994年的税制改革中，原先的产品税被取消，取而代之的是增值税和消费税。

地方,以保证地方政府的既得财力,并以此为中央财政对地方的税收返还基数。1994年的税收返还额根据式(7-1)来计算。

$$R = C + 75\%V - S \tag{7-1}$$

在式(7-1)中,R 表示1994年中央财政对地方"两税"返还的核定数,C 表示消费税收入,V 表示增值税收入,S 表示1993年中央财政对地方政府的下划收入。($C+75\%V$)是1994年税制改革和分税制财政体制改革后将原财政体制下的共享财政收入转化为中央财政收入的数量,S 是原财政体制下地方已得的份额,两者的差额就是按照新财政体制的规定中央财政从地方财政净上划的收入。

1994年以后,中央财政对地方政府的"两税"税收返还额在1993年基数上实行逐年递增,递增率按全国增值税和消费税平均增长率的1:0.3的系数确定,即"两税"全国平均每增长1%,中央财政对地方政府的税收返还增加0.3%。如若1994年以后中央净上划收入达不到1993年的基数,则相应扣减税收返还额。1994年以后中央财政对地方政府的税收返还额按式(7-2)来进行计算。

$$R_n = R_{n-1} + R_{n-1} \times 0.3 \times \frac{(C+0.75V)_n - (C+0.75V)_{n-1}}{(C+0.75V)_{n-1}} = R_{n-1}(1+0.3r_n) \tag{7-2}$$

其中,R_n 是1994年以后第 n 年的中央财政对地方财政的税收返还额;R_{n-1} 是第 n 年的前一年中央财政对地方政府的税收返还额;r_n 是第 n 年全国增值税和消费税收入的平均增长率。

专栏7-3　　1:0.3的税收返还系数:一个奇妙的制度设计

分税制财政体制改革推出后,相当一部分学者认为改革中出台的"税收返还"措施维持了既得利益格局,过多地照顾了富裕地区的利益,因而对其持否定态度。然而,后来发现情况并非如此,增值税和消费税增量返还系数实际上在逐年下降,1994—1997年依次为0.27、0.26、0.23和0.21。根据1:0.3的公式,地方政府可以从增加部分中拿到30%,但事实上却拿不到,而且拿到的份额越来越小,这是因为1:0.3的公式存在一个极限,随着时间的不断推移,地方政府从增量中取得的份额会越来越小,在分税制实施的第15年,地方能取得的也就10%左右,当时间趋于无穷大的时候,这一比率最终将趋于0。当然,这并不是说地方政府从"两税"当中就再也得不到税收返还,而是意味着增量为0。

就增值税而言,其增量的分配情况是,地方第一笔得到25%,第二笔得到增量的75%里的30%,那就是22.5%,两者相加地方一共得到47.5%,中央得到52.5%,这是一个临界点。1:0.3的公式是一个趋于无穷小的轨迹,使增值税最终趋于75%:25%的分成比例。如果将增量的分成比例调到1:0.35,地方就要得大头;如果调到1:0.25,中央得到的就更多一点。这就是1:0.3公式的秘密。

资料来源:根据http://view.news.qq.com/a/20100415/000043_8.htm(访问时间:2018年11月20日)和项怀诚.中国财政体制改革的实践与积极的财政政策.经济学动态,2002(6)编写。

为配合"营改增"的全面推开,"两税"返还的办法进行了相应的调整。从 2016 年起,增值税返还不再沿用 1994 年分税制财政体制改革时确定的办法,改为以 2015 年为基数实行定额返还,对增值税增长或下降地区不再实行增量返还或扣减。① 中央对地方政府的消费税返还也不再实行增量返还,改为以 2014 年消费税返还数为基数,实行定额返还。

除增值税和消费税返还之外,为了配合所得税分享改革和成品油税费改革,中国还先后增加了所得税基数返还和成品油税费改革税收返还。所得税基数返还以 2001 年为基期,对按所得税分享改革方案确定的分享范围和比例计算出的地方政府分享的所得税收入小于改革前地方政府实际所得税收入的差额部分,由中央作为基数返还给地方。成品油税费改革税收返还是以 2007 年公路养路费等"六费"收入为基数进行的税收返还,具体额度考虑地方实际情况按一定的增长率确定。2009 年,出口退税超基数地方负担部分专项上解等地方上解收入也被纳入税收返还,做对冲处理。

中国税收返还的规模一度非常之大,曾经是税收返还与政府间财政转移支付的主体。1996 年中央财政对地方的税收返还为 1 949 亿元,占中央财政补助地方支出的比重高达 71.8%。此后,虽然税收返还的数额仍在逐年增长,但其相对规模却不断下降,2001 年中央财政对地方的税收返还占中央财政补助地方支出的比重降到 45.1%②,2008 年又降为 18.6%,2015 年进一步下降为 9.11%,2017 年回复到 12.3%(参见表 7-5)。

表 7-5 中央对地方的税收返还与财政转移支付　　　　　　　　单位:亿元

项目	2009 年	2011 年	2013 年	2015 年	2017 年
一、中央对地方的财政转移支付	23 677.09	34 881.33	42 973.18	50 078.65	57 028.95
（一）一般性转移支付	11 317.20	18 311.34	24 362.72	28 455.02	35 145.59
其中:均衡性转移支付	3 918.00	7 487.67	9 812.01	18 471.96	22 381.59
（二）专项转移支付	12 359.89	16 569.99	18 610.46	21 623.63	21 883.36
二、中央对地方的税收返还	4 886.70	5 039.88	5 046.74	5 018.86	8 022.83
其中:增值税和消费税返还	3 422.63	3 783.30	3 965.73	4 011.45	7 124.45
所得税基数返还	910.19	910.19	910.19	910.19	910.19
成品油税费改革税收返还			1 531.10	1 531.10	1 531.10
地方上解	-977.22	-1 184.71	-1 360.28	-1 433.88	-1 542.91
中央对地方的税收返还和转移支付	28 563.79	39 921.21	48 019.92	55 097.51	65 051.78

资料来源:全国财政决算(2013—2017)。

---

① 《国务院关于实行中央对地方增值税定额返还的通知》(国发〔2016〕71 号)。
② 黄佩华,迪帕克.中国:国家发展与地方财政.北京:中信出版社,2003,44.

2. 中央政府对地方政府的财政转移支付

在财力不断增强的同时,中央政府不仅逐步建立健全了对地方政府的财政转移支付①,而且持续扩大了对地方政府财政转移支付的规模。1994 年,中央对地方的财政转移支付仅为 590 亿元,1998 年上升为 1 239 亿元,2000 年超过 2 000 亿元,达 2 459 亿元;随后以每年上千亿元的速度增长,到 2009 年增长为 23 677 亿元,是 1994 年的 40 倍。2011 年中央对地方的财政转移支付为 34 881 亿元,2014 年提高到 46 509 亿元,2015 年更是超过 50 000 亿元,2017 年进一步提高到 57 029 亿元(参见表 7-5)。

目前,中国的政府间财政转移支付由一般性转移支付和专项转移支付构成。一般性转移支付是中央政府对有财力缺口的地方政府,按照较为规范的办法给予的补助,它不规定具体的使用用途,由地方政府根据本地区实际情况统筹安排使用。1994 年中央对地方的一般性转移支付仅为 229 亿元,到 2017 年已经增长至 35 146 亿元。一般性转移支付具体包括均衡性转移支付、老少边穷地区转移支付、成品油税费改革转移支付、体制结算补助、基层公检法司转移支付、基本养老金转移支付、城乡居民医疗保险转移支付等多个项目,其中均衡性转移支付是主体形式。2008—2014 年间,均衡性转移支付在一般性转移支付中所占的比重一直保持在 40% 左右,但从 2015 年开始,这一比重提高到 60% 以上。均衡性转移支付以增强财力薄弱地区地方支付的财力、促进地区间公共服务均等化为目标,选取影响各地财政收支的客观因素,考虑地区间支出成本差异、收入努力程度以及财政困难程度等,按统一公式向地方进行财政拨款。以均等化为基本目标的均衡性转移支付,在分配拨款数额的过程中,以公式化为基础,既考虑标准收入能力又考虑标准支出需求,是对中国长期采用的"基数法"的一次革命,较之传统的体制补助,在规范性、公平性、科学性等方面都有突破性的进步。

专项转移支付是中央政府对地方政府承担中央委托事务、中央地方共同事务以及符合中央政府导向事务进行的补助,接受拨款的地方政府必须按照规定的用途使用资金。1994 年,中国的专项转移支付为 361 亿元,到 2017 年已经提高到 21 883 亿元。中国政府间财政转移支付体系中的专项转移支付项目较多,2009 年就有 200 多项。中国从 2015 年开始对专项转移支付项目进行压缩,2016 年压减至 94 项,2017 年进一步压减至 76 项。从具体用途来看,中国现阶段的专项转移支付大体上可以分为两大类,一类是主要对地方经济发展和事业发展的项目补助,如贫困地区义务教育、基础设施建设、天然林保护工程、公共卫生体系建设等;另一类是特殊情况的补助,如自然灾害补助等。

1994 年以来,中国政府间财政转移支付的结构发生了较大的变化。1994 年,一般性转移支付占全部转移支付的比重为 39%,1995 年上升为 44%,此后几年呈不断下降的趋

---

① 1995 年,中国出台了"过渡时期财政转移支付"办法。"过渡时期财政转移支付"是为了弥补税收返还无法均衡各地财政能力的固有缺陷,按照规范化的公式计算给予地方政府的补助,它由中央财政从每年的收入增量中拿出一部分资金,逐步调整地区利益分配格局。2002 年,中国不再使用"过渡时期财政转移支付"的概念,它被合并到中央财政因所得税分享改革增加的收入中进行分配,并统称为"一般性转移支付"。2009 年,原"一般性转移支付"改称为"均衡性转移支付",同时将原"财力性转移支付"改称为"一般性转移支付"。

势,到1999年这一比重仅为28%;从2000年开始该比重逐步攀升,2005年达到54%,首次超过专项转移支付,此后在曲折中继续提升,2017年达到62%,而专项转移支付的相对规模缩小到38%(参见图7-1)。2005—2017年间,一般性转移支付和专项转移支付在全部政府间财政转移支付中所占比重的非加权平均值分别为54.1%和45.9%。目前,中国已经初步建立起一般性转移支付为主体、一般性转移支付和专项转移支付相结合的转移支付制度。

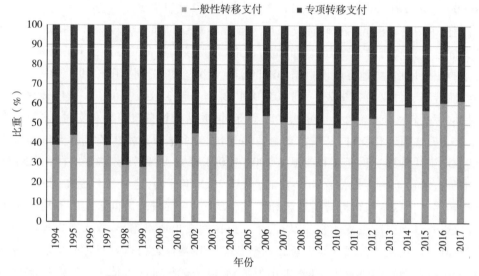

图7-1 1994—2017年中央对地方财政转移支付结构

资料来源:李萍.财政体制简明图解.北京:中国财政经济出版社,2010,100;全国财政决算(2010—2017)。

专栏 7-4　　　　　中国政府间财政转移支付制度的改革

中国现行中央对地方财政转移支付制度存在的问题和不足主要体现在以下几个方面:第一,受中央和地方财政事权和支出责任划分不清晰的影响,转移支付结构不够合理;第二,一般性转移支付项目种类多、目标多元,均等化功能弱化;第三,专项转移支付项目涉及领域过宽,分配使用不够科学;第四,一些项目行政审批色彩较重,与简政放权改革的要求不符;第五,地方配套压力较大,财政统筹能力较弱;第六,转移支付管理漏洞较多、信息不够公开透明等。

针对这些问题和不足,《国务院关于改革和完善中央对地方转移支付制度的意见》提出了中国政府间财政转移支付制度下一步改革的方向:

● 优化转移支付结构。合理划分中央和地方事权与支出责任,逐步推进转移支付制度改革,形成以均衡地区间基本财力、由地方政府统筹安排使用的一般性转移支付为主体,一般性转移支付和专项转移支付相结合的转移支付制度。

● 完善一般性转移支付制度。清理整合一般性转移支付,逐步将一般性转移支付中属于中央委托事权或中央地方共同事权的项目转列专项转移支付,属于地方事权的项目归并到均衡性转移支付,建立以均衡性转移支付为主体、以老少边穷地区转移支付为补充并辅以少量体制结算补助的一般性转移支付体系。同时建立一般性转移支付稳定增长机制,并加强一般性转移支付管理。

- 从严控制专项转移支付。清理整合现行专项转移支付,严格控制新设专项转移支付,同时规范专项资金管理办法。
- 规范专项转移支付分配和使用。用于国家重大工程、跨地区跨流域的投资项目以及外部性强的重点项目,主要采取项目法分配;具有地域管理信息优势的项目,主要采取因素法分配。中央在安排专项转移支付时,一般不得要求地方政府承担配套资金。
- 逐步取消竞争性领域专项转移支付。
- 强化转移支付预算管理。
- 调整优化中央基建投资专项。
- 完善省以下转移支付制度。
- 加快转移支付立法和制度建设。

资料来源:《国务院关于改革和完善中央对地方转移支付制度的意见》(国发〔2014〕71号)。

3. 中国的"对口支援"体制

除了政府间纵向财政转移支付,中国实际上还存在政府间的横向财政转移支付,这具体体现为"对口支援"体制的实施。所谓"对口支援",指的是在中央政府的统一领导下,组织和安排经济发达地区对指定的经济欠发达地区或民族地区给予人、财、物方面的帮助和支持。

1979年召开的全国边防工作会议提出,要"组织内地发达省、市实行对口支援边境地区和少数民族地区,即北京支援内蒙古,河北支援贵州,江苏支援广西、新疆,山东支援青海,上海支援云南、宁夏,全国支援西藏",从而在中国正式确立了地区间的"对口支援"体制。1983年国家经委、国家计委和国家民委等部门,共同组织召开了经济发达省、市同少数民族地区对口支援和经济技术协作工作座谈会,明确了"对口支援"工作的重点、任务和原则,扩大了"对口支援"的范围,并新确定了上海支援新疆、西藏,广东支援贵州,沈阳、武汉支援青海。1994年召开的中央第三次西藏工作会议,确定由北京、江苏、上海、山东、湖北、湖南等13个省市(后增加重庆市)分别对口支援西藏的拉萨、日喀则、山南等7个地市。2001年召开的中央第四次西藏工作会议,不仅将原定10年期限的"对口援藏"计划再延长10年,而且将原来未列入受援范围的29个县以不同方式纳入"对口支援"的范围。2010年中央新疆工作座谈会则启动了1996年以来"对口支援"历史上支援地域最广、涉及人口最多、资金投入最大、资助领域最全的一次"对口援疆"行动。

除地区间"对口支援"外,"三峡工程"、扶贫工作和加快高等教育发展等特定的项目,也先后被纳入"对口支援"的范围。1993年,国务院三峡工程移民工作会议确定了50多个部委以及 21 个省、自治区、直辖市和 10 个计划单列市对口支援三峡库区;1996 年,国务院扶贫开发领导小组确定了由北京与内蒙古、天津与甘肃、上海与云南、广东与广西、江苏与陕西、浙江与四川、山东与新疆、辽宁与青海、福建与宁夏、大连、青岛、深圳、宁波与贵州,开展对口扶贫协作;2001 年,教育部组织实施了"对口支援西部地区高等学校计划",指定北京大学、清华大学和中国农业大学等 13 所高校为支援高校,采取"一对一"的方式实施对新疆石河子大学、西藏大学与内蒙古农业大学等高校的对口支援。2008 年四川汶川发生特大地震后,为了加快灾区灾后的恢复重建,国务院决定建立灾后恢复重建对口支援机制,按照"一省帮一重灾县"的原则,组织北京和东中部地区的广东、江苏、上海、山东、浙江等以及西部地区的重庆等 19 个省市,对四川省北川县、汶川县和青川县等 18 个县(市)以及甘肃省、陕西省受灾严重地区进行对口支援;此外,几乎所有的中央政府部门都组织实施了本部门内对地震灾区的对口支援工作。除全国范围内的"对口支援"外,相当多的省、自治区和直辖市也以相同或类似的方式在本辖区内部组织实施了一定规模的"对口支援"。

从改革开放之初开始实施到现在,"对口支援"体制已经运行四十年,在范围、规模和力度上都有了很大的扩展。目前,中国的"对口支援"涉及工业、农业、商贸、科技、人才、文教、卫生、扶贫和劳务等诸多领域,有资金援助、物资援助、技术援助和智力支持等多种手段,主要用于受援地区的经济发展、教育、医疗和卫生等社会事业以及基础设施建设等多个方面。"对口支援"体制在促进经济欠发达地区和民族地区的社会经济发展、增强地区间的沟通与交流、加强民族团结以及促进灾后重建等方面发挥了积极的作用,但它只是一种非制度化的解决办法,也存在缺乏应有的规范性和科学性、多头管理等问题,需要对其做进一步的改革。

7.3 中国的省以下财政体制改革

省以下财政体制,也是整个财政体制不可或缺的组成部分。没有省以下财政体制的改革,就不可能有分税制财政体制改革的真正成功。在分税制改革后的十多年里,中国省以下财政体制改革一直处于停滞状态。直到 2004 年,才真正启动全国范围内的省以下财政体制改革。

7.3.1 中国 1994 年以来的省以下财政体制改革

1994 年的分税制财政体制改革,重新确定了中央与省级政府之间财政收支的划分,其着力点在于增强中央政府的宏观调控能力。由于当时尚做不到同步确定省与省以下各级地方政府之间的财政分配框架,于是寄希望于先启动中央与省之间的财政体制改革,然后再逐步深化省以下财政体制改革。在很长一段时间里,中国省以下财政体制改革并未取得明显进展。很多省份对省以下财政体制依然沿用过去财政包干体制时期的一些做法,也有些省份对省以下财政体制做了一些调整,但其中仍包含了相当多旧体制的痕迹。

专栏 7-5 　　　　　中国中央政府对省以下财政体制改革的基本精神

　　分税制财政体制改革后,虽然省以下财政体制改革相对滞后,但中国中央政府一直都很重视理顺省以下各级政府间财政的关系,先后多次下发文件,对省以下财政体制改革提出指导性意见。

- 1996年,财政部发布的《关于完善省以下分税制财政管理体制意见的通知》,提出为了保证分税制财政体制框架的完整性,各地区要参照中央对省分税制模式,结合本地区的实际情况,将分税制体制落实到市、县级,有条件的地区可落实到乡级。
- 2000年,财政部下发《改革和完善农村税费改革试点县、乡财政管理体制的指导性意见》,要求各地明确划分县、乡政府的支出责任。
- 2002年,国务院批转财政部《关于完善省以下财政管理体制有关问题意见》,针对所得税收入分享改革后的新形势,对省以下财政体制改革提出了指导性意见,要求逐步缩小辖区内地区间财力差距。
- 2005年,财政部下达《关于切实缓解县乡财政困难的意见》的通知,明确提出要创新省对县、县对乡财政管理方式。
- 2008年,中共中央、国务院在《关于2009年促进农业稳定发展农民持续增收的若干意见》中要求推进省直接管理县(市)财政体制改革和扩权强县改革试点。
- 2009年,财政部发布《关于推进省直接管理县财政改革的意见》,明确提出2012年年底前力争全国除民族自治地区外全面推进省直接管理县财政改革的总体目标。

资料来源:根据 http://www.gov.cn/zwgk/2009-07/09/content_1360963.htm(访问时间:2018年11月20日)和沙安文,乔宝云.地方财政与地方政府治理.北京:人民出版社,2006,179—182整理。

　　目前,中国省以下财政管理体制是"市管县"和"省直管县"两种模式并存。自20世纪80年代"市管县"行政管理体制确立以来,中国省以下财政体制实行的一直就是与之相适应的"市管县"模式。在"市管县"财政体制下,省首先与地市划分事权,明确省与地市的支出责任,划分省与地市的收入,确定省与地市的税收返还。省对下一般性转移支付、专项拨款、结算补助、预算资金调度等均由省直接对地市,不直接对县市。在省对地市财政体制框架下,由地市确立其与县的财政体制,划分地市与县(市)事权和支出责任,明确各自的收入范围。地市财政负责对县(市)实施转移支付、专项拨款、结算补助和预算资金调度。从各地的实施情况来看,"市管县"财政体制有两种情况:一种是省级财政只管到市级,县级财政完全由市级管理;另一种是县级财政的收支范围和上缴或补助数额由市负责核定,市级财政也负责汇总报表和调度国库资金,但财政转移支付由省直接测算到县,市级财政一般不进行调整。"市管县"财政体制在实施初期,对密切城乡关系、加强城乡合作起到了一定的推动作用,然而这一模式也加剧了对微观经济行为主体的多重行政干预,在很大程度上限制了县域经济的发展,因而一些省份转而推行"省直管县"模式的财政体制。

中国"省直管县"的实践,最早是从浙江省和海南省开始的。海南自1988年建省以来就一直实行省直接管理县的行政管理体制和财政管理体制。浙江省自20世纪80年代初就一直实行"省直管县"财政体制,1992年,浙江省又推出了一系列"强县扩权"的改革,这些举措对浙江省的社会经济发展产生了巨大的促进作用,从而在相当大程度上推动了"省直管县"财政体制实施范围的扩大。2002年以后,江苏、湖北、河南、福建、广东、辽宁、云南、山东、湖南等省陆续将地级市的管理权限下放给一些重点县(市),启动了"省直管县"财政体制改革。截至2012年年底,全国28个省份在1 087个县(市)实行了"省直管县"财政体制改革,约占全国县级总数的54%。

由于分税制财政体制改革没有对中央与省级政府之间的事权和财政支出责任划分进行大的调整,因而在相当长一段时间里省以下各级政府间财政支出的划分也基本沿袭之前的格局。省级财政主要承担省级国家机关运转所需经费,调整全省国民经济结构、协调地区发展、实施宏观调控方面的支出以及由省级直接管理的事业发展支出。市级财政主要承担市级国家机关运转所需经费以及本市经济、事业发展所需的支出。县(市)级财政主要承担县(市)级国家机关运转所需经费以及本县(市)经济、事业发展所需的支出。近年来,中央积极推进各项社会事业改革,出台了一系列惠及民生的重大支出政策,如农村义务教育经费保障机制改革、政法经费分类保障机制改革、新型农村合作医疗、农村养老保险试点和城乡公共卫生服务体系建设等,省、市财政负担重点民生支出比例大幅增加,支出责任上移趋势明显,体现了对困难地区和基层的照顾及倾斜。① 2016年,《关于推进中央与地方财政事权和支出责任划分改革的指导意见》发布后,各省也纷纷以之为蓝本出台了省以下财政事权和支出责任划分改革的方案或意见,总体的思路是加强省级政府的财政事权和支出责任,逐步减少并规范省与省辖市、县(市、区)的共同财政事权,最终建立起支出责任与财政事权相适应的体制。表7-6给出了海南省从2018年开始实施的新财政体制对省以下政府间支出责任的划分。

中国省以下政府间税收收入划分形式多样,主要有分税加共享、分税加增量提成、分税加共享和增量分成以及分税加增长分成等几种,虽然差别较大,但总体来看只有按税种划分收入和总额分成两种形式。大多数省将规模较大、收入稳定的税种划为省与地市或省与县(市)共享收入。省与市县实行共享的税种主要包括增值税(地方分享的50%部分)、企业所得税和个人所得税(地方分享的40%部分)等,但不同省份分享的方式不尽相同,有的是按比例分享,有的是按隶属关系分享。一些省份划归地市或县(市)固定收入的税种较多,主要有资源税、城市维护建设税、房产税、车船税、耕地占用税、印花税、契税、土地增值税等,但收入规模都较小。也有部分省份在按照以上两种方式划分收入的同时,将主要行业或支柱产业收入划归省级独享,市县不参与分成。表7-6给出了海南省从2018年开始实施的新财政体制对省以下政府间收入范围的划分。

---

① 李萍.财政体制简明图解.北京:中国财政经济出版社,2010,130.

表 7-6　中国省以下政府间支出责任与收入范围的划分:以海南省为例

类别		具体项目
支出划分	省支出	省级政权运转和省直接管理的社会事业发展以及保持省内经济社会稳定、促进经济协调发展、推进省内基本公共服务均等化等所需支出,并为"多规合一"中的空间规划、海岸带和生态敏感区规划管控、历史文化保护区域的规划管控、中部山区国家重点生态功能区生态环境保护、全省性重大传染病防治、全省性战略性自然资源使用和保护、全省范围内环境质量监测监察等
	市县支出	市县政权运转和市县管理的社会事业发展所需支出,并为市县政府推动县域经济发展,强化市场监管和辖区内有关居民生活、社会治安、城乡建设、公共设施管理、市政交通、农村公路建设和养护、农村公益事业、项目征地拆迁以及环境保护和污染治理等受益范围地域性强、信息较为复杂且主要与当地居民密切相关的确定为市县财政事权的基本公共服务等
	共同支出	体现省级宏观调控意图、跨市县且具有地域管理信息优势的基本公共服务等
收入划分	省固定收入	中央财政通过调库分配给海南省的跨省市总分机构企业所得税收入和铁路运输企业增值税收入,储蓄存款利息所得税地方分享部分,按规定属于省级的专项收入、行政事业性收费收入、罚没收入、国有资本经营收入、国有资源(资产)有偿使用收入和其他收入等
	市县固定收入	耕地占用税、资源税、印花税、车船税、烟叶税,按规定属于市县的专项收入、行政事业性收费收入、罚没收入、国有资本经营收入、国有资源(资产)有偿使用收入和其他收入等
	共享收入	增值税(含补缴的营业税,地方50%部分,不含中央财政通过调库分配给海南省的铁路运输企业增值税收入)、企业所得税(地方40%部分,不含中央财政通过调库分配给海南省的跨省市总分机构企业所得税收入)、个人所得税(地方40%部分,不含储蓄存款利息所得税)、城市维护建设税、房产税、城镇土地使用税、契税、土地增值税、环境保护税等9项税收。省与市县分成比例为:城镇土地使用税、城市维护建设税、环境保护税、房产税按20∶80分享,增值税、企业所得税、个人所得税按照30∶70分享,土地增值税、契税按65∶35分享

资料来源:《海南省人民政府关于印发海南省实施新一轮分税制财政体制方案的通知》(琼府〔2017〕92号)。

随着中央政府对地方财政转移支付体系的逐步完善和规模的不断扩大,近年来各省份都比照中央对省财政转移支付的做法,并结合自身实际,陆续建立了省以下财政转移支付制度。省以下财政转移支付也是由一般性转移支付和专项转移支付构成的。省以下一般性转移支付包括均衡性转移支付、调整工资转移支付、农村税费改革转移支付、政策性转移支付和激励性转移支付等项目。省以下专项转移支付则由省以下生态转移支付等构成。

就县乡财政关系而言,相当一部分县(市)实行的是收支包干型或统收统支型的管理体制。在收支包干模式下，县与乡镇按照税种划分收入，乡镇财政收支均由县财政核定，超收分成（或留用）、短收不补（或补助）；而在统收统支模式下，乡镇的所有收入都作为县级收入，县财政按照实际需要对乡镇的工资、公用经费和其他事业发展支出进行核定，保证乡镇人员工资和正常运转的最低需要。也有部分县（市）按税种将收入划分为县级固定收入、乡镇固定收入和县乡共享收入，同时核定乡镇支出数额，实行县对乡镇的税收返还制度。2003年，"乡财县管"率先在安徽省五河等县进行试点，并于2004年在安徽全省范围内推行。随后，江苏、江西、河南等省也选择部分区县进行"乡财县管"改革试点。2006年，"乡财县管"开始在全国范围内推开。截至2012年年底，全国共有2.93万个乡镇实行"乡财县管"，约占全国乡镇总数的86%。

7.3.2 "省直管县"财政体制改革

"省直管县"财政体制，指的是省级财政直接管理地（市）级和县（市）级财政，地方政府间在支出职责和收入的划分、省对下财政转移支付和预算资金调度等方面，都由省级财政直接对地（市）级和县（市）级财政。虽然不同地区"省直管县"财政体制的具体制度安排各具特色，但在预算管理体制、转移支付及专项资金补助、财政结算、资金报解及调度、债务偿还等方面的基本做法上仍是大体一致的。第一，实行"省直管县"财政体制，主要是改变省管市、市管县的财政管理模式，基本上不调整财政收支范围。也有一些省对不符合支持县域经济发展要求的市、县（市）收支范围划分，进行了适当的调整。第二，省对下各项财政转移支付按照规范的办法直接分配到县（市），专项补助资金也由省财政部门会同其他职能部门直接分配下达到县（市）。第三，年终财政结算项目、结算数额，由省财政部门直接结算到县（市）。对县（市）的原各项结算、转移支付及资金往来扣款等，由省财政部门根据相关规定分别与县（市）财政办理结算。第四，各市、各县（市）国库根据规定，直接对中央、省报解财政库款，同时省财政部门直接确定各自的资金留解比例，预算执行中的资金调度，由省财政部门直接拨付到县（市）。第五，原县（市）举借的各种债务，由市和县（市）两级核实后，由省财政部门分别转账到县（市），到期后由省财政部门直接对县（市）扣款，未核对清楚的继续作为市级政府债务处理。新增债务分别由市、县（市）财政部门直接向省财政办理有关手续并承诺偿还。①

"省直管县"财政体制有两种情况，一种是县级财政完全由省直接管理，另一种是县级财政收支范围和体制上缴或补助数均由省核定，县级转移支付资金也由省级财政负责分配，市级财政只负责汇总报表、调度国库资金和进行业务指导。目前，北京等四个直辖市、大连等五个计划单列市和海南省实行的是与行政管理体制直接衔接的"省直管县"财政体制；河北、山西、山东和河南等省选择在农业大县、生态保护县、资源枯竭县等实行"省直管县"财政体制；浙江、湖北、江苏和吉林等省则全面实行"省直管县"财政体制。

"省直管县"财政体制减少了财政管理层次，在一定程度上降低了行政成本。由于跨

---

① 谢旭人.中国财政改革三十年.北京：中国财政经济出版社，2008，108.

过了中间管理环节,实行"省直管县"财政体制后,省级财政在省辖区域内对各县(市)财力差异的调控能力明显增强,有助于加快辖区内的基本公共服务均等化进程。在"省直管县"财政体制下,财政资金调度和专项资金直接拨付到县(市),保证了财政资金的及时拨付到位,不仅加快了资金周转速度、提高了财政支出效率,而且有利于避免市级财政截留、挤占县(市)财政资金,有助于缓解县级财政困难。"省直管县"财政体制还可以促进县域经济的发展,有利于实现城乡共同发展。但是,"省直管县"财政体制改革积极效应的发挥,也是有前提条件的,并不是所有的省份都适合实行。为此,部分省份缩减了"省直管县"改革试点的范围,甚至有的省放弃了改革试点。

7.3.3 "乡财县管"改革

"乡财县管"是在乡镇政府管理财政的法律主体地位、财政资金的所有权和使用权、乡镇政府享有的债权和承担的债务及乡镇事权范围与支出责任等不变的前提下,县级财政部门在预算编制、账户统设、集中收付、采购统办和票据统管等方面对乡镇财政进行管理的一种方式,其目的在于缓解乡镇财政困难、加强乡镇财政收支管理和规范乡镇财政支出行为。

"乡财县管"改革的内容具体包括五个方面。一是县对乡镇比照县直单位编制部门预算,乡镇政府在县级财政部门指导下编制本级预算、决算草案和本级预算的调整方案,组织本级预算的执行。二是统一设置财政收支结算账户,乡镇财政总预算会计被取消,改为在乡镇财政所设置乡镇政府单位预算会计,负责乡镇政府机关的支出管理。三是实行国库集中支付,乡镇财政收入全部纳入县级财政管理,乡镇财政支出以预算为依据,按"先工资、后重点、再一般"的原则,通过国库直接支付或授权支付。① 四是实行政府采购统办,编制乡镇政府采购预算,由乡镇根据预算提出申请和计划,经县相关职能部门审核后,由县政府采购经办机构集中统一办理。五是票据县级统管。乡镇使用的乡镇行政事业性收费票据及其他税费征缴凭证等的管理权收归县级财政部门,实行票款同行、以票管收。② 作为中国财政管理体系中最基层的一级,乡镇财政在促进农村经济和社会事业的发展、巩固和加强农村基层政权建设等方面发挥了重要的作用,但"乡财县管"改革中预算代(共)编、账户统设、收支统管等措施的实施,使得乡镇财政已不再是严格意义上的一级财政预算。"乡财县管"在一定程度上推动了中国省以下财政体制的"扁平化"。

重要概念

统收统支财政体制　分级包干财政体制　分税分级财政体制　税收返还　一般性转移支付　均衡性转移支付　专项转移支付　"省直管县"财政体制　乡财县管

---

① "乡财县管"改革第二项和第三项内容,实质上是对乡镇财政实行"统收统支"。
② 谢旭人.中国财政改革三十年.北京:中国财政经济出版社,2008,109—110.

复习思考题

1. 简述中国 1994 年前财政体制的变迁过程。
2. 简述中国 1994 年分税制财政体制改革的主要内容及其积极效应。
3. 中国现行分税分级财政体制中存在哪些不足？应当如何弥补这些不足？
4. 应如何加快中国省以下财政体制改革？
5. 中国现行财政体制与西方财政联邦制有哪些异同？

 ## 课堂讨论题

"中央财政过的是美日子、省财政过的是好日子、市财政过的是紧日子、县财政过的是穷日子、乡财政过的是苦日子"以及"中央财政蒸蒸日上、省级财政稳稳当当、县级财政哭爹喊娘、乡镇财政名存实亡"等说法，在一定程度上反映了中国分税制改革后的基层财政困难。虽然地方财政困难的形成是多方面因素造成的，但与财政体制也存在密切关联。请联系现实，就如何通过财政体制改革来缓解地方财政困难进行课堂讨论。

参考文献与延伸阅读资料

李萍.财政体制简明图解.北京：中国财政经济出版社，2010.

王玮.多重约束条件下我国均等化财政制度框架的构建.北京：中国社会科学出版社，2011.

楼继伟.中国政府间财政关系再思考.北京：中国财政经济出版社，2013.

郭庆旺，吕冰洋.中国分税制：问题与改革.北京：中国人民大学出版社，2014.

Ronan Paddison & Stephen J. Bailey. *Local Government Finance*：*International Perspectives*. Routledge, 1988.

Teresa Ter-Minassian. Fiscal Federalism in Theory and Practice. IMF, 1997.

Anwar Shah. *The Practice of Fiscal Federalism*：*Comparative Perspectives*. McGill-Queen's University Press, 2007.

OECD/KIPF. *Institutions of Intergovernmental Fiscal Relations*：*Challenges Ahead*. OECD Publishing, 2015.

 ## 网络资源

中国财经报网站，http：//www.cfen.com.cn/

财经国家新闻网，http：//www.ennweekly.com/

新浪网财经频道，http：//finance.sina.com.cn/

第 8 章

地方财政支出

【本章学习目标】

- 掌握不同情形下地方财政支出的自主性
- 掌握中央政府对地方财政支出进行控制的原因和路径
- 掌握政府间强制性支出对地方财政的影响
- 掌握中国 1994 年以来地方财政支出规模和结构变化的趋势及原因
- 了解近年来中国主要地方财政支出项目的变化

地方财政支出(Subnational Expenditure)是各级地方政府按照经过法定程序批准的地方政府预算,将归其所支配的财力分配使用到各种用途的活动。① 地方财政支出反映了地方政府活动的范围和方向。

8.1 地方财政支出的自主性与中央政府对地方财政支出的控制

不管是在联邦制国家还是在单一制国家,只要实行财政分权体制,地方政府在财政支出上都会有一定的"财政自主性"(Subnational Fiscal Autonomy)。与此同时,各国中央政府都力图从不同角度、不同方面对地方政府支出的规模和结构进行一定的控制。

8.1.1 地方财政支出的自主性

地方财政支出包括地方政府专有财政支出(Exclusive Expenditure Responsibilities)以及与中央政府共同承担的财政支出(Concurrent or Shared Expenditure Responsibilities)中由地方政府承担的部分。在不同的情形下,地方财政支出的自主性是各不相同的。以下是按地方政府支出处置的自主程度递减的顺序排列的地方财政支出:②

(1) 中央政府不对地方财政支出做任何限制

中央政府不对地方政府财政支出的总量和结构等设置任何约束性条款,也不对地方政府财政支出进行任何细节上的限制。地方政府在财政支出上具有完全的处置权,可以根据本地区的实际情况来自行安排。

(2) 中央政府为地方政府设定财政支出目标

中央政府虽然不规定地方政府财政支出的规模和结构,但为地方政府设定了财政支出所要达到的目标。只有在中央政府规定的财政支出目标范围内,地方政府才可以自行安排财政支出。

(3) 中央政府为地方政府设定财政支出总量

中央政府直接设定了地方政府的财政支出总量,地方政府的财政支出规模不能突破限额。在中央政府限定的财政支出总量内,地方政府可以在各个财政支出目标之间自主分配资金。

(4) 中央政府为地方政府设定强制性财政支出项目

在各国的实践中,中央政府常常会为地方政府设置一些强制性支出项目。以地方政府能否依据当年的社会经济发展状况来调整财政支出为标准,地方财政支出可以区分为"强制性支出"(Mandatory Spending)和"自主性支出"(Discretionary Spending)。地方强制性支出是根据中央或上级政府的政令以及法律的相关规定必须确保的支出,它不能随意削减。只有在中央政府所设定的强制性支出之外,地方政府才能够自主地在各支出目标之间分配资金。

---

① 如不做说明,地方财政支出仅指地方财政本级一般预算支出,不包括政府间的转移性支出。
② 肯耐斯·戴维.地方财政.武汉:湖北人民出版社,1989,141—142.

> **专栏 8-1**　　　　　　　　　　政府间强制性支出
>
> 　　在各国的政府间关系中,都存在上级政府以法律、法令等形式要求下级政府承担某项职责或实施某种行为,下级政府由此而不得不进行的支出对其来说就是一种"强制性支出"(Intergovernmental Mandates)。根据上级政府是否给予资助,强制性支出可以细分为"无资助的强制性支出"(Unfunded Mandates)和"有资助的强制性支出"(Funded Mandates)两种类型,在各国的实践中比较常见的是无资助的强制性支出。
>
> 　　第二次世界大战结束后,美国联邦政府开始设定无资助的强制性支出。20 世纪六七十年代,美国的无资助强制性支出发展较快,主要设定在环境保护、教育、民权和国土安全等领域。1980 年,美国一共有 36 部联邦法律引致了强制性支出。尽管对无资助的强制性支出持反对意见,但里根和老布什当政期间仍然有 27 部新出台的联邦法律设定了强制性支出。除了联邦无资助的强制性支出(Federal Unfunded Mandates),各州也会设定无资助的强制性支出(State Unfunded Mandates)。如 1982 年以来,伊利诺伊州为州内各市设定了 266 项强制性支出;1992 年以来,伊利诺伊州为州内各学区设定了 145 项强制性支出;2015 年,伊利诺伊州通过的法律新增加了 59 项无资助的强制性支出。
>
> 　　无资助的强制性支出主要是为了更好地实现中央政府或上级政府的目标(Promote National Goals)。然而,在反对者的眼里,无资助的强制性支出通常是没有效率的。在美国,联邦强制性支出的膨胀就激起了州和地方政府的反抗,并最终导致 1995 年《无资助的强制性支出改革法案》(Unfunded Mandates Reform Act)和 2015 年《无资助的强制性支出和信息透明法案》(Unfunded Mandates and Information Transparency Act)的出台,要求关注无资助的强制性支出的真实成本、提升相关法律制定过程中的透明度,并对其进行限制。
>
> 　　资料来源:根据 Robert Jay Dilger. *Unfunded Mandates Reform Act*: *History*, *Impact*, *and Issues*. Congressional Research Service, R40957, 2018 和 https://en.wikipedia.org/wiki/Unfunded_mandate(访问时间:2018 年 11 月 20 日)整理编写。

　　地方强制性支出的设定一般基于两方面的原因,一是法律规定地方政府必须在给定的基本水平上提供某种服务,二是作为从中央政府取得财政转移支付或贷款的一项条件。列入强制性支出的项目,大都是长期投入不足或不受重视、在一定时期必须加大投入的领域,所以相关的法律法规通常会要求这些领域的财政支出达到一定的水平或其增幅高于财政支出的平均增幅。强制性支出有利于地方政府加大对相关项目的财政扶持力度,推进相关事业的发展。然而,如果强制性支出在地方财政支出中所占的比重过高,也会使得地方预算平衡和调整的余地极小,这不仅限制了地方政府能动作用的发挥,而且有可能使地方财政陷入捉襟见肘的境地。

（5）中央政府为地方政府设定各项职能的支出总额

中央政府为地方政府每一个具体的职能设定财政支出总额。只有在由中央政府为各项职能所规定的支出总额范围内,地方政府才能自行分配资金。

(6) 中央政府为地方政府设定各项财政支出的总额并规定具体的分配细节

中央政府不仅为地方政府每一个具体的职能设定了财政支出总额,而且规定具体的细节。地方政府仅仅是执行中央政府制定的预算,只在一些小的问题上才有少量的自由裁量权。

8.1.2 中央政府对地方财政支出的控制

中央政府对地方财政支出进行控制,首先是基于经济方面的考虑。在现代财政分权体制下,各国地方政府财政支出的绝对规模和相对规模一般都较大,它的任何变动都有可能影响或改变整个财政收支的平衡,进而对宏观经济的平稳运行产生影响。中央政府需要控制地方财政总支出来对各地区的总需求进行管理,以达到稳定国民经济运行的目的。地方政府承担的地方性公共产品和服务的提供与本地区社会成员的利益紧密相关,地方财政支出结构直接决定了地方性公共产品和服务的利益归宿。为了更好地在地方层次实现社会公平,中央政府往往会规定部分地方性公共产品和服务的最低标准。由于各国的地方政府都在一定程度上依赖中央政府的财政支持,而且地方财政支出又具有较强的支出刚性,因此如果不对地方财政支出进行必要的约束和限制,那么对规模庞大的地方财政支出提供财政支持将成为中央财政的沉重负担。

当然,各国中央政府控制地方财政支出,并不完全基于经济方面的考量,也常常出于政治和意识形态等方面的原因。如有的国家的中央政府就通过干预来确保地方政府的财政支出政策及其运用与中央政府政治哲学的一致性。[①]

中央政府对地方财政支出的控制,不仅可以从支出层面着手,而且能够从收入角度来进行。

1. 从支出层面对地方财政支出的控制

在有的国家,中央政府从支出层面控制地方财政支出是通过要求地方政府预算经过中央政府审查、批准后才能交付实施来实现的,这是对地方财政支出进行控制最直接的一种方式。但在财政分权的大背景下,采用这种方式的国家越来越少。越来越多的国家都转而通过相关的法律或政策来规定地方财政支出的总量、结构、目标或标准,以最终控制地方政府的财政支出。这种控制既可以针对地方所有的财政支出,也可以只针对特定的支出,如仅针对经常性支出、仅针对资本性支出、仅针对指定项目的支出、仅针对指定类别的支出、仅针对一定基本水平以上的支出或仅针对总支出中的一个规定的比例。

中央政府对地方财政支出的控制程度可以与地方政府的财政自主性来相互反衬。地方政府在财政支出上的自主性越大,中央政府的控制程度就越低;反之,则越高。

2. 从收入层面对地方财政支出的控制

地方政府的财政支出必须有一定的财力来源做保障。如果中央政府能够控制住地方政府的收入来源,那么就在很大程度上控制住了地方财政支出的规模,也能在一定程度上

---

① 肯耐斯·戴维.地方财政.武汉:湖北人民出版社,1989,183.

影响地方财政支出的结构。

通过地方税取得的收入,地方政府一般都可以自主地安排财政支出。然而在一些国家,中央政府往往不允许地方政府随意调整地方税的税率,地方政府开征新的地方税税种要经过复杂的审批程序。这就限制了地方政府通过扩大地方税的规模来扩大地方财政支出的规模。许多国家还采取相关措施对地方政府的债务融资进行监管。尽管这一举措的目的是多维度的,但都会在一定程度上产生限制地方财政支出规模进一步扩大的结果。政府间财政转移支付是地方政府另一个重要的收入来源,中央政府调整政府间财政转移支付的规模也会直接影响地方财政支出的规模。不仅如此,中央政府在进行财政拨款时还可以通过指定拨款的用途或要求地方政府提供配套资金等来影响地方财政支出的结构。

在实践中,中央政府对地方政府财政支出的控制,极有可能造成中央政府与地方政府间关系的紧张。中央政府与地方政府在财政支出目标取向上的分歧越大,中央政府与地方政府间潜在冲突爆发的可能性就越大。

8.2　中国地方财政支出的规模与结构

地方财政支出规模与结构的确定及调整①,对地方政府财政职能的履行有着至关重要的影响。

8.2.1　中国地方财政支出的规模

中国地方财政支出的规模,可以从绝对规模和相对规模两个层面上来分别加以度量。

1. 中国地方财政支出的绝对规模

地方财政支出的绝对规模通常用当年的地方财政实际支出额来反映。在经济体制开始改革的1978年,中国的地方财政支出额仅为589.97亿元,1985年为1 209.00亿元,到分税制财政体制改革前的1993年,中国的地方财政支出额就增长到3 330.24亿元,15年间增长了2 700多亿元。1994年分税制财政体制改革之后,中国地方财政支出的绝对额开始以比此前快得多的速度增长,1995—1998年间,年均增幅接近1 000亿元;1999—2003年间,年均增幅接近2 000亿元;2004—2007年间,年均增幅提升到5 000亿元左右。此后,中国地方财政支出每年的增幅更快。2008年以来,中国地方财政支出的年增幅每年都在10 000亿元以上,2011年的增幅达到18 800多亿元②,2015年的增幅更是突破了20 000亿元。2012年中国地方财政支出首次超过10万亿元,2017年为173 471.14亿元(参见表8-1)。

---

①　如不做说明,本小节中的"地方财政支出"仅指地方财政本级一般公共预算支出,不包括政府间的转移性支出和其他类型的支出。

②　自2011年1月起,中央和地方各级政府部门的预算外支出全部纳入政府预算进行管理,这是2011年地方财政支出比2010年增长将近2万亿元的一个重要原因。前后年份的地方财政支出不具有完全的可比性。

表 8-1 中国地方财政支出的规模

年份	地方财政支出（亿元）	地方财政支出/全国财政支出（%）	地方财政支出/GDP（%）	年份	地方财政支出（亿元）	地方财政支出/全国财政支出（%）	地方财政支出/GDP（%）
1978	589.97	52.6	16.3	2003	17 229.85	69.9	14.7
1980	562.02	45.7	12.4	2004	20 592.81	72.3	12.9
1985	1 209.00	60.3	13.5	2005	25 154.31	74.1	13.6
1990	2 079.12	67.4	11.2	2006	30 431.33	75.3	14.1
1991	2 295.81	67.8	10.6	2007	38 339.29	77.0	14.4
1992	2 571.76	68.7	9.7	2008	49 248.49	78.7	15.7
1993	3 330.24	71.7	9.6	2009	61 044.14	80.0	17.9
1994	4 038.19	69.7	8.6	2010	73 884.43	82.2	18.4
1995	4 828.33	70.8	8.3	2011	92 733.68	84.9	19.6
1996	5 786.28	72.9	8.5	2012	107 188.34	85.1	20.6
1997	6 701.06	72.6	9.0	2013	119 740.34	85.4	21.0
1998	7 672.58	71.1	9.8	2014	129 215.49	85.1	20.1
1999	9 035.34	68.5	11.0	2015	150 335.62	85.5	21.8
2000	10 366.65	65.3	11.6	2016	160 351.36	85.4	21.5
2001	13 134.56	69.5	13.5	2017	173 471.14	85.3	20.0
2002	15 281.45	69.3	14.5				

资料来源：《中国统计年鉴》（2018）。

2. 中国地方财政支出的相对规模

地方财政支出的相对规模，具体可以用地方财政支出占全部财政支出的比重以及地方财政支出占 GDP 的比重来衡量。

在改革开放到 2017 年的三十多年间，除个别年份外，中国地方财政支出的相对规模，从总体上看呈现出不断上升的趋势（参见图 8-1）。1978—1993 年间中国地方财政支出占全国财政支出比重的非加权平均值为 58%，而分税制财政体制改革以后的二十多年间地方财政支出占全国财政支出比重的非加权平均值为 76.5%，这种变化是分税制财政体制改革的必然结果。在经济体制改革中前期，中国在政府间财政关系方面还存在打破了统收格局但未打破统支格局等问题，而在分税制财政体制改革中，中央政府统得过多等问题在一定程度上得到了解决，中央政府把较多的事权都下放给了地方政府，地方政府承担了更多的财政支出职责。2009 年以来，中国地方财政支出占全部财政支出的比重均在 80% 以上，2012—2017 年间更是超过了 85%。与绝大部分经济发达国家和发展中国家相比，中国地方财政支出的相对规模都是最高的，但这并不表明中国在政府间财政关系方面的分权程度也是最高的。虽然中国把相当大部分的财政支出职责赋予了地方政府来承担,但中央政府能够通过行政和经济等手段对地方财政支出进行较强的控制或施加较大的影响。

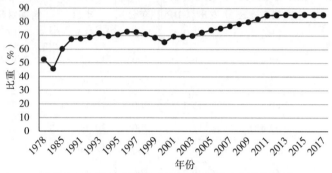

图 8-1 中国地方财政支出占全部财政支出的比重

资料来源:根据表 8-1 中的数据绘制。

1978—2017 年间,中国地方财政支出占 GDP 的比重呈现出先下降后上升的趋势(参见图 8-2),这与全国财政支出占 GDP 的比重的变化趋势是一致的。1980 年中国地方财政支出占 GDP 的比重高达 16.3%,此后这一比重持续下降,直到 1995 年降到 8.3% 的最低点,这实际上是这一时期中国从中央到地方各级政府财政均陷入困境的一种表现。在经济体制改革以来的相当长一段时间里,原有的分配规范被打破而新的分配规范又尚未建立起来,使得中国整个财政分配秩序一度处于一种无序状态,财政分配被肢解,许多应当由地方政府预算支出的项目被拿到预算外甚至制度外来进行支出,这是导致地方财政支出占 GDP 的比重持续下降的直接原因。① 1994 年分税制财政体制改革后,中国采取规范分配格局的一些措施逐渐奏效,再加上财政体制的调整,地方财政支出占 GDP 的比重也稳步回升,1999 年回复到 11.0%,到 2005 年达到 13.6%,2010 年达到 18.4%。2015 年,中国地方财政支出占 GDP 的比重进一步提高到 21.8% 的水平,但随后于 2017 年再次回落到 20.0%。

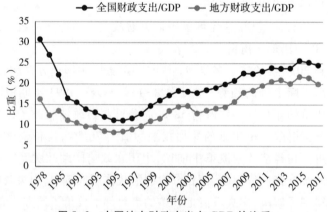

图 8-2 中国地方财政支出占 GDP 的比重

资料来源:根据表 8-1 中的数据绘制。

---

① 当然,包括地方财政支出在内的全部财政支出的相对规模下降也有一定的客观必然性,因为没有政府在一些领域的退出或收缩,就不会有市场机制的发育。

专栏 8-2　　中国地方政府的全口径财政支出

除了一般公共预算支出，中国地方政府的财政支出还包括政府性基金预算支出、国有资本经营预算支出和社会保险基金预算支出。仅一般公共预算支出，根本不足以反映中国地方财政支出的真实规模，而必须采用将上述四项支出都涵盖在内的全口径的财政支出来衡量。限于全国地方社会保险基金预算支出数据的可获得性，表 8-2 中只汇总了 2014—2017 年中国地方政府的一般公共预算支出、政府性基金预算支出和国有资本经营预算支出，得出地方政府大口径财政支出的规模。

表 8-2　中国地方政府大口径财政支出规模

支出项目	2014 年	2015 年	2016 年	2017 年
地方一般公共预算支出（亿元）	129 215.49	150 335.60	160 351.40	173 228.34
地方政府性基金预算支出（亿元）	48 499.96	39 322.62	43 988.46	58 284.99
地方国有资本经营预算支出（亿元）	1 419.12	831.41	1 218.41	1 248.97
地方政府大口径财政支出（亿元）	179 134.57	190 489.70	205 558.20	232 762.30
地方政府大口径财政支出/GDP（%）	27.82	27.75	27.74	28.14

2014 年，中国地方政府大口径财政支出为 179 134.57 亿元，占当年 GDP 的 27.82%，地方一般公共预算支出相当于地方政府大口径财政支出的 72.13%。2017 年，中国地方政府大口径财政支出为 232 762.3 亿元，占当年 GDP 的 28.14%，地方一般公共预算支出相当于地方政府大口径财政支出的 74.42%。

部分省市全口径财政支出的数据可以获得。表 8-3 汇总了四川省、湖北省和上海市 2017 年的地方政府一般公共预算支出、政府性基金预算支出、国有资本经营预算支出和社会保险基金预算支出，得出这三个省市地方政府全口径财政支出的规模。2017 年，四川省、湖北省和上海市地方政府全口径财政支出分别为 14 775.2 亿元、9 771.9 亿元和 13 279.1 亿元，占本地区 GDP 的比重分别为 39.95%、26.76% 和 44.07%。三个省市一般公共预算支出在本地区地方政府全口径财政支出中所占的份额分别为 58.85%、43.9% 和 56.84%。

表 8-3　中国部分省市地方政府全口径财政支出规模（2017 年）

支出项目	四川省	湖北省	上海省
地方一般公共预算支出（亿元）	8 694.80	4 293.80	7 547.60
地方政府性基金预算支出（亿元）	2 631.70	2 776.00	2 044.90
地方国有资本经营预算支出（亿元）	62.30	18.10	99.40
地方社会保险基金预算支出（亿元）	3 386.40	2 684.00	3 587.20

（续表）

支出项目	四川省	湖北省	上海省
地方政府全口径财政支出（亿元）	14 775.20	9 771.90	13 279.10
地方政府全口径财政支出/GDP（%）	39.95	26.76	44.07

资料来源：根据全国财政决算（2015—2017）、《上海市 2017 年全市及市本级财政决算》《关于湖北省 2017 年预算执行情况和 2018 年预算草案的报告》和《关于四川省 2017 年财政预算执行情况和 2018 年财政预算草案的报告》整理编写。

分税制财政体制改革后中国地方财政支出占 GDP 比重的非加权平均值为 15.0%，高于英国、法国等一些实行单一制国家结构形式的经济发达国家同时期地方财政支出占 GDP 的比重，但低于美国、德国等实行联邦制国家结构形式的经济发达国家同时期的水平。近年来，中国地方财政支出的增长速度相当快，到 2017 年其规模相当于 GDP 的 20.0%，如果再把地方政府性基金预算支出、地方国有资本经营预算支出等加进来，那么中国地方财政支出的规模就更大了，这已经远远超过分权程度较高的美国的同期水平（参见表 8-4）。①

表 8-4 部分国家地方财政支出占 GDP 的比重 单位：%

财政年度	美国	德国	英国	法国
1990	16.34	18.07（1991）	10.99	9.23（1993）
1995	17.67	18.00	10.32	9.34
2000	17.19	17.54	10.38	9.30
2005	18.36	17.30	11.67	10.32
2010	20.00	17.94	13.04	11.19
2015	18.22	17.41	10.48	11.21
2016	18.29	17.71	10.05	10.94

资料来源：OECD Fiscal Decentralization Database。

尽管具体到各个不同的地区，其财政支出占本地区 GDP 比重的变化趋势与全国地方财政支出占 GDP 比重的变化趋势大体一致，但由于经济发展水平等方面存在较大的差异，不同地区的地方财政支出占本地区 GDP 的比重也各不相同。一般来说，经济发展程度越高的省份，其地方财政支出占本地区 GDP 的比重就越高，但这也并不意味着经济发展水平相对落后的地区，其地方财政支出占本地区 GDP 的比重就必然低。很多情形下，经济发展水平相对落后的地区也能通过中央政府的转移支付和地方政府债务等途径维持一定规模的财政支出。

---

① 这种状况本身在一定程度上反映出中国现阶段的政府间财政支出职责划分存在相当大的问题。

图 8-3 显示了 1994—2017 年间中国东部地区的上海市、中部地区的安徽省和西部地区的四川省地方财政支出占本地区 GDP 的比重。从图中可以清楚地看到,经济较发达的上海市的地方财政支出占本地区 GDP 的比重要高于同期全国平均水平 2—3 个百分点,而经济相对落后的四川省和安徽省的地方财政支出占本地区 GDP 的比重,则在大部分年份都低于上海市的同期水平。而 2008—2010 年间,四川省地方财政支出占本地区 GDP 的比重不仅高于全国平均水平,而且高于上海等经济发达地区,这主要是汶川地震救灾和灾后重建过程中财政支出迅猛增加所致。虽然 2011 年有明显回落,但在随后的年份里,四川省地方财政支出的相对规模又在 2011 年的基础上缓慢提升,这符合英国经济学家 A. T. 皮考克(A. T. Peacock)和 J. 怀斯曼(J. Wiseman)提出的"梯度渐进增长理论"。

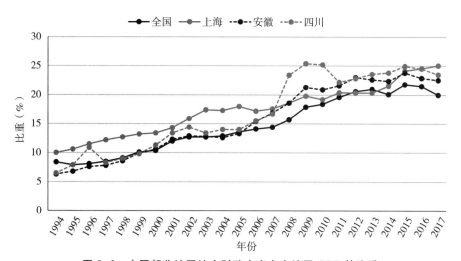

图 8-3　中国部分地区地方财政支出占本地区 GDP 的比重

资料来源:《中国统计年鉴》(1999—2017)、《上海统计年鉴》(1999—2017)、《安徽统计年鉴》(1999—2017)和《四川统计年鉴》(1999—2017)。

8.2.2　中国地方财政支出的结构

在中国现行财政体制下,属于地方财政支出范围的支出项目具体包括地方一般公共服务支出、公共安全支出、教育支出、科学技术支出、文化体育与传媒支出、社会保障和就业支出、医疗卫生支出、节能环保支出、城乡社区事务支出、农林水事务支出、交通运输支出及其他支出。表 8-5 反映的是 2013—2017 年间中国地方财政支出的基本构成。

表 8-5　中国的地方财政支出项目　　　　　　　　　　　　　　单位:亿元

地方财政支出项目	2013 年	2014 年	2015 年	2016 年	2017 年
一般公共服务支出	12 753.67	12 217.07	12 492.49	13 581.37	15 238.90
外交支出	1.39	1.45	3.54	2.28	2.08
国防支出	233.25	234.40	219.33	219.87	206.02
公共安全支出	6 489.75	6 879.47	7 795.79	9 290.07	10 612.33

(续表)

地方财政支出项目	2013 年	2014 年	2015 年	2016 年	2017 年
教育支出	20 895.11	21 788.09	24 913.71	26 625.06	28 604.79
科学技术支出	2 715.31	2 877.79	3 384.18	3 877.86	4 440.02
文化体育与传媒支出	2 339.94	2 468.48	2 804.65	2 915.13	3 121.01
社会保障和就业支出	13 849.72	15 268.94	18 295.62	20 700.87	23 610.57
医疗卫生支出	8 203.20	10 086.56	11 868.67	13 067.61	14 343.03
节能环保支出	3 334.89	3 470.9	4 402.48	4 439.33	5 266.77
城乡社区事务支出	11 146.51	12 942.31	15 875.53	18 374.86	20 561.55
农林水事务支出	12 822.64	13 634.16	16 641.71	17 808.29	18 380.25
交通运输支出	8 625.83	9 669.26	11503.27	9 686.59	9 517.56
其他支出	2 933.09	3 124.54	3 341.38	1 467.16	1 139.19
地方财政支出合计	119 740.34	129 215.49	150 335.62	160 351.36	173 228.34

资料来源：全国财政决算（2013—2017）。

1. 中国地方财政支出的级次结构

中国目前实行的是四级地方政府体制，地方财政支出也相应地划分为省级财政支出、地市级财政支出、县级财政支出和乡镇级财政支出。图 8-4 显示了 1998—2016 年间中国地方财政支出的级次结构。1998 年，中国地方一般公共预算支出 7 672.58 亿元，其中省级财政支出 2 026.31 亿元，占 26.4%，地市级财政支出 2 601.82 亿元，占 33.9%，县级财政支出 2 153.58 亿元，占 28.1%，乡镇级财政支出 890.871 亿元，占 11.6%。2003 年，中国地方一般公共预算支出 17 229.83 亿元，其中省级财政支出 4 553.93 亿元，占 26.4%，地市级财政支出 5 314.27 亿元，占 30.8%，县级财政支出 5 780.43 亿元，占 33.6%，乡镇级财政支出 1 581.2 亿元，占 9.2%。2011 年，中国地方一般公共预算支出 92 733.68 亿元，其中省级财政支出 19 970.58 亿元，占 21.5%，地市级财政支出 24 894.95 亿元，占 26.8%，县级财政支出 42 259.40 亿元，占 45.6%，乡镇级财政支出 5 608.74 亿元，占 6.1%。2016 年，中国地方一般公共预算支出 160 351 亿元，其中省级财政支出 26 996 亿元，占 16.8%，地市级财政支出 45 989 亿元，占 28.7%，县级（含乡镇级）财政支出 87 366 亿元，占 54.5%。

在过去的十多年里，中国地方财政支出的级次结构发生了较大的变化。1998—2001 年间，中国地方财政支出级次结构的总体格局为地市级财政支出的规模最大，省级和县级财政支出的规模次之，乡镇级财政支出的规模最小。然而，2002—2016 年间，地方财政支出级次结构的总体格局变为县级财政支出的规模最大，地市级和省级财政支出的规模次之，乡镇级财政支出的规模最小（参见图 8-4）。这一变化的发生，主要源于"省直管县"财政体制改革和"乡财县管"改革。2002 年，县级财政支出在地方财政支出中所占的比重为 31.5%。从 2002 年开始，陆续有省份开始由"市管县"财政体制转而推行"省直管县"财政体制，这提高了县级财政的重要性，也在一定程度上弱化了地市级财政；正是从这一年

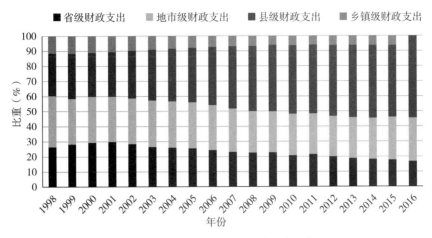

图 8-4 中国地方财政支出的级次结构

资料来源:根据《中国财政年鉴》(1999—2017)中的相关数据绘制。

开始,县级财政支出的相对规模超过了地市级财政支出的规模。"乡财县管"改革在弱化乡镇级财政的同时,也强化了县级财政,随着"乡财县管"改革于2006年在全国范围内推开,县级财政支出在地方财政支出中所占的比重提升至38.3%,2011年为45.6%,2014年进一步提升至48.3%。2016年,乡镇级财政支出完全纳入县级财政支出,使得县级财政支出在地方财政支出中所占的比重进一步提升至54.5%。此外,地市级财政支出的相对规模逐年下降,地市级财政支出占地方财政支出的比重从1998年的33.9%降为2012年的26.7%;此后,由于部分省份调减了"省直管县"财政体制改革的试点范围,地市级财政支出在地方财政支出中所占的比重稍微有所回升,2016年为28.7%。

2. 中国地方财政支出中的强制性支出与自主性支出

目前,中国在农业、教育、科技、文化、卫生、计划生育、社会保障等方面均有强制性支出方面的规定。① 2007年,中国地方一般公共预算支出中农林水事务、教育和科学技术等强制性支出达1.07万亿元,占地方一般公共预算支出的27.8%、全国强制性支出的86.7%;而中国地方文化体育与传媒、医疗卫生、社会保障和就业等准强制性支出也有0.78万亿元,占地方一般公共预算支出的20.4%、全国准强制性支出的94%。强制性支出和准强制性支出合计占地方一般公共预算支出的比重高达48.3%。② 在四级地方财政中,县级财政支出中的强制性支出所占比重最高。根据审计署2012年对18个省的54个样本县的审计结果,为满足国家有关农业、教育、科技等法定支出的增长要求和中央有关部门出台的达标增支政策安排的支出是其当年一般公共预算支出的77.23%③,留给县级政府自主安排的财力规模较小,造成县级政府部分财政性支出存在较大压力。

---

① 在中国,"强制性支出"也被称为"法定支出"。
② 张小平,廖世忠.从法定支出入手明确界定政府间支出责任.中国财政,2009(5).
③ 《中华人民共和国审计署审计公告》(2012年第26号)。

专栏 8-3　　中国地方政府的强制性支出：以杭州市为例

浙江省杭州市及其下属各市、县、区在一些领域财政支出的预算安排上必须严格按照国家、浙江省和杭州市的相关法律、法规及政策来进行。

• 农业支出：《中华人民共和国农业法》规定，国家逐步提高农业投入的总体水平，国家财政每年对农业总投入的增长幅度应当高于国家财政经常性收入的增长幅度。《中共浙江省委、浙江省人民政府关于进一步完善农业投入机制增加农业投入的决定》规定，各级政府每年财政预算用于农业支出的计划安排和实际完成数的增长幅度，必须分别高于财政经常性总支出计划安排和实际完成数的增长比例，确保财政每年对农业总投入的增长幅度高于财政经常性收入的增长幅度。

• 教育支出：《中华人民共和国教育法》规定，教育财政拨款的增长要高于财政经常性收入的增长。

• 科技支出：《中华人民共和国科技进步法》规定，国家财政用于科学技术的经费增长幅度，高于国家财政性收入的增长幅度。《杭州市科学技术进步条例》规定，各级人民政府应逐步增加科技经费投入，其增长幅度应高于各级财政收入的增长幅度。

• 文化支出：《杭州市政府关于加快文化产业发展若干经济政策的意见》规定，从2001年起对文化事业费投入要高于财政经常性支出的增长率。

• 体育支出：《中共杭州市委、杭州市人民政府关于加强体育工作发展体育事业创建体育强市的若干意见》规定，各级财政对体育事业的资金投入，每年增长幅度应高于经常性财政支出的增长幅度。

• 计划生育支出：《中华人民共和国人口与计划生育法》规定，每年投入的计划生育事业费增长幅度高于财政经常性财政收入的增长幅度。

• 卫生支出：《杭州市人民政府关于加强卫生事业改革与发展的若干意见》规定，对卫生事业投入的增长幅度不低于财政支出的增长幅度。

• 社会保障支出：《国务院关于完善城镇社会保障体系的试点方案》规定，要逐年将社会保障支出占财政支出的比重提高到15%—20%。

资料来源：根据 http://www.hangzhou.gov.cn/main/zwdt/ztzj/czys/mcjs/T311280.shtml（访问时间：2018年11月20日）整理。

近年来，中国地方财政支出中的强制性支出有不断扩大的倾向，既有中央政府设定的，也有各地方政府自行设定的，还有其他一些硬性配套和达标升级活动要求的支出，如扶贫资金配套、农发资金配套等。地方财政支出中强制性支出泛化的趋势，必须得到应有的重视。

3. 中国不同地区财政支出结构的比较

由于不同地区经济发展水平和经济结构等方面存在较大的差异，而且各地区社会经济发展亟须解决的问题也不相同，因而不同地区的财政支出结构也存在一些差别。

表8-6显示了2011年和2017年上海市、安徽省和四川省的财政支出结构。

虽然2011—2017年间,三个省市一般公共服务支出的相对规模都有所下降,但安徽省和四川省一般公共服务支出的相对规模要高于上海市。2017年,上海市一般公共服务支出占地方财政支出的比重为4.2%,而四川省和安徽省这一比重分别为9.1%和7.4%。上海市农业在地区国民经济中的地位弱于四川省和安徽省,这在地方财政支出结构中体现为上海市农林水事务支出的相对规模低于安徽省和四川省的同期水平。2017年,上海市、安徽省和四川省农林水事务支出在本地区财政支出中所占的比重分别为6.0%、10.7%和11.8%。上海市的城市化水平要远高于安徽省和四川省,所以上海市财政支出中城乡社区事务支出所占的比重均高于安徽省和四川省同期的水平。2017年,上海市将20.3%的财政支出用于城乡社区事务,而安徽省将16.6%的财政支出投入城乡社区事务,四川省这项支出安排了8.3%。

表8-6 上海市、安徽省和四川省财政支出结构　　　　　　　单位:%

支出项目	2011年			2017年		
	上海市	安徽省	四川省	上海市	安徽省	四川省
一般公共服务支出	6.0	10.5	10.4	4.2	7.4	9.1
公共安全支出	5.3	3.9	5.3	4.7	4.2	5.4
教育支出	14.0	17.1	14.6	11.6	16.4	16.0
科学技术支出	5.6	2.3	1.0	5.2	4.3	1.2
文化体育与传媒支出	1.8	1.9	1.9	2.5	1.3	1.6
社会保障和就业支出	10.7	11.9	13.8	14.1	14.0	17.3
医疗卫生与计划生育支出	4.9	8.4	8	5.5	9.6	9.6
节能环保支出	1.3	2.5	2.5	3	3.2	2.3
城乡社区事务支出	14.8	8.5	5.7	20.3	16.6	8.3
农林水事务支出	4.1	10.7	11.7	6.0	10.7	11.8
交通运输支出	3.5	6.6	7.8	5.7	3.6	6.1
资源勘探信息等事务支出	9.7	3.8	3.4	7.5	1.7	3.5
商业服务业等事务支出	1.3	2	1.4	1.9	0.5	0.9
住房保障支出	2.1	4.9	1.2	3.8	3.5	3.7

资料来源:《上海统计年鉴》(2012,2018)、《安徽统计年鉴》(2012,2018)和《四川统计年鉴》(2012,2018)。

专栏8-4　　　　　　　　　　美国州与地方政府的财政支出结构

美国州与地方政府的一般性财政支出(State and Local General Expenditures)包括直接财政支出和转移性支出两大类。州与地方政府的转移性支出的规模非常小,最近十多年来在州与地方政府的一般性财政支出中所占的比重都低于0.5%。

2015 财政年度,美国州政府和地方政府的直接财政支出中,有 1/3 用于教育,其中 21.5% 的支出用于基础教育的发展,9.6% 的支出投入高等教育领域;有 1/3 用于公共福利(Public Welfare)、健康与医疗(Health and Hospitals),其中 21% 的支出用于公共福利,9% 的支出投入健康与医疗领域;余下的 1/3 主要用于高速公路与普通公路(6%)、行政管理(4%)、债务利息支出(4%)和警察支出(3.7%)等方面。美国州和地方政府转移性支出的规模非常小,在州和地方政府一般性支出中只占 0.1%。

美国州和地方政府财政支出的侧重点各不相同。公共福利和基础教育分别是美国州政府和地方政府最大的支出项目。2015 财政年度,公共福利支出占州政府直接的一般性财政支出的 42%,但地方政府一般性财政支出中只有 4% 用于公共福利。2015 财政年度,基础教育支出占地方政府一般性财政支出的比重也达到 40%,但州政府只分配了 0.5% 的财政支出在基础教育上。州政府将 18% 的支出投入高等教育领域,而地方政府一般性支出中只有 3% 用于高等教育(参见表 8-7)。

表 8-7 美国州与地方财政支出结构(2015 财政年度) 单位:%

直接的一般性支出项目	州与地方政府	州政府	地方政府
基础教育	21.5	0.5	40
公共福利	21	42	4
高等教育	10	18	3
健康与医疗	9	9	10
高速公路与普通公路	6	8	4
警察与矫正	6	5	8

美国州和地方政府行政管理(Governmental Administration)支出的相对规模都不是非常大。2015 财政年度,行政管理支出占美国州政府和地方政府一般性财政支出的比重都低于 5%。

资料来源:根据 https://www.urban.org/policy-centers/cross-center-initiatives/state-local-finance-initiative/projects/state-and-local-backgrounders/state-and-local-expenditures(访问时间:2018 年 11 月 20 日)整理编写。

8.3 中国主要的地方财政支出项目

自财政收支分类改革以来,中国地方财政规模较大的支出项目主要是教育支出、一般公共服务支出、社会保障和就业支出以及农林水事务支出等。

8.3.1 地方财政教育支出

地方财政教育支出(Subnational Educational Expenses)是地方政府用于本地区教育领

域的经费开支。分税制财政体制改革以来,地方财政承担了主要的教育支出职责,地方财政教育支出占全国教育支出的比重一直保持较高的水平。

近年来,教育支出一直是中国规模最大的地方财政支出项目,而且其绝对额也呈现出不断增长的态势。2007年中国地方财政教育支出为6 727.06亿元,2009年为9 869.92亿元,2012年增长为20 140.64亿元,到2017年进一步增长为28 604.79亿元(参见表8-8),10年间增长了4倍多。尽管地方财政教育支出的绝对规模一直在增长,但其相对规模在有的年份出现了较大的波动。2007年中国地方财政教育支出占地方财政总支出的比重为17.5%,2009年降为16.2%,2010年再次下降0.2个百分点;2011年地方财政教育支出的相对规模有所回升,但依然没有恢复到2007年的水平;2012年地方财政教育支出的相对规模提高到18.8%的最高水平,也正是在这一年中国首次实现了财政性教育经费支出占国内生产总值4%的目标。此后,教育支出在地方财政支出中所占的比重再次下滑,到2017年已经降到16.5%。自政府收支分类改革以来,地方财政教育支出的增长速度出现了较大波动,这直接导致了地方财政教育支出在地方财政支出中所占的比重逐年下降。2008—2017年间,地方财政教育支出的年增长率最高的年份超过了30%,而最低的年份仅为4%;除2011年和2012年之外,地方财政教育支出的年增长率均低于地方财政支出的增长率。

表8-8 地方财政教育支出的规模

地方财政教育支出		2007年	2009年	2011年	2013年	2015年	2017年
全国	绝对额(亿元)	6 727.06	9 869.92	15 498.28	20 895.11	24 913.71	28 604.79
	占地方财政支出的比重(%)	17.5	16.2	16.7	17.5	16.6	16.5
上海	绝对额(亿元)	283.33	346.95	549.24	679.54	767.32	874.1
	占地方财政支出的比重(%)	12.9	11.6	14.0	15.0	12.4	11.6
安徽	绝对额(亿元)	212.97	323.79	564.71	736.59	856.73	1 017.89
	占地方财政支出的比重(%)	17.1	15.1	17.1	16.9	16.4	16.4
四川	绝对额(亿元)	292.86	451.44	665.08	1 036.41	1 252.33	1 389.20
	占地方财政支出的比重(%)	16.6	12.6	15.6	16.7	16.7	16.0

资料来源:全国财政决算(2007—2017)、《上海统计年鉴》(2008—2018)、《安徽统计年鉴》(2008—2018)和《四川统计年鉴》(2008—2018)。

专栏8-5　　　　实现4%的目标,地方政府要更加"给力"

根据《国家中长期教育改革和发展规划纲要》的要求,中国要实现财政性教育经费支出占国内生产总值4%的目标。在2012年的"两会"上,时任国务院总理温家宝在政府工作报告中提出,2012年中央财政已按全国财政性教育经费支出占国内生产总值的4%编制预算,地方财政也要做相应安排,以确保实现这一目标。地方政府承担了大部分的教育支出,因而2012年以后的年份能否继续实现财政性教育经费支出占国内生产总值4%的目标,地方政府是关键。

4%是一个国家性概念,是中央和地方各级政府教育支出的总和占国内生产总值的4%,因而地方财政性教育支出占国内生产总值的比例这一指标的实际意义不大。有些地方即使财政性教育支出占到国内生产总值的4%,也远远不能满足教育发展的基本需要,有些地方的安排达到国内生产总值的4%又不现实,甚至是不必要的。实际上衡量地方教育投入是否合理,主要是看教育的财政性支出占地方财政支出的比例。根据中国目前的情况,如果地方财政教育支出能够占到地方财政支出的20%左右,那么整个国家财政性教育经费支出占国内生产总值4%的目标就基本能够达到。自政府收支分类改革以来,中国地方财政教育支出占地方财政总支出的比重一直低于20%,这说明中国地方政府对教育总体投入不足的状况并没有得到根本改变。看来,要持续实现4%的目标,地方政府要更加"给力"才行。

资料来源:根据http://business.sohu.com/20120706/n347429963.shtml(访问时间:2018年11月20日)整理编写。

8.3.2 地方财政一般公共服务支出

地方财政一般公共服务支出(Subnational General Public Services Expenses)是用于保障各级地方立法、行政和司法机关履行其职能以提供地方性公共产品和服务的支出。地方政府工作人员在出国(境)、公务车购置及运行、公务招待方面的支出(即通常所说的"三公经费")主要体现在地方财政一般公共服务支出中,使得地方财政一般公共服务支出颇受社会公众关注。

政府收支分类改革后,中国地方财政一般公共服务支出的绝对规模一直在扩大(参见表8-5)。2007年中国地方财政一般公共服务支出额为6 354.07亿元,2010年提升为8 499.74亿元,2013年为12 753.67亿元,2017年进一步提升为15 238.9亿元(参见表8-9),10年间增长了8 000多亿元。尽管绝对规模仍然在扩大,但地方财政一般公共服务支出的相对规模呈现出逐步缩小的态势。2007年中国地方财政一般公共服务支出占地方财政支出的比重为16.6%,2010年降为11.5%,2013年降为10.7%,2015年进一步降为8.3%,但2017年又稍微有所提升,为8.8%。从不同省市的情况来看也是如此。这与政府收支分类改革之前规模不断膨胀的地方行政管理支出形成了鲜明的对比。① 地方财政一般公共服务支出的相对规模下降,主要是因为在中央政府的要求下各级地方政府都开始控制行政运行成本,地方财政一般公共服务支出增长率均被限制在同期地方财政支出的增长率以下。

---

① 地方财政一般公共服务支出与政府收支分类改革前的"地方财政行政管理支出"有很大的相似性,但两者的统计口径不尽相同,不能直接进行比较。

表 8-9 地方财政一般公共服务支出的规模

地方财政一般公共服务支出		2007 年	2009 年	2011 年	2013 年	2015 年	2017 年
全国	绝对额（亿元）	6 354.07	8 080.00	10 084.77	12 753.67	12 492.49	15 238.9
	占地方财政支出的比重（%）	16.6	13.2	10.9	10.7	8.3	8.8
上海	绝对额（亿元）	182.61	206.68	236.11	246.57	259.84	320.7
	占地方财政支出的比重（%）	8.3	6.9	6.0	5.4	4.2	4.2
安徽	绝对额（亿元）	195.95	267.50	345.34	469.15	400.09	458.19
	占地方财政支出的比重（%）	15.8	12.5	10.5	10.8	7.6	7.4
四川	绝对额（亿元）	321.37	353.18	485.10	610.86	622.22	793.30
	占地方财政支出的比重（%）	18.3	9.8	10.4	9.8	8.3	9.1

资料来源：全国财政决算（2007—2017）、《上海统计年鉴》（2008—2018）、《安徽统计年鉴》（2008—2018）和《四川统计年鉴》（2008—2018）。

专栏 8-6　　　　　　　　　　地方政府的"三公经费"

"三公经费"一直居高不下，是中国各级地方政府行政运行成本过高的重要原因。2012 年 4 月，国务院常务会议要求省级政府两年内、市县级政府在 2015 年之前全面实现"三公经费"公开。此外，中央政府还要求地方政府严格控制"三公经费"的预算，一般情况下按照零增长来安排。

由于公开"三公经费"提高了透明度，也引入了公众监督，再加上"八项规定"，不少地方的"三公经费"支出已经大幅压缩。北京市是全国首个公开"三公经费"的省级单位。2010 年，北京市级"三公经费"支出为 11.3 亿元，其中因公出国（境）费用 1.3 亿元，公务接待费 0.9 亿元，公务用车购置及运行维护费 9.1 亿元；2011 年，北京市级"三公经费"支出为 8.64 亿元，比 2010 年减少了 2.66 亿元；2017 年，北京市级"三公经费"支出合计 6.6 亿元，比年初预算下降 28.6%，其中因公出国（境）费用 1.1 亿元，公务接待费 0.2 亿元，公务用车购置及运行维护费 5.3 亿元。

资料来源：根据 http://money.163.com/12/0727/10/87DOUECI00253B0H.html 和 http://beijing.qianlong.com/2018/0810/2754511.shtml（访问时间：2018 年 11 月 20 日）整理。

重要概念

地方财政支出　地方财政本级支出　地方强制性支出　无资助的强制性支出　有资助的强制性支出　地方财政支出控制　地方财政教育支出　地方财政一般公共服务支出

复习思考题

1. 为什么不同类型国家的中央政府都力图对地方财政支出进行控制?
2. 应如何认识地方强制性支出的作用?
3. 如何评价中国地方财政支出的规模?
4. 试分析中国地方财政支出的级次结构。
5. 地方政府如何才能持续增加对教育的投入?

 课堂讨论题

请结合所给案例材料,并联系现实,就地方政府应如何使用有限的财政资金以及应建立怎样的地方财政支出约束机制等问题进行课堂讨论。

 案例材料

国家级贫困县是否应重奖职业拳王?

每当重大体育比赛过后,各级地方政府都会对成绩优秀的运动员进行现金与物质奖励。这种奖励也从以前大多是对体制内运动员的奖励,延伸到对所有优秀运动员的奖励。2013年,中国第一个职业拳王熊朝忠衣锦还乡。熊朝忠的家乡云南省文山壮族苗族自治州马关县给予其75万元人民币的奖励。马关县官员说,对职业拳王进行奖励的初衷是希望用"拳王精神"激励干部群众。但这一奖励引起了很大的争议。

75万元奖励争议的核心并不是给与不给,而是因为马关县是一个国家级贫困县,在贫困县的帽子底下,窘迫的民生工程永远都只能受困在捉襟见肘的财政资金上。拿这么多钱奖励一名职业拳王,不如干点民生工程。有人尖锐地指出:"请问这75万元是从哪里出的?经过谁的同意?各行各业成功的人多了去了,政府是不是都应该奖励?"面对争议,马关县官员说75万元的奖励肯定还是会给马关这个贫困地区的财政带来一些压力,之前马关县的办公经费都是十分精简的,不过宁肯其他地方压缩一些,奖励资金还是要拿出来的,就是再心疼也要拿出来。

资料来源:根据http://sports.sohu.com/20130116/n363678769.shtml(访问时间:2018年11月20日)整理。

 参考文献与延伸阅读资料

樊丽明.中国地方财政运行分析.北京:经济科学出版社,2001.
黄佩华,迪帕克.中国:国家发展与地方财政.北京:中信出版社,2003.

侯一麟,王有强.中国县级财政研究.北京:商务印书馆,2011.

满燕云,康宇雄.转型中的中国地方公共财政.北京:经济管理出版社,2012.

K. Newton & T. J. Karran. *The Politics of Local Expenditure*. Macmillan, 1985.

Paul L. Posner. *The Politics of Unfunded Mandates: Whither Federalism?* Georgetown University Press, 1998.

United Cities and Local Governments. *Local Government Finance: The Challenges of the 21st Century*. Edward Elgar Publishing Ltd., 2013.

John L. Mikesell. *Fiscal Administration: Analysis and Application for the Public Sector*. Cengage Learning, 2017.

网络资源

上海市财政局网站,http://www.czj.sh.gov.cn/

四川省财政厅网站,http://www.sccz.gov.cn/

安徽省财政厅网站,http://www.ahcz.gov.cn/portal/index.htm

第 9 章

地方财政收入

【本章学习目标】

- 掌握不同地方财政收入形式的自主性
- 掌握中国地方财政收入规模与结构的变化趋势
- 掌握良好的地方税标准
- 掌握地方政府收费的性质与作用
- 掌握中国土地财政的基本状况

地方财政收入(Subnational Revenue)是各级地方政府履行职能的财力保障。在现代社会,地方税是地方政府财政收入体系的主体。除了地方税,各国地方财政收入体系中还包括地方政府收费收入、地方财产性收入、地方债务收入和来自上级政府的转移性收入等多种形式。

9.1 地方财政收入的自主性

地方政府的财政收入,有自有财力和转移性收入两种不同的类别,以及税收收入、收费收入、财产性收入和债务收入等多种不同的形式。① 地方政府不同类别和不同形式的财政收入,有着不同的财政自主性。

9.1.1 不同地方财政收入形式的自主性

地方政府财政收入的自主性,首先取决于取得财政收入的具体形式。地方政府税收收入是地方政府自有收入的主体②,它包括地方税收入、地方政府同源课税取得的收入和共享税中地方政府分享的收入。地方政府税收自主性(Tax Autonomy of Subnational Governments)是地方政府财政收入自主性的核心,它的大小取决于地方政府自主决定或掌握其税收收入的能力。当地方政府独立课征地方税时,如果不经过中央政府的同意,地方政府可以调整地方税的税率和税基,那么此时地方政府在税收方面享有完全的财政收入自主性③;如果地方政府调整地方税的税率和税基,必须经过中央政府的同意,那么此时地方政府税收自主性就不那么完整了。当地方政府以同源课税方式课征地方税时,地方政府只能调整地方税的税率而不能调整税基,此时地方政府的税收自主性就要弱一些。即使地方政府独立课征地方税,如果地方政府只能通过税收优惠等措施调整地方税的税基而不能调整税率,那么此时地方政府的税收自主性就更弱一些。在共享税上,地方政府的自主性比前几种情形都要弱。不管是地方税还是同源课税,如果地方政府不能对地方税的税率与税基进行任何调整,那么此时地方政府的税收自主性是最弱的。在地方税、同源课税和共享税的不同情形下,地方政府税收自主性也存在一些差异。以同源课税为例,如果中央政府不对地方政府调整税率做任何限制,那么此时的地方政府税收自主性要强一些;然而如果中央政府对地方政府调整税率做任何限制,如设定地方税税率的上限或下限,地方政府只能在规定的范围内调整税率,那么此时的地方政府税收自主性就要弱一些。地方政府税收自主性也表现在税收征管上。地方税的征管一般都由地方政府自行负责,地方政府通过同源课税方式取得的财政收入,有可能由地方政府自行征管,但在很多

---

① 从理论上说,债务收入是地方政府可支配财力的一部分,地方政府债务自主性(Borrowing Autonomy)也是地方政府财政收入自主性的一个组成部分,但由于债务收入具有一定的特殊性,因而单独设章分析。

② 在现代社会,税收是最主要的财政收入形式,税收收入占财政收入的比重都在90%以上,因而在地方政府自有财力和政府间财力配置中不考虑税收以外的其他收入形式,不会影响问题分析的实质。

③ Ter-Minassian. Fiscal Federalism in Theory and Practice. IMF, 1997, 165.

情形下也会委托中央政府代征;而地方政府通过共享税方式取得的财政收入,其征管主要由中央政府负责。

对地方政府来说,通过中央政府的转移支付获得的收入(Revenue from Intergovernmental Transfers)是一种"外部收入"(External Source Revenue)。显而易见,地方政府转移性收入的自主性要弱于自有收入。地方政府的转移性收入具体包括通过一般性转移支付形式获得的收入和通过专项转移支付形式获得的收入。在转移性收入内部,相比较而言,地方政府以一般性转移支付形式获得财政收入的自主性要强于通过专项转移支付形式获得财政收入的自主性。① 表9-1列举了不同情形下地方政府税收的自主性,a1—e 等多种情形是按照地方政府税收自主性递减的顺序排列的。

表9-1 OECD 对地方税收自主性的划分

地方税收自主性的强弱		具体情况
a.地方政府决定税率与税基	a1	无须经过中央政府同意,地方政府就可以调整地方税的税率和税收减免(Tax Reliefs)
	a2	在经过中央政府同意后,地方政府可以调整地方税的税率和税收减免
b.地方政府决定税率	b1	中央政府没有设定地方税税率的上限或下限,地方政府自主决定税率
	b2	在中央政府设定的地方税税率的上、下限范围内,地方政府自主决定税率
c.地方政府决定税基	c1	地方政府只能调整地方税的税收扣除(Tax Allowances)
	c2	地方政府只能调整地方税的税收抵免(Tax Credits)
	c3	地方政府可以同时调整地方税的税收扣除和税收抵免
d.税收共享安排	d1	地方政府有权决定收入分成比例(Revenue Split)
	d2	中央政府调整收入分成比例时必须经过地方政府的同意
	d3	收入分成比例由立法确定,中央政府可以单方面调整分成比例,但一般不会一年内多次调整
	d4	中央政府每年决定当年的收入分成比例
e.中央政府决定地方税基和税率		地方政府不能对地方税的税率与税基进行任何调整

资料来源:Hansjörg Blöchliger & Maurice Nettley. Subcentral Tax Autonomy. OECD Working Papers on Fiscal Federalism, No.20, OECD Publishing, 2015.

9.1.2 不同政府间财力配置模式下地方财政收入的自主性

各个国家的政府间财力配置,主要是通过政府间税收收入划分和政府间财政转移支

---

① 地方政府财政收入的自主性可以用税率和税基地方政府都有控制权的税收收入占地方总税收收入的比重、税率或税基地方政府有控制权的税收收入占地方总税收收入的比重、转移性收入占地方财政收入的比重和非专项转移支付占转移支付的比重等多个指标来具体度量[参见 Hansjörg Blöchliger & David King. Less than You Thought:The Fiscal Autonomy of Sub-central Governments. *OECD Economic Studies*, 2006(8)]。

付来实现的。政府间税收收入不同形式和规模的划分与不同形式和规模的政府间财政转移支付可以有不同的组合(Tax-Grant Combinations),并形成多种政府间财力配置模式。地方政府财政收入自主权的大小,也取决于这个国家的政府间财力配置模式。在其他因素既定的情况下,一个国家政府间财力配置中地方政府自有财力的规模越大,地方政府财政收入的自主性越高;地方政府转移性收入的规模越大,说明地方政府对中央政府的财政依赖程度越高,此时政府间财政关系的集权色彩也更浓厚一些。

就可能性而言,政府间财力配置可以有数十种模式,但在实践中采用较多的主要有四种。第一种是以地方税为主体的政府间财力配置模式,它由自主性较高的地方税(High Autonomous Tax)、较小规模的共享税或不设共享税(No/Low Tax Sharing)和中等规模的转移支付(Medium Transfers)组合而成。在这一模式下,地方税在地方政府可支配财力中约占50%—75%的份额,来自共享税的收入规模较小,一般不到地方政府可支配财力的10%,而转移支付的规模约为地方政府可支配财力的25%—45%。第二种是以共享税为主体的政府间财力配置模式,它由较大规模的共享税(High Tax Sharing)、自主性较低的地方税(Low Autonomous Tax)和中等规模的转移支付组合而成。在这一模式下,地方政府来自共享税的收入规模较大,占到其可支配财力的40%—85%,地方税的收入规模不超过其可支配财力的20%,而转移支付的规模约为其可支配财力的20%—55%。第三种是以转移支付为主体的政府间财力配置模式,它由较大规模的转移支付、自主性较低的地方税、较小规模的共享税或不设共享税组合而成。在这一模式下,地方政府转移支付的规模非常大,大多占其可支配财力的55%以上,地方税在其可支配财力中的份额往往低于20%,而来自共享税的收入规模更小,仅为其可支配财力的0—5%。第四种是地方税、共享税和转移支付的规模大体相当的政府间财力配置模式,也就是中等规模的地方税(Medium Autonomous Tax)、中等规模的共享税和中等规模的转移支付的组合。在这一模式下,地方税在地方政府可支配财力中占到40%—45%的份额,来自共享税的收入规模为其可支配财力的20%—30%,而转移支付的规模约为其可支配财力的25%—40%。① 在这四种模式中,第一种模式下地方政府财政收入的自主性最强,第四种模式次之,第二种模式居第三位,第三种模式下地方政府财政收入的自主性最弱。

9.2 中国地方财政收入的规模与结构

地方财政收入的规模体现了地方公共部门占有的社会资源数量②,而地方财政收入的结构则反映了地方公共部门资源获取的渠道。

---

① Claire Charbit. Explaining the Sub-national Tax-Grants Balance in OECD Countries. OECD COM/CTPA/ECO/GOV/WP(2009)11.
② 如不做说明,本小节中的"地方财政收入"仅指地方财政本级一般公共预算收入,不包括转移性收入和其他类型的收入。

9.2.1 中国地方财政收入的规模

中国地方财政收入的规模,可以从绝对规模和相对规模两个层面上来分别加以度量。

1. 中国地方财政收入的绝对规模

地方财政收入的绝对规模,通常用当年的地方财政实际收入额来反映。1978—2017年间,中国地方财政收入的绝对规模,除 1979—1981 年和 1994 年等少数年份因财政体制改革对地方财政收入范围进行调整而下降之外,一直呈现出逐年增加的态势。在改革开放初期,中国地方财政收入的增长速度并不是非常快。1978 年,中国地方财政收入为 956.49 亿元,1985 年才超过 1 000 亿元,为 1 235.19 亿元;六年后的 1991 年,中国地方财政收入超过了 2 000 亿元,达到 2 211.23 亿元;又过了五年,中国地方财政收入的规模开始超过 3 000 亿元,达到 3 746.92 亿元。此后,中国地方财政收入的增长速度不断加快。1999—2003 年间,中国地方财政收入的年均增幅接近 1 000 亿元,到 2003 年达到 9 849.98 亿元。2004—2006 年间,中国地方财政收入的年均增幅为 3 000 亿元左右。随着经济发展水平的提高和征管力度的加大,2007 年以后地方财政收入的年均增幅更大,先后提升至 5 000 亿元和 8 000 亿元,2011 年更是在 2010 年的基础上增长了 12 000 亿元。① 中国 GDP 增速从 2012 年起开始回落,尽管每年地方财政收入的绝对额仍然在持续增长,但增幅已经大幅下降(参见表 9-2)。2017 年,中国地方财政收入为 91 447.54 亿元,与 2016 年相比增长了 4 200 亿元左右,与之前的增幅不可同日而语。

表 9-2 中国地方财政收入的规模

年份	地方财政收入(亿元)	地方财政收入/全国财政收入(%)	地方财政收入/GDP(%)	年份	地方财政收入(亿元)	地方财政收入/全国财政收入(%)	地方财政收入/GDP(%)
1978	956.49	84.5	26.4	2003	9 849.98	45.4	8.4
1980	875.48	75.5	19.4	2004	11 893.37	45.1	8.7
1985	1 235.19	61.6	13.8	2005	15 100.76	47.7	8.2
1990	1 944.68	66.2	10.5	2006	18 303.58	47.2	8.5
1991	2 211.23	70.2	10.2	2007	23 572.62	45.9	8.9
1992	2 503.86	71.9	9.4	2008	28 649.79	46.7	9.1
1993	3 391.44	78.0	9.8	2009	32 602.59	47.6	9.6
1994	2 311.60	44.3	4.9	2010	40 613.04	48.9	10.1
1995	2 985.58	47.8	5.1	2011	52 547.11	50.6	11.1

---

① 自 2011 年 1 月起,中央和地方各级政府部门的预算外收入全部纳入预算管理,这是 2011 年地方财政收入比 2010 年增长 1 万多亿元的一个重要原因。前后年份的地方财政收入不具有完全的可比性。

(续表)

年份	地方财政收入（亿元）	地方财政收入/全国财政收入（%）	地方财政收入/GDP（%）	年份	地方财政收入（亿元）	地方财政收入/全国财政收入（%）	地方财政收入/GDP（%）
1996	3 746.92	50.6	5.5	2012	61 078.29	52.1	11.7
1997	4 424.22	51.1	5.9	2013	69 011.16	53.4	12.1
1998	4 983.95	50.5	6.4	2014	75 876.58	54.1	11.8
1999	5 594.87	48.9	6.8	2015	83 002.04	54.5	12.1
2000	6 406.06	47.8	7.2	2016	87 239.35	54.7	11.7
2001	7 803.30	47.6	8.0	2017	91 447.54	53.0	11.1
2002	8 515.00	45.0	8.1				

资料来源：《中国统计年鉴》(2018)。

2. 中国地方财政收入的相对规模

地方财政收入的相对规模，可以用地方财政收入占全部财政收入的比重以及地方财政收入占GDP的比重来衡量。

1978年中国地方财政收入占全国财政收入的比重一度高达84.5%，虽然1978—1993年间中国地方财政收入占全部财政收入的比重有所波动，但这一比重仍保持在70%以上的高水平上(参见图9-1)。这一时期地方财政收入规模较大，在相当大程度上是由经济体制改革后原有的"统收"的分配秩序被打破以及政府间财政分配关系极不规范造成的，并不意味着此时中国的财政分权程度比较高。

推出分税制财政体制改革的1994年，地方财政收入占全部财政收入的比重为44.3%，与改革前的1993年相比下降了三十多个百分点。分税制财政体制改革初步按照建立现代市场经济的要求对中央政府与地方政府之间的财政收入范围重新进行界定，是导致地方财政收入的相对规模出现较大幅度下降的直接原因。分税制财政体制改革前后地方财政收入的相对规模急剧下降，并不意味着中国重新走上了财政集权的道路，这一变化仅仅是对原先极不正常的政府间财政收入分配格局的一种矫正，是力图规范政府间财政分配关系的结果。1994—2017年间，中国对分税制财政体制进行了多次调整，但地方财政收入占全部财政收入的比重基本保持稳定，围绕着49.2%的水平上下波动。进入2011年后，地方财政收入占全部财政收入的比重开始超过50%，近年来基本稳定在53%的水平上(参见表9-2和图9-1)。

在改革开放到2017年的三十多年里，中国地方财政收入占GDP的比重呈现出先下降后上升的态势(参见表9-2和图9-2)，这与全部财政收入占GDP比重的变化趋势是基本一致的。1980年地方财政收入占GDP的比重高达19.4%，此后这一比重持续下降到1994年4.9%的最低点。地方财政收入占GDP的比重不断下降，是这一时期中国从中央到地方各级财政均陷入困境的一种表现。1994年税制改革和分税制财政体制改革以后，

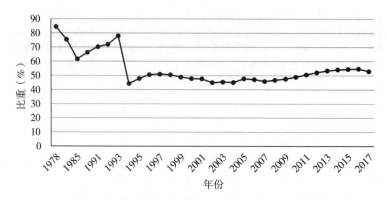

图 9-1　中国地方财政收入占全部财政收入的比重

资料来源：根据表 9-2 中的数据绘制。

中国采取的旨在解决财政困境的一些措施逐渐开始发挥作用，地方财政收入占 GDP 的比重也逐步提升。1998 年地方财政收入占 GDP 的比重为 6.4%，2000 年提高到 7.2%，2005 年达到 8.2%，2010 年提高到 10.1%，2015 年又进一步提高到 12.1%，但随后于 2017 年又回落到 11.1% 的水平。

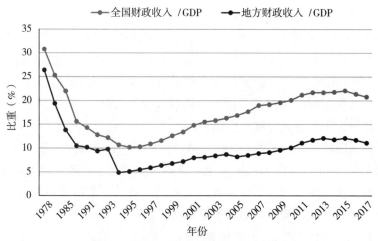

图 9-2　中国地方财政收入占 GDP 的比重

资料来源：根据表 9-2 中的数据绘制。

专栏 9-1　中国地方政府的全口径财政收入

除一般公共预算收入外，中国地方政府的财政收入还包括政府性基金预算收入、国有资本经营预算收入和社会保险基金预算收入。仅一般公共预算收入，根本不足以反映中国地方政府财政收入的真实规模，而必须采用将上述四项收入都涵盖在内的全口径的财政收入来衡量。限于全国地方社会保险基金预算收入数据的可获得性，表 9-3 中只汇总了 2014—2017 年中国地方政府的一般公共预算收入、政府性基金预算收入和国有资本经营预算收入，得出地方政府大口径财政收入的规模。

表 9-3 中国地方政府大口径财政收入规模（2013—2017 年）

收入项目	2014 年	2015 年	2016 年	2017 年
地方一般公共预算收入（亿元）	75 876.58	83 002.04	87 239.35	91 469.41
其中：税收收入	59 139.91	62 661.93	64 691.69	68 672.72
地方政府性基金预算收入（亿元）	50 005.57	38 219.95	42 465.19	57 654.89
其中：国有土地使用权出让金	40 385.86	30 783.80	35 639.69	49 997.07
地方国有资本经营预算收入（亿元）	596.68	937.92	1 178.78	1 336.63
地方政府大口径财政收入（亿元）	126 478.83	122 159.90	130 883.30	150 460.93
地方政府大口径财政收入/GDP（%）	19.64	17.80	17.66	18.19

2014 年，中国地方政府大口径财政收入为 126 478.83 亿元，占当年 GDP 的比重为 19.64%，地方一般公共预算收入相当于地方政府大口径财政收入的 59.99%。2017 年，中国地方政府大口径财政收入为 150 460.93 亿元，占当年 GDP 的比重为 18.19%，地方一般公共预算收入相当于地方政府大口径财政收入的 60.79%。

部分省市全口径财政收入的数据可以获得。表 9-4 汇总了四川省、湖北省和上海市 2017 年的地方政府一般公共预算收入、政府性基金预算收入、国有资本经营预算收入和社会保险基金预算收入，得出这三个省市地方政府全口径财政收入的规模。2017 年，四川省、湖北省和上海市地方政府全口径财政收入分别为 11 123.1 亿元、8 467.3 亿元和 12 885.4 亿元，占本地区 GDP 的比重分别为 30.08%、23.18% 和 42.76%。三个省市一般公共预算收入在本地区全口径地方财政收入中所占的份额分别为 32.17%、38.36% 和 51.55%。

表 9-4 中国部分省市地方政府全口径财政收入规模（2017 年）   单位：亿元

收入项目	四川省	湖北省	上海市
地方一般公共预算收入（亿元）	3 578.00	3 248.00	6 642.30
地方政府性基金预算收入（亿元）	2 663.00	2 434.00	1 960.60
地方国有资本经营预算收入（亿元）	51.60	20.30	120.10
地方社会保险基金预算收入（亿元）	4 830.50	2 765.00	4 162.40
地方政府全口径财政收入（亿元）	11 123.10	8 467.30	12 885.40
地方政府全口径财政收入/GDP（%）	30.08	23.18	42.76

资料来源：根据全国财政决算（2015—2017）、《上海市 2017 年全市及市本级财政决算》《关于湖北省 2017 年预算执行情况和 2018 年预算草案的报告》和《关于四川省 2017 年财政预算执行情况和 2018 年财政预算草案的报告》整理编写。

分税制改革以来中国地方财政收入占 GDP 比重的非加权平均值为 8.79%，高于英国、法国等采用单一制国家结构形式的经济发达国家同时期地方财政收入占 GDP 的比重，但低于美国、德国等实行联邦制国家结构形式的经济发达国家同时期的水平（参见

表 9-5)。近年来,中国地方财政收入的增长速度相当快。2015 年,中国地方财政收入已经相当于 GDP 的 12.1%,与美国、德国等国地方财政收入相对规模之间的差距已经缩小至 2—3 个百分点。如果再把地方政府性基金预算收入、地方国有资本经营预算收入等加进来,那么中国地方财政收入的实际规模就大大超过经济发达国家的水平了。

表 9-5　部分国家地方财政收入占 GDP 的比重　　　　　　　　　单位:%

财政年度	美国	德国	英国	法国
1990	13.48	14.59(1991)	3.85	6.34(1993)
1995	14.07	15.02	2.70	6.73
2000	13.91	15.72	3.10	7.20
2005	14.23	14.74	3.40	7.46
2010	14.19	15.10	3.71	6.72
2015	13.99	16.13	3.37	8.42
2016	13.94	16.56	3.31	8.48

资料来源:OECD Fiscal Decentralization Database。

具体到各个不同的地区,其财政收入占本地区 GDP 比重的变化趋势与全国地方财政收入占全国 GDP 比重的变化趋势大体相同。尽管如此,由于经济发展水平和经济结构等方面存在较大的差异,因而不同地区地方财政收入占本地区 GDP 的比重也不相同。经济发展程度较高省份 GDP 中税收负担能力相对强一些的第二产业和第三产业所占的份额要更大一些,因而其地方财政收入的相对规模也相应地高一些。图 9-3 显示了东部地区的上海市、中部地区的安徽省和西部地区的四川省等三个省市 1994—2017 年间的地方财政收入占本地区 GDP 的比重。经济较发达的上海市的地方财政收入占本地区 GDP 的比重明显高于同期全国平均水平。1994—2017 年间,上海市地方财政收入占本地区 GDP 的比重平均要比全国平均水平高 6.14%,其中 2016 年高了将近 11 个百分点;中部地区的安徽省的地方财政收入占本地区 GDP 的比重虽然低于上海市,但也高于同期全国平均水平;而经济发展相对落后的四川省的地方财政收入占本地区 GDP 的比重,则在绝大部分年份低于同期全国平均水平(参见图 9-3)。

9.2.2　中国地方财政收入的结构

在中国现行财政体制下,城镇土地使用税、房产税、车船税、耕地占用税、契税、烟叶税、土地增值税、环境保护税等税种的收入全部归地方政府所有;增值税、资源税、企业所得税和个人所得税等税种的收入,地方政府以一定的比例进行分享;此外,城市维护建设税和印花税虽然名义上是地方税,但其收入实际上也是由中央政府与地方政府共享。中国地方财政收入中的非税收入,主要包括行政事业性收费、罚没收入和专项收入等。表 9-6 反映了 2013—2017 年间中国地方财政收入的基本构成。

第 9 章 地方财政收入

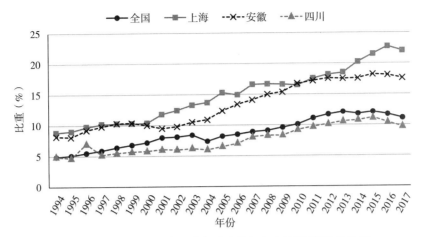

图 9-3 中国部分地区地方财政收入占本地区 GDP 的比重

资料来源：《中国统计年鉴》(1999—2017)、《上海统计年鉴》(1999—2017)、《安徽统计年鉴》(1999—2017)和《四川统计年鉴》(1999—2017)。

表 9-6 中国的地方财政收入项目 单位：亿元

项目	2013 年	2014 年	2015 年	2016 年	2017 年
税收收入	53 890.88	59 139.91	62 661.93	64 691.69	68 672.72
国内增值税	82 76.32	9752.33	10 112.52	18 762.61	28 212.16
营业税	17 154.58	17 712.79	19 162.11	10168.80	—
企业所得税	7 983.34	8 828.64	9 493.79	10 135.58	11 694.50
个人所得税	2 612.54	2 950.58	3 446.75	4 034.92	4 785.64
资源税	960.31	1 039.38	997.07	919.40	1 310.54
城市维护建设税	3 243.60	3 461.82	3 707.04	3 880.32	4 204.12
房产税	1 581.50	1 851.64	2050.90	2 220.91	2 604.33
印花税	788.81	893.12	965.29	958.82	1 137.89
城镇土地使用税	1 718.77	1 992.62	2 142.04	2 255.74	2 360.55
土地增值税	3 293.91	3 914.68	3 832.18	4 212.19	4 911.28
车船税	473.96	541.06	613.29	682.68	773.59
耕地占用税	1 808.23	2 059.05	2 097.21	2 028.89	1 651.89
契税	3 844.02	4 000.70	3 898.55	4300.00	4 910.42
烟叶税	150.26	141.05	142.78	130.54	115.72
其他税	0.73	0.45	0.41	0.29	0.09
非税收入	15 120.28	16 736.67	2 0340.11	22 547.66	22 796.69
专项收入	3 122.22	3 304.76	6 410.36	6 186.88	6 520.16
行政事业性收费	4 497.35	4 840.37	4 412.08	4416.50	4 305.20

（续表）

项目	2013年	2014年	2015年	2016年	2017年
罚没收入	1 613.34	1 632.89	1762.90	1 851.51	2 162.10
其他收入	5 887.37	1 624.66	1 843.27	1 707.51	2 319.88
地方财政本级收入	69 011.16	75 876.58	83 002.04	87 239.35	91 469.41

资料来源：全国财政决算(2013—2017)。

1. 中国地方财政收入的级次结构

中国地方财政收入的结构，首先可以从政府级次的角度来分析。在四级地方政府体制下，中国地方财政收入也相应地区分为省级财政收入、地市级财政收入、县级财政收入和乡镇级财政收入。图9-4显示了1998—2016年间中国地方财政收入的级次构成。1998年，中国地方财政一般公共预算收入为4 983.95亿元，其中省级财政收入1 035.51亿元，占20.78%，地市级财政收入1 948.04亿元，占39.09%，县级财政收入1 130.49亿元，占22.68%，乡镇级财政收入869.91亿元，占17.45%。2003年，中国地方财政一般公共预算收入为9 849.99亿元，其中省级财政收入2 482.81亿元，占25.21%，地市级财政收入3 572.72亿元，占36.27%，县级财政收入2 501.5亿元，占25.4%，乡镇级财政收入1 292.96亿元，占13.13%。2011年，中国地方财政一般公共预算收入达到52 547亿元，其中省级财政收入11 613.29亿元，占22.1%，地市级财政收入16 633.41亿元，占31.7%，县级财政收入18 426亿元，占35.1%，乡镇级财政收入5 875亿元，占11.1%。2016年，中国地方财政一般公共预算收入达到87 239亿元，其中省级财政收入17 888亿元，占20.5%，地市级财政收入27 877亿元，占32%，县级(含乡镇级)财政收入41 474亿元，占47.5%。

1998—2008年间，中国地方财政收入级次结构的总体格局是地市级财政收入的规模最大，县级和省级财政收入的规模次之，乡镇级财政收入的规模最小。然而，县级财政收入的规模从2009年开始超过了地市级财政收入的规模，这种变化在相当大程度上要归因于"省直管县"财政体制等改革措施。2002年，陆续有省份由原来的"市管县"财政体制转而实行"省直管县"财政体制，这直接引起市、县两级政府间财力分配格局的调整，也正是从这一年起县级财政收入的相对规模开始逐步上升。2002年，县级财政收入在地方财政收入中所占的比重为24.4%，2006年提高到29.3%。2009年，财政部提出了在全国范围内(除民族自治地区外)全面推进省直接管理县财政改革的总体目标。也正是在这一年，县级财政收入的规模超过了地市级财政收入。2012年，县级财政收入的相对规模提升至36.5%。2013年，乡镇级财政收入完全纳入县级财政收入，使得县级财政收入在地方政府财政收入中所占的比重进一步提升至49.6%。此外，地市级财政收入在地方财政收入中所占的比重逐年下降，2004年这一比重为37.0%，到2013年降为30.3%(参见图9-4)。此后，由于部分省份调减了"省直管县"财政体制改革的试点范围，地市级财政收入在地方财政收入中所占的比重稍微有所回升，2016年为32.0%。

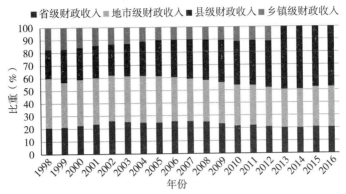

图 9-4　中国地方财政收入的级次结构

资料来源：根据《中国财政年鉴》(1999—2017)中的相关数据绘制。

2. 中国地方财政收入中的税收收入与非税收入

根据收入形式的不同，地方财政收入可以区分为地方税收收入和地方非税收入(Non-tax Revenue)两部分。在市场经济条件下，税收是唯一的基本财政收入形式，不管是对中央政府还是对地方政府来说，税收收入在整个财政收入中所占的比重通常都较高。尽管如此，非税收入在地方财政收入中所占的比重一般都高于非税收入在中央财政收入中所占的比重。

1994年，税收收入在中国地方财政本级收入中所占的比重高达99.28%。分税制财政体制改革以后，税收收入占中国地方财政本级收入的比重一直呈下降态势，而非税收入的规模在不断扩大(参见图9-5)。2000年，税收收入和非税收入在中国地方财政本级收入中所占的比重为88.8%：11.2%，2006年变为83.2%：16.8%，2012年又变为77.5%：22.5%。2017年，非税收入在中国地方财政本级收入中所占的比重进一步提高至24.9%。尽管非税收入在地方财政本级收入中所占的比重一直在上升，但并没有改变税收收入仍是中国地方一般公共预算收入主体形式的状况。①

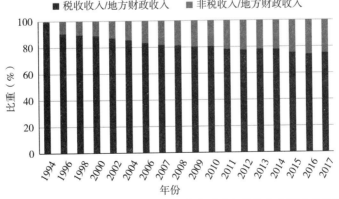

图 9-5　税收收入和非税收入在中国地方财政本级收入中所占的比重

资料来源：根据《中国财政年鉴》(1999—2017)中的相关数据绘制。

---

① 纳入一般公共预算收入的非税收入其实只是中国地方政府非税收入中的一小部分。非税收入占地方一般公共预算收入的比重这一指标，实际上严重低估了中国地方政府非税收入的实际规模。

在不同的省市,非税收入在地方财政收入中所占的比重是不同的。经济较为发达的省市,由于地方税收收入相对充裕,因而对非税收入的依赖度就要低一些,如2000—2016年间,上海市非税收入在地方财政本级收入中所占比重的非加权平均值为8.7%,有的年份甚至低至2.8%①;而经济发展水平相对低一些的省市对非税收入的依赖度就要高许多,如2000—2016年间,非税收入在安徽省地方财政本级收入中所占比重的非加权平均值就高达25.4%,最低的年份也有14.6%,最高的年份甚至达到30.5%②,远高于上海等发达省市的水平。

3. 中国地方财政自有收入与转移性收入

地方财政自有收入和转移性收入的规模,既取决于各地区的经济发展水平和财政收入能力,也取决于现行财政体制对政府间收支划分和对政府间财政转移支付的制度安排。随着政府间财政转移支付制度的逐步完善,中国中央政府不断加大财政转移支付的力度,2007年、2012年和2017年中央税收返还和转移支付分别为18 137.89亿元、45 361.68亿元和65 051.78亿元,十年间增长了4万多亿元,地方财政收入中转移性收入的规模也因此增大。2003年,转移性收入在地方财政可支配收入中所占的比重为39.5%,此后这一比重逐年提高,2009年达到46.7%。从2010年开始,转移性收入在地方财政可支配收入中所占的比重出现下降态势,到2015年降为39.9%,在随后的两年又有所反弹,2017年这一比重回复到41.6%的水平(参见表9-7)。

表9-7 地方财政转移性收入的规模

年份	地方财政本级收入（亿元）	中央税收返还和转移支付（亿元）	地方财政总收入（亿元）	转移性收入占比（%）
2007	23 572.62	18 137.89	41 710.51	43.5
2008	28 649.79	22 990.76	51 640.55	44.5
2009	32 602.59	28 563.79	61 166.38	46.7
2010	40 613.04	32 341.09	72 954.13	44.3
2011	52 547.11	39 921.21	92 468.32	43.2
2012	61 078.29	45 361.68	106 440.00	42.6
2013	69 011.16	48 019.92	117 031.10	41.0
2014	75 876.58	51 591.04	127 467.60	40.5
2015	83 002.04	55 097.51	138 099.60	39.9
2016	87 239.35	59 400.70	146 640.10	40.5
2017	91 469.41	65 051.78	156 521.20	41.6

资料来源:全国财政决算(2007—2017)。

---

① 《上海统计年鉴》(2017)。
② 《安徽统计年鉴》(2017)。

在不同的地区,地方财政可支配收入中转移性收入所占的比重有很大差别,东部经济发达地区由于自身经济发展水平相对较高,地方政府自有财力比较充足,因而转移性收入占其地方财政可支配收入的比重比较低,如上海市 2017 年中央税收返还和转移支付为 781.6 亿元①,在地方财政可支配收入中所占的比重为 10.5%,远低于同期全国平均水平;而在西部省区,相对落后的经济发展水平决定了地方政府有限的自有财力难以应付本地区庞大的财政支出,存在较大的收支缺口,所以从中央政府获得较大规模的转移支付,转移性收入在地方财政可支配收入中所占的比重一般都比较高。如四川省 2017 年中央税收返还和转移支付为 4 343.8 亿元②,在地方财政可支配收入中占到 54.8%,高于同期全国平均水平;部分西部省区转移性收入所占的比重甚至更高,超过了 60%,比重最高的西藏已经接近 80%。

| 专栏 9-2 | 美国州与地方政府的财政收入结构 |

2015 财政年度,在美国州与地方政府的财政总收入中,政府间财政转移支付收入占 22.5% 的份额,自有收入占 77.5% 的份额。税收收入在州与地方政府财政收入中占 49.2%,其中个人所得税、销售税、财产税和其他税收收入的份额分别为 12.6%、18.7%、16.7% 和 5.7%;而政府收费和杂项收入(Charges and Miscellaneous)在州与地方政府财政收入中占 23.8%。

美国州政府与地方政府的财政收入来源也存在一定的差异。2015 财政年度,州政府有 32.6% 的可支配财力来自联邦政府的转移支付。作为自有财力中最主要的来源,税收收入在州政府财政收入中占到 49.2% 的份额,其中个人所得税、公司所得税、销售税和其他税收收入的份额分别为 18.1%、2.6%、23.3% 和 5.1%;政府收费和杂项收入在州政府财政收入中占 18.2%(参见图 9-6)。

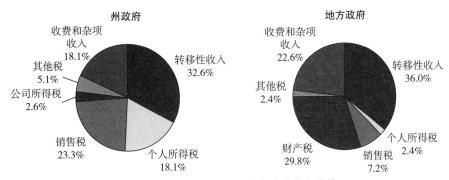

图 9-6 美国州和地方政府的财政收入结构

2015 财政年度,美国地方政府的财政总收入中,政府间财政转移支付收入占 36.0%,其中绝大部分来自州政府,只有一少部分来自联邦政府。在 64.0% 的自有收入中,税收收入占 41.4%,其中规模最大的是财产税,占 29.8%,销售税次之,占 7.2%,个人所得税占

---

① 《上海市 2017 年一般公共预算收入决算情况表》。
② 《关于四川省 2017 年财政决算和 2018 年 1 至 6 月预算执行情况的报告》。

2.0%,其他税占 2.4%;政府收费和杂项收入占 22.6%(参见图 9-6)。

在许多经济发达国家,行政层次越低的地方政府,对非税收入的依赖程度越高,美国的情况也是如此。2015 财政年度,在美国州政府的自有收入中,非税收入占到 27.0%;而在美国地方政府的自有收入中,非税收入占到 35.3%,比州政府高出 8 个百分点。

资料来源:根据 https://www.taxpolicycenter.org/statistics/state-and-local-general-revenue-source-percentage-distribution(访问时间:2018 年 11 月 20 日)整理编写。

9.3 地方税收入

严格意义上的地方税是由地方权力机构立法、收入归地方政府所有,并且由地方政府组织征收管理的各种税。由于严格意义上的地方税只存在于少数联邦制国家,在许多国家大多数税种都由中央权力机构立法,甚至由中央税务机关组织征收,因此在实践中常常从不严格意义上把收入全部或大部分归地方政府所有的税种称为"地方税"。①

9.3.1 良好地方税种的基本特征

地方税收入是地方政府财政收入的主体,因而选择恰当的地方税种对于确保地方财政收入和地方财政正常运行来说都是至关重要的。虽然并没有完美无瑕的地方税,但在选择地方税种时仍然需要确立一些标准作为取舍和判断的参照。一般认为,良好的地方税种应具有充足、公平、征管便利等诸多方面的特征(Characteristics of a Good Local Tax)。②

第一,地方税收入应当充足而且稳定。在现代社会,地方税收入是地方政府的主要财政收入来源,通过地方税取得的财政收入应当能够在很大程度上满足提供地方性公共产品和服务所需的资金。要达到这一点,不仅地方税税基应具有一定的弹性,能够随经济成长和人口规模的扩大而增长,而且地方政府也应有权对地方税的税率进行调整。③ 此外,由于正常情况下提供地方性公共产品所需的资金通常变化幅度不会太大,这也相应地要求地方税收入较为稳定,那些收入受经济周期影响的税种不适合划归地方税。

第二,地方税要有助于公平的实现。地方税税收负担的分配要较好地贯彻受益原则和支付能力原则,让受益多或支付能力强者负担较多的地方税。与此同时,地方税的课征也应有利于地区间横向财政均衡方面的要求。

第三,地方税应具有区位中性(Geographic Neutrality)。不同地区地方税税收负担的差异,无疑会诱使税基在不同地区间流动,从而影响到经济活动主体的区位决策。通常认

---

① 马国强.税收概论.北京:中国财政经济出版社,1995,32—33.
② Stephen J. Bailey. *Local Government Economics*. Macmillan Press Ltd., 1999, 154-155.
③ 著名财政学家理查德·M.伯德(Richard M. Bird)认为,地方政府有决定地方税税率的权力,是地方税最重要的特征。税率的高低决定了地方税税收负担的轻重,相当于私人产品市场中的价格。

为,良好的地方税的税基应具有非流动性,只有这样才能使地方税的课征不过多地干扰经济活动主体消费、储蓄、投资、工作等方面的区位决策,也才能保证筹集到充足而稳定的地方税收入。

第四,地方税应具有较强的自主性和可视性(Visibility)。要真正获得财政分权带来的资源配置方面的比较优势,地方税的税收负担与地方性公共产品的利益归属之间的关联(Link to Benefits)就应当是明晰可见的,而且地方政府也应在地方税权上具有一定的自主性。

第五,地方税的征管成本和遵从成本不应太高(Low Administration and Compliance Costs)。地方税的征收管理不应超越地方政府的税务行政能力,否则征管成本就会非常高。从纳税人的角度看,地方税制既要比较容易理解和遵从,又要具有政治上的可接受性(Politically Acceptable)。政治上的可接受性也是地方税制成功与否的重要因素。

9.3.2 地方所得课税

作为现代社会的一个重要税种,个人所得税和公司所得税通常都由中央政府课征和管理。然而,很多国家的地方政府也会通过各种途径获得一定规模的所得税收入。经济发达国家的地方政府更多地采用同源课税的方式,而相当一部分发展中国家的地方政府则以共享税的方式取得所得税收入。

最为典型的同源课征个人所得税的国家是美国。在同源课税体系下,美国州政府可以自主决定是否开征个人所得税,地方政府个人所得税的开征则需要州的授权,州和地方政府自行决定州和地方个人所得税的税基和税率,并负责其征收管理。较大的自主权使得不同州和地方政府的个人所得税制存在较大的差别。在美国41个课征综合个人所得税的州和特区中,大部分州个人所得税的税基都是依据联邦个人所得税的课税范围来确定的,有的州采用联邦个人所得税经调整后的总收入(Federal AGI)作为本州个人所得税的税基,部分州采用联邦个人所得税应税所得(Federal Taxable Income)作为本州个人所得税的税基,只有少数州自行决定本州个人所得税的税基,依照本州税法规定的课税范围来计征个人所得税。州个人所得税是可以从联邦个人所得税的纳税义务中扣除的,但各州对联邦个人所得税可否从州个人所得税中予以扣除持不同态度。在开征个人所得税的州中,只有十余个州允许联邦个人所得税从州个人所得税的纳税义务中扣除。与联邦政府对州与地方政府发行的债券利息不征税一样,州对联邦政府债券利息也不征税。美国各州个人所得税的税率不仅形式上有差别,而且高低不一。大部分州采用累进税率,少数州实行比例税率。在多级政府同源课征个人所得税体制下,美国很多地区的居民需要同时向三级政府缴纳个人所得税,但三级政府课征的个人所得税实行统一申报。在这一体制下,跨地区的人口流动不可避免地会带来重复课税,并导致地区间的利益矛盾与冲突。为保证同源课征个人所得税体制的顺利运行,美国州和地方政府出台了"非居民税"(Commuter Tax)和"州际税收互惠协定"(State Tax Reciprocal Agreements)等措施来加以应对。

专栏 9-3　　美国州和地方政府同源课征的个人所得税

在美国，除了联邦政府，州和地方政府也课征个人所得税（State-Local Individual Income Tax），从而形成了多级政府同源课征个人所得税的局面。美国州和地方政府正式课征个人所得税的历史比联邦政府还早，夏威夷在 1901 年就开始课征个人所得税，只不过不在州级层面征收；而州政府课征个人所得税，始于 1911 年的威斯康星州，在随后的十多年间有 14 个州开征了个人所得税。20 世纪 30 年代，先后有 16 个州因为经济萧条、财产税收入锐减而开征个人所得税作为应急替代措施。在第二次世界大战结束后的较长一段时间里，只有个别州开征了个人所得税；20 世纪 60 年代和 70 年代，分别又有 7 个州和 4 个州开征了个人所得税，从而使得美国州个人所得税的格局大体成型。目前，美国共有 43 个州和哥伦比亚特区课征不同类型的个人所得税。其中，新罕布什尔州和田纳西州课征的是一种有限型的个人所得税（Limited Income Tax on Individuals），仅对利息和股息征税，其他 41 个州和哥伦比亚特区则课征的是综合型的个人所得税（Broad-Based Individual Income Tax），对除法定免税项目之外的所有所得进行课征。阿拉斯加、佛罗里达、内华达、南达科他、得克萨斯、华盛顿和怀俄明等 7 个州不课征个人所得税。

与州政府相似，美国地方政府也是在经济大萧条时期财产税收入减少不足以支撑财政需求的背景下开始课征个人所得税（City-and County-Level Income Taxes）的。1939 年，宾夕法尼亚州的费城最早开征地方个人所得税。俄亥俄州、肯塔基州和密西西比州在 20 世纪 40 年代、印第安纳州和纽约州在 20 世纪 60 年代先后开征了地方个人所得税。20 世纪 60 年代晚期和 70 年代早期，由于一些大城市开始对在城市工作但在郊区居住的人征税以减少对财产税的依赖，开征个人所得税的地方政府的数量不断增加，而且地方政府课征的个人所得税的收入规模也有所扩大。经过这一时期的发展，美国地方政府课征个人所得税的格局基本定型。现阶段，大约有 17 个州的 4 942 个地方政府课征个人所得税。在允许地方政府课征个人所得税的州中，课征个人所得税的地方政府的级次和地域范围也各不相同。有的州只允许指定级次的地方政府课征个人所得税，而有的州则允许县、市等"一般目的型地方政府"和学区、交通区等"特殊目的型地方政府"等多个层次或类型的地方政府课征个人所得税，如肯塔基、俄亥俄、宾夕法尼亚和艾奥瓦等 4 个州就允许学区课征个人所得税，只是限制其不能对辖区内非居民课税。有些州只允许指定地区的地方政府课征个人所得税，如纽约州就只允许纽约和杨克斯两个城市开征，但有的州则没有这方面的限制，如宾夕法尼亚、堪萨斯和俄亥俄等州大部分的地方政府都课征个人所得税。

20 世纪 30 年代，虽然有将近 30 个州开征了个人所得税，但由于个人所得税对经济发展非常敏感，因而经济大萧条及其后较长一段时期里联邦和州个人所得税的发展都比较缓慢，州个人所得税只有 10 余万美元。第二次世界大战结束后，尽管美国个人所得税的规模不断扩大，但更多地体现在联邦个人所得税上，州和地方个人所得税的规模仍然较小，1950 年州个人所得税为 70 万美元左右。一直到 20 世纪 60 年代，美国联邦个人所得税收入占全部个人所得税收入的比重基本都在90%以上,有的年份甚至接近96%的水平,这一时期州税收收入主要来源于一般销售税等税种。20世纪六七十年代是美国州个人所得税发展的井喷期。这一时期,不仅有10多个州开征了个人所得税,而且州个人所得税的税基不断扩宽、税率也有所提高,再加上税务管理水平的提升,州个人所得税的规模不断扩大,其占州税收收入的比重迅速提高到19%。20世纪90年代,随着高科技产业的发展,州个人所得税的规模进一步扩大,1991年州个人所得税收入占州税收收入的比重提高到32%,到1998年州个人所得税的规模已经超过州销售税,成为美国州税体系中收入规模最大的税种。2005年,州个人所得税收入占州税收收入的比重又提高到33%。2017年,美国州个人所得税收入达到3.534亿美元,占全部个人所得税收入的比重超过了17.9%,在州税收收入中所占的比重更是达到36.6%。从发展趋势来看,美国州财政对个人所得税的依赖还会加深。

资料来源:根据王玮.同源课税模式下的个人所得税:基于对美国的分析.税务与经济,2016(2)等整理。

北欧国家没有采用地方政府独立课征个人所得税的方式,而是由地方政府在中央政府课征个人所得税的基础上设定自己的税率,进行同源附加课税。虽然是附加征收,但个人所得税却是北欧国家地方政府最重要的收入来源,个人所得税在北欧国家地方政府税收收入中所占的比重一般都在80%以上,有的国家甚至高达95%。

9.3.3 地方商品课税

在实践中,各国的地方政府往往以多种形式课征一般商品税和选择性商品税,或参与一般商品税和选择性商品税的收入分配。具体来看,主要有地方政府独立或以同源课税的方式课征一般商品税、独立课征选择性商品税以及共享一般商品税和选择性商品税的税收收入等。

一般商品税有多环节课征的增值税和单环节课征的一般销售税两种形态。多环节课征的增值税是各国课征一般商品税的主要形态,目前已有遍及欧洲、亚洲和拉丁美洲的160多个国家或地区开征了增值税。[①] 在开征增值税的国家中,大多是由中央政府或联邦政府来进行课征。其中,中国、德国等国家的地方政府以共享税的方式获得增值税收入,英国等国家的地方政府不能参与增值税的收入分配,只有加拿大、巴西和印度等少数国家,在联邦政府课征增值税的同时,地方政府也单独开征增值税(Subnational VAT)。少部分国家的商品税制以一般销售税为主体。美国等国家的联邦政府或中央政府基本放弃了一般销售税,主要由州和地方政府来课征。

---

① 在主要国家中,只有美国没有开征增值税。

专栏 9-4　　印度的地方增值税

2005年，印度正式引入增值税，但实行的是有区别的联邦增值税制和邦增值税制，这被认为是当今世界最支离破碎的增值税制度。2017年4月，印度联邦议会通过了《联邦增值税法》《综合增值税法》《联邦直属区增值税法》和《增值税对各邦补偿法》，31个邦级立法机关也在2017年4—7月间先后通过了各自的邦增值税法，基本建立起了全国统一的增值税制度。

为保证各邦和联邦直辖区的利益，印度采用了非常复杂的"双轨增值税制"。邦增值税（SGST）主要对邦内货物和劳务征收，各邦分别课征本邦的增值税，收入归邦所有。联邦政府也要对邦内货物和劳务征收联邦增值税（CGST）。对联邦直辖区内的货物和劳务，由联邦政府和联邦直辖区政府分别征收联邦增值税和联邦直辖区增值税；对跨邦（中央直辖区）的交易，不征收邦增值税或联邦直辖区增值税，而是由联邦政府征收综合增值税（IGST），收入归联邦政府所有。目前，印度邦增值税的基本税率为9%，联邦增值税的税率为9%，综合增值税的税率为18%。

资料来源：根据 https://www.kompassindia.com/blog/types-of-gst-in-india-cgst-sgst-igst-and-utgst-explained（访问时间：2018年11月20日）和陈俐.增值税改革：中国与印度的异同.中国税务报，2018-09-19整理编写。

有着较强调控作用的选择性商品税，绝大部分国家都是不允许地方政府染指的。但一些国家的地方政府也常常课征不是非常重要的选择性商品税，主要是对卷烟产品、机动车燃料、酒精饮料、餐饮住宿等特定的商品征收。也有国家的地方政府以税收附加的形式课征商品税，如美国就有20多个州允许县和市对销售税征收附加税。

9.3.4　地方财产课税

地方政府课征的财产税更多的是选择性财产税，而不是一般性财产税。许多国家的地方政府都选择土地和房屋等作为课税对象来课征财产税，并且覆盖房地产的取得、保有、转让和受益等多个环节，涉及土地税、房屋税、不动产税、登记税、印花税和土地增值税等税种，其中最重要的是在保有环节对土地和房屋课征的不动产税（Real Estate Tax）。

在部分国家，不动产税对地方政府来说有着非常重要的意义，不仅是因为土地及其上的建筑物与地方政府提供的公共产品和服务之间存在清楚而实质的联系，使得不动产税有着明显的地方特色，而且在于不动产税收入在地方税收收入中所占的比重都不低。1965—2000年间，OECD国家不动产税收入在地方税收收入中所占的比重平均为35.1%。在美国、加拿大、英国、澳大利亚、新西兰和爱尔兰等英语国家，不动产税收入在地方税收收入中所占的比重一般都在70%以上，英国甚至高达99%（参见图9-7）；而在德国、日本和瑞典等经济发达国家及相当一部分发展中国家，不动产税收入的相对规模要小许多，这些国家的地方税收收入主要来自所得税或商品税。

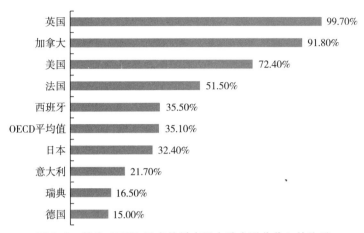

图 9-7 部分 OECD 国家的财产税占地方税收收入的比重

资料来源：Christian Kastrop. Local Authority Financing in Germany. OECD Meeting on Fiscal Relations across Levels of Government, Paris, 29-30th April 2004。

专栏 9-5　　　　从基层自治看经济发达国家的房地产税

　　从经济发达国家的实践来看，房地产税不仅是个人对社会的义务，而且是地方自治的基础。以美国为例，房地产税来源于财产税。美国建国时，联邦政府虽然获得了征税的权力，但就是不能征收财产税，而是将其留给了州和地方政府。20 世纪初，经过高速的城市化，美国渐渐把财产税定义为房地产税，同时州政府也逐渐从房地产税中洗手，转向依赖销售税等来维持自己的开支。这样，房地产就成为基层社会自治体的主要收入来源。

　　房地产税之所以下放给基层的自治政权，主要是因为公立学校、公园、公共图书馆、供水排水系统、公路等无法通过远在天边的联邦政府甚至州政府来解决。最了解一个社区内问题的是该社区的居民。只有鼓励地方自己解决自己的问题，基层行政才会有效率。目前美国的房地产税收入，大部分被用来支持当地的公立学校系统。联邦和州政府对公立学校的投资非常少，这就使其教育经费能够集中用于高等教育。另外，公共图书馆、公园等一系列公共设施，也依靠房地产税来维持。

　　这样的结构，既消除了居民对房地产税的抵抗情绪，又加强了他们的社会责任。美国的公立教育采用以镇为中心的学区制。公立学校系统良好的镇，房地产税一般也都比较高。如果家里有上学的孩子，则家长为了孩子的教育，宁愿缴纳比较高的房地产税，搬到学区好的地方。这样，学区好的镇就能够吸引更多的居民，提高了镇内房地产的价格。一些没有孩子的家庭，即使多缴税也愿意往这样的地方搬。原因是自己纳税虽高，但由于这些税金有效地改善了本地的学校和居住环境，使得房地产升值，自己的房产价值自然也跟着水涨船高了。美国社会能够有效地征收房地产税，并将之运用于基层社会基础设施的建设，一大诀窍就在于公民清楚地意识到这样的税收和自己切身利益的关系。

　　目前中国正在酝酿房地产税改革。如今村民选举已经广泛试行，城市随着私人房产的普及，居民对本社区的地域观念也将越来越强，这就为试行基层的市民自治提供了基础。而征收房地产税的权力,也应该交给基层自治体。征收多少,要取决于居民愿意在自己的居住环境上投多少资,而居住环境的好坏又直接关系到居民所拥有房产的市场价格。也只有这样,才可能提高居民的纳税意识,把纳税从义务转化为责任。

资料来源:根据薛涌.从基层自治看房地产税改革.南方周末,2005-04-14 整理。

虽然是许多国家地方政府征收的一个重要税种,但由于财产税税收负担的可见性、分担的不公平性以及税负的沉重性等,使得各国民众对财产税的抗拒心理日益加剧。在这种情况下,美国等国家建立了财产税约束机制(Property Tax Limitation Regimes),对财产税的课征进行适当的限制。① 财产税约束机制具体包括限制税率(Rate limits)、限制财产评估(Assessment limits)和限制征管(Levy limits)等方面的内容。

9.4 地方政府收费收入

政府收费是各级政府在一定的范围内提供某些特定的公共服务或规制某些经济行为,而向相关经济主体收取的一种费用,它是市场经济条件下最重要的非税财政收入形式。政府收费收入在各国中央政府财政收入中所占的比重一般都非常低,但不管是在发达国家还是在发展中国家,政府收费在地方政府财政收入中所占的比重却要高许多。

9.4.1 政府收费的性质

政府要承担起公共产品和一部分混合产品的提供职责,就必须占有和支配一定的经济资源,税收和政府收费就是政府占有及支配经济资源的两种主要方式。从经济实质上看,政府收费是对混合产品费用的一种补偿方式。

1. 政府收费的定位

政府提供公共产品所发生的费用,只能以税收来补偿,而不能用政府收费来补偿。公共产品具有消费上的非竞争性和非排他性的特点,任何一个理性的消费者都会选择不付出代价却又享受由此带来的利益,即所谓的"搭便车"。如果要用政府收费来补偿提供公共产品所发生的费用,就必须将不付费者排除在外,但这在技术上不可行,或者即便在技术上能够实现排他,也要付出高昂的排他成本。为解决这一问题,就只有采取税收形式在所有社会成员之间强制地分摊公共产品的费用。

政府提供混合产品所发生的费用,不能全部以税收来补偿。混合产品的效用在一定程度上是可以分割的,并且消费者对混合产品的消费无论是在范围还是在程度上都存在

---

① 1978 年,美国加利福尼亚州通过了宪法第 13 条修正案,即《人民倡议限制财产税》(People's Initiative to Limit Property Taxation),其主要内容为限制财产税税率不得超过全部价值的 1%、要求财产的评估价值不得超过其 1975 年 3 月 1 日的价值或者以后交易日或建造日实际价值、没有本地区居民 2/3 多数票的同意州和地方政府不得新开征任何财产税。目前,全美共有 46 个州和哥伦比亚特区推出了本州的财产税限制措施。

差异,有的人从混合产品的提供中获益大,有的则获益少。如果用税收形式来补偿提供混合产品所发生的费用,则实际上是让所有的社会成员共同负担混合产品的费用。这一方面会侵犯没有或较少消费混合产品的社会成员的利益,破坏公平负担原则;另一方面也会剥夺社会成员根据自己的偏好选择混合产品的规模和种类的权利,使混合产品的供应偏离最优状态,降低经济效率。与此同时,政府提供混合产品所发生的费用,也不能完全用政府收费来补偿。这是因为混合产品的效用具有外部性,仅通过政府收费来补偿混合产品的生产费用,同样不符合公平和效率原则的要求,因此混合产品的生产费用应当由税收和政府收费来共同补偿。①

2. 政府收费的适用范围

至于某一具体混合产品的费用,在多大范围或程度上用税收形式补偿,在多大范围或程度上用政府收费形式补偿,或者说混合产品的成本费用应如何分摊,则需根据具体的情况来确定。

(1) 混合产品自身的特征

混合产品的消费是否具有竞争性,是决定政府是否收费的前提条件之一。混合产品的消费具有一定的竞争性,则消费该混合产品的边际成本不为零,根据价格应等于边际成本的定价原则,政府向混合产品的具体受益者直接收费就是非常必要的。混合产品是否具有可排他性,是决定政府收费与否的另一个前提条件。只有在技术上可以实现排他且排他成本不是很高的情况下,向混合产品的受益者直接收费才具有实际可操作性。不同混合产品的受益对象和范围也是有差别的。一般来说,受益范围不确定、受益差异不明显的混合产品的成本费用,主要用税收来补偿;而受益范围相对确定、受益差异也比较明显的混合产品的成本费用,主要用政府收费来补偿。

(2) 混合产品的"生产"成本

不同混合产品的"生产"成本的变动趋势是各不相同的,产品的成本费用分摊机制也应不同。在收益规模递增的行业,生产的边际成本费用呈递减趋势,在收益规模递减的行业,生产的边际成本费用呈递增趋势。然而,税收制度是法定的,具有较强的稳定性,不能经常变动,而政府收费则可根据生产成本与供求关系的变化相机进行调整,具有相对较强的灵活性。对于边际生产成本基本不变的混合产品,其成本主要用稳定性较强的税收来补偿,而对于边际生产成本递减或递增的混合产品,其成本则宜主要采取灵活性较强的政府收费来补偿。

(3) 政府收费制度与税收制度的成本的大小

作为政府提供混合产品费用的弥补机制,税收和政府收费的行政成本也是不同的。采用税收形式,其成本包括税收的立法以及税收征管过程中发生的费用;采用政府收费形式,其成本包括政府收费制度的建立与执行费用。如果某一混合产品采取税收形式分摊

---

① 政府收费与税收之间的界限并非时时刻刻都是清楚的。政府收费是公共服务消费者所做的直接支付,一般被用于弥补服务的全部或部分成本。尽管收费会落在消费者头上,但当收费的标准并不完全与公共服务的消费量相一致时,收费就具有了税收的性质(参见肯耐斯·戴维.地方财政.武汉:湖北人民出版社,1989,21)。

其生产费用所需的成本大于采取政府收费形式所引发的成本,那么就应采取政府收费形式;反之,则应采取税收形式,以降低成本。

政府收费主要用于弥补那些具有消费上的竞争性和可排他性,同时又具有消费上的弱外部性和弱再分配性的混合产品的生产费用。由于中央政府提供的公共产品的"公共性"相对较强,而地方政府提供的公共产品绝大部分为混合产品,其"公共性"相对较弱,因而地方政府更多地使用政府收费形式来为其支出融资。也正因为如此,政府收费收入在地方财政收入中所占的比重相对要高一些。

3. 政府收费的特征

政府收费具有直接有偿性、非普遍性和非规范性等特征。这三方面的特征可以将政府收费收入与其他财政收入形式区别开来,而且也决定了政府收费只能是一种处于补充地位的财政收入形式。

政府收费的直接有偿性是指政府收费的缴款人可以从政府的行为或服务中直接获得收益。如向政府缴纳了商标注册费的生产者,就可以合法地独占该商标的所有权及相应的受益权。直接有偿性有别于税收形式上的无偿性和本质上的整体有偿性,它是区分政府收费和税收的一个重要标志。

政府收费之所以具有非普遍性,是因为它总是与政府特定的行为或服务联系在一起,有着特定的收费范围和对象。就单个政府部门来说,其收费对象具有特定性,范围比较狭窄,即使就政府部门整体而言,其收费对象也不具有普遍性。只有从政府特定的行为或服务中受益的单位和个人,才被包括在政府收费范围之内。

政府收费的非规范性是指政府收费的确立和废止,以及政府收费标准的调整等,基本上都无须经过立法机关以法律的形式批准,从而具有较大的灵活性,这就使得政府收费缺乏完备的规范性。

9.4.2 政府收费的形式

市场经济条件下,规范的政府收费只有使用者收费(User Charges)和规费(Fees)两种。

1. 使用者收费

使用者收费是政府对特定公共服务或特许权收取的价格,以用于支付提供这些服务的全部或部分成本①,即政府就其向社会提供的产品或者特殊服务而收取的费用。使用者收费体现的主要是一种市场交易关系。在除英国以外的其他经济发达国家,相当多的国家都存在"通过使用者收费获得的财政收入的增长速度远远快于其他收入来源"这样一个明显而又连贯的趋势。② 之所以会如此,主要是因为使用者收费可以较好地实现公平,而且能够促进公共服务质量的提高。

---

① Ronald C. Fisher. *State and Local Public Finance*. Routledge, 2016, 188.
② 斯蒂芬·贝利.地方政府经济学:理论与实践.北京:北京大学出版社,2006,168.

使用者收费具体包括水费、电费、煤气费、公立大学学费、公立医院诊疗费、停车费、公园门票等,这些收费大致可以分为直接费、公用事业特种费以及特许费三大类。① 直接费(Direct Charges)是对使用公共设施或消费产品和服务所收取的费用。公用事业特种费(Special Assessments)是政府为社会公共目的而新建设施或改良原有设施,根据受益区域内受益者的大小所进行的一种征收,主要用于弥补工程经费。特许费(License Fees)是政府授予某些特定的人以某种特别的权利,而对其征收的一种费用。特许费征收的目的侧重于对某些行为进行规制,如在具备规定的条件的情况下,娱乐场所的开设、公路汽车的行驶等在缴纳特许费以后方可获得政府的特别许可。

2. 规费

规费是政府在执行社会管理职能过程中,为国民提供某种特别行为或服务时所获得的特别报偿。② 规费体现出的主要是管理者与被管理者之间的关系。规费通常包括行政规费和司法规费两类。行政规费是附随于政府各种行政活动的政府收费,名目很多,具体包括护照费、户籍规费、商标登记费、商品检验费、度量衡鉴定费及执照费等。司法规费包括司法方面的审判费、执行费、民事诉讼费、刑事诉讼费、财产转让登记费、遗产管理登记费、继承登记费和结婚登记费等。

规费的收取是随着政府的特别行为或服务而发生的,它的取得是基于政府的行为或服务给予特定个人以特别的利益,或是免除一种禁止,或是保证一种既存的权利身份以及辅助其权利的行使等。政府的这种特别行为或服务既可以达到公共目的,又裨益于特定的个人,所以政府职能活动所需的经费一方面由税收来供应,另一方面也需要向特定受益人收取规费作为补充。这样不仅保证了政府的财源,而且比较公平合理。如不收取任何费用,那么对政府特别行为或服务的需求极有可能膨胀,结果将因少数个人的特殊利益与需要而增加全体社会成员的负担。

9.4.3 政府收费的作用

如果运用得当,政府收费在提高混合产品的效率、解决公共产品与服务所面临的"拥挤"问题以及筹集财政收入等方面能够发挥其他财政收入形式无法替代的作用。政府收费的这些特殊作用决定了它存在的合理性和必然性。

1. 提高公共资源的配置、提供和使用效率

通过政府收费方式为公共服务筹资时,政府收费直接有偿征收的特征,为公共部门提供了一种类似于私人产品市场的货币投票机制,即在保证政府收费相对自愿性的前提下,若某项公共服务项目的收入增加,则意味着人们对该项公共服务的需求增加。公共服务项目收入的丰裕程度,在一定程度上可以作为居民公共需求的信号。可见,政府收费方式有助于揭示居民的真实公共需求、增进公共资源的配置效率。

---

① Ronald C. Fisher. *State and Local Public Finance*. Routledge,2016,188.
② 李厚高.财政学.台北:三民书局,1984,113.

如果免费向国民提供公共设施和服务,那么政府就要从税收或其他预算项目中支出这些公共设施的成本费用。一些国家的实践表明,公共设施完全依赖税收来筹集资金,往往会造成公共服务的供应不足和服务质量的低劣。政府收费不仅可以减轻政府的财政负担,而且由于资金来源有保障,可以促使公共服务的供应增加、服务的质量提升。同时,在通过政府收费方式提供公共服务时,公共服务部门也将受到缴费者更为严格的监督与制约,从而促使公共服务部门不断提高公共服务质量。

由政府提供的私人产品及消费上具有竞争性的混合产品的边际消费成本往往不为零,若完全用免费方式提供,将使得人们对该项公共资源的过度消费,不符合社会福利最大化的原则。经济效率原则决定了政府有必要按消费的边际成本向消费者收取费用以促进人们这对些混合产品和私人产品的最佳使用。

2. 减轻或避免公共产品和服务的"拥挤"

就某些公共产品和服务而言,消费者的不断增加会给其他使用者造成额外成本,最终影响该公共产品和服务所有使用者的利益。当政府所提供的公共产品和服务出现"拥挤"问题时,为了保证一定的消费质量,可以采取收取使用费的办法。政府收费的目的是在竞争性需求中配置稀缺资源。① 在收取一定数量的使用费的情况下,必然会有部分消费者退出,从而在一定程度上缓解"拥挤"现象。

为了更好地实现减轻"拥挤"的目标,可以在不同的时间段进行差别定价。在高峰需求期,收取相对高的费用;而在非高峰期,则降低收费标准或不收费。

3. 弥补政府财政收入不足

公共产品具有供给上的无偿性,这就决定了人们对公共产品的需求具有"无限性"的特征,然而现实中政府能够获得的资金却是有限的,因此公共产品供给与需求间的矛盾始终是存在的。与此同时,社会公众对公共产品的需求却越来越大,因而使得各级政府承受着极大的财政压力。政府收费根据直接受益原则向受益者收取,是一种社会和受益人都能接受的筹集财政收入的方式。通过设置必要的收费项目可以在一定程度上改善财政状况,缓和财政资金供求矛盾。

9.5 地方财政财产性收入

财产性收入也是中国地方政府一种重要的收入形式。经过40年的经济体制改革,中国依然存在大量的国有资产。中国目前的国有资产管理体制,实质上是一种"分级所有"的体制,所以地方财政收入中也就有地方政府拥有的国有资产和国有资源带来的产权收入。

中国地方政府的财产性收入或产权收入,主要体现在归地方政府所有的国有产权收益分配、国有资产有偿使用费和国有资产有偿转让费等三个方面,具体包括地方政府的土

---

① Ronald C. Fisher. *State and Local Public Finance*. Routledge,2016,195.

地使用权出让收入、地方国有企业利润的上缴、股份有限公司中地方政府应分得的股利、有限责任公司中地方政府作为出资者按出资比例应分得的红利、地方政府授权的投资部门或机构以国有资产投资形成的收益应上缴的部分、地方国有企业的产权转让收入以及其他非国有企业占用地方国有资产应上缴的国有资产收益等形式。

财产性收入曾经是中国地方政府规模较大的收入项目之一,但随着市场经济体制的发展,财产性收入在地方政府一般公共预算收入中所占的比重已经越来越低。中国地方国有资本经营预算中的收入全部属于财产性收入,其规模并不是很大,2012年地方国有资本经营预算收入为525.22亿元,仅相当于同年地方政府一般公共预算收入的0.86%;2017年增长至1 336.63亿元,占同年地方政府一般公共预算收入的比重有所提高,但也只有1.46%。

中国地方政府性基金预算中存在规模庞大的财产性收入,其中最重要的是国有土地使用权出让金收入。2000年,全国国有土地使用权出让金收入仅为595.59亿元。此后十多年间,地方国有土地使用权出让金收入的规模以惊人的速度扩张。2010年,中国地方国有土地使用权出让金收入为28 197.7亿元,占地方政府性基金本级收入的83.9%,相当于地方财政一般公共预算收入的69.4%;2014年,地方国有土地使用权出让金收入为40 385.86亿元,占地方政府性基金本级收入的80.8%,相当于地方财政一般公共预算收入的53.2%;2017年,地方国有土地使用权出让金收入为49 997.07亿元,占地方政府性基金本级收入的86.7%,相当于地方财政一般公共预算收入的54.7%。① 从规模上看,土地使用权出让金收入几乎成为地方政府的"第二财政"。"土地财政"的说法,反映的就是地方政府的实际可支配收入过于依赖土地出让收益的现实。

专栏9-6　　中国地方政府的"土地财政"依赖及其风险

土地挂牌拍卖政策,造就了地方政府"征地—卖地—收税收费—抵押—再征地"的"土地财政"发展模式。在快速的城市化进程中,国有土地使用权的出让有效地缓解了财政收入和城市建设发展资金的短缺,极大地促进了城市社会经济的发展,不仅提高了市民的生活质量,还带动了周边农村经济的转型和发展。

在土地财政模式下,很多地方国有土地使用权出让金收入的规模非常大,甚至超过了一般公共预算收入,形成了较为严重的土地财政依赖。如果将国有土地使用权出让金收入与地方政府一般公共预算收入的比定义为"土地财政依赖度",那么2015—2017年间主要城市中土地财政依赖度非加权平均值超过50%的就有18个,其中,南京、合肥、杭州排在前3位,土地财政依赖度分别达126%、104%、102%(参见表9-8)。

---

① 全国财政决算(2010、2014和2017)。

表 9-8　部分城市的土地财政依赖度　　　　　　　　　　　　　　单位:%

城市	2015 年	2016 年	2017 年	非加权平均值
南京	86	155	136	126
合肥	82	142	87	104
杭州	52	115	140	102
佛山	61	100	141	101
济南	60	106	129	98
珠海	74	82	136	97
南宁	71	90	93	85
武汉	52	84	111	82
广州	71	52	80	68
三亚	56	49	91	65
南昌	41	73	75	63
海口	54	79	55	63
厦门	50	76	61	62
苏州	41	85	49	58
成都	37	34	99	57
福州	63	42	62	56
石家庄	50	75	39	55
昆明	21	36	80	46
宁波	21	62	41	42

在现实经济运行中,土地财政暗藏着巨大的社会和经济风险。如果忽视这些风险,将给以后的社会经济发展造成相当大的负面影响。

第一,土地财政加剧了地方财政的风险。土地使用权出让金是一次性收入,它只能解决地方财政一时的困难,却不具有可持续性。而地方财政支出具有刚性,若将一次性收入作为经常性支出的财源,其后果不但加剧了地方政府对土地财政的依赖,而且一旦房地产和土地市场出现波动,地方政府的收入就会出现不稳定,进而增加地方财政风险。

第二,土地财政不利于促进产业结构的升级。土地财政的收入主要投向了城市建设,这一方面刺激了建筑与房地产业的繁荣,带动了电器、装修、建材等相关行业的发展,并拉动了就业;另一方面在短期暴利的示范作用下积聚竞争,不仅致使这些处于产业链低端的产业产能大量过剩,并且过度的发展还会占用大量的社会资源,更有甚者,它会引导高科技等实体经济转向追逐暴利的房地产行业,扭曲产业结构的升级。

第三,土地财政机制使得保护耕地流于空谈,危及粮食安全。在土地使用权出让所带来的巨大利益驱动下,各地时常发生违法占用耕地的现象,这使得原本就存在的耕地流失和耕地不合理开发利用问题都被进一步放大,直接冲击国家规定的 18 亿亩耕地红线,长此以往势必危及国家粮食安全。

第四,土地财政增加了金融体系的风险。土地收购、出让、开发过程中的每一个环节都需要大量的流动资金,每一个过程的资金都是与银行捆绑在一起的。这也就相当于将整个资金链的风险全部转嫁给了银行,从而增加了整个金融体系的不稳定性。

第五,土地财政影响了民生。政府往往以低廉的价格从农民手中征地,再转手以较高的价格出让给开发商,形成了巨大的"剪刀差"。土地使用权出让所引发的地价飞涨和房价过高,导致居民的支付能力严重透支,破坏了消费与收入的结构平衡,使得广大中低收入市民的住房问题很难得到解决。另外,土地财政所引起的土地纠纷不仅损害了群众利益,同时更激化了社会矛盾,严重影响了社会的和谐稳定。

不破解地方政府的土地财政依赖症,房地产市场调控措施就难以有效落实,经济发展方式就难以转变,财政金融风险也就难以降低。

资料来源:http://hf.news.fang.com/open/27764809.html(访问时间:2018年11月20日)和许安拓,修竣强.破解地方依赖土地财政的畸形发展模式.人民论坛,2012(8)整理。

重要概念

地方财政收入　地方财政本级收入　补助性收入　地方税　地方税收收入　地方非税收入　地方政府收费收入　土地财政　土地出让金

复习思考题

1. 结合中国当前的财政运行状况,分析中国地方财政收入的规模和结构。
2. 为什么非税收入在地方财政收入中所占的比重一般要高于在中央财政收入中所占的比重?
3. 良好的地方税应具有哪些特征?你认为应如何完善中国地方税体系?
4. 在市场经济条件下,政府收费应如何定位?对地方政府而言,应如何理顺税费关系?
5. 你是如何认识"土地财政"的?

课堂讨论题

请结合所给案例材料,并联系现实,就如何优化中国地方财政收入结构进行课堂讨论。

案例材料

从财政审计结果看中国县级财政收入结构

2011年11月至2012年3月,审计署对18个省的54个县(含县级市、区、旗,财力状况好、中、差各约占1/3)的财政性资金进行了审计调查,重点调查了财力保障状况。2012

年6月,审计署发布了对这54个县的审计结果,结果显示非税收入占到县级财政收入的六成,上级转移支付并不能有效缓解县级财政支出所面临的压力。

审计报告直言不讳地指出了县级财政中存在的最突出的问题是县级财政收入结构不尽合理,县级财政收入中非税收入占比相对较高。2011年,54个县实现的财政收入中,非税收入占60.45%,非税收入占比超过税收收入20.90个百分点。

2011年,54个县公共财政支出中,有49.39%来自上级转移支付,其中中西部45个县的这一比例达61.66%。这就意味着这些县每花一元钱,就有六角是来自转移支付。54个县2011年获得上级转移支付738.18亿元,其中专项转移支付占50.78%,加上一般性转移支付中有规定用途的资金,共计有68.4%的转移支付是有明确用途的。虽然转移支付规模越来越大,但地方财政仍然面临较大的支出缺口,因为地方政府并不能根据自身的财力缺口来统筹安排使用。

资料来源:《中华人民共和国审计署审计公告》(2012年第26号)。

参考文献与延伸阅读资料

华莱士·奥茨.财产税与地方政府财政.北京:中国税务出版社,2005.

许建国.中国地方税体系研究.北京:中国财政经济出版社,2014.

王乔,席卫群.现代国家治理体系下的地方税体系构建研究.北京:经济科学出版社,2015.

候一麟,任强,马海涛.中国房地产税税制要素设计研究.北京:经济科学出版社,2016.

张平.现代房地产税:美国经验与中国探索.北京:中国社会科学出版社,2017.

Kenneth J. Davey. *Financing Regional Government*: *International Practices and Their Relevance to the Third World*. John Wiley & Sons Ltd., 1983.

Stephen J. Bailey. *Local Government Economics*: *Principles and Practice*. Macmillan Press Ltd., 1999.

Robert L. Bland. *A Revenue Guide for Local Government*. ICMA Press, 2005.

■ 网络资源

财政部预算司网站"财政数据"栏目,http://yss.mof.gov.cn/zhengwuxinxi/caizhengshuju/

密歇根州立大学(Michigan State University)地方政府财政与政策研究中心(Center for Local Government Finance and Policy)网站,http://msue.anr.msu.edu/program/info/center_for_local_government_finance_and_policy

重庆非税收入网,http://www.fs.cq.gov.cn/

第 10 章

地方政府债务

【本章学习目标】

- 掌握地方政府债务的构成
- 掌握地方政府债务制度的主要内容
- 掌握对地方政府公债进行监管的必要性和具体的监管方式
- 了解中国地方政府债务的产生和发展
- 掌握《预算法》修订后中国地方政府债务政策的走向

地方政府债务(Subnational Government Liabilities)不仅是整个政府债务体系的有机组成部分,而且是地方政府财政活动中的一个重要环节。随着规模越来越大、形式越来越复杂,地方政府的举债活动对地方财政运行、地方社会经济发展乃至整个国民经济运行的影响也越来越广泛和深刻。

10.1 地方政府债务制度

地方政府债务融资(Subnational Debt Financing),既是加快地区社会经济发展的需要,也是公平分担地方政府资本性财政支出的要求。[①] 各国一般都根据本国国情建立相应的地方政府债务制度。健全的地方政府债务制度,不仅可以规范和约束地方政府的举债行为,而且对于防范地方政府债务风险以及提高地方政府资源配置效率等都具有积极的意义。

10.1.1 地方政府债务的内涵与外延

狭义上的地方政府债务主要是指地方政府以债务人的身份,采取信用的方式发行的债券或借款。然而,伴随着社会经济生活的日益复杂化,现实中出现了一些狭义上的地方政府债务概念难以涵盖的地方政府债务形态,于是人们便从更宽泛的角度去界定"地方政府债务"范畴。广义上的地方政府债务包含了所有由地方政府财政承担最终偿还责任的债务,它可以从直接债务、或有债务、显性债务和隐性债务等不同的维度来考察。

地方政府直接债务(Subnational Direct Liabilities)是地方政府承担现实义务而产生的债务,它相对比较确定,可以根据一些特定的因素进行控制和预测。地方政府或有债务(Subnational Contingent Liabilities)是基于有可能发生的不连续事件而产生的责任,它由某一或有事项所引发,是否会成为现实则要看或有事项是否发生以及由此引发的债务是否最终要由地方政府来承担。或有事项发生的可能性以及履行未来责任所需地方政府支出的规模难以预测,其可能性和规模依赖于某些外部情况。或有债务不是地方政府能够完全控制的,它可能会也可能不会完全转化为地方财政的负担。地方政府显性债务(Subnational Explicit Liabilities)是地方政府在基于某一法律或者契约的债务到期时,应承担的法定偿付义务。地方政府隐性债务(Subnational Implicit Liabilities)则不以某一法律或者契约为基础,而是基于公众预期、政治压力或社会道义应由地方政府承担的任务,它是地方政府的一种道义或者预期责任。[②] 地方政府债务矩阵显示了显性债务、隐性债务、直接债务和或有债务等四个维度的不同组合(参见表10-1),具体包括地方政府直接显性债务、地方政府直接隐性债务、地方政府或有显性债务和地方政府或有隐

[①] 地方政府债务有助于在地方性公共产品跨时期的成本和收益间建立起关联关系(参见 John R. Bartle, W. Bartley Hildreth & Justin Marlowe. *Management Policies in Local Government Finance*. ICMA Press, 2013, 280)。

[②] Polackova Hana. Contingent Government Liabilities: A Hidden Risk for Fiscal Stability. Policy Research Working Paper Series 1989, World Bank, 1998.

性债务等四种形式。

表 10-1　地方政府债务矩阵

	直接债务	或有债务
显性债务	地方政府显性直接债务	地方政府显性或有债务
隐性债务	地方政府隐性直接债务	地方政府隐性或有债务

资料来源：Polackova Hana. Contingent Government Liabilities: A Hidden Risk for Fiscal Stability. Policy Research Working Paper Series 1989, World Bank, 1998。

不同国家地方政府债务的构成有着很大的差异。许多经济发达国家的法律都允许地方政府发行公债或借款，再加上这些国家的地方政府债务制度相对健全、监管措施也比较到位，因而其地方政府债务中隐性债务和或有债务的规模并不大，主要是以地方政府公债为主体的显性直接债务，其中地方政府公债所占的份额大多在 90% 以上，地方政府借款的相对规模一般都不大。然而，在一部分发展中国家和转轨国家，虽然因为法律禁止地方政府举债而基本不存在地方政府直接债务，但却有着大量通过各种方式形成的地方政府隐性债务和或有债务。

专栏 10-1　美国的市政债

美国州和州以下地方政府发行的债券常常被称为"市政债"（Municipal Bonds, Munis），其主要目的是为教育、交通、通信、路桥等公共设施筹措资金，有时也会用来弥补短期、长期预算赤字。美国的市政债券主要有一般责任债券（General Obligation Bonds）和收益支撑债券（Revenue-backed Bonds）两种形式。一般责任债券通常以州、市、镇和学区等发行者拥有的征税权为保障，其偿还资金来源于税收收入，基本不会出现违约现象；收益支撑债券则是为建设桥梁、港口、机场、供水设施等收费性公共设施而发行的债券，并通过这些公共设施的经营收入来偿还债务。较之一般责任债券，收益支撑债券的还款资金来源较为单一，其违约风险要大一些，因而发行利率也较高。两种形式市政债券的发行都必须经过听证、公决或议会的批准，其中一般责任债券的发行往往要经过议会或全体选民的批准，而批准收益支撑债券发行机构的层次相对要低一些。收益支撑债券是美国市政债的主体，其所占比重在 2000 年就已达 64%，到 2011 年进一步提升到 70%。

美国市政债的种类繁多，目前已发行的约有 150 多万种，发行单位有 8 万多个。市政债的期限也多种多样，短的 1 年，长的达 30 年，皆为附息债券，利息每半年或每年支付一次。市政债的利息免征联邦所得税，在债券发行的州也免征本州和地方所得税。市政债的利率一般参照市场利率水平和发行人资信情况确定，由于市政债利息收入通常免税，因而其利率低于同质量的联邦债和公司债。美国拥有世界上规模最大而且也是最发达的市政债市场，其规模相当于公债市场的一半左右。美国市政公共事业和资本市场的发展及繁荣，与市政债的大量发行和交易密不可分。不仅如此，在债券种类、质量等级和利率等方面都有较大的选择余地的市政债也满足了数百万投资者的需要。

资料来源：根据 John R. Bartle, W. Bartley Hildreth & Justin Marlowe. *Management Policies in Local Government Finance*. ICMA Press, 2013, 281 和财政部预算司.发展中的美国市政债券.中国财政, 2008(23) 整理。

10.1.2 地方政府债务制度的基本要素

地方政府债务制度由地方政府债务的发行主体、地方政府债务的用途、地方政府债务的规模、地方政府债务的期限、地方政府债务的偿还和地方政府债务的监管等基本要素构成。

（1）地方政府债务的发行主体

但凡国土面积稍大一些的国家，都设有两级或两级以上的地方政府。是允许每一级地方政府都可以发行债务，还是只允许其中某一级或几级地方政府发行债务，是地方政府债务制度首先必须明确的一个问题。一些经济发达国家允许多级地方政府举债，如美国就允许包括州、市、县政府一般目的型政府和学区、交通区等特殊目的型政府在内的多种类型的地方政府单位举借债务[①]；而一些发展中国家仅允许最高级次的地方政府举债，如中国新修订的《预算法》就只允许省、自治区、直辖市政府举借债务。

（2）地方政府债务的用途

除特殊情形外，地方政府债务资金的使用一般都应严格遵循"财政金箴规则"(Fiscal Golden Rule)。除地方短期债务外，地方政府债务资金的使用范围应限定为地方基础设施和公用设施建设等项目上，具体包括城市道路、交通、环境保护、煤气管道、水利工程、医疗保险设施和社会福利设施等。地方政府债务资金不应介入竞争性领域的投资，更不能用来补偿经常性支出项目。

（3）地方政府债务的发行与偿还

一些国家的地方政府在经过本级代议机构批准后就可以自行决定在什么时间、以什么样的条件发行既定数量的债券，不需要上级政府的批准。如美国州政府发行市政债就不需要联邦政府的批准，州以下地方政府发行市政债也不需要州政府的同意。而有些国家地方政府债券的发行时间、期限、额度和利率等，都需要经过上级政府的审批。

在地方政府债务规模越来越大的情形下，如果没有建立较为健全的债务偿还机制，那么债务偿还就有可能对地方财政产生较大的支出压力，甚至会威胁到地方财政的平稳运行。地方政府债务偿还最为关键的环节，就是如何筹集偿债资金，一个可行的方法是建立地方偿债基金。根据实际的财力状况和债务负担，各级地方财政可通过预算拨款、债务投资项目收益一定比例的划转等途径建立偿债基金。考虑到债务偿还的长期性，地方偿债

[①] 美国 2010 年的市政债规模高达 4 617 亿美元，其中 12% 由州政府发行，19% 由市、县政府发行，64% 由特别区 (Special Districts and Authorities)政府发行，其他组织和机构发行的市政债占 5%。

基金应该保持资金来源的稳定性,可以将预算拨款作为预算的一个固定支出项目,在财力许可的情况下每年还应有所增长。对于那些自身有部分偿债能力的债务项目,各级地方政府应对其经营状况和财务收支进行监控,要求项目单位制订偿债计划,并督促其按时将偿债资金汇入专门设置的偿债基金账户,统一由财政部门负责资金的管理和还本付息。

(4) 地方政府债务风险的防范①

地方政府债务风险可以通过建立相应的风险防范机制来加以控制。建立地方政府债务风险防范机制的首要步骤就是构造一套预警指标体系来对地方政府债务及地方财政收支状况进行监控。地方政府债务风险预警指标体系,主要包括地方债务负担率、地方财政负债率、地方财政偿债率、地方内外债比例、地方债务期限结构以及地方直接债务与或有债务之间的比例等。除了从静态的角度来考察地方政府债务风险的情况,还应从动态层面来考察上述指标。可以根据其他国家的经验并结合自身的特点,框定出各项指标的安全线范围。一旦某一指标越过了安全线,各级地方财政就应立即采取适当的应对措施。

建立地方政府债务风险基金,也是地方政府债务风险防范机制的一项重要组成部分。鉴于地方政府债务存在一定的风险,各级地方财政在安排财政预算支出时要把各种不确定因素考虑进去,预算安排要留有一定的余地。可以考虑在每年的财政预算中按财政支出或本级政府债务余额的一定比例,安排风险基金滚存使用。

(5) 地方政府债务的信息披露

建立地方政府债务信息披露制度,是加强地方政府债务管理的一项重要举措。地方政府债务信息的公开,使得社会公众能够对地方政府的举债行为进行监督,从而促进地方政府债务融资决策的透明化,进而对地方政府滥用债务方式融资的现象产生一定的抑制作用。信息的公开披露,也可以抑制地方隐性债务和或有债务的形成,或者是使一些隐性债务和或有债务显性化和直接化,这些都将有助于降低地方政府的债务风险。没有充分的公开信息,无疑为各级政府举债活动中的低效、不公平甚至是腐败提供了机会和条件。

10.2 地方政府债务监管

在允许地方政府举借债务的国家,尽管具体的制度安排各不相同,但各国中央政府都对地方政府债务采取了相应的监管措施,因为这是在允许地方政府举借债务与抑制地方举借债务所带来的弊端之间寻找平衡的一个较为现实的选择。

10.2.1 对地方政府债务进行监管的必要性

允许地方政府自主地举借债务是财政分权改革的一项重要内容。有效的财政分权,必须辅之以相应的制衡措施。对地方政府债务进行监管(Subnational Debt Controls),正是

---

① 地方政府债务监管是防范地方政府债务风险的关键,这部分内容主要在本书10.2中进行详细介绍。

"分权与制衡相结合"基本思想的具体体现。对地方政府债务的监管主要是对地方政府债务的规模、发行方式和时机、发行担保、风险以及偿债来源等的监督与控制。

1. 地方政府债务监管有助于保持宏观经济稳定

各国对地方政府债务进行监管,首先是基于宏观经济稳定方面的考虑。在禁止地方政府举借债务的情况下,地方财政收支必须自求平衡或者借助于政府间财政转移支付来实现平衡。这样,地方政府的财政活动可能就不会对宏观经济稳定产生非常大的影响。然而,当地方政府可以自主举借债务时,地方财政支出的规模就能够突破地方财政收入的限制而进行扩张,于是地方财政对宏观经济的影响力就会大大提高,再加上地方政府债务本身就蕴藏着巨大的财政风险,从而极有可能对整个宏观经济的平稳运行构成威胁。在那些允许地方政府举借债务的国家,地方政府债务已累计达到相当大的规模①,其总量或结构上的变化都有可能对宏观经济的平稳运行产生不利的影响,因而必须加以适当的监管。

与在国内市场上举借债务是一种结构性调整不一样的是,在国外市场上举借债务对国民经济是一种增量式调整,它会对宏观经济的平稳运行产生更大的影响。如果对地方政府在国外市场上举借债务不加以控制,那么国民经济就更有走向失衡的风险。地方政府在国外举借债务也属于"主权债务"的范畴,不管中央政府是否在其发行时做出担保,事实上中央政府都将不得不承担最终的偿还责任。如若能够进行有效的监管,那么至少可以规避一些由此而产生的风险。正因为外债有诸多的特殊性,许多国家都对地方政府在国外市场上举借债务采取了比在国内市场上举借债务更为严格的监管措施。

2. 地方政府债务监管可以减少地方财政外部性的发生

地方政府举借债务可能产生的外部性也要求对其进行监管。在要素高度流动的条件下,地方政府公债融资产生的影响根本不可能限制在本行政区域内,往往也会对本辖区以外的经济活动主体产生程度不同的影响,如中央政府为无力偿债的地方政府"兜底",最终将由全体纳税人而不仅仅是该地区的纳税人来承担成本。如果对这种外部性不加以控制,那么无疑会带来诸多不良的后果。

3. 地方政府债务监管有助于解决地方预算软约束

世界各国政府部门,尤其是地方政府部门的预算软约束(Soft Budget Constraints)问题并没有得到很好的解决,这也要求对地方政府债务进行相应的监管。一般认为,地方政府官员往往有不顾地方财力的限制、用债务的方式为能够显示政绩的项目融资的倾向。在缺乏预算硬约束的情况下,这种倾向能够比较容易就变为现实,这一问题在发展中国家尤为突出。中央政府的监管措施在一定程度上可以起到弥补预算约束无力的作用。

---

① 如日本 2008 财政年度地方政府债务余额为 197 万亿日元,占同期 GDP 的 25%,美国 2009 财政年度州与地方政府债务余额达到 2.8 万亿美元,占同期 GDP 的 19.6%(参见刘国旺.地方政府债务重在监管.中国财经报,2012-08-25)。

4. 地方政府债务监管可以规范政府间财政竞争

在社会闲散资金总量一定的情况下，对于应债主体而言，中央政府举借的债务与地方政府举借的债务以及各地方政府举借的债务之间，无疑存在较强的替代关系，这样举借债务无疑就会成为中央政府和地方政府以及各地方政府之间围绕扩大资金来源进行竞争的一个焦点。这种状况直接促使许多国家在制度上对中央政府债务做出一些倾斜，或者是对地方政府债务采取限制甚至禁止的政策。对地方政府债务的监管，能够避免中央政府与地方政府之间的直接利益冲突，而且对地方政府债务的适当控制也可起到协调社会闲置资金在中央政府与地方政府以及各地方政府之间的分配的作用。

各级地方政府在国内外市场上发行公债极有可能为了便利于本地债券的发行，在利率、期限等发行条件上进行竞争，这无疑将加大地方财政的负担和风险，并最终殃及中央财政。若中央政府采取必要的干预措施，那么就有可能防止此种现象的发生，至少可以起到一定的抑制作用。与此同时，监管措施也能防止民间资本在竞争中过度流向经济发达地区，从而确保资金的地域分布不因地方政府债务的发行而进一步失衡。

此外，一个国家的中央政府债务和地方政府债务在国外市场上若以合作的方式发行，肯定比非合作方式取得更好的结果，从而降低本国发行外债所带来的财政负担和风险，这也需要中央政府在其中发挥相应的作用。

10.2.2 地方政府债务的事前监管

各国对地方政府债务的监管方式，主要有市场约束、合作监管、规则监管以及行政监管等四种。① 对地方政府债务进行监管的不同方式，适用的前提条件和效果是不同的，所体现出的财政集权、分权程度也存在一些差异。

1. 市场约束方式

市场约束方式（Reliance on Market Discipline）实际上是利用市场机制的作用来对地方政府债务进行监管。在现代社会，政府债务制度的具体运作一般要依托于金融市场，市场机制自身的力量对置身于其中的事物有着相当的约束力。一个成熟的金融市场往往会要求进行债务融资的地方政府及时提供相关的财政和债务信息，并通过市场力量决定哪些地方政府可以进入金融市场进行债务融资、融资的成本有多高以及融资的规模有多大等。与其他金融工具一样，地方政府债务从举借到最终的偿还，都必须按照市场既有的法则行事，接受市场机制运作的结果。

在市场约束方式下，中央政府一般不对地方政府的举债行为进行直接的限制，地方政府具有完全的举债权，可以根据自身的资金需求和金融市场行情来决定是否举债、何时举债以及举债的规模等。市场约束方式的有效实施，往往要求具备自由开放的市场体系、债权人能够及时获取有关地方政府债务状况及其支付能力的相关信息、中央政府不承担由

---

① Teresa Ter-Minassian. Fiscal Federalism in Theory and Practice. IMF, 1997, 157-171. 从某种宽泛的意义上说，禁止地方政府举借债务（Borrowing Prohibited）也是一种监管方式。

地方政府发行公债所带来的风险和负担(Without Bailout)等。① 正因为如此,采用市场约束方式对地方政府债务进行监管的一般是经济发展水平比较高、市场体系尤其是金融市场也比较完善的国家。

2. 合作监管方式

合作监管(Cooperative Approach to Debt Controls)指的是中央政府与地方政府之间通过谈判、对话和信息交流等途径来达到对地方政府债务进行监管的目的。在合作监管的谈判过程中,中央政府与地方政府不仅要达成地方预算总赤字目标的协议,而且要确定地方财政主要收支项目的指导方针。② 在这种监管方式下,地方政府债务的规模不仅体现了中央政府的意图,而且因为地方政府实际参与实现宏观经济目标的财政变量的确定而融合了地方政府的意愿。

合作监管方式的有效实施,一般要求中央政府有较强的财政管理能力并且有着严格的财经纪律(Fiscal Discipline)、中央与地方政府之间不存在信息不对称、地方政府没有机会主义行为倾向以及政府间存在相互协商和协作的传统等。③ 如果不具备这些条件,合作监管反而会削弱中央政府的领导力,诱使地方政府向中央政府索取更多的财政转移支付,预算软约束问题进一步恶化。

3. 规则监管方式

也有一些国家是用以法律形式确定下来的财政规则来对地方政府债务进行监管(Rule-based Controls),这些规则通常涉及地方政府债务的相对或绝对规模以及举债的条件、目的和用途等。只要符合相应的财政规则,地方政府举债不需要经过中央政府的批准。

相比较而言,以既定的规则为监管的基础较为透明和公正,而且在相当大程度上能够避免随意性大和讨价还价等问题。但是以规则为基础的监管缺乏弹性,地方政府也能通过预算外操作、以国有企业的名义举债等手段绕开规则而逃避监管,而且依托规则对地方政府公债进行监管产生的效果也无法快速显现。

4. 行政监管方式

行政手段是对地方政府债务进行监管的一种较为直接的方式。在行政监管(Administrative Constraints)方式下,中央政府往往要求地方政府举债必须经过中央政府的批准或授权,同时对地方政府债务总额和结构设置限定条件,对地方政府债务的运作过程进行检查,或者对地方政府债务进行集中发行再转贷给地方等。对地方政府债务的行政监管,不仅包括事前核准,也包括事中监督和事后检查。

在行政监管方式下,地方政府的债务管理自主权要小许多,中央政府能够在较短的时间内有效控制住地方政府举债行为的宏观经济影响。然而,行政监管中也会出现随意性

---

① Teresa Ter-Minassian. Fiscal Federalism in Theory and Practice. IMF, 1997, 157.
② Teresa Ter-Minassian. Decentralization and Macroeconomic Management. IMF Working Paper WP/97/155, 1997.
③ Teresa Ter-Minassian. Fiscal Federalism in Theory and Practice. IMF, 1997, 164-165.

大以及中央政府与地方政府之间的讨价还价等问题,讨价还价的结果更多地取决于短期的政治因素,而往往并没有将宏观经济稳定方面的考虑放在首要的位置①;对地方政府发行的债务采用行政监管的做法,也可能使中央政府难以拒绝在地方政府陷入困境时施以援助。②

5. 地方政府债务监管方式的运用

对地方政府债务监管方式的选择,在很大程度上体现了一个国家政治权力的分配格局和政府间财政关系的基本框架,同时也受本国财政经济状况以及市场体系的发展等因素的影响。其中任何一个因素不同或发生变化,都会对地方政府公债监管方式的选择产生影响。纵观世界各国对本国地方政府债务的监管实践,许多国家往往是几种监管方式结合使用,但基本上都以其中的某一种方式为主。

由于不同国家具体的情况各不相同,因此不同国家对地方政府债务的主要监管方式也各不相同(参见表10-2)。加拿大和新西兰等少数国家采用市场约束方式对地方政府债务进行监管③;美国、德国和英国等工业化国家以及巴西等发展中国家都是用既定的规则来对地方政府债务进行监管;澳大利亚、丹麦和比利时等国家采用的是合作监管方式;运用行政手段对地方政府债务进行监管的主要是一些单一制国家,也有部分非典型的联邦制国家,具体包括法国、韩国和印度尼西亚等。随着财政分权改革的不断深入,一些国家对地方政府债务的主要监管方式发生了改变,总的趋势是由集权向分权迈进,如原先对地方政府债务主要采用行政监管方式的英国和日本分别在2004财政年度和2006财政年度转而实行规则监管方式和合作监管方式。

表10-2 主要国家对地方政府债务的监管方式

国家	方式	市场约束		合作监管		规则监管		行政监管		禁止	
		国内	国外	国内	国外	国内	国外	国内	国外	国内	国外
工业化国家	美国					*	*				
	英国					*	*				
	加拿大	*	*								
	日本			*							*
	澳大利亚			*	*						
	法国							*	*		
	德国					*	*				

---

① 世界银行.1999/2000世界银行发展报告:迈进21世纪.北京:中国财政经济出版社,2000,112.
② Ter-Minassian. Fiscal Federalism in Theory and Practice. IMF, 1997, 169.
③ 由于不具备或不完全具备市场约束方式有效运行的条件,因此采用这一方式的国家并不多。但这一方式是地方政府债务监管的有效辅助途径,可以在一定程度上阻止地方政府以某种方式规避中央政府对其举债行为的管控。

(续表)

国家		市场约束		合作监管		规则监管		行政监管		禁止	
	方式	国内	国外	国内	国外	国内	国外	国内	国外	国内	国外
发展中国家	巴西					*	*				
	阿根廷							*	*		
	哥伦比亚							*	*		
	泰国									*	*
	印度					*			*		
	墨西哥							*			*
	印度尼西亚							*	*		
转轨国家	中国									*	*
	俄罗斯	*	*								
	匈牙利					*	*				
	波兰					*	*				
	保加利亚					*	*				

资料来源:根据 Teresa Ter-Minassian. Fiscal Federalism in Theory and Practice. IMF,1997,1510-162 和李萍.地方政府债务管理:国际比较与借鉴.北京:中国财政经济出版社,2009,22—23 整理。

与在国内市场上举借债务相比,在国外市场上举借债务对整个宏观经济的运行将产生更大的影响。正因为如此,一些国家对地方政府在国外市场上举借的债务采取比在国内市场上举借的债务更加严格的监管方式,以免其威胁到宏观经济的稳定。如部分国家对地方政府在国内市场上举借的债务实行合作监管,而对地方政府在国外市场上举借的债务实行中央政府的行政监管;也有一些国家对地方政府在国内市场上举借的债务实行直接的行政监管,而禁止地方政府在国外市场上举借债务。

一些国家对不同级次地方政府举债采用的监管方式是不一样的。如加拿大对省政府的债务采用的是市场约束方式,省政府举债不受联邦政府的限制,只需要在举债前由一个或多个国际投资机构评定其可授信债务额度,至于能否举债以及举债的规模完全受制于市场;但加拿大地方政府的债务却要受省政府的行政监管,涉及长期借款的资本性支出必须获得省政府的批准。德国对州政府的债务采用的是规则监管方式,而对地方政府举债需要得到州政府的批准,具有行政监管的特征。

10.2.3 地方政府债务风险的事后处置

在资本市场发育成熟、地方政府债务监管制度较为健全和法治化程度较高的经济发达国家,地方政府陷入债务支付危机的情况屡次发生;在发展中国家,地方政府丧失债务清偿能力的现象更是难以完全避免。不管是在哪一个国家,只要地方政府有较大规模的举债,就有债务风险出现恶化的可能。即使一个国家地方政府债务风险总体可控,地方债务危机局部发生的可能性也是存在的。一旦部分地方政府出现无力偿债的情形,就必须进行相应的处置。正因为如此,地方政府债务风险的防范仅靠事前监管(Ex-ante Regulation)环节是不够的,完整的地方政府债务管理过程还包括事后处置机制(Ex-post Mechanisms)。中央政府救助和地方政府财政破产,是对陷入财政危机的地方政府进行事后处置的最主要的两种制度安排。

1. 中央政府救助

当地方政府陷入财政危机、连债务都无力偿还时,地方性公共产品和服务必然无法及时、足额地提供,而地方性公共产品和服务的恶化又会严重影响相当多居民正常的生产生活。不对濒临财政破产的地方政府进行救助,在政治上的可行性并不强或者说会引发一定的政治风险。中央政府救助(Subnational Government Bailouts)是帮助地方政府走出财政困境的最直接的方法。然而,中央政府无条件的救助意味着对地方政府的举债行为进行兜底,这极有可能助长地方政府举债过程中的机会主义倾向,地方政府不负责任的举债行为就会泛滥。正是基于这方面的原因,一些国家的中央政府明确表示不对地方政府的债务危机进行救助。

2. 地方政府财政破产

对无力偿债的地方政府来说,财政破产(Subnational Insolvency)也是一个备选方案。由于政府服务具有公共性,因而地方政府财政破产不能简单参照企业破产的做法,否则就会产生保护债权人利益与维持必要的地方性公共产品和服务之间的矛盾。地方政府财政破产并不是地方政府职能的破产,更不意味着破产的地方政府就不存在了,它仅仅是地方政府财政的破产。地方政府财政破产的基本机制是重新组织债务而非清盘全部资产①,以确保地方性公共产品和服务提供的连续性。

地方政府财政破产包括破产启动、债务重组和财政调整、破产终结三个阶段。在允许财政破产的国家,一般都会设定地方政府能否进行破产申请的前置性条件,只有符合前置性条件的地方政府才能进入债务重组和财政调整阶段。债务重组(Reorganization)是指债权人与作为债务人的地方政府之间就债务调整和潜在的债务救济进行协商,常见手段包括债务展期、免除一部分本息和对存量债务进行再融资等。为确保债务重组目标的实现,地方政府通常要进行财政调整,以便调整后的支出与收入一致、借款与偿还能力一致。地方财政调整既可以是消极调整,如通过削减公务人员等措施来减少地方财政支出或变卖地方政府资产以取得现金收入等;也可以是积极调整,如设立新的税种或者调高原有税种的税率以增加税收、提高公共设施和公共服务的收费标准、发行市政债券融资等。如果通过债务重组和财政调整之后,地方政府对已到期和未到期债务做出了较为稳妥的安排,基本摆脱了财政危机,实现了良性运转,则可以向法院申请终结破产状态。地方政府只有结

---

① 破产有债务重整、和解和破产清算三种程序。企业破产可以在三种程序中有一定的选择自由。如果企业进入破产清算程序,那么企业的资产会被清算还债,并最终被注销。由于自然人和地方政府都不能因为无力偿债就"不复存在",所以破产清算的做法不适用于个人破产和地方政府财政破产。

束了破产状态,才能重新获得相应的财政自由度,否则就只能仅维持提供基本公共服务的能力,在投资新公共事业、购买公共资产以及聘用新公务人员等方面受到诸多限制。

虽然地方政府财政破产对地方性公共产品和服务的提供带来了不利的影响,造成的损失也巨大,但从积极的方面来说,地方政府财政破产是一道制度屏障,它可以保护社会经济发展免受不负责任的地方政府的进一步侵害,而且破产风险的存在也迫使地方政府的财政行为更为谨慎,当地民众也会强化对地方政府的监督。

专栏 10-2　　　　　　　　　并不鲜见的地方政府财政破产

在19世纪和20世纪上半叶,地方政府财政破产是美国等经济发达国家反复出现的事件。此间,美国先后经历了三次大规模的地方政府债务违约潮。美国第一次大规模的地方政府债务违约现象发生在19世纪40年代,违约主体主要为州政府,涉及阿肯色、伊利诺依、印第安纳、路易斯安娜、马里兰、密歇根、密西西比、宾夕法尼亚八个州和佛罗里达领地,起因在于州政府投资建设的运河、铁路和公路等项目,在债务到期时项目大都没有建成,在既没有项目收入又得不到新贷款的情况下,大面积出现债务违约。第二次发生在19世纪70年代,违约主体主要为州以下地方政府,地方政府将债务资金主要用于土地开发项目和铁路建设等投机性投资,并主要依靠土地升值后的房产税来偿债。但1873年的经济萧条导致大量投资项目失败,过分依赖土地收入还债的模式难以为继造成债务违约。第三次发生在20世纪30年代,由于汽车的兴起和城市化进程的加快,公共基础设施建设需求急速增加,美国地方政府通过发行一般责任债券大量进行资本投资,并以房产税收入为担保。然而,"经济大萧条"的到来使得地方政府房产税收入急剧降低,同时用于低收入家庭服务和失业抚恤的资金却大量增加,一降一升也使得地方政府债务违约大量出现。

随着资本市场及其监管体系的成熟,以美国为代表的经济发达国家的地方政府债务违约现象变得不那么频繁。尽管如此,但地方政府债务危机至今仍时有发生,最典型的例子是美国1994年橘县和1995年哥伦比亚特区的财政破产。2008年国际金融危机爆发后,美国又有多个地方政府宣布财政破产或濒临破产:2011年11月,阿拉巴马州杰斐逊县政府宣布财政破产;2012年6月,加利福尼亚州斯托克顿市地方议会通过了该市的破产保护计划,正式进入破产重组流程;2012年8月,罗得岛州中央瀑布城宣布财政破产,成为继阿拉巴马州普里查德市之后第二个因退休金计划破产的地方政府;2013年3月,著名的"汽车城"底特律市也宣布财政破产。

资料来源:根据刘珂珂.地方政府债务融资及其风险管理:国际经验.北京:经济科学出版社,2011,98—100和刘瀚波.美国地方政府破产制度探析.经济与管理研究,2015(12)整理。

10.3　中国的地方政府债务

在中华人民共和国成立后的不同时期,中央政府对地方政府债务融资的政策是不同的,相关的法律规定也各不相同。事实已经证明,地方政府债务对加快地方社会经济的发展是有一定促进作用的,因此在中华人民共和国成立后相当一段时间内,中国各级地方政府都通过多种债务形式来融资。

10.3.1 中国计划经济时期的地方政府债务

从中华人民共和国成立到改革开放之前的计划经济时期,地方政府在许多方面都较多地受中央政府的控制,自主权很小,但这一时期中国的地方政府仍先后两次发行公债。1950年,为迅速恢复和发展东北地区的社会经济建设,经政务院批准,东北人民政府发行了"东北生产建设折实公债"来筹措生产建设资金,用于东北地区的生产投资。

在1958年财政体制改革"层层下放财权、扩大地方财政管理权限"的背景下,中国发布了《关于发行地方公债的决定》,允许各省、自治区、直辖市在确有必要的时候发行地方建设公债,同时决定于1959年起停止发行全国性公债。为配合地方公债的发行,全国人民代表大会常务委员会还颁布了《中华人民共和国地方经济建设公债条例》。1959—1961年间,甘肃、辽宁、吉林、黑龙江、四川、江西、福建和安徽等省区根据本地实际发行了"地方经济建设公债"。此后,由于受"左倾"思想的影响,"政府债务"在理论和实践中被全面否定,地方政府自然也就没有再发行过公债。

10.3.2 中国改革开放后至2014年间的地方政府债务

改革开放之初,为了推动经济发展并弥补历史欠账,各级地方政府普遍在地方财政困难的情形下突破财力限制通过举债来加快城市基础设施建设。规模不断扩大的基本建设投资却加剧了通货膨胀。为了控制地方基本建设投资的规模、抑制日趋严重的通货膨胀,国务院于1985年发布了《关于暂不发行地方政府债券的通知》,明确禁止地方政府自行发行公债。此后,中国公债的发行权一直操持在中央政府手中。然而随着分权化改革的深入,社会经济运行中的矛盾也越来越复杂,地方政府为应对不断增加的财政支出需求不得不寻求举借其他形式的债务,如财政周转金借款①、政策性借款和商业性借款等。

面对规模越来越大、形式也越来越复杂的地方政府债务,20世纪90年代中期,中国颁布了《预算法》《担保法》和《中国人民银行法》等一系列法律法规,均限制地方政府的债务融资行为。② 尽管如此,1994年的分税制财政体制改革后,财权财力不断上移、事权不断下放,直接造成地方收支缺口越来越大,这在很大程度上驱使地方政府去寻求债务融

---

① 财政周转金早在20世纪60年代就已出现,但直到20世纪80年代初中国才正式建立财政周转金借款制度。由于财政周转金在性质上与市场经济的要求相背离,因此20世纪90年代后期中国只进行财政周转金的偿还而不再发放新的财政周转金借款。出于管理等方面的原因,各地财政周转金借款的偿还工作一直没有做好,逐年沉淀下来累积成一个庞大的数额。

② 1994年颁布的《预算法》规定地方各级预算按量入为出、收支平衡的原则编制,不得列赤字,这就意味着地方政府不能发行公债;1995年通过的《担保法》规定各级政府部门不能为经济活动主体之间的经济合同进行担保,也不得对经济合同发生的债务承担连带的经济责任;1995年通过的《中国人民银行法》中也有"不得向地方政府、各级政府部门提供贷款"的规定。

资。到 1996 年年底,全国所有的省级政府、90.05%的市级政府和 86.54%的县级政府都举借了债务。①

1. 地方政府直接举借的债务

中国地方政府直接举借的债务,主要是地方政府及其各职能部门通过借款和发行债券等方式形成的。

(1) 地方政府的借款

中国各级地方政府都有由各种借款所形成的债务,其中最为重要的就是政策性借款。地方政府的政策性借款主要是向国际金融组织、外国政府和国内政策性银行和机构的借款,这类借款一般期限较长,条件优惠,带有援助开发的性质。

(2) 中央国债转贷

从 1998 年积极财政政策付诸实施开始,为支持地方经济建设,中央政府每年都将部分新增国债资金转贷给地方政府,用于国家确定的国债资金建设项目,转贷给地方政府的国债由地方财政承担偿还责任。②

(3) 地方政府债券

在相关的法律法规解禁地方政府发行公债之前,中国的地方政府债券主要有两种:一种是 2009 年为解决应对国际金融危机新增中央投资公益性项目的地方政府配套资金困难由财政部代理地方政府发行的债券,另一种是 2011 年上海、广东、浙江和深圳等四省市试点自主发行的地方政府债券。

2. 地方政府行为引致的债务

中国各级地方政府及其职能部门的一些具体行政行为,如提供担保(Government Guarantees)、投资或拖欠应付款等,都在不同程度上使其承担了一定数额的债务。

(1) 地方政府担保债务

在各地的招商引资过程中,许多外国政府、国际金融组织和一些国内外的经济组织在签订融资合同时,往往要求地方财政予以担保。尽管中国法律不允许地方政府及其职能部门对经济合同进行担保,但在各级地方政府的授意或默许下,地方财政的违规担保屡见不鲜。由于借款单位在市场调查、项目论证、银行贷款以及项目投资回报等方面都游离于地方财政监控之外,因此一旦被担保方不能如约履行还款义务,债权人就会通过法律程序要求地方财政承担担保责任,通过划拨财政资金来偿还被担保方的债务。

此外,一些地方政府为了在招商引资中取得更好的政绩,只要到本地区进行投资,不管投资效果好坏,地方政府都保证或承诺投资者每年获得较高水平的固定收益。一旦这些投资项目回报率不高,地方政府就不得不兑现承诺,其中一部分有可能转化成地方政府的债务。

---

① 《中华人民共和国审计署审计结果公告》(2011 年第 35 号)。
② 如 1998—2011 年间,宁夏回族自治区共获得中央政府的国债转贷资金 29.47 亿元,截至 2011 年年末宁夏由国债转贷资金形成的地方政府债务余额为 10.65 亿元(参见 http://www.mof.gov.cn/xinwenlianbo/nixiacaizheng_xinxilianbo/201205/t20120531_655764.html,访问时间:2018 年 11 月 20 日)。

（2）地方政府投资所欠债务

尽管市场化改革以后，部分国有企业逐步从竞争性领域内退了出来，但仍有一定数量的国有企业留在了竞争性领域。一段时间内，各级地方财政依然对在竞争性领域活动的国有企业进行投资，有些地方政府甚至还举债来兴办各种国有企业，这就使得各种市场风险给国有企业造成的经营性亏损极有可能转化为地方财政的负债，在投资决策失误的情况下更是如此。

除竞争性领域内投资所欠债务外，各级地方政府在公共投资领域内也形成了不少债务。随着中国城市化建设步伐的加快，地方各级政府在自身财力有限的情况下，普遍借助于举债融资来加大对基础设施的投入，投融资平台就是其中的重要形式。基础设施等公共投资过多依赖于政府举债所形成的债务，使得部分地区积累了规模不小的债务。

专栏 10-3　　中国地方政府投融资平台的产生与发展

地方政府投融资平台是地方政府通过划拨的土地、股权等资产或以财政补贴、政府担保为还款承诺组建的资产和现金流均达到融资标准的公司，具体有城市建设投资公司、开发公司、资产经营公司等多种类型。地方政府投融资平台以为城市基础设施融资为主要目的，并将融入的资金重点投向市政建设、公用事业等项目。

地方政府组建投融资平台可谓由来已久，它的产生和发展贯穿中国政府投融资体制改革的全过程。1988年，中国的政府投融资体系由单一的中央投资模式向中央与地方共同投资的模式转变，各省、自治区、直辖市和计划单列市相继成立了地方投资公司。1994年分税制财政体制改革成为又一个重要转折，财力不足导致地方政府支持地方建设乏力。为了突破资金瓶颈和法律障碍，各地方政府纷纷开始建立专业投融资公司或事业单位承担建设任务，并利用这些单位法人承接银行或信托资金，从而成为地方政府获取资金的主要平台。2004年国务院发布的《关于投资体制改革的决定》在拓宽项目融资渠道方面的规定，为地方投融资公司建立更广泛的融资渠道打开了便利之门。

地方政府投融资平台的数量和融资规模的快速膨胀，是2008年以来应对全球金融危机的结果。全球金融危机爆发后，中央政府出台了4万亿投资规划，并明确规定了地方政府的资金配套比例。然而，地方政府资金来源有限，配套能力遭遇巨大挑战。为化解地方政府配套资金不足的问题，中央政府多次提出要加快投融资体制的改革。2009年，中国人民银行和中国银监会发布的《关于进一步加强信贷结构调整促进国民经济平稳较快发展的指导意见》，更是明确提出"支持有条件的地方政府组建投融资平台，发行企业债、中期票据等融资工具，拓宽中央政府投资项目的配套资金融资渠道"。正是在此背景下，各级地方政府依托原有的城投公司和新建的投融资公司，打造出了更大规模的投融资平台。有的省份甚至明确提出建立省、市、县三级政府投融资体系。截至2010年年底，全国省、市、县三级政府共设立投融资平台公司6 576家。而迅速膨胀的投融资平台，也带来了很大的风险。2010年中国银监会出台《关于加强融资平台贷款风险管理的指导意见》，要求对地方政府投融资平台进行分类管理，并评估其风险状况，地方政府投融资平台的发展速度也因此放慢。

从某种意义上说,地方政府投融资平台是中国地方政府债务管理体制不健全、融资渠道匮乏而城镇化建设需求持续旺盛的产物。从中国地方政府债务自发自还试点开始,中国就加速推进地方政府投融资体系的改革。2014年9月,国务院在《关于加强地方政府性债务管理的意见》中确立了"建立以政府债券为主体的地方政府举债融资机制"的改革方向,实际上就宣告地方政府投融资平台基本走完了"起步—缓慢发展—快速发展—调整发展"的历程,即将告别历史舞台,尽管这条路并不会一帆风顺。

资料来源:根据叶建国,谈佳隆,王红茹,刘永刚.地方债务危机.中国经济周刊,2010(8)和国务院《关于加强地方政府性债务管理的意见》等整理。

(3)地方政府的延期支付

分税制财政体制改革以来,中国地方财政一直在困境中运行。在这种情况下,地方政府,尤其是县、乡两级基层政府,往往采用拖欠的办法来"缓解"收支矛盾。地方政府不仅拖欠公务员和教师等本地财政供养人员的工资,而且大量拖欠本地区公共工程的结算款。在许多地方,政府拖欠应付款的情况已经非常严重。

3. 地方政府的社会性债务

出于社会经济的稳定发展、公众期望以及政治压力等方面的原因,中国各级地方政府有时还必须承担一些社会性债务。社会性债务虽然并非由地方政府的行为所引致,而且其中也只可能有一部分会转化为地方政府的直接债务,但它给地方财政所带来的风险和负担却不容忽视。

(1)社会保障资金缺口

提供社会保障是市场经济条件下政府的一项重要职责。社会保障包括养老保险、医疗保险、失业保险和生育保障等项目,其中与各级政府财政关系最密切的是养老保险,因为按照大多数国家的制度安排,政府财政都是养老保险金的最后承担者。中国养老保险体制正处于转轨过程中,存在巨大的转轨成本,而且中国已经步入老龄化社会,养老保险金欠账在未来一个时期将保持持续上升的趋势,如果考虑到医疗、失业等保险制度存在的资金不足的问题,那么全口径的社会保障欠账的规模将更大。社会保障资金缺口是中国财政不能回避的一个重要问题。不论今后社会保障资金缺口将如何筹集,其中都将有相当一部分会由地方财政来承担,并最终形成地方政府的债务。

(2)地方金融机构债务

在相当长一段时间里,各地区的信用合作社、农村合作基金会、乡镇企业发展公司等名目繁多的投融资组织十分活跃。这些机构非法融资、高息揽储、违规拆借等问题相当严重,加之自身经营面临很大的困难,许多贷款都成为呆账和不良资产,无法收回。当地方金融机构出现支付危机甚至面临破产时,地方政府往往为了保持本地区社会经济的稳定而不得不承担起偿还责任。

专栏 10-4　中国地方政府性债务的规模与结构(2010—2013):国家审计的结果

从 2011 年开始,国家审计署连续三年对政府性债务进行了全面的审计。根据审计公报,截至 2010 年年底,全国地方政府负有偿还责任的债务达 67 109.51 亿元,地方政府负有担保责任的债务达 23 369.74 亿元,地方政府可能承担一定救助责任的其他相关债务达 16 695.66 亿元;截至 2012 年年底,地方政府负有偿还责任的债务达 96 281.87 亿元,地方政府负有担保责任的债务达 24 871.29 亿元,地方政府可能承担一定救助责任的债务达 37 705.16 亿元;截至 2013 年 6 月底,地方政府负有偿还责任的债务达 108 859.17 亿元,地方政府负有担保责任的债务达 26 655.77 亿元,地方政府可能承担一定救助责任的债务达 43 393.72 亿元。与以前年度相比,2013 年 6 月底地方政府各种性质债务的规模都有不同程度的增长(参见表 10-3)。

表 10-3　中国 2010—2013 年地方政府性债务余额　　　　　　单位:亿元

年份	地方政府负有偿还责任的债务	地方政府或有债务	
		负有担保责任的债务	可能承担一定救助责任的债务
2010 年年底	67 109.51	23 369.74	16 695.66
2012 年年底	96 281.87	24 871.29	37 705.16
2013 年 6 月	108 859.17	26 655.77	43 393.72

从地方政府债务的层级分布看(参见表 10-4),2013 年 6 月底政府负有偿还责任的债务主要集中在市级和县级政府,分别占地方政府负有偿还责任债务的 44.49% 和 36.35%。而政府负有担保责任的债务和可能承担一定救助责任的债务都集中在省级政府,分别占地方政府负有担保责任债务的 58.62% 和地方政府可能承担一定救助责任债务的 42.71%。

表 10-4　2013 年 6 月底中国地方政府性债务余额层级分布

债务项目	省级		市级		县级		乡镇	
	金额(亿元)	比重(%)	金额(亿元)	比重(%)	金额(亿元)	比重(%)	金额(亿元)	比重(%)
政府负有偿还责任的债务	17 780.84	16.33	48 434.61	44.49	39 573.6	36.35	3 070.12	2.83
政府负有担保责任的债务	15 627.58	58.62	7 424.13	27.85	3 488.04	13.09	116.02	0.44
可能承担一定救助责任的债务	18 531.33	42.71	17 043.70	39.28	7 357.54	16.96	461.15	1.05

在地方政府存量债务中,举借主体包括融资平台公司、地方政府部门和机构、事业单位、国有独资或控股企业等。融资平台公司、地方政府部门和机构、经费补助事业单位是

地方政府负有偿还责任债务的主要举借主体,到 2013 年 6 月底分别举借了 40 755.54 亿元、30 913.38 亿元、17 761.87 亿元(参见表 10-5),其中举债规模最大的是融资平台公司,占比达 37%;而地方融资平台、地方政府部门和机构是地方政府负有担保责任债务的主要承担者。

表 10-5　2013 年 6 月底中国地方政府性债务举借主体情况表　　　　单位:亿元

举债主体类别	地方政府负有偿还责任的债务	地方政府或有债务	
		负有担保责任的债务	可能承担一定救助责任的债务
融资平台公司	40 755.54	8 832.51	20 116.37
地方政府部门和机构	30 913.38	9 684.20	0.00
经费补助事业单位	17 761.87	1 031.71	5 157.10
国有独资或控股企业	11 562.54	5 754.14	14 039.26
自收自支事业单位	3 462.91	377.92	2 184.63
其他单位	3 162.64	831.42	0.00
公用事业单位	1 240.29	143.87	1 896.36

从债务资金来源看(参见表 10-6),银行贷款、BT(Building Transfer,建设-移交)、债券是中国地方政府负有偿还责任债务的主要来源,2013 年 6 月底分别为 55 252.45 亿元、12 146.30 亿元和 11 658.67 亿元;银行贷款在地方政府负有担保责任的债务和可能承担一定救助责任的债务中也占有较大的份额。

表 10-6　2013 年 6 月底中国地方政府性债务来源情况表　　　　单位:亿元

债务人类别	地方政府负有偿还责任的债务	地方政府或有债务	
		负有担保责任的债务	可能承担一定救助责任的债务
银行贷款	55 252.45	19 085.18	26 849.76
BT	12 146.30	465.05	2 152.16
债券	11 658.67	1 673.58	5 124.66
其中:地方政府债券	6 146.28	489.74	0.00
应付未付款项	7 781.90	90.98	701.89
信托融资	7 620.33	2 527.33	4 104.67
其他	14 399.52	2 813.65	4 460.58

尽管从整体上看,中国地方政府性债务各项风险指标均处于国际通常使用的控制标准参考值范围内,风险总体可控,但也有部分地区债务负担较重。截至 2012 年年底,就有 3 个省级、99 个市级、195 个县级、3 465 个乡镇级政府负有偿还责任债务的债务率高于

100%;其中,有 2 个省级、31 个市级、29 个县级、148 个乡镇政府 2012 年负有偿还责任债务的借新还旧率(举借新债偿还的债务本金占偿还债务本金总额的比重)超过 20%。

资料来源:《中华人民共和国审计署审计结果公告》(2013 年第 24 号);《中华人民共和国审计署审计结果公告》(2013 年第 32 号)。

10.3.3　中国 2014 年后的地方政府债务

一味地禁止地方政府举借债务而无视地方政府性债务大量存在的事实,并不是一个好的政策选择。用规范、透明、有利于控制风险的地方债去置换和替代那些不规范、不透明、风险不容易控制的债务形式,才是正确对待地方债务融资体系建设的态度。正因为如此,中国于 2014 年 8 月对《预算法》进行了修订,赋予了地方政府债务融资的权力。

专栏 10-5　地方自主举借债务:从"关闸"到"放行"

从近二十多年来中国对地方政府债务融资政策的调整中,可以清楚地看到"禁止地方政府发债"—"中央国债转贷给地方"—"中央代发代还"—"地方自发、中央代还"—"地方自发自还"的演进轨迹,对地方政府债务逐步"放行"的趋势在其中显现得非常明晰。

● 1998 年 8 月,国务院决定增发一定数量的国债,通过财政部转贷给省级政府用于地方的经济和社会发展,由省级人民政府决定和落实还款资金的来源,在本省范围内统借、统筹、统还。

● 2009 年 3 月,国务院决定由财政部代发地方政府债,虽然此次地方政府债以省、自治区、直辖市和计划单列市政府为发行和偿还的主体,但仍然由财政部代理发行并代办还本付息。

● 2011 年 10 月,国务院批准上海市、浙江省、广东省、深圳市开展地方政府自行发债试点,试点省市在国务院批准的发债规模限额内,自行组织发行本省市政府债券,由财政部代办还本付息。

● 2014 年 5 月,国务院批准上海、浙江、广东、深圳、江苏、山东、北京、江西、宁夏和青岛等地试点地方政府债券自发自还,试点地区在国务院批准的发债规模限额内,自行组织本地区政府债券发行、支付利息和偿还本金。

几经波折后,《预算法》终于完成修订工作,从而为地方政府举借债务扫清了最后的法律障碍。

资料来源:根据 http://stock.hexun.com/2014-07-17/166721511.html(访问时间:2018 年 11 月 20 日)等整理。

《预算法》《国务院关于加强地方政府性债务管理的意见》《地方政府性债务风险应急处置预案》和《地方政府性债务风险分类处置指南》等相关法律法规,对地方政府债务融资机制做出了规范,并搭建起了中国通过发行地方政府债券的方式融资的制度框架。

1. 中国地方政府债务的举借主体与用途

在经过国务院批准之后,各省、自治区、直辖市政府可以举借地方政府债务。确需举借债务的市、县级政府,由各省、自治区、直辖市政府代为举借。地方政府债务只能通过地方政府及其各职能部门举借,不得通过企、事业单位等举借。地方政府对其举借的债务负有偿还责任;在举债时,地方政府就应当制订偿还计划、确定稳定的偿债资金来源;对偿债违约的地方政府,中央政府不进行救助。

地方政府举债取得的资金,只能用于公益性资本支出和适度归还存量债务,不得用于经常性支出。

2. 中国地方政府债券的形式与管理

根据新修订的《预算法》,中国的地方政府债务只能采取"政府债券"的方式举借,禁止以其他任何方式举借债务或提供担保,同时要求剥离融资平台公司的政府融资职能。

根据债务资金用途和债务偿还资金来源,中国的地方政府债券分为一般债券和专项债券两种类型。没有收益的公益性事业发展确需地方政府举借债务的,由地方政府发行一般债券融资。地方政府一般债券是地方政府为了缓解资金紧张或解决临时经费不足而发行的债券,它通常以本地区的财政收入为担保,以一般公共预算收入偿还。有一定收益的公益性事业发展确需地方政府举借债务的,由地方政府通过发行专项债券融资。地方政府专项债券往往以项目建成后取得的收入为保证,以对应的政府性基金或专项收入偿还。

中国的地方政府债券应根据性质的不同,分门别类纳入预算管理。一般债务收支纳入地方一般公共预算进行管理;专项债务收支纳入地方政府性基金预算进行管理;政府与社会资本合作项目中的财政补贴等支出,按性质分别纳入相应的地方预算进行管理;或有债务确需地方政府或其职能部门、单位依法承担偿债责任的,偿债资金也要纳入相应的地方预算进行管理。将地方政府债券纳入预算管理,有助于强化地方立法机构、上级行政机关和社会公众对地方政府发债权的制约和监督。

3. 中国地方政府债务规模的控制

中国对地方政府的债务规模实行限额管理(Debt Limit/Ceiling Management),地方债务规模由国务院报全国人大或全国人大常委会批准后分别下达限额。分地区限额由财政部在全国人大或其常委会批准的地方政府债务规模内根据各地区债务风险、财力状况等因素测算并报国务院批准。地方政府举债不得突破批准的限额,只能在批准的限额内举借债务,同时还必须报本级人大或其常委会批准。

中国从2015年开始为地方政府设置债务限额。经第十二届全国人民代表大会第五次会议审议批准,2017年全国地方政府债务限额为188 174.3亿元,其中一般债务限额为

115 489.22 亿元,专项债务限额为 72 685.08 亿元。截至 2017 年 12 月末,全国地方政府债务余额为 164 706 亿元,其中一般债务余额为 103 322 亿元,专项债务余额为 61 384 亿元,均控制在全国人大批准的限额之内(参见表 10-7)。

表 10-7　　2014—2018 年中国地方政府债务限额与余额　　　　单位:亿元

年份	地方政府债务限额			地方政府债务余额		
	合计	一般债务	专项债务	合计	一般债务	专项债务
2014	—	—	—	154 074.30	94 272.40	59 801.90
2015	160 074.29	99 272.40	60 801.89	147 568.37	92 619.04	54 949.33
2016	172 000.00	107 000.00	65 000.00	153 164.01	97 867.78	55 296.23
2017	188 174.30	115 489.22	72 685.08	164 706.00	103 322.00	61 384.00
2018	209 974.30	123 789.22	86 185.08	182 903.00	108 616.00	74 287.00

注:2018 年的地方政府债务余额为截至 2018 年 11 月的数据。
资料来源:根据《中国财政年鉴》(2017)和 http://yss.mof.gov.cn/zhuantilanmu/dfzgl/sjtj/(访问时间:2018 年 11 月 30 日)整理。

4. 中国地方政府债务风险的管控

中国对地方政府债务风险的管控具体体现在地方政府债务风险评估和预警机制、应急处置机制以及责任追究机制等方面。

地方政府债务风险评估和预警机制与地方政府综合财务报告,是中国地方政府债务风险管控的重要环节。财政部会根据债务率、新增债务率、偿债率、逾期债务率等指标,评估各地区债务风险状况,对债务高风险地区进行风险预警。债务高风险地区要积极采取降低风险的措施。各级地方政府财政部门还要编制以权责发生制为基础的政府综合财务报告,并公布政府资产负债表,这一提升财政透明度的举措有助于地方政府债务风险的监测与预防。

中国也确立了地方政府债务风险应急处置的办法。按照性质、影响范围和危害程度等的不同,中国将地方政府债务风险事件划分为特大、重大、较大和一般等四个等级,并根据等级的不同制定了分级响应和应急处置的措施。地方政府债务风险应急处置的核心,是实施地方财政重整计划。地方财政重整指的是债务高风险地区,在保障必要的基本民生支出和政府运转基本支出的基础上,依法履行相关程序,通过实施拓宽财源渠道、优化支出结构、处置政府资产、申请上级政府救助、加强预算审查和改进财政管理等一系列增收、节支、资产处置等短期和中长期措施安排,使债务规模和偿债能力相一致,恢复财政收支平衡状态。对市县政府而言,当年度一般债务付息支出超过当年一般公共预算支出 10% 时或专项债务付息支出超过当年政府性基金预算支出 10% 时,就必须启动财政重整计划。①

---

① 《地方政府性债务风险应急处置预案》(国办函〔2016〕88 号)。

当发生一般及以上级别的地方政府性债务风险事件时,就要启动债务风险责任追究机制。没有责任追究,地方政府的举债行为就失去了约束。在这种情形下,地方政府不负责任的举债行为就会普遍发生。地方政府债务风险责任追究机制的建立,对抑制地方政府债务规模的扩大、减少地方政府盲目举债的行为有着相当积极的作用。

专栏 10-6　　中国现阶段地方政府的隐性债务

2014年中国首次明确地方政府举债的唯一合法渠道是发行地方政府债券,同时以债务置换方式清理存量债务,并对地方政府债务实行限额管理。这些举措在一定程度上控制住了地方政府债务的规模。2016年年末和2017年年末,中国地方政府债务余额分别为15.32万亿元和16.47万亿元,地方政府债务率分别为80.5%和76.5%,债务风险在可控范围内。尽管监管在不断加强,然而一些地方政府受政绩冲动、融资需求等影响,违法违规举债现象仍有出现,形成了较大规模的"隐性债务";一些金融机构基于业绩考虑也为地方政府违法举债提供"弹药",助推了地方政府隐性债务规模的扩张。

中国地方隐性债务大多发生在市、县两级政府,从来源看主要分为两大类:一类是通过PPP(政府和社会资本合作)、政府投资基金和政府购买等项目的变相举债融资,如一些政府投资基金和PPP项目存在承诺固定回报、兜底回购、"明股实债"等违规现象;另一类是通过地方政府融资平台的变相举债和由地方政府提供担保承诺等的违法违规融资担保。审计署在2016年对地方政府债务进行专项审计时就发现不少地方政府存在隐性债务,内蒙古、山东、湖南和河南等4个省区在委托代建项目中,约定以政府购买服务名义支付建设资金,涉及融资175.65亿元;浙江、河南、湖南和黑龙江等4个省份在基础设施筹集的235.94亿元资金中,不同程度存在政府对社会资本兜底回购、固化收益等承诺。目前,普遍认为中国地方政府的隐性债务规模大、增长快,而且部分地方政府隐性债务还款来源和担保措施缺乏实际保障,债务风险不可小觑。

为了防范地方政府隐性债务风险,中央政府不断加强对地方政府债务的常态化监管,严格禁止地方政府借融资平台公司、PPP、政府投资基金、政府购买服务等名义变相举债,同时严查违法违规融资担保行为。为防止地方政府规避中央监管,中央政府还根据实质重于形式的原则,将"地方政府隐性债务"统一界定为地方政府在法定政府债务限额外,以任何形式违法违规或变相举借的债务。

资料来源:根据 http://www.sohu.com/a/107241481_174084(访问时间:2018年11月20日)和《中共中央国务院关于防范化解地方政府隐性债务风险的意见》等整理编写。

重要概念

地方政府债务　地方政府直接债务　地方政府或有债务　地方政府隐性债务　地方政府性债务　地方政府公债　市政债　地方政府债务监管　地方政府债务风险　中央政

府救助　地方政府财政破产　地方债务限额管理　地方政府财政重整计划

 复习思考题

1. 广义上的地方政府债务包括哪些内容？
2. 试分析中国当前地方政府债务的构成。
3. 允许地方政府发行公债有什么利弊？
4. 对地方政府债务进行监管的不同方式各有什么优势和不足？
5. 新形势下，中国应如何建立健全地方政府债务管理制度？

 课堂讨论题

如果某发展中国家的某一地方政府面临无力清偿债务的状况，则该国中央政府或上级政府是应提供财政援助还是任其财政破产？请联系所给案例材料，就这一问题进行课堂讨论。

案例材料

美国联邦政府和加州政府对橘县政府财政破产"见死不救"

橘县是美国加利福尼亚州最富有的地区之一，该县人均GDP达7万美元。就是这样一个非常富裕的县，1994年12月却不得不宣布财政破产。导致橘县政府财政破产的原因是主管橘县财政税收和公共存款的司库把财政资金投入华尔街的债券市场，结果投资失利，造成17亿美元的损失，超出了橘县政府的财政承受能力。宣布破产后，橘县政府采取了以下举措：第一，政府改组并成立危机处理小组；第二，政府雇员裁减12%，以节省工资开支；第三，压缩固定资产投资，许多重要的建设项目都被推迟，除保障学校等公共事业和警察开支外，其他公共服务项目均被削减或推迟；第四，通过谈判延长还款期限。8个月后，橘县结束了破产状态，恢复了正常。

其实，在宣告破产以前，橘县政府曾经极力寻求加州政府和联邦政府的支持，但碰了钉子。加州政府认为，橘县破产的根本原因是地方当局对财政管理不善，如果加州政府对管理不善的后果给予救助，那就开创了一个不好的先例，其他市政当局会因此而没有动力去加强自己的财政管理，因此加州政府拒绝提供财政支持，不予搭救。美国联邦政府也赞同加州政府的意见，要求橘县政府自己去解决问题。

资料来源：根据http://news.cntv.cn/special/uncommon/11/1111/（访问时间：2018年11月20日）等整理编写。

参考文献与延伸阅读资料

李萍.地方政府债务管理:国际比较与借鉴.北京:中国财政经济出版社,2009.

中央财经大学中国公共财政与政策研究院课题组.中国地方债务管理研究.北京:中国财政经济出版社,2011.

刘珊珊.地方政府债务融资及其风险管理:国际经验.北京:经济科学出版社,2011.

陈志勇等.地方政府性债务管理与风险防范研究.北京:经济科学出版社,2017.

Mark Baldassare. *When Government Fails: The Orange County Bankruptcy*. University of California Press, 1998.

Graeme Wheeler. Sound Practice in Government Debt Management. World Bank, 2004.

Sylvan G. Feldstein & Frank J. Fabozzi. *The Handbook of Municipal Bonds*. John Wiley & Sons INC., 2008.

Otaviano Canuto & Lili Liu. Until Debt Do Us Part: Subnational Debt, Insolvency, and Markets. World Bank, 2013.

 网络资源

中国财政部网站"地方债管理"专题,http://yss.mof.gov.cn/zhuantilanmu/dfzgl/

转型国家公共债务管理网站(Public Debt Management Network for Emerging Markets),http://www.publicdebtnet.org/public/

俄罗斯财政改革研究所(Institute for Public Finance Reform, Russia)网站,http://www.publicfinance.ru

21世纪经济与管理规划教材
财政学系列

第 11 章

地方财政管理

【本章学习目标】

- 掌握地方政府预算体系的构成
- 掌握地方政府预算与决算的基本流程
- 掌握地方财政信息公开的必要性
- 掌握中国地方绩效预算改革的发展趋势
- 了解地方中期财政规划

地方财政管理(Subnational Fiscal Management)是地方政府对地方财政收支及其相关经济活动进行的决策、计划、组织、协调和监督。地方财政管理具体将地方政府的财政收支和举债活动落到实处,贯穿于地方财政的全过程,它在相当大程度上决定着地方财政的最终成效及其在社会经济生活中所发挥的作用。

11.1 地方政府预算与决算管理

狭义的地方财政管理通常仅指地方政府预算的编制管理、地方政府预算的执行管理和地方政府决算管理。

11.1.1 地方政府预算体系的构成

一般来说,有一级政府,就有一级财政预算。根据《预算法》的规定,中国地方政府预算体系由省(自治区、直辖市)、设区的市(自治州)、县(自治县、不设区的市、市辖区)和乡(民族乡、镇)四级预算共同组成。不具备条件的乡、民族乡、镇,经所在省、自治区、直辖市政府批准,可以暂不设立预算。目前,中国各级地方政府预算都采用复式预算形式,由一般公共预算、政府性基金预算、国有资本经营预算和社会保障预算等共同组成。

按照预算的编制形式,地方政府预算体系可分为地方政府总预算、地方政府本级预算、地方政府部门预算和单位预算。地方政府总预算由地方本级政府预算和汇总的下一级政府总预算组成。地方政府本级预算由地方政府各职能部门的预算汇总而成。地方政府部门预算由地方政府部门所属各单位的预算组成。单位预算是列入部门预算的政府机关、社会团体和其他单位,在某一预算年度内的财政收支计划,它是部门预算编制的基础,也是地方政府预算的重要组成部分。

11.1.2 地方政府预算的编制与审批

地方政府预算的编制(Subnational Budget Drafting)是地方财政管理的开始,它是一项复杂而又细致的工作。为了保证地方政府预算编制的质量,在正式编制前必须做好一系列的前期准备。在前期准备工作的基础上,地方政府预算将按照法定的程序进行编制,最后将预算草案提交审批。

1. 地方政府预算编制的前期工作

在正式启动下一年度地方政府预算的编制工作之前,地方财政部门首先会对本年度政府预算的执行情况进行分析和评估。在财政收支具有连续性和预算收支的测算没有完全放弃"基数法"的情况下,本年度地方政府预算的执行情况仍然是确定下一年度预算收支计划数的重要依据。在分析和评估本年度地方政府预算的执行情况之后,地方财政部门会初步拟定下一年度预算收支指标。除本年度预计执行情况外,下一年度预算收支指标拟定的主要依据还包括地方政府的预算管理职权和财政体制确定的财政收支范围、下一年度本地区国民经济与社会发展计划的主要控制指标、历年的地方预算收支规律以及影响下一年度地方预算收支的各种变化因素。政府预算收支科目和预算表格是编制政府预算的工具,为了适应国民经济的发展变化,在每年编制预算之前,地方财政部门都会对地方政府预算收支科目和地方政府预算表格进行适当的修订。

2. 地方政府预算编制的程序

为了使各级地方政府预算的编制符合国家的方针政策以及国民经济和社会发展计划的要求,并确保地方政府预算的统一性、完整性和准确性,地方政府都会根据上级政府颁发的编制政府预算的指示和规定,结合本地区的实际情况,对本级政府和本地区下级政府各部门下达编制预算草案的各项任务的指示和具体要求,主要包括编制地方政府年度预算的方针和任务、编制各项主要收入预算和支出预算的具体要求、各级预算收支的划分和机动财力的使用范围、预算编制的方法以及预算报送程序和报送期限等。

目前,各地区普遍将过去预算部门、业务部门和预算单位分别编制预算的办法改为由预算部门、业务部门和预算单位通过"两上两下"的流程共同编制。地方政府部门预算是由地方政府各部门编制,反映各政府部门所有收入和支出的预算,它从基层预算单位逐级编制,一般经过部门按要求上报预算建议、财政审核后下达预算控制限额、部门在限额内细化编报预算、财政批复部门预算等四个阶段。在"两上两下"的过程中,各政府部门负责本部门所属各单位预算草案的审核,并汇总编制本部门的预算草案,于规定时间内报地方财政部门审核;地方各级财政部门审核本级政府各部门的预算草案,编制本级政府预算草案,汇编本级总预算草案,经本级政府审定后,按照规定期限报上一级政府审核。

3. 地方政府预算的审批

审查批准是地方政府预算必经的环节。在经过地方政府同意之后,地方财政部门应在规定的时间内将本级政府预算草案提交同级人民代表大会常务委员会进行初步审查,并将初审结果提交本级人民代表大会会讨论,预算草案经过审查和批准后便有了法律效力,正式成为当年本级政府预算。

地方各级财政部门应当自本级人民代表大会批准本级政府预算之日起30日内,批复本级各部门预算;地方各部门应当自本级财政部门批复本部门预算之日起15日内,批复所属各单位预算。乡级以上地方各级政府应当在规定时间内及时将经本级人民代表大会批准的本级政府预算及下一级政府报送备案的预算汇总,报上一级政府备案;同时将下一级政府报送备案的预算汇总后,报本级人民代表大会常务委员会备案。

专栏 11-1　美国是怎样编制和审议地方政府预算的?

美国地方政府预算有1年期的一般财政预算和5年期的资本项目预算两种,前者主要侧重于政府每年的收支,后者主要侧重于地方政府在未来5年里的基本建设项目。剑桥市(Cambridge City)位于美国马萨诸塞州的东部,面积16.3平方公里,人口9万多人。剑桥市实行的是市议会领导下的市经理负责制(City Council)的管理模式。剑桥市议会由9人组成,由9个选区的选民直接选举产生,任期3年,每年改选1/3。市长则由市议员推举产生,任期也是3年。市议会面向全国公开招聘市经理(City Manager),由市经理领导的市政机构来运作剑桥市财政。

在剑桥市,每年7月1日至第二年6月30日为一个财政年度。根据马萨诸塞州的法律,下一个财政年度的预算案要在每年1月1日开始后的160天内,由市经理提交市议会审议。剑桥市市议会一般在4月中旬开始提交讨论和修改下一个财政年度的预算案,并在当年的6月30日之前通过。

剑桥市的议员分别代表着各个不同选区选民的利益。在每年预算案的审议中,他们特别关心在预算案中有没有解决自己选区中选民所反映的问题。如果没有,就必须让市经理对这个问题做出合理的解释。剑桥市一年的财政预算也就2.5亿—3亿美元,但其年度财政预算案却厚达400多页,图文并茂并非常具体,不仅有总体的收入账和支出账,而且每一项支出都有相应的收入来支撑。在预算审议过程中,市议会都会提前公布预算审议的日程安排,为选民的参与提供条件和机会。审议时,选民可以在遵守会场秩序的前提下,自由参与市议会的预算审议,并提出自己的意见和问题,要求市经理给予回答。市议会对市经理运作市政资产的考核,就是看他是不是严格按照市议会通过的财政预算案来执行,其结果是不是使广大选民和纳税人满意。对议员来说,只有选民和纳税人满意了,他们才能在下一次的市议员选举中继续连任;对市经理来说,只有选民和纳税人尤其是市议员们满意了,他才能在下一个财政年度里继续领导市政机构的工作;对于市长来说,只有选民和纳税人、市议员们满意了,他才能继续当他的市长。

资料来源:根据高新军,杨以谦,马跃.地方治理、财政和公共预算.西安:西北大学出版社,2009,99—102整理。

11.1.3 地方政府预算执行管理

地方政府预算执行(Subnational Budget Enforcement)就是把经法定程序批准的地方政府预算付诸实施,具体包括组织地方政府预算收入、组织地方政府预算支出和地方政府预算的调整等。根据法律的规定,在同级地方政府的领导下,各级地方财政部门具体负责本级政府预算的执行,检查和监督所属下级政府预算的执行,并定期向同级地方政府和上一级财政部门报告预算的执行情况。

1. 组织地方预算收入

地方预算收入的执行主要包括地方预算收入的征收入库、划分与报解和退库等工作。各地区的财政、税务和人民银行等机构,具体承担或参与地方预算收入的组织和执行。

第一,地方政府预算收入的征收入库。各地的财政、税务机构具体负责地方政府预算收入的征收管理。凡应缴的各级地方政府的预算收入都要及时、足额地缴入各级国库。地方政府预算收入的缴库方式有直接缴库和集中汇缴两种。

第二,地方政府预算收入的划分与报解。中国人民银行代理国家金库,具体负责各级预算收入的划分与报解。预算收入的划分是国库对每天收纳入库的预算收入,根据财政体制规定的各级预算固定收入划分范围以及中央与地方之间及各级地方政府之间分成收入的留解比例,计算并划分中央预算收入和地方各级预算收入。预算收入的报解是在划分收入的基础上,按照规定的程序将各级预算收入的库款分别报解各级国库,相应增加各级预算在各级国库的存款,以保证各级地方政府及时取得预算收入。

第三,地方预算收入的退库。地方预算收入缴入国库之后,就成为地方政府的预算资金,入库的预算资金一般是不予退还的。如有特殊情况需要退库,则必须经过法定的程序才能将已经缴入国库的地方预算收入退还给特定的单位或个人。

2. 组织地方政府预算支出

地方政府预算支出执行的主要任务,是根据年度预算的安排将各项支出适时地、正确地拨付给资金使用单位,以满足本地区社会发展和经济建设的需要。地方政府预算支出的执行一般由地方财政部门负责组织和监督,由各支出预算部门和单位具体负责执行。

地方政府预算支出必须按支出预算执行。各级地方政府预算是经过各级地方人民代表大会审查批准、具有法律效力的文件,必须严格执行,不准突破。在地方国民经济计划和地方政府预算执行中,如果由于重大财政经济政策的调整或计划的变更以及其他突发事件等,需要增加地方支出预算,则必须按规定程序办理追加预算支出。

预算拨款是地方政府预算支出执行的一个重要环节。办理预算拨款,应坚持按预算计划拨款、坚持按事业进度拨款、坚持专款专用和坚持按预算级次拨款等原则。地方政府预算支出的方式有财政直接拨付和财政授权拨付。在财政直接拨付方式下,由地方财政部门开具支付令,通过国库单一账户体系直接将财政资金划拨至收款人或用款单位账户。而在财政授权拨付方式下,预算单位根据地方财政部门的授权自行开具支付令,通过国库单一账户体系将财政资金划拨至收款人账户。

3. 地方政府预算调整

地方政府预算调整(Subnational Budget Amendment)是经地方各级人民代表大会常务委员会批准的地方政府预算在执行中因特殊情况需要增加支出或者减少收入,使原批准的收支平衡的地方政府预算的总支出超过总收入,或者使原批准的地方政府预算中举借债务数额增加,从而要对预算收支指标进行的部分变更,这一变更必须由地方财政部门编制预算调整方案,经同级地方政府审查通过报同级人民代表大会常务委员审查批准。

地方政府预算调整有全面调整和局部调整两种类型。全面调整是对地方政府预算的大变动,一般很少进行这种调整。在地方政府预算执行中经常进行的是局部调整,地方政府预算的局部调整有动用地方预备费、地方政府预算的追加追减、经费流用和预算划转等四种方式。各级地方政府总预算的预备费是为了解决预算执行中某些临时急需和事先难以预料的重大开支而设置的备用资金,一般按地方各级支出预算总额的1%—3%设置,不规定具体用途。由于地方预备费是用作急需的资金,因而各级预备费的动用应从严掌握,一般应控制在下半年使用,并经同级地方政府批准。地方政府预算的追加追减是在原核定预算总额的基础上,增加或减少预算收支的数额。需要追加追减收支预算时,均应编制追加追减预算,并经同级人民代表大会常务委员会批准方可执行。经费流用也被称为"科目流用"或"预算支出科目之间经费流用",是指在保证完成各项建设事业计划不超过原定预算支出总额的情况下,由预算科目之间调入、调出和改变资金使用用途而形成的预算资金再分配。预算划转是指由于地方行政区划或企事业单位隶属关系的改变,使其预算的隶属关系发生改变,从而将全年预算划归新的领导部门或接管单位的调整方法。

4. 规范地方政府预算执行的措施

为了规范地方政府预算的执行,中国先后推出了多项措施,其中国库集中收付和政府采购是最重要的两项。

在过去相当长一段时间里,中国财政性资金的拨付和缴库都是通过各征收机构和预算单位设立的多重账户进行的。各征收机构和预算单位重复及分散设置账户的国库管理模式,存在一些难以克服的缺陷。2001年,中国对传统的财政资金银行账户管理体系和资金缴拨方式进行改革,建立了以国库单一账户(Treasury Single Account)为基础、资金缴拨以国库集中收付为主要形式的财政国库管理制度。在这一制度下,所有的财政收入直接缴入国库,主要的财政支出由财政部门直接支付给商品或劳务的供应者,实现了财政资金由层层"中转"变为"直达",有效提高了资金运作效率和预算执行透明度,同时也强化了预算监督机制。截至2011年年底,全国36个省级单位(含计划单列市)、320个市、2 600多个县(区)、超过38万个基层预算单位实施了国库集中支付制度改革;集中支付的资金范围已由一般公共预算资金扩大到政府性基金预算资金、国有资本经营预算资金等。[①]近年来,全国各地又在大力推进国库集中支付电子化管理。

过去,中国一直实行财政直接拨款、单位自行采购的体制。在此体制下,财政部门无法对支出的具体使用进行有效的管理,导致财政资金的分配与使用脱节,财政监督形同虚设,而支出单位自主使用财政资金,也使支出规模控制困难重重,财政资金使用过程不透明、不公开,随意性强,浪费严重,效益低下。为了加强对财政支出的管理,20世纪90年代中期,中国在上海等部分省市进行政府采购(Government Procurement)试点工作,并于1998年在全国范围内推行。政府采购能够提高资金的使用效益,节约财政资金,从而在一定程度上有助于缓解财政收支的矛盾;此外,政府采购的政策功能还体现在保护国内产业、保护环境、扶持不发达地区和中小企业等方面。地方政府采购是中国政府采购的主体,目前地方政府采购额占全国政府采购额的比重在90%以上,因而政府采购的政策功能也主要是由地方政府实现的。

专栏 11-2　　　　　　　　无锡市实行政府采购公共服务

政府采购公共服务是将原来由政府直接举办的、为社会发展和人民生活提供服务的事项交给有资质的社会组织来完成,并根据社会组织提供服务的数量和质量,按照一定的标准进行评估后支付服务费用,这在中国是一种新型的政府提供公共服务的方式。

---

① 中华人民共和国财政部.中国财政基本情况(2011).北京:经济科学出版社,2012,95.

2008年,无锡市出台了《关于推进政府购买公共服务改革的实施意见》,并在绿化养护、环卫保洁两个领域进行试点。在试点取得较好的效果后,无锡市于2010年开始推进市政设施养护、污水处理、路灯设施维护、水资源监测等服务类项目的政府采购,相关部门也搭建起了集中采购平台。随后,结合政府机关后勤服务社会化改革,无锡市又推进了以物业管理为重点的行政事业单位后勤服务采购;根据财政支出重点,逐步推进外来劳动力免费培训、公共文化产品购置、安全生产责任险等一大批民生服务项目的采购。2016年和2017年,无锡市先后颁布了《无锡市政府购买公共体育服务实施办法》《无锡市政府向社会力量购买公共文化服务专项资金使用管理办法》,将政府采购公共服务进一步扩展至公共文化服务、公共体育服务等领域。

资料来源:根据 http://www.cfen.com.cn/web/meyw/2012-10/17/content_917678.htm 和 http://finance.people.com.cn/n/2012/1012/c1004-19244448.html(访问时间:2018年11月20日)整理。

11.1.4 地方政府决算

地方政府决算(Subnational Actual Budget)是经法定程序批准的地方政府年度预算执行结果的会计报告,它是预算年度内地方政府预算收入和支出的最终结果,也是各级地方政府经济活动在财政上的集中表现。通过编制地方政府决算,可以全面系统地反映地方政府预算收支指标的实际执行情况。

地方政府决算的编制程序与地方政府预算的编制程序大体相同。每年编制决算前,各级财政部门都要根据以前年度编制决算的经验以及当年预算执行情况的需要,拟定和下达编制本年度政府决算的有关规定和要求,此后进行年终收支清理工作,修订和颁发决算表格。预算年度终了后,即进入决算编制阶段。地方政府决算由各级地方财政部门负责汇编,从执行预算的基层单位开始,自下而上编制单位决算,然后由各部门审核单位决算并汇总编制部门决算,直至汇总编制地方本级决算。各级地方政府总决算均由本级政府决算和所属下级政府总决算汇编而成。为了便于地方各级政府、各级人民代表大会和上级政府的审核,在编制地方政府决算草案的同时还要编写决算说明书。作为地方政府决算的必要组成部分,决算说明书是地方年度预算执行情况的书面总结,它一般分为单位决算说明书、部门决算说明书和总决算说明书。

各级地方政府决算草案编制完成后,由地方财政部门报送同级地方政府讨论通过后,提请同级人民代表大会常务委员会审查批准。一般情况下,由地方财政部门负责人报告说明预算收支的完成数字、完成或未完成预算的原因,并提出改进预算管理的建议。在对地方政府决算草案逐项审议并经过表决通过后,本级政府决算即获批准。地方政府将批准的本级决算,连同汇总的下级政府决算,汇总报上级政府备案。上级政府审查后如发现有同法律、行政法规相抵触或者有其他不适当之处,需要撤销批准该项决算决议的,应提请本级人民代表大会常务委员会审议决定;经审议决定撤销的,下级人民代表大会常务委员会应当责成本级政府重新编制决算草案,再提请本级人民代表大会常务委员会审查和批准。

专栏 11-3　　　　昌吉市人大常委会否决政府财政预算执行情况报告

2005年6月,新疆维吾尔自治区昌吉市人大常委会组成由人大代表及部分专业人士参加的检查组,对昌吉市2004年财政决算和2005年上半年财政预算执行情况进行了为期11天的检查。检查发现,2004年和2005年上半年,昌吉市政府未能严格执行人大常委会批准的财政预算:追加预算支出前均未编制预算调整方案,也没有报昌吉市人大常委会批准;昌吉市财政局未按规定向昌吉市人大常委会报告预算外资金收支情况;昌吉市政府违反《预算法》,随意动用预备费,政府部门预算缺乏透明度;在业务费安排上缺乏科学性,事权量化不规范,安排不合理等。在这种情况下,昌吉市第六届人大常委会第二十次会议以"昌吉市政府财政支出超出了人大常委会批准的财政预算,预算执行中有违反《预算法》的行为"为由否决了《昌吉市人民政府关于2004年财政决算和2005年上半年财政预算执行情况的报告》,并要求昌吉市政府在两个月内整改完毕并在昌吉市人大常委会下次会议上重新报告。

昌吉市人大常委会否决政府财政预算执行情况报告,这在昌吉市历史上尚属首次。近些年来,人大常委会否决政府财政预算执行情况报告的情形并不鲜见,如2002年湖南省沅陵县人大常委会否决了该县《2001年财政预算执行情况和2002年财政预算报告》,2006年海南省临高县人大常委会曾两次否决了《政府关于专项资金管理使用情况报告》等。这些现象既体现了人大代表为百姓管好"钱袋子"、从财政资金方面制约和监督政府的职能,也是中国政治体制改革中的一个"新"现象。

资料来源:根据刘冰.昌吉市人大常委会否决政府财政报告.中国青年报,2005-09-02等整理编写。

11.2　地方财政管理改革

进入21世纪后,中国各地区秉承科学化、精细化财政管理的理念①,分别从制度、技术等层面推出了各具特色的改革举措。如广东省佛山市南海区和上海市闵行区等的绩效预算改革,让绩效观念深入各预算单位,提高了财政资金的使用效益;浙江省温岭市和河南省焦作市等的参与式预算改革,既提高了公众的参与程度,较好地体现了政府预算的民意基础,又强化了社会监督;江苏省无锡市和浙江省嘉兴市等的政府采购公共服务改革,

---

① 科学化财政管理,就是要从实际出发,实事求是,积极探索和把握财政管理的客观规律,遵照财政法律法规的要求,建立健全管理制度和运行机制,运用现代管理方法和信息技术,发挥管理人员的积极作用,把握加强管理的方向和途径。精细化财政管理,就是要树立精益思想和治理理念,运用信息化、专业化和系统化的管理技术,建立健全工作规范、责任制度和评价机制,明确职责分工,完善岗责体系,加强协调配合,按照精确、细致、深入的要求实施管理,避免大而化之的粗放式管理,抓住管理的薄弱环节,有针对性地采取措施,增强执行力,不断提高财政管理的效能。科学化财政管理和精细化财政管理是有机的整体,科学化是精细化的前提,精细化是在科学化的指导下,按照统筹兼顾的原则,把科学管理要求落实到管理的各个环节,落实到管理人员岗位,体现集约管理、注重效益的要求[参见中华人民共和国财政部.中国财政基本情况(2011).北京:经济科学出版社,2012,95]。

不仅节约了大量的财政资金,而且为地方政府提供公共服务开辟了新的机制。现阶段及未来一段时期中国地方财政管理改革的重点,仍主要集中在地方财政信息公开、地方预算绩效管理和地方中期财政规划等方面。

11.2.1 地方财政信息公开

地方政府预算反映的是地方公共需求与公共供给,这一基本属性要求地方政府及时、准确、完整地向社会公众公布地方财政收支、地方政府资产负债、地方财政绩效和地方财政风险等方面的信息。地方财政信息公开(Subnational Budget Transparency),既是良好地方财政管理的重要特征之一,也是建立现代民主问责制度与法治社会的重要环节。

中国各级地方政府财政的透明度一直都不高,对社会经济的发展产生了不小的危害。屡屡发生的地方财政决策不民主、不科学的状况,纷纷上马的违背民意的形象工程,屡见不鲜的地方财政资金的滥用或被挪用,屡禁不止的地方政府官员奢侈浪费的职务消费、以权谋私甚至贪污腐败等,均与地方财政不透明存在直接关联。虽然实现财政透明并不是最终目的,然而逐步提高各级地方政府的财政透明度却可以吸引社会公众的参与,加强对地方财政资金使用情况的公众监督,减少地方政府对权力和资源的滥用,从而提高地方财政运行效率。

《中华人民共和国政府信息公开条例》于2008年开始实施,这为中国财政信息的公开提供了必要的法律依据。2014年修订的《预算法》更是明确要求,经本级人民代表大会或者本级人民代表大会常务委员会批准的预算、预算调整、决算、预算执行情况的报告及报表,应当在批准后二十日内由本级政府财政部门向社会公开,并对本级政府财政转移支付安排、执行的情况以及举借债务的情况等重要事项作出说明;经本级政府财政部门批复的部门预算、决算及报表,应当在批复后二十日内由各部门向社会公开,并对部门预算、决算中机关运行经费的安排、使用情况等重要事项作出说明;各级政府、各部门、各单位应当将政府采购的情况及时向社会公开。提高财政的透明度,已被中国各级地方提上议事日程,但还有很长一段路要走。

专栏 11-4 　　　　　　　　中国的地方财政透明度

根据2015—2017年连续三年在全国范围内开展的地方预决算公开情况专项检查结果,中国财政部先后发布了"2016年地方预决算公开度排行榜"和"2017年地方预决算公开度排行榜"。在36个省、自治区、直辖市和计划单列市中,2016年有21个省级单位的地方预决算公开度分数超过90分,最低分数78分;2017年有23个省级单位的地方预决算公开度分数超过90分,最低分数也接近75分。与2015年相比,2016年和2017年的地方预决算公开情况有很大改进。2016年,在26.1万家地方预算单位中,未公开部门预算和未公开部门决算的单位分别由2015年的3.7万个和5.6万个下降到2016年的737个和778个,平均降幅为98.3%;2017年,在2016年的基础上继续下降,降幅为74%,部门预决算公开率接近100%。

与官方给出的相对较高的评分不同的是,科研机构对中国地方财政信息公开程度的评分要低很多。上海财经大学公共政策研究中心发布的《2017 年中国省级财政透明度报告》,刻画了 31 个省级单位财政信息向公众公开的程度。中国 31 个省、自治区和直辖市财政透明度的平均得分为 48.26 分,比 2009 年的平均分(21.71 分)增长了一倍多。尽管省级财政透明度连续九年呈现不断提高的趋势,但总体结果仍不理想,有超过 50% 的调查信息没有公开,而财政透明度最低的省份仅公开了不到 30% 的调查信息。各省份之间的财政透明度也存在明显的差异,得分最高的山东省公开了 70% 的调查信息,甘肃、四川、安徽、湖南、辽宁五省的财政透明度平均得分都在 60 分以上;没有达到及格线 60 分的省份有 25 个,占全部被调查省份的 80.6%,其中湖北、陕西、青海三省的财政透明度平均得分不到 30 分。

清华大学公共管理学院"中国市级政府财政透明度研究"课题组 2018 年发布的报告,对 295 个地级及地级以上城市、358 个县级市的财政透明度进行了评估。按百分制,得分在 60 以上的城市共有 87 个,其中得分位于 60—69 分的城市有 54 个,70—79 分的城市有 31 个,超过 80 分的城市有 2 个;得分位于 50—59 分的城市最多,有 72 个,其次为得分位于 40—50 分的城市,有 56 个。尽管在总体上市级政府财政信息公开的整体情况明显优于以往年度,但市级政府债务等公开情况仍然很不理想。

资料来源:根据 http://news.ifeng.com/a/20171229/54646415_0.shtml, http://www.rmlt.com.cn/2017/1129/504530.shtml? from=singlemessage 和 http://www.ceweekly.cn/2018/0820/232246.shtml(访问时间:2018 年 11 月 20 日)整理编写。

11.2.2 地方预算绩效管理

长期以来,中国各级政府预算形成了"重安排,轻监督;重争取,轻管理;重使用,轻绩效"的传统,部分预算单位把大量精力花在了"跑资金、争项目"上,认为只要资金使用合法合规就行,而忽视了财政资金的使用绩效。地方预算绩效管理就是要建立以提高财政资金使用效益为核心的绩效评价体系,并将绩效考评结果作为编制地方政府年度预算或资金分配机制的重要参考依据,其重心在于地方财政支出的绩效或地方政府预算执行的结果,而不是简单地关注地方财政投入或地方政府预算的执行过程。

20 世纪 90 年代,绩效预算(Performance Budgeting)的理念与方法逐步被引入中国各级政府的财政支出管理活动之中,湖北省的效益财政建设就是其中早期探索的代表。2003 年,在部分中央政府部门开展预算支出绩效考评试点工作的同时,地方政府也陆续开始预算绩效改革的尝试。广东、上海和江苏等省市结合本地实际开展的各具特色的预算绩效改革,对改善本地区财政资金的分配和项目管理起到了积极的推动作用。目前,全国 36 个省级财政部门(含计划单列市)都设立了单独的预算绩效管理机构,或由相关部门履行绩效管理职责。各地在不断完善预算绩效管理规章制度的基础上,不仅逐步扩大了预算绩效评价的范围,而且评价项目逐年增多,涉及的资金量逐年增加。经过数年的预算绩效改革,以绩效为目标、以结果为导向的绩效理念正在各地逐步形成,地方财政资金的使用效益明显得到提升,地方财政支出结构也不断优化。当然,中国地方预算绩效管理中存在的问题也不少,如法制建设不完备、绩效评价指标体系不完善、评价指标设定的科学性有待加强、绩效评价方法相对单一、相关配套措施没有跟进等。

2018年公布的《中共中央国务院关于全面实施预算绩效管理的意见》,对中国全面实施预算绩效管理进行了部署。中国下一步的预算绩效管理将拓展预算绩效管理的实施对象,从过去以政策和项目预算为主向单位预算、部门预算和政府预算拓展;同时将建立全过程预算绩效管理链条,将绩效理念和方法深度贯穿预算编制、执行和监督的全过程,构建事前、事中和事后绩效管理闭环系统。① 可以预期到的是,中国各级地方预算绩效改革将如火如荼地展开。

专栏 11-5　　　　　预算绩效改革的南海样本

2012年2月29日,广东省佛山市南海区举行了南海区医学重点(特色)专科建设项目财政资金竞争性分配评审会。6家医院分别由院长带队,就9个重点医学(特色)专科同台竞技,轮流答辩,竞争共计200万元的项目资金。经专家现场打分,"中西医结合关节骨病中心的构建"等三个专科获得财政支持。这是南海区推行预算绩效改革,在民生领域引入财政资金竞争性分配机制的一个缩影。

南海区的预算绩效改革实践启动于2003年,改革以"以结果为导向"的专项资金支出后评价为抓手,逐步向纵深发展,经历了从无到有,从小到大,在经过十多年的不懈探索后形成了如今的"事前预算评审,项目资金引入预算听证、竞争性等分配形式,事中绩效跟踪,事后绩效评价及绩效问责"环环相扣的财政资金绩效管理新格局。

(1) 事前评审,力促资源优化配置

一是项目库入库评审。2014年,南海区财政局正式启动建设专项支出项目库,预算单位在申报预算前必须完成项目入库工作。在申报项目入库时,预算单位必须按绩效管理要求,结合单位年度工作目标,做好前期对项目立项、可行性研究,充实立项依据、完善绩效目标、细化资金计划及实施方案等资料。财政部门通过引入第三方评审机制,对预算单位申报项目的必要性、可行性,资金使用的合理性及绩效目标的科学性进行论证。

二是社会听证。在预算编制审核过程中,按照公开、公正、公平和惠民的原则,选取民生、基建等重大项目探索预算听证。由职能部门主导,选取人大、政协、公众等组成代表听证,就财政预算的安排和项目管理等方面提出意见,职能部门据此改进预算申报资料并将情况予以公开,财政部门结合财力完善预算草案。此外,还有专门由区人大、政协、监察和审计等部门组成的预算听证监督小组,负责对整个项目预算听证的过程、听证结果的运用及听证项目的实施进行监督。

三是竞争性分配。为促进决策的科学化和财政资金使用效益的最大化,对于分配结

---

① http://www.gov.cn/zhengce/2018-09/25/content_5325315.htm(访问时间:2018年11月20日)。

果具有可选择性、使用对象不固定的区级扶持专项资金,在分配环节引入竞争方式,将"一对一"的单向审批安排转向"一对多"的选拔性审批安排,实施以绩效为导向的竞争性分配改革。

四是明确绩效目标。绩效目标是预算绩效管理的基础,是串连起预算绩效改革各环节的线索,合理设置项目绩效目标是绩效管理的核心。《佛山市南海区财政局关于进一步强化绩效目标管理的通知》明确了绩效目标的内涵、申报与确认的范围和程序以及绩效目标的应用,进一步强化了绩效目标作为串联起预算绩效管理各环节线索的核心作用,每年根据预算安排情况要求预算单位完善项目绩效目标,为绩效跟踪、自评和问责奠定了坚实的基础。

(2) 事中跟踪,力促项目高效实施

结合绩效评价对项目绩效目标的实现程度进行评估,主要对项目实施过程中阶段的执行情况或者跨年度项目的支出情况实行绩效评价,及时发现项目实施过程中存在的问题,督促用款单位及时整改,并为后续的资金安排提供决策依据。

(3) 事后问责,力促部门管理出成效

对项目资金使用情况、项目管理情况及项目绩效目标实现情况委托第三方进行支出后评价及绩效问责,并在此基础上抽取部分项目进行重点问责。问责由项目相应领域的政策、技术专家及财务专家组成评价组,对项目支出的经济、社会、政治绩效进行全面的评价。绩效评价结果作为编制和安排下一年度部门预算的重要依据,实现预算安排与绩效优劣挂钩;项目问责结果在一定范围内公开,并纳入年度机关绩效作风考评,从而形成强有力的问责机制,强化单位用款责任。2014年,南海区还开始探索双问责及内部问责的实施方式。

从南海实践的效果来看,预算绩效改革减少了大量不合理的财政支出。据统计,2010年南海区共有516个项目接受评价,涉及金额27亿元,专家同意立项项目338个,建议安排金额17亿元,核减资金超10亿元,约1/3的项目被淘汰。由于在预算评审之中,那些关注解决民生问题以及能够推动经济发展、惠及公众利益的项目都获得了优先考虑,因而有限的财政资金就能够被用于解决老百姓最关心、最直接的问题,如在实行预算绩效改革之后,南海区社会保障方面的支出大幅增长,2003—2005年的增幅分别为49.6%、41.7%和32.05%,而2006年的增幅则高达68.35%。

资料来源:根据 http://www.gdczt.gov.cn/ztjj/jxggzt/dishi/201708/t20170821_883820.htm(访问时间:2018年11月20日)和许小丹,韩洁.财政预算改革的"南海样本".半月谈,2012(9)等整理编写。

11.2.3 地方中期财政规划

2015年,国务院印发的《国务院关于实行中期财政规划管理的意见》提出,要全面推进中期财政规划管理(Medium-term Fiscal Planning)。中期财政规划是中期预算的过渡形态,它指的是各级财政部门会同政府其他部门在分析预测未来三年重大财政收支情况,对规划期内一些重大改革、重要政策和重大项目,研究政策目标、运行机制和评价办法的基础上,编制形成的跨年度财政收支方案。

中期财政规划将财政资金的安排与控制预算平衡的时间跨度由一个财政年度扩展到多个财政年度,并且将年度预算置于中期财政规划的框架之中,根据国家的战略目标,确定财政支出的重点和优先顺序,有助于实现有限资源的有效配置。中期财政规划管理是改进预算管理和控制、建立跨年度预算平衡机制的重要举措,它可以强化对年度预算的约束、弥补年度预算的不足。

中期财政规划管理的有效实施,需要各级政府具有较强的中长期政策规划及预测能力,同时要求宏观经济政策不应有频繁的调整。然而,中国目前各级政府的中长期政策规划及预测能力都还不强,宏观经济政策波动也较大,这些都在一定程度上阻碍了中国中期财政规划管理改革的深入。

专栏 11-6　　中国中期财政规划的试点

为探索中期预算的编制,中国先后选择了"一省一市一县",即河北省、河南省焦作市和安徽省芜湖县进行试点。

2003年,根据财政部的部署,河北省试编了《河北省2004—2006年省级财政发展滚动计划》,开启了编制中期滚动预算的探索。为进一步推动此项改革,2004—2005年间,河北省财政厅先后颁布了《关于做好省级三年滚动预算编制工作的通知》《河北省省级预算管理规定》等文件,逐步将中期滚动预算推广至省级部门。2008年,河北省正式确定对教育厅、科技厅等15个省级试点部门的发展性支出编制2009—2011年滚动预算,其中支出预算要求建立滚动项目库并进行绩效考核,编制流程仅含由下而上的部门支出规划框架,并未涉及中长期财政经济预测和支出上限控制数设置。2011年,河北省又组织编制了2012—2014年滚动预算。

2009年,河南省焦作市开始对社会经济影响面较大的统计局、劳动局等33个部门的重点项目支出及偿债支出编制2010—2012年三年滚动预算,其中预算项目包括编制中期预算部门所承担的关系全市社会经济事业发展以及改善民生等的重点支出;资金来源包括一般公共预算收入、基金预算收入和债务预算收入;在编制流程方面,各部门依据政府重大战略部署和全市经济社会发展中长期规划,在广泛征集民意的基础上经过"三上两下"来进行。

2009年,安徽省芜湖县确定对公安局、民政局等16个县级部门编制2010—2012年三年滚动预算,随后在2010年将试点部门扩大到30个,并在2011年全面扩大至县级所有部门。在中期滚动预算编制中,芜湖县各部门根据县域经济和社会发展中长期规划,制定本部门支出重点,并在此基础上确定分年度滚动实施目标与计划,同时通过建立规范滚动的项目库,合理界定支出项目范围。在上述工作的基础上,芜湖县各部门编制了本年度及未来两年的收支预算,并逐年向前滚动。

"一省一市一县"三年滚动预算试点在推进过程中取得了一定的成效,为中国全面推行中期财政规划积累了有益经验。然而,试点地区中长期政策规划及预测能力都有限,尚不足以支撑编制准确的中期滚动预算,使得编制出来的中期滚动预算与现实情况有着较大的偏差,这直接导致试点的安徽芜湖县、河北省先后暂停了中期滚动预算的编制。

资料来源:根据财政部干部教育中心.现代预算制度研究.北京:经济科学出版社,2017,303—306 等整理编写。

重要概念

地方财政管理　地方政府预算　地方政府总预算　地方政府本级预算　地方政府预算调整　地方政府决算　地方部门预算　国库单一账户制度　地方政府采购　地方财政科学化精细化管理　地方预算绩效管理　地方财政透明度　地方政府中期财政规划管理

复习思考题

1. 简述地方政府预算和地方政府决算的程序及内容。
2. 中国各地区在加强地方财政支出管理方面采取了哪些措施?
3. 应如何加快中国地方部门预算改革的进程?
4. 中国地方政府采购制度存在哪些问题?
5. 加强地方预算绩效管理有什么意义?

课堂讨论题

参与式预算(Participatory Budget)是指政府将涉及公众切身利益的公共项目建设资金,交给公众讨论,并由公众决定,使预算编制更加公开、民主、透明。1989 年,参与式预算首先在巴西付诸实施,随后加拿大、印度尼西亚、南非、爱尔兰等也先后引入。请结合所给案例材料,并联系现实,就中国的地方政府预算改革能否全面引入参与式预算进行课堂讨论。

案例材料

参与式预算的温岭"试水"

温岭的参与式预算是公民以民主恳谈为主要形式参与政府年度预算方案讨论,人大代表审议政府预算并决定预算的修正和调整,以实现实质性参与预算审查监督的一种模式。从 2005 年开始探索,在历经了十多年的"由点到面、由下而上、由表及里、由柔变刚"

的实践后,温岭的参与式预算改革已经实现"预算全口径、监督全过程、参与全方位",取得了较大的进展和突破。

温岭参与式预算改革的基本做法如下:

● 人代会前围绕政府及部门预算草案进行初审和民主协商。①开展部门预算民主恳谈,一般在召开人代会两个月前举行。②开展代表工作站(代表联络站)预算征询恳谈。将部门预算送交各代表工作站进行征询恳谈,广泛征求工作站辖区内选民意见,为人代会审查部门预算打好基础。③市委常委会初审票决部门预算草案。④开展政府重大投资项目审查。在人代会前,人大常委会逐个审查当年拟新增的3 000万元以上政府性重大投资项目和重大前期项目,并选择部分重大项目举行初审听证,对有争议的项目进行表决。⑤对政府性债务进行审查。从2009年开始,专门组建市人大常委会政府性债务跟踪监督小组,在每年人代会前审查当年度政府性债务收支计划,年中听取政府债务管理情况报告,督促政府防范和化解债务风险。

● 人代会围绕预算进行深入审查。逐年推进全口径预算审查,2016年实现一般公共预算、政府性基金预算、社会保险基金预算、国有资本经营预算等四本预算单独编制并全部提交人代会审查,且在审查中形成了专题报告、专题审议、专题票决和专题决议的做法。

● 人代会后围绕预算执行进行深入监督。①推动预决算公开。②专题询问预算执行审计问题。③注重预算绩效监督。

近年来,温岭市人大常委会又采取多种措施,进一步深化参与式预算:一是突出专业代表小组的作用,组建人大财经专业代表小组,并开展人大财政经济委员会、人大财经专业代表小组联合初审;二是突出重点部门预算审查,将10个与民生关联度高、资金量较大的部门列为预算审查的重点,实行分级审查;三是突出预算绩效监督实效,改变以往预算绩效以事后评价为主的监督方式,探索运用绩效调研、专题询问等方式,将参与式预算由部门预算审查向绩效管理监督延伸。

资料来源:根据 http://www.npc.gov.cn/npc/bmzz/llyjh/2016-06/03/content_1991009.htm 和 http://jxrd.jxnews.com.cn/system/2018/06/12/016959175.shtml(访问时间:2018年11月20日)整理编写。

参考文献与延伸阅读资料

珍妮特·M. 凯丽,威廉姆·C. 瑞文巴克.地方政府绩效预算.上海:上海财经大学出版社,2007.

财政部财政科学研究所.地方公共财政管理实践评价.北京:中国财政经济出版社,2011.

财政部财政科学研究所.地方公共财政预算管理改革与实践.北京:中国财政经济出版社,2012.

沙安文.地方公共财政管理.北京:中国财政经济出版社,2012.

吴俊培.中国地方政府预算改革研究.北京:中国财政经济出版社,2012.

上海财经大学公共政策研究中心.2017 中国财政透明度报告.上海:上海财经大学出版社,2017.

马尔科·坎贾诺,特里萨·克里斯汀,米歇尔·拉扎尔.公共财政管理及其新兴架构.大连:东北财经大学出版社,2017.

John R. Bartle, W. Bartley Hildreth, Justin Marlowe. *Management Policies in Local Government Finance*. ICMA Press, 2012.

网络资源

中国财政部网站"预算管理改革"专题,http://www.mof.gov.cn/pub/yusuansi/zhuantilanmu/yusuanguanligaige

政府治理与公共预算网,http://www.pbgchina.cn/index.asp

美国州预算官联盟(National Association of State Budget Officers)网站,http://www.nasbo.org

第 12 章

政府间财政竞争

【本章学习目标】

- 掌握经济领域政府间竞争的表现形式
- 掌握财政分权与政府间财政竞争之间的关系
- 掌握中国政府间纵向与横向财政竞争的主要表现
- 掌握中国政府间财政竞争的主要特点
- 掌握规范中国政府间财政竞争的措施

从政府间相互关系的角度看,合作与竞争是政府经济行为的两种基本方式。社会分工原则在政府体系中的应用,决定了在各级政府间首先存在的是分工与协作的关系。在分权体制下,除了分工与协作关系,竞争无疑在政府间相互关系中也占据着重要的位置,政府间竞争是现代社会一个不容忽视的客观存在。[1]

12.1 经济领域的政府间竞争

政府间竞争(Intergovernmental Competition)是各政府主体为了吸引或获取更多的资本、企业、技术、人才和信息等有形或无形的流动性要素而采取的一种自利行动。政府间竞争不仅发生在交换过程中,而且存在于生产和消费环节;不仅发生在经济市场层面,而且存在于政治市场层面。[2] 政府间竞争有政府间纵向竞争与政府间横向竞争两种类型。[3] 在多数情况下,政府间横向竞争与纵向竞争是并存的,而且相互影响,一种竞争形式的结果往往还可能影响到另一种竞争形式的结果,如某一地方政府在纵向竞争架构内所获取的资源,就有助于这个地区在政府间横向竞争中取得相对比较优势地位。

12.1.1 经济领域政府间竞争的形式

根据竞争载体的不同,经济领域的政府间竞争可以区分为政府间财政竞争、政府间资本竞争、政府间规制竞争、政府间产业政策竞争以及透过国有企业进行的竞争等多种形式。

1. 政府间财政竞争

政府间财政竞争(Fiscal Competition)主要分为财政收入、财政支出和财政体制上的竞争等三个方面。财政收入方面的竞争是各级政府通过税收优惠等手段,吸引其他地区资源的流入而扩张税基,进而增加本地区的财政收入;财政支出方面的竞争则是各级政府通过提高本地区财政支出的效率或调整财政支出结构等方式来提供更多、更好的公共产品和服务,以吸引更多要素的流入;而财政体制方面的竞争主要是各级政府为在政府间财政收支的划分和政府间财政转移支付的分配等方面争取有利于本级政府的分配格局而展开的竞争。

2. 政府间资本竞争

资本对于每个国家、每个地区的发展来说,都是至关重要的;对于发展中国家来说,资本更是一种稀缺资源。为了加快本地区的经济发展,各级政府都会千方百计地通过各种各样的方式来直接或间接争取更多的资本流入本地区,同时限制本地区的资本外流。政府间的资本竞争主要表现在各个地区间吸引外资的竞争、争夺股票上市权、对信贷资源的

---

[1] 一般意义上的"政府间竞争"也涵盖了不同国家政府间的竞争,而且涉及政治、经济和社会等诸多领域。本书仅考察一个国家内部各级政府在经济领域里的竞争。
[2] 冯兴元.地方政府竞争:理论范式、分析框架与实证研究.南京:译林出版社,2010,2.
[3] Albert Breton. *Competitive Governments: An Economic Theory of Politics and Public Finance*. Cambridge University Press, 1996, 184.

争夺以及争相设立融资机构等方面。

3. 政府间规制竞争①

政府规制是政府依据相关的法律法规对微观经济活动主体的行为进行的一种规范和控制,它具体包括行业进入和退出规制、数量与质量规制、资源与环境规制以及产权契约规制等形式。② 虽然政府规制的主要目的是弥补市场失效,但它也常常被各政府主体用来吸引本地区外流动性要素的流入,或者是限制本地区内流动性要素的外流,以此来提高本地区的相对优势,于是就产生了政府规制上的竞争。中国一直盛行的"地方保护主义",就是一种典型的规制竞争。

专栏12-1 "喝酒文件":一个地方保护主义案例

地方保护主义是地方政府利用行政权力维护本地区局部利益的行为,它具体表现为地方政府及其职能部门对本地企业和外地企业实行差别待遇,或者对本地企业制假售假、违反环保规定排污等违法行为提供保护伞。改革开放以来,地方保护主义日益盛行,"喝酒文件"的出台就是其中一个典型例子。

2006年,湖北省汉川市政府办公室下发"红头文件"称,湖北云峰酒业有限公司是最早来该市落户的引进企业之一,其生产的"小糊涂仙"酒曾跻身中国白酒品牌20强。2005年云峰酒业有限公司纳税超过1 300万元,是该市纳税过千万元的六家企业之一,但小糊涂仙酒在汉川市的市场份额一直都不高,为此汉川市公务接待倡导使用云峰酒业生产的"小糊涂仙"系列酒。这一"红头文件"给市直机关和各乡镇农场都下达了"喝酒任务",全市各部门全年喝"小糊涂仙"系列酒价值总目标为200万元,完成任务的给予10%的奖励,完不成的通报批评。为方便核定任务的完成情况,文件还要求云峰酒业建立各乡镇农场、各单位使用"小糊涂仙"系列酒账册档案,并定期将各乡镇农场和各单位使用"小糊涂仙"系列酒的情况报送市政府办公室。

参与起草"喝酒文件"的负责人在接受采访时说,汉川市各政府部门有繁重的接待任务,接待中难免会喝酒,既然都是喝酒就不如喝"小糊涂仙",毕竟云峰酒业是汉川的利税大户,而其他酒对汉川所做的财政贡献就小多了;规定公务接待用"小糊涂仙"酒是市政府为企业办的大实事,是"引商、稳商、亲商、富商"的需要,帮助企业做宣传、促销工作是政府义务,并没有封锁市场,用的钱是政府自己的钱,怎么喝、喝什么酒政府自己定都是无可厚非的。

资料来源:根据http://view.news.qq.com/a/20060412/000001.htm(访问时间:2018年11月20日)整理编写。

---

① "规制竞争"这一术语可以做两种理解:一种是"政府对市场行为主体的竞争行为的规制",这种意义上的"规制竞争"是产业经济和产业组织理论中的一个重要概念;另一种是"政府在对市场主体行为所进行的规制上展开的竞争"。本书对"规制竞争"做后一种理解。

② 陈富良.我国经济转轨时期的政府规制.北京:中国财政经济出版社,2000,21.

4. 政府间产业政策竞争

产业政策也是各级政府进行竞争的一种重要载体。通过制定本地区的产业政策可以调整好本地区的产业结构和产业布局,同时对本地区企业的发展给予各种保护和支持,以增强本地区的产业竞争力。此外,通过影响中央政府产业政策的制定,也可以为本地区争取更多的发展项目和更好的发展机会;在中央政府的产业政策出台以后,也时常有地方政府在政策的执行过程中为了地方局部利益而违背中央政府产业政策导向现象的发生。

5. 透过国有企业进行的竞争

中国一直存在一定数量的在行政上分别隶属于中央政府和各级地方政府的国有企业。到目前为止,国有企业与各级政府之间千丝万缕的联系都没有似乎也不可能完全斩断,因而即使是国有企业的"市场"行为也带有浓厚的政府色彩。这样,各级地方政府之间的竞争就有可能以各地区国有企业之间的"市场"竞争表现出来。

通过对经济领域内政府间竞争不同形式的比较,不难发现各种政府间竞争形式的区分只是相对的,而且不同的形式之间也存在一些交叉。一些政府间竞争形式往往需要政府间财政竞争的配合,更为重要的是各种形式的政府间竞争在很大程度上都直接或间接地服务于各级政府的财政利益。正因为各种政府间竞争形式之间存在这样一种关系,所以财政竞争实际上是经济领域内政府间竞争的核心,其他形式的政府间竞争行为都可以大体上被看作一种宽泛意义上的财政竞争。

12.1.2 经济领域政府间竞争的目标

任何行为主体的行为都是为了实现一定的目标,不同的既定目标或是对既定目标的偏离都会引致行为的不同。一般认为,政府是社会公共利益的代表,所以政府间竞争行为的最终目标自然就可以归结为实现政府所代表公共利益的最大化。政府为实现所代表公共利益最大化的活动必须依靠政府财政予以财力上的支持,因此公共利益与政府财政收支有着直接的关联。

政府的具体运作,是依靠各个政府官员来实现的。公共选择理论告诉我们,政府官员的行为虽然会受到民意代表、社会舆论和公共利益等因素的约束,但作为一个"经济人",以实现自身效用最大化为目的的政府官员,也有着区别于公共利益的利益追求。毫无疑问,这常常会导致政府行为对公共利益最大化目标的部分偏离。政府官员自身效用的最大化在相当大程度上体现为财政收支规模的最大化或预算的最大化[1],于是在现实生活中,财政收支规模的最大化也就逐步演变成各级政府采取竞争性策略所追求的一个主要目标,或者说政府间竞争的直接目标大体上就是在一定限制条件下追求财政收支规模的最大化。虽然"财政收支规模最大化"与"公共利益最大化"这两个目标在很大程度上具有同一性,但亦不可否定两者之间也存在相互冲突的地方。当两者发生冲突时,政府间竞争有时甚至可能会以预算最大化为首要目标。

---

[1] 方福前.公共选择理论.北京:中国人民大学出版社,2000,151.

12.1.3 经济领域政府间竞争的效应

竞争从来都是一把"双刃剑",它既能够带来一些令人满意的结果,同时也有可能导致一些不良后果的产生,不管是市场竞争还是政府竞争都是如此。政府间竞争的形式多种多样,对社会经济的影响也体现在多个方面。即使从理论上说,经济领域政府间竞争的效果也都是不确定的,它既有可能增进效率,也有可能降低效率。

提布特的"用脚投票"理论揭示了政府间竞争的积极效应。由于自由流动的居民有可能迁移到那些财政收入-支出结构令自己更满意的地区,因此为了避免本地区有税收创造能力居民的流失,地方政府就会尽可能地提高运行效率,改善地方性公共产品和服务的提供。不仅如此,政府间竞争也有利于"制度创新"和"制度扩散",这些都将极大地促进本地区乃至整个社会经济的发展,这在强制性制度变迁方式占主导地位的国家体现得尤为明显。

在政府间竞争过程中,地方政府为了吸引外来资本常竞相减税,导致地方政府税收收入下降,这有可能使得主要靠税收融资的地方政府无法为最优数量的地方性公共产品和服务筹集到足够多的资金,使地方财政支出处于最优水平之下。如果地方政府以提供更好的地方性公共产品和服务的方式来竞争,那么就会驱使地方政府将有限的资源更多地投到基础设施等的建设上,这将直接影响地方政府对社会福利项目的投入,社会福利项目提供不足也会带来效率损失。此外,政府间的竞争也有可能扭曲社会资源的合理配置,干扰正常的财政分配关系,同时引致地方政府不规范行为的发生。

12.2 中国的政府间财政竞争

并非只有联邦制国家的政府间关系才具有竞争性。① 虽然中国是一个单一制国家,但从各级政府在相互交往中的具体行为来看,中国的政府体系也具有相当强的竞争性。② 政府间财政竞争是中国逐步增强的竞争性政府间关系中的一个重要组成部分。

12.2.1 财政分权与中国政府间财政竞争格局的形成

政府的经济行为方式主要受利益因素和权力因素等的影响,而政府间财政关系上的集权与分权,恰恰能够通过改变利益因素和权力因素来影响政府的具体经济行为方式。

---

① Albert Breton. *Competitive Governments*.Cambridge University Press, 1996, X.

② 其实,中国政府间竞争早在计划经济时期和改革开放初期就已经存在。所谓的"父子争议"和"兄弟竞争"(参见樊纲.公有制宏观经济理论大纲.上海:上海三联书店和上海人民出版社,1994,214),就是对中国这一时期政府间竞争的一种形象描述。只不过由于当时的分权化改革力度不大,推行的时间也不长,再加上又是以相对集权的体制为背景,因而那时政府间关系的竞争性有限,也没有过于显性化,而且主要是形式单一的政府间纵向竞争,即地方政府为扩大本地区的财政收支规模和投资规模而与中央政府或上级政府展开的"讨价还价"。这一时期基本不存在政府间横向竞争,因为当时各地方政府间的经济交往大都是在中央计划当局的集中统一安排和调度下进行的。

中国政府间财政竞争格局的形成,在很大程度上可以说是推行财政体制分权化改革的必然结果。

1. 利益因素

一般来说,符合"经济人"范式的经济行为主体从事经济活动的主要目的,都是获取经济利益,而对利益的追求又是竞争永恒的驱动力,所以只要有对利益的追求和角逐,各经济行为主体之间的相互竞争就是不可避免的,即使是行为方式不同于一般经济行为主体的政府也不例外。

在不同的社会经济背景下,经济行为主体有着不同的经济行为方式,对政府来说也是如此。在财政集权体制下,强调的是"全国一盘棋",彻底否定了地方有着区别于整体利益的局部利益,地方政府不具有相对独立的经济利益。这些都决定了无论是中央政府还是地方政府的行为,从总体上看都不具有"竞争"的特性。财政体制分权化改革是对各个不同地区相对独立利益的一种承认和肯定。财政体制分权化改革后,不仅各个地区间相对独立的利益是不同的,而且地方政府所代表的利益也区别于由中央政府代表的整体利益。为了实现本地区利益的最大化或者是为了获得比较优势,作为本地区局部利益代表的地方政府,势必在相互间的交往中采取竞争性的策略。可以说,财政体制分权化改革带来的利益上的相互独立和相互排斥,使得中国各级政府的经济行为方式越来越逼近"经济人"范式的假设,进而也就决定了各级政府经济行为的竞争性。

2. 权力因素

地方政府的行为有受命行为和自主行为两种模式。在政治经济高度集权的计划体制下,地方政府只不过是中央政府为了便利于地方公共事务管理而设置的一个机构,不具有自主行为的能力,只能被动地服从中央政府的指令实施受命行为。在这种情况下,地方政府的经济行为不具有竞争性。但财政体制分权化改革在政治、经济和文化等诸多方面都赋予了地方政府相当大的自主权,这样地方政府就能够根据本地区社会经济的发展目标自主地采取相应的行动,而不再是一味地服从中央政府的指令。如果说利益因素是使各级政府的行为具有竞争性的动力源泉的话,那么权力因素则使得各级政府具备了采取竞争性策略的能力。

改革开放以后,中国开始了全面的分权化改革,在经济领域内就有农村家庭联产承包责任制、经济特区和经济开发区的设立、非公有制企业的发展、财政收支权力的下放、金融权力的地方化、国有企业权力的扩大以及外贸权的下放等措施先后推出,在财政体制方面先后进行了"分灶吃饭""财政承包制"以及分税制财政体制等改革。正是这种方向越来越明确、力度也越来越大的全方位分权化改革,使得中国经济领域内的政府间竞争变得越来越激烈。在早就存在的政府间纵向竞争越演越烈的同时,政府间横向竞争也随着各地区间经济联系与交往的不断加强而登上了中国的历史舞台;政府间横向竞争与政府间纵向竞争还时常交织在一起,使中国政府间的竞争格局日趋复杂化。

专栏 12-2　"晋升锦标赛"：中国地方政府竞争的一种理论解释

改革开放以来，中国地方官员考核标准一个重要的变化，就是用任期内的经济绩效取代了过去一味强调的"政治挂帅"。中国学者周黎安发现，中央政府在考核地方官员时，其辖区内的经济增长是一个至关重要的指标，而且地方官员的晋升概率与其辖区内的GDP 增长率呈显著正相关关系。上级政府主要依据经济增长来考核和提拔官员，这会激励下级官员为了获得晋升而追求更高速的经济增长。"晋升锦标赛"直接的结果就是在地方政府之间引入竞争机制。"晋升锦标赛"这一理论概括，非常精炼而又生动地展示了经济增长与官员晋升之间的关联，描述了地方官员的行为激励，解决了地方政府竞争的动机问题。

基于地方经济增长的"晋升锦标赛"，本身就是一把"双刃剑"，它在对经济增长产生强烈的激励效应的同时，也内生出一系列的副作用，如直接导致地方政府普遍性的短视行为和地方保护主义的泛滥；而且通过晋升激励支撑的对企业的扶持，肯定不如通过创造一个公平的法治环境更透明、更持久。也有学者认为，在晋升过程中考核地方官员的指标不应当只有 GDP，民生、环境等也应被纳入考虑范围。

资料来源：根据周黎安.中国地方官员的晋升锦标赛模式研究.经济研究，2007(7)等整理编写。

12.2.2　中国的政府间纵向财政竞争

财政分权直接涉及中央政府与地方政府之间的利益分配，从而自然而然地就成为政府间纵向财政竞争（Vertical Fiscal Competition）的重要诱因。财政体制分权化改革启动后，中国的政府间纵向财政竞争就在财政体制中体现得越来越明显。

中国的财政体制从最初的"财政包干制"发展到现阶段相对规范的分税分级财政体制，在很大程度上可以说是中央与地方政府间财政竞争的结果。20 世纪 80 年代初，中国在江苏、四川两省试点的基础上全面推行"划分收支、分级包干"的财政体制，变原来的"统收统支"为允许地方有一定的留成用于"自收自支"。就在中央政府和地方政府正式开始"分灶吃饭"的同时，原先还较为隐蔽的政府间纵向财政竞争也就逐步凸显出来。中央政府与各级地方政府之间的纵向财政竞争主要围绕着财力的分配而展开，其直接目的就是实现本级政府财政收支规模的最大化。因为政府间的竞争在一定程度上就表现为制度的竞争，所以中央政府与地方政府之间财力分配上的竞争在财政体制上体现得最为明显。改革开放以来的短短四十年间，中国的财政体制就先后经历了 1980 年、1985 年、1988 年和 1994 年四次大的变动，各种小的体制调整就更多了。从财政体制的频繁调整中，可以大致把握中国政府间纵向财政竞争发展的基本脉络。

1980 年开始执行的"划分收支、分级包干"财政体制，根据各地区的情况，分别采取四种不同的办法；而在 1985 年的财政体制改革中，中央政府决定除广东、福建和民族自治地区外的其他省、自治区、直辖市一律实行"划分税种、核定收支、分级包干"的财政体制。

1988年的财政体制改革,在原有财政体制的基础上对地方财政包干的方法和基数都进行了调整,在此过程中各省、自治区、直辖市为本地区适用的财政承包方法和承包基数与中央政府展开"讨价还价",力图寻求到对本地区最为有利的承包方式并尽可能地降低承包的财政上缴基数,"讨价还价"最终的结果就是在不同地区实行的财政承包制度就达六种之多。将多种并存的体制合并成单一的体制,然后再从单一的体制发展到多种体制并存,这种变化在相当大程度上就是由政府间纵向财政竞争所引致的。不仅如此,在财政体制确定后的执行过程中,地方政府还经常采取类似于"藏富于民"的做法,先超越财政体制的规定对企业应缴给中央政府的税收进行减免,然后再以其他方式从企业那里将这些本应属于中央政府的财力变为地方政府所有。1994年的分税制财政体制改革,更是使得中央与地方政府之间的财政竞争空前激烈。尽管这次改革并不是很彻底,仅制度设计中就在很大程度上维持了地方政府的既得利益,但各省、自治区、直辖市仍然在1993年通过"征收过头税""寅吃卯粮"等方式千方百计地扩大本年度的财政收入基数,以期在以后年度的税收返还中获得更多的利益,而中央政府则相应地采取了如以后年份的财政收入增长率达不到1993年的财政收入增长率则扣减税收返还的措施。1994年以后,虽然没有再对财政体制做整体性的变动,但仍时常有一些政策调整措施陆续出台。每当调整政策出台前后,地方政府都会迅速地以各种"规范"或"不规范"的竞争性措施来应对,以防止在财政分配中不利于己局面的出现。如2001年10月企业所得税分享方案刚一出台,地方企业所得税便立即出现超常增长,仅2001年11月全国地方企业所得税就比2000年同期增长139.4%,有的地方的增长率甚至高达800%,地方政府在短短三个月内采取的行为就使2001年全国地方企业所得税比2000年增加了630多亿元,增幅达63%。① 出现这种情况,当然不排除经济增长、加强税收征管和清理欠税等因素的作用,但更为重要的原因是地方政府为在企业所得税分享改革中取得更大的利益而采取的竞争性策略。尽管提高中央财政收入占全国财政收入的比重是分税制财政体制改革的一个重要目标,但面对地方政府的竞争性策略,这一目标的实现似乎很难"一帆风顺"。在1994年分税制财政体制改革的当年,中央财政收入占全国财政收入的比重就从1993年的22.0%迅速提高到55.7%,而随后的五六年里,这一比重又连续下降而后才有所回升;这一反复,在接下来的十多年间再次出现。从某种意义上说,中央财政收入占全国财政收入比重的波动状况,就是中央政府与地方政府在财政体制上竞争的具体体现和结果。

专栏12-3　中国政府间财政竞争与体制变迁:以地方政府债务为例

　　虽然中国在很长一段时间里禁止地方政府举借债务有着诸多方面因素的考虑,但不可否认的是避免中央政府和地方政府在举借债务上的直接竞争与冲突也是其中一项重要缘由。尽管中国禁止地方政府举借债务,但一直以来中国各级地方政府纷纷利用信托公司融资、担保融资、以国有企业的名义发行企业债券融资以及地方融资平台融资等各种变

---

① 于国安.关于企业所得税分享改革的博弈分析.财政研究,2002(9).

通手段,形成了大量必须直接或间接由地方政府承担的债务,这不仅增大了地方财政运行的风险,而且严重侵蚀了中央政府公债的基础。可见,中国中央政府与地方政府围绕通过举债来扩大可支配财力所进行的竞争,并没有因为在制度上不允许地方政府举借债务而消失,只不过由公开竞争转变成较为隐蔽的形式罢了。

这一事实上存在的政府间财政竞争虽然没有促使中央政府立即彻底放弃禁止地方政府举借债务的政策,但也推动了相关政策上的一些调整,如在积极财政政策的实施过程中就采取了中央政府代替地方政府发行公债再转贷给地方的措施,后来又推出了"中央代发代还"和允许部分省市试点"地方自行自还"等措施。地方政府在地方债务问题上与中央政府之间的竞争性举措,最终促使允许地方政府举借债务政策的出台。然而,政府间财政竞争并没有因为地方举借债务合法化而停止,地方政府竞争性博弈措施仍然频出,这主要体现在利用PPP、政府购买服务和政府投资基金等名义变相举债上,中央政府也相应地出台了应对地方政府隐性债务的措施。可见,在地方债务问题上,政府间财政竞争不仅推动着"体制禁区"的突破,而且促进了体制的完善。

在承认政府间财政竞争对财政体制变迁促进作用的同时,我们也应看到中国政府间财政竞争行为中有很大一部分是突破了当时财政体制约束的不规范行为,其中一些所谓的"制度外创新"常常使得财政体制改革的设计目标落空,既扰乱了财政体制内正常的分配秩序,又导致政府间财政竞争行为的无序化。

资料来源:根据王玮.财政分权与中国的政府间财政竞争.公共经济研究,2003(2)等整理编写。

虽然迫于地方政府的压力,中央政府在由其主导的财政体制改革中保留和维持了地方的一些既得利益,但在财政收入整体的分配格局中,与以前相比地方政府还是失去了许多利益,这集中体现为地方财政收入占全国财政收入的比重由1993年的78.0%下降到1994年的44.3%。行政上所处的劣势决定了地方政府在财政体制内是无法与中央政府在财力分配的竞争中取得优势的,于是地方政府自然而然地就把目光转向了体制外,并寻求在体制外进行所谓的"制度创新",这突出表现为各种各样名目繁多的收费、基金、集资和摊派等(以下统称为"税外收费")。地方政府的这种"制度创新",在政府间竞争格局下非常容易进行"制度扩散",其直接后果便是名目繁多的税外收费在全国各地"遍地开花"。各种税外收费不仅严重侵蚀了中央政府财政收入的基础,而且极大地扩张了地方政府的可支配财力,从而使得地方政府在中央与地方财力分配上的竞争中取得了相对优势地位,几年后地方政府的实际可支配财力占政府综合财力的比重就达到60%。为了消除地方政府的"体制外竞争"所带来的负面影响,同时也扭转在政府间竞争所形成的财力分配格局中所处的不利地位,清理和整顿各种税外收费便成为中央政府的当然选择,中国曾经大力推行的"费改税"就是其中的一项重要举措。从直接意义上看,"费改税"只不过是为了规范财政收入机制,但我们也应同时认识到其中所蕴含的中央与地方政府间财力分配竞争的手段的另一面。

出于各方面的原因,中国存在大量欠缴的中央税和地方税。在欠税的清缴过程中,各级地方政府就经常用行政手段来干预欠税企业和税务机关的行政行为,以优先保证欠缴的地方税收入的清偿。税收征管过程中,类似于欠税清缴问题的"国税"与"地税"之间的种种冲突和矛盾,实际上都是中央与地方政府间财政竞争的具体表现。

12.2.3 中国的政府间横向财政竞争

财政分权间接派生出各级地方政府之间的利益分配,所以财政分权与政府间横向竞争(Horizontal Fiscal Competition)的形成也密切相关。政府间横向财政竞争在中国计划经济时期很少见。改革开放以后,随着财政分权改革的深入、市场体系的发展以及各地区间社会经济交往的增多,政府间横向财政竞争呈现出日益加剧的趋势。

1. 地方政府间的税收竞争

税收优惠竞争是中国现阶段政府间横向财政竞争最主要的一种形式。改革开放初期,中国采取了区域性税收倾斜政策,允许沿海各经济特区、经济开发区实行"免二减三"的企业所得税优惠措施来吸引外商投资,这些地区对国内资本也可按15%的税率减征企业所得税。极其优惠的税收措施,帮助沿海各经济特区和经济开发区以及整个东部地区吸引了不少外来资本,使这些地区的发展步入"快车道",经济增长速度明显快于国内其他地区。经济增长速度上的巨大差异,驱使没有享受这一待遇的中西部地区也开始大力寻求以税收优惠来吸引外商投资和国内资本的流入,从而被动地展开了税收优惠竞争。尽管最初一些地方政府是被动地卷入税收优惠竞争中的,然而后来税收优惠竞争却逐步成为各级地方政府的一种主动行为。到20世纪90年代中期,全国各地都形成了多层次、形式各样的税收优惠体系,这就使得区域间的税收优惠竞争变得异常激烈。① 在提出"西部大开发"和"振兴东北"的口号以后,西部和东北地区各省区都先后出台了包括税收在内的各种优惠措施,拉开了新一轮税收优惠竞争的帷幕。全国范围内的税收优惠竞争一直延续至今。

税负输出(Tax Exporting)是一种以辖区为本位的税负转嫁,即将本应由本地区居民承担的税收负担转嫁给其他地区的居民承担。从本质上看,税负输出是一个地区的政府对其他地区居民所实施的一种间接征税。② 如果能够成功地实现税负输出,那么进行税负输出辖区居民的"财政剩余"将会得以扩大,进而提升本地区的公共利益水平。其实,为了尽可能地扩大本地区居民的"财政剩余",并以此来提高本地区的公共利益水平,各级地方政府都有将地方税的税收负担转嫁给其他地区居民承担的倾向,一旦条件许可便争先恐后地进行税负输出。这样,税负输出也就成了一种较为特殊的政府间财政竞争形式。中国现行财政体制把一些从流动性税基中产生的收入划给地方政府,这就为以税负输出的形式进行政府间财政竞争提供了可能。中国的资源税和企业所得税等税种都不同

---

① 政策除了直接的税收优惠竞争,很多地区还竞相出台纳税人缴纳税款后以财政补贴等名义予以返还,即"先征后返"政策,从实质上看也属于税收优惠竞争的范畴。

② 王雍君,张志华.政府间财政关系经济学.北京:中国经济出版社,1998,177.

程度地存在税负输出。①

2. 地方政府间的财政支出竞争

财政支出竞争也是政府间横向财政竞争的一种形式。从长远来看,财政支出竞争的有效性要高于税收优惠竞争,因为财政支出竞争更加注重通过改变本地区内生产生活的一般外部条件来提高对流动性要素的吸引力,而不是简单地给予直接的税收优惠。因此,与税收优惠竞争相比,财政支出竞争是一种更高层次上的政府竞争形式。但改革开放以后的四十年里,中国地方政府之间的财政支出竞争还不多见,只是在近些年各地区掀起的基础设施建设高潮中,财政支出竞争才在中国逐步显现。

3. 地方政府间的其他财政竞争

分税制财政体制改革后的相当长一段时间里,中国的政府间财政转移支付制度都不是很完善,中央政府对地方政府财政转移支付的分配仍保留着相当的主观性和随意性,这就为地方政府寻求从中央政府获取更多的财政转移支付留下了很大的活动余地。地方政府寻求更多的财政转移支付的行为,实际上就是各地方政府为在中央政府财政转移支付这块"蛋糕"(Fiscal Pie)的切割中获得更大的份额而展开的一种间接竞争。类似的政府间横向财政竞争,还体现在各地方政府对中央财政投资项目等的争夺上。

专栏 12-4   中国地方政府竞争状况问卷调查

为什么会发生地方政府间的竞争、竞争的程度如何、地方政府竞争对社会经济会产生什么影响?针对以上问题,《人民论坛》杂志于 2010 年做了关于"当代中国地方政府竞争状况"的问卷调查。

- 当前地方政府的竞争程度如何?

超过 72% 的受调查者认为,当前地方政府的竞争程度相当激烈。

- 哪一级地方政府竞争最激烈?

82% 的受调查者认为,最激烈的政府竞争集中在县市级和地市级,而省级和乡镇级政府的竞争性相对不明显。

- 地方政府竞争的主要原因是什么?

63% 的受调查者认为,现行政绩考核与升迁机制,驱使地方官员谋求政绩。

- 地方政府竞争利弊如何?

60% 的受调查者认为,地方政府存在恶性竞争,其负面效应大于正面效应。

- 应如何规范地方政府的竞争行为?

66% 的受调查者认为,应完善地方政府政绩的考核指标体系。

资料来源:根据 http://news.xinhuanet.com/2010-05/20/c_12123291.htm(访问时间:2018 年 11 月 20 日)整理。

---

① 王雍君,张志华.政府间财政关系经济学.北京:中国经济出版社,1998,181.

12.2.4 中国政府间财政竞争的特点

改革开放以来,中国的政府间财政竞争具有涉及的范围广、采用的形式不尽规范以及层次较低等特征。

1. 政府间财政竞争涉及的范围广

中国政府间财政竞争虽然只是在财政分权改革的深化过程中才逐步凸显出来,但它所涉及的范围相当广。当前,中国政府间财政竞争不仅涵盖了从财政收入、财政支出到财政体制的整个财政活动的方方面面,而且贯穿了各项财政制度安排从形成到具体实施过程中的各个环节,同时政府间财政竞争还从"体制内"延伸到了"体制外"。正因为政府间财政竞争的涉及面较广,它对政府间的财政分配关系乃至整个社会经济生活所产生的影响都比较大。

2. 政府间财政竞争的形式不规范

从具体所采用的途径来看,中国政府间的财政竞争,无论是横向竞争还是纵向竞争,都多以"不规范"的方式进行。以现阶段在中国普遍存在的税收优惠竞争为例。一般来说,政府间的税收优惠竞争基本应限于地方税范围内。但目前,中国地方税的税收立法权主要集中在中央政府手中,地方政府无权调整地方税的税率,在税收优惠方面的自主权也非常小,因此从理论上说中国是不存在以税收优惠的形式进行政府间财政竞争的可能性的。但事实上,以税收优惠为载体的政府间财政竞争在中国相当普遍,各地方政府或是通过突破现行制度框架的约束自行出台一些"土政策",或是通过在税收征管中擅自运用"自由裁量权"对纳税人提供优惠等方式来进行。类似不规范的政府间财政竞争形式还有很多,如曾经在较长一段时间里存在的中央政府超越体制随意调动地方财力以及地方政府的各种税外收费、藏富于企业等。中国政府间财政竞争的不规范,说明中国尚缺乏能够对各级政府竞争性财政行为进行有效约束的秩序框架,或者说既有的秩序框架对政府行为的约束力还比较差。

3. 政府间财政竞争的层次低

税收优惠竞争是一种直接的、较低层次上的财政竞争形式。一般认为,税收优惠竞争对流动性要素的吸引力往往只在短期内奏效,而很难长期维持下去。但税收优惠竞争一直是中国政府间横向财政竞争的主要形式,而且愈演愈烈。税收优惠竞争只不过是对既定数量社会资源的一种争夺,它在本质上是一个零和甚至是负和博弈,所以尽管大规模的税收优惠竞争对部分地区的短期发展可能有一定的好处,但它不可能对整个社会经济的长期发展带来明显的促进作用。此外,中国的税收优惠竞争还常常与地方保护主义结合在一起,这不仅限制了其积极作用的发挥,还严重扭曲了正常的区域资源配置机制。中国其他几种比较常见的财政竞争方式,如各地区对中央财政转移支付和中央财政投资项目等的竞争都属于零和或负和博弈范畴,它们对社会经济的影响大体上类似于税收优惠竞争。在中国,能提高公共产品和服务供给效率进而促进"双赢"或者"多赢"局面出现的财政支出竞争,在很长一段时期内还难以占据主导地位。

12.3　中国政府间财政竞争的规范

财政分权与政府间财政竞争格局的形成之间存在必然的联系,有财政分权就会有政府间的财政竞争。在财政分权体制下,政府间财政竞争是不可能自然消失或被人为压制住的,寻求一种秩序框架来规范政府间的财政竞争,是较为现实的选择。

12.3.1　财政分权改革与中国政府间财政竞争的规范

财政分权改革不仅为政府间的财政竞争提供了舞台,而且在很大程度上还影响甚至决定着各级政府可能实施的具体行为,从而也就为政府间的财政竞争确定了一个基本的秩序框架。

其实,中国政府间财政竞争的不规范并不能归咎于财政分权本身,而在很大程度上应归因于实现财政分权的各项制度安排。应当说财政分权中一些不适当的制度安排,才是诱使中国政府间财政竞争多以不规范形式和手段展开的直接原因。如 1994 年的分税制财政体制改革若不将 1993 年的税收收入作为确定税收返还的基数,那么"征收过头税""寅吃卯粮"等现象就可能不会那么严重。要规范政府间的财政竞争,首先应审视现行财政分权的各项制度安排。只有花大气力去完善现行财政分权体制的各项制度安排并建立起一个规范的秩序框架,才能从制度根源上消除不规范的政府间财政竞争。

中国政府间的财政分权一直都没有以制度化的形式在一段相对较长的时间内稳定下来,这具体表现在财政体制的频繁变动上,从而导致中央与地方政府之间的利益分配格局始终处于一种不确定的状态,地方政府也无法形成稳定的利益预期。这样一种状态使得中央与地方政府都想在不确定的利益分配格局中获得更多的利益,再加上多变的财政体制自身的约束力不强,就为中央与地方政府以及各级地方政府间在财力争夺中运用不规范的手段提供了空间。因此,将财政分权以制度化的形式在一段相对较长的时间内稳定下来,既能够给各级政府的行为提供一个明确的利益导向,同时又能够加强制度自身的约束力,这对于规范政府间财政竞争是极其重要的。

在财政分权改革中尽快建立健全中国的地方税系,也是有助于规范中国各级政府间的税收优惠竞争的。从理论上说,政府间横向税收优惠竞争的客体应仅限于地方税,但中国地方税系建设严重滞后。在中国现实的社会环境中,两者之间的矛盾常常使得各级地方政府在税收优惠竞争中既突破了财政体制规定的权责限定,又突破了地方税这一客体范围的限制而延伸到共享税乃至中央税,这一突破就注定了目前中国政府间的税收优惠竞争是极不规范的。加快地方税系建设对于规范政府间财政竞争的积极作用,首先表现在它合理地界定出了政府间横向税收竞争的范围;其次表现在对财政竞争所采用形式的规范上,如地方税系得到完善以后,那些税基流动性较大的税种可能就不会再被划入地方税系,从而就能有效防止恶意税负输出的发生。

中国之所以出现政府间纵向财政竞争多以税外收费、藏富于企业等非规范的形式和手段展开这种情况，还在于中国财政分权改革的不彻底性。尽管中国的财政分权体制分配给地方政府一定的财力，但中央政府没有赋予地方政府相应的财权。而地方政府根据本地区实际情况自主处理相关问题的现实需要和地方官员权力扩张的内在冲动结合在一起的结果，便是地方政府对财政体制所规定权限的突破。过于集权的财政体制貌似可以杜绝地方政府机会主义行为的泛滥，实际上却导致了更多的"制度外创新"，其结果往往比进行一定程度的分权更难以控制。与其这样，不如进行相对彻底的财政分权改革，赋予地方政府相应的权力，这反而可能减少地方政府不规范的财政竞争行为的发生。

中国各级政府间的事权到目前为止都没能划分清楚，还存在许多混淆不清的地方。正是这种政府间权责模糊不清的局面让各级政府拥有了较大的"自由裁量权"，进而有可能采取不规范的竞争性措施去争夺财政资源。要规范政府间的财政竞争，就必须厘清各级政府间的权责关系，这有赖于政府间事权的合理划分。然而各级政府间事权的划分并不仅仅是一个政府内部的分权问题，它还牵涉到政府与市场之间的关系。事实上，各级政府间事权的合理划分是以政府与市场间边界的合理定位为前提的。当前，中国的市场经济体制还没有真正建立，政府与市场间的边界也没有完全厘清，中国的政府职能范围还将有规模不小的调整，这在相当大程度上制约了中国政府间事权的划分。中国应加快市场化改革的步伐，以便尽早明确地界定出政府与市场各自的活动范围，然后再在此基础上对不同级次政府间的权责关系做出清晰的界定，从而为规范各级政府的行为，尤其是竞争性行为，奠定良好的基础。

加快政府内部横向财政分权改革的步伐，也是有助于规范政府间的财政竞争的。当前，中国的政府间财政竞争行为基本上都是行政部门单方面的行为，很难说是本地区全体居民意愿的反映。横向财政分权的缺失导致行政部门所采取的竞争性行为缺乏必要的监督和制约，这就注定了中国政府间财政竞争行为中包含了不少行政权力的滥用，因而也就难以防止恶性的、掠夺性的财政竞争行为的发生。中国横向财政分权存在诸多缺陷的背后，就是民主政治制度的不完善。要完善横向财政分权制度，就必须加快政治制度民主化进程。唯有这样，行政部门在处理政府间关系的过程中所采取的竞争性行为才能较好地体现本地区居民的意愿；也只有这样，行政部门的竞争行为才会受到有效的监督和制约，从而起到规范政府间财政竞争的效果。

12.3.2　规范中国政府间财政竞争的其他措施

当然，政府间财政竞争的规范也不能仅仅着眼于财政分权改革，还需要其他一些措施的配合。

政府间的财政竞争多以不规范的形式和手段展开的原因，还在于中国整个社会经济活动的法治化程度仍比较低。无论是在政府官员还是在普通民众的心目中，都缺乏"法律至上"的意识，"有法可依、有法必依、执法必严、违法必究"的原则在中国并没有得到很好的贯彻。在这样一种背景下,中国各级政府的行为在一定程度上都游离于法律之外,甚至凌驾在法律之上。其实,法治是规范的市场经济及与之相适应的公共财政所赖以存在的基础,"法治的作用不仅在于约束微观经济主体的行为,更在于对政府行为的约束"①。毫无疑问,应加快中国的法治化进程,尤其是要将政府行为纳入法治化的框架内。只有在法治的约束下,政府的行为才会真正符合规范的市场经济和公共财政的要求,也只有在法治的约束下,各级政府不规范的竞争行为才能够从根本上得到抑制。"在中国特定的国情下,政府行为法治化以财政行为法治化为关键,而政府预算法治化则是财政行为法治化的基本途径"②,所以改革现行政府预算、建立起真正意义上的现代政府预算制度就成为中国政府行为乃至整个社会法治化的突破口。应努力推进中国政府预算的法治化进程,如果政府预算法治化程度能够得到提高,那么最直接的结果将是政府间财政竞争行为规范化的程度得到提高。

政府间财政竞争也不是孤立的,因为各种形式的政府间竞争行为实际上是相互作用、相互影响的,它们时常结合在一起共同作用于整个社会经济活动。在现实生活中,其他形式的政府间竞争行为也会与政府间财政竞争一样采用一些"不规范"的手段,如地方保护主义就是一种典型的"不规范"的政府间规制竞争。要规范政府间的财政竞争,也必须同时整顿和规范其他形式的政府间竞争行为,为政府间财政竞争行为的规范创造一个良好的外部环境。

重要概念

政府间竞争　政府间财政竞争　政府间横向财政竞争　政府间纵向财政竞争　地方保护主义　政府间税收优惠竞争　政府间财政支出竞争

复习思考题

1. 试分析中国现阶段政府间财政竞争的特点。
2. 简述政府间财政竞争对社会经济生活产生的影响。
3. 改革开放以来,中国政府间纵向财政竞争和政府间横向财政竞争体现在哪些方面?请运用具体的案例来分析。
4. 应当如何规范中国的政府间财政竞争?
5. 请对"地方政府竞争的目标是追求本地区经济增长和财政收入最大化"的观点进行评析。

---

① 钱颖一.市场与法治.经济社会体制比较,2000(3).
② 张馨.公共财政论纲.北京:经济科学出版社,1999,250.

课堂讨论题

请结合所给案例材料,并联系现实,就中国现阶段政府间竞争对社会经济生活产生的影响以及应如何约束和规范政府间竞争进行课堂讨论。

案例材料

中国"新一线"城市的"抢人"大战

从 2017 年开始至今,以杭州、西安、武汉、成都、南京为代表的 15 个"新一线"城市陆续出台了人才吸引政策。

"打响人才争夺战第一枪"的是武汉市。2017 年年初,时任武汉市委书记发出了"5 年留下百万大学生"的豪言,并开出了三副"猛药":一是零门槛落户,40 岁以下大专、本科全要,硕士、博士不限年龄都收;二是年薪给保底,专科 4 万元、本科 5 万元、硕士 6 万元、博士 8 万元;三是住房加保障,大学生买房、租房全 8 折。为抓落实,武汉还专门成立了"招才局","抢人"被列入"一把手工程"。2017 年,落户武汉的大学生达 30 万人,一度成为大学生最青睐的二线城市。

2017 年 7 月,成都市推出了"人才新政 12 条",条件异常优厚:面试给 1 000 元补贴,求职免费住 7 天,本科就能落户;租住公寓要是满 5 年,还能以低于入住当年的市场价买下,简直无风险锁定买房收益。这些举措让成都的受欢迎程度爆棚,2017 年户籍数暴增 36 万,竟然超过了武汉。

2018 年 3 月,西安市出台了大学生仅凭身份证和毕业证就可以落户的政策,"新政"实施头一天,紧急落户的人数就达到创纪录的 8 050 人。西安在 2018 年第一季度就有 20 余万人落户,逼近 2017 年全年 25.7 万人的"战果"。

"再不动手,人都要被抢光了。"2018 年 3 月,一直高高在上的北京和上海也被迫出手,推出了各自的人才新政,加入了"抢人"大战。

资料来源:根据 https://finance.ifeng.com/a/20180526/16321692_0.shtml 和 http://news.163.com/18/0327/15/DDTPCJQ20001875N.html(访问时间:2018 年 11 月 20 日)等整理。

参考文献与延伸阅读资料

沙安文,沈春丽,邹恒甫.中国地区差异的经济分析.北京:人民出版社,2006.

华莱士·E. 奥茨.财政与规制管理竞争.经济资料译丛,2007(2).

冯兴元.地方政府竞争:理论范式、分析框架与实证研究.南京:译林出版社,2009.

张千帆,葛维宝.中央与地方关系的法治化.南京:译林出版社,2009.

付文林.财政分权、财政竞争与经济绩效.北京:高等教育出版社,2011.

周飞舟.以利为利:财政关系与地方政府行为.上海:上海三联书店,2012.

张千帆.国家主权与地方自治:中央与地方关系的法治化.北京:中国民主法制出版社,2012.

周黎安.转型中的地方政府:官员激励与治理.上海:格致出版社,2017.

Albert Breton. *Competitive Governments*:*An Economic Theory of Politics and Public Finance*. Cambridge University Press,1996.

 网络资源

天则经济研究所网站,http://www.unirule.org.cn/index.asp

世界银行网站"文献与报告"专题,http://documents.worldbank.org/curated/en/home

美国佐治亚州立大学安德鲁·杨政策研究院财政研究中心(Fiscal Research Center, Andrew Young School of Policy Studies, Georgia State University)网站,http://aysps.gsu.edu/frc

教辅申请说明

　　北京大学出版社本着"教材优先、学术为本"的出版宗旨,竭诚为广大高等院校师生服务。为更有针对性地提供服务,请您按照以下步骤在微信后台提交教辅申请,我们会在1~2个工作日内将配套教辅资料,发送到您的邮箱。

◎ 手机扫描下方二维码,或直接微信搜索公众号"北京大学经管书苑",进行关注;

◎ 点击菜单栏"在线申请"—"教辅申请",出现如右下界面:

◎ 将表格上的信息填写准确、完整后,点击提交;

◎ 信息核对无误后,教辅资源会及时发送给您;如果填写有问题,工作人员会同您联系。

温馨提示:如果您不使用微信,您可以通过下方的联系方式(任选其一),将您的姓名、院校、邮箱及教材使用信息反馈给我们,工作人员会同您进一步联系。

我们的联系方式:

通信地址:北京大学出版社经济与管理图书事业部
　　　　　北京市海淀区成府路205号,100871
联 系 人:周莹
电　　话:010-62767312 / 62757146
电子邮件:em@pup.cn
Q　　Q:5520 63295(推荐使用)
微　　信:北京大学经管书苑(pupembook)
网　　址:www.pup.cn